高等教育史

大学模式的演进与变革

汪 辉 韩双淼 著

浙江大学出版社
ZHEJIANG UNIVERSITY PRESS

· 杭州

图书在版编目（CIP）数据

高等教育史：大学模式的演进与变革 / 汪辉，韩双

淼著. -- 杭州：浙江大学出版社，2025. 5. -- ISBN

978-7-308-25995-8

Ⅰ. G649.1

中国国家版本馆 CIP 数据核字第 202554FP31 号

高等教育史：大学模式的演进与变革

汪　辉　韩双淼　著

策划编辑	吴伟伟
责任编辑	陈　翩
责任校对	丁沛岚
封面设计	周　灵
出版发行	浙江大学出版社
	（杭州市天目山路148号　邮政编码310007）
	（网址：http://www.zjupress.com）
排　　版	杭州林智广告有限公司
印　　刷	杭州钱江彩色印务有限公司
开　　本	710mm×1000mm　1/16
印　　张	24.75
字　　数	390千
版 印 次	2025年5月第1版　2025年5月第1次印刷
书　　号	ISBN 978-7-308-25995-8
定　　价	118.00元

全球史视角下的高等教育史研究

　　高等教育史研究是基于历史发展的视角，审视与探讨以大学为中心的高等教育实践以及高等教育理论演变的研究。有关大学发展史的研究，早在1798年，德国哲学家康德（Immanuel Kant，1724—1804）完成了他最后一部著作《学部冲突》，该书对近代大学的职能、性质等进行了深入思考，对大学内部哲学与神学、哲学与法学、哲学与医学等各个专业知识体系间的关系做了全面梳理。康德之后，德国哥廷根大学学者克里斯托夫·迈纳斯（Christoph Meiners，1747—1810）于1802—1805年完成了其专门论述高等教育发展历史的著作《高等学校发生和发展史》（*Geschichte der Entstehung und Entwickelung der hohen Schulen unseres Erdtheils*）。20世纪以后，德国的包尔生（Friedrech Paulsen，1846—1908）、法国的第瑟尔（Stephen d'Irasy，1894—1934）、美国的弗莱克斯纳（Abraham Flexner，1866—1959）以及日本的大久保利谦等均出版过有关国别的或者跨国的高等教育史专著，风行一时。20世纪90年代至今，我国先后有黄福涛、贺国庆、刘海峰等人的高等教育史相关教材出版。这些教材主要按国别和时间序列编排，对中外高等教育发展的脉络进行梳理。本书希望在前述高等教育史经典著作的基础上，基于全球史的逻辑，从整体与互动的全新视角重新思考与探讨高等教育的发展规律与变革趋势。

一、全球史与全球史的研究视角

　　所谓全球史即是有关全球人类共同发展的历史，其内容一般包括两个方面：一是研究内容上关注全球政治、经济、文化等一体化发展演变的历史，这是全球史最初兴起的研究领域；二是研究方法上注重从全球而非从地方、国家或地区层面来研究历史进程，秉持一种全球视野。[1]

近代以来，随着地理大发现与工业革命的发展，通信与交通技术得到极大的改善，由此极大地缩短了全球各区域间经济贸易的时空距离，拉近了不同种群之间文化交流的心理间距，各国和地区的社会、经济乃至文化机制在互相渗透与影响过程中不断强化彼此间的联系与连接。20世纪中后期，随着全球范围内跨国和跨区域的产业经济链的出现，以及各种形式的政治军事同盟关系的形成，世界历史一体化进程及相关问题引起了学界的普遍关注，即：需要用整体和全局的视角而非民族或区域主义的观点对近代以来人类历史发展的各种现象、问题加以综合全面的考察。这种视角即是强调整体观念与整体意识的全球史研究视角。

作为一种系统论的整体历史研究史观，全球史研究是针对机械论的世界历史观而产生的。机械论的世界历史观主张整体等于各个部分之和，即将世界史等同于各个国家、区域历史的汇总与集合。与此相比，系统论的整体观则认为，整体是其系统内各个部分之间的相互关系以及整体自身与其外部环境的相互关系的总和。世界整体的发展历史，是世界历史进程中不同民族、区域、文化之间相互联系、影响、碰撞的发展结果。

事实上，整体史观的意识并非始自全球化高度发展的20世纪。自近代以来，不少史学家及哲学家即对世界整体发展的历史有过超前且精辟的论述。

康德将客观世界视为一个整体或系统，他认为整体的各个部分之间是相互区别同时又相互联系的。在《以世界公民为目的的普遍历史观念》一文中，康德认为，整个人类历史是一种目的性的矛盾运动过程，历史运动的目的只能在整个人类实践活动中得以展现。康德强调，从整体上检视人类意志的自由实践，就能在这些自由的意志活动中发现一种有规律的进程，我们印象里所认识到的那些混乱、偶然的个体行动，在整个人类的历史中却呈现一种稳步向前

1　Pomper P, Elphick R, Vann R T. World History: Ideologies, Structures, and Identities[M]. Cambridge: Blackwell Publishers Inc., 1998: 47.

而又稍显缓慢的人的原初能力的发展过程。[1]19世纪德国古典哲学的代表人物黑格尔（G. W. F. Hegel，1770—1831）在《历史哲学》一书中则更明确地指出：世界历史是理性的产物，是一种合理性的过程。他将世界历史上存在过的民族区分为世界历史民族和非世界历史民族，认为只有在世界历史发展中产生普遍性影响的民族才能被称为世界历史民族。同样的主张在当代美国学者沃勒斯坦（Immanuel M. Wallerstein，1930—2019）的著作《现代世界体系》一书中也有所体现。沃勒斯坦以持续的资本积累作为分析工具，论述了16世纪以后资本主义世界经济体系，即现代世界体系的起源与发展的历程。他认为现代世界体系发端于欧洲的部分地区，并在逐步发展过程中将世界一些其他地区纳入其中，直至覆盖全球，由此将世界分为世界帝国与世界经济体。为了更清晰地阐释其理论，沃勒斯坦提出了中心、半边缘、边缘等概念，通过分析其各自的角色功能与定位，解释中心之所以发达与边缘之所以欠发达。

进一步地，美国经济学家弗里德曼（John Friedmann，1926—2017）用核心—边缘理论来解释区域社会的发展。他认为，任何系统或区域都是由一个或若干个核心区域和边缘区域组成的，边缘的界限由核心与外围的关系来确定，边缘地区的发展主要取决于核心地区。将上述世界体系理论引入高等教育全球体系的互动发展研究并且发扬光大的是美国教育学家阿特巴赫（Philip G. Altbach，1941—　）。他以此讨论高等教育在国家、地区层面的不同发展进程与相互作用，强调发达国家的大学影响并左右了发展中国家大学的发展方向，使其朝着向中心依附的方向趋近，中心与边缘之间的关系即是世界高等教育体系发展的持续动力。

及至当代，德国历史学家康拉德（Sebastian Conrad）明确提出，全球史更多的是一种研究视角，其研究对象并非要囊括全球，而是将历史现象置于一种全球情境中去展开分析。因此"全球"的含义不是指地理空间上的全球范围，而是指一种思考问题的全球视野。[2]

上述研究视角普遍认为，在人类历史发展进程中，实质上处于中心位置

1　H. S. 赖斯 . 康德政治著作选 [M]. 金威，译 . 北京：中国政法大学出版社，2013：1.
2　刘文明 . 全球史概论 [M]. 北京：北京大学出版社，2021：7.

的是经由各种交往与互动而产生的网络，即把人们彼此连接在一起的一系列关系。正是这些信息、事务、发明的交换与传播以及人类对此所做出的各种反应，塑造了人类历史。[1]就此而言，全球史研究的核心即是"互动"。在中文语境中，互动通常指日常生活中个体间一种相对平等及和平的关系。在全球史研究体系中，互动来源于英文interact，更多的是指互相作用、互相影响的过程及由此塑造的双边（多边）关系。这种关系可以是和平与平等的，也可以是权力不对等的，甚至是暴力冲突的。[2]

总体而言，全球史要求从整体、互动和关联的视角来审视跨国家、跨文化或跨地区的历史现象，以此弥补仅从民族国家的历史出发的不足。换言之，该视角将问题置于一个超越民族国家边界的更广阔的情境中予以理解。进而言之，如果一种历史现象在民族国家的框架里即能够得到很好的阐释，那么这种历史现象就无法成为全球史的研究对象。反之，如果一种历史现象在其生发的民族国家框架里难以得到合理的解释，必须从一个更广阔的、超越国家边界的视野来审视，必须考虑涉及区域甚至全球范围的相关因素才能得到很好的解释，那么这个问题就可被称为全球史的问题。同时，全球史具有不同于民族国家史的研究理念和方法，当一个历史问题需要运用全球史的方法来解决时，也就意味着该问题所关涉的是跨国家、跨文化、跨区域的历史，需要更加强调宏观的整体视野，更加注意关联和互动，才有可能弥补内源性解释的不足，在这种理念和方法下研究和书写的历史，就是全球史。

因此，相较于传统史学，全球史的一个重要特点即实现了历史研究的"空间"转向。全球史研究视域下，"空间"概念意味着研究者不再局限于民族国家或区域内框架，而是将研究对象置于一个突破了各种政治或地理边界的流动空间。这种空间可以是有形的区域性空间，更可能是没有固定形态的流动空间，可统而概称为"社会空间"。

1　约翰逊·R. 麦克尼尔，威廉·H. 麦克尼尔. 人类之网：鸟瞰世界历史 [M]. 王晋新，宋保军，等译. 北京：北京大学出版社，2011：1.
2　刘文明. 全球史概论 [M]. 北京：北京大学出版社，2021：12.

二、全球史视野下的大学发展及大学中心模式转移

作为高等教育核心支柱的大学是全球化发展与互动的产物。早在人类文明诞生初期，东西方均普遍出现过以高深学问研究和高级专业人才培养为导向的高层次的教育与学术研究机构。这些机构或者如古埃及的职官与宫廷学校，以及中国的太学与国子监等，由国家设立，侧重高级官吏和社会管理必需的专业人才培养；或者如古印度和阿拉伯的寺庙（清真寺）学校，以及古希腊柏拉图和亚里士多德（Aristotle，前384—前322）等智者圣贤所创办的私立学校，以古代文化传承和自然真理探索为己任。无论是哪一类机构，其作为代表本地区古代世界教育与学术最高水准的组织，在推动人类文明发展的历程中都发挥过积极的作用。但一般而言，古代世界的高等教育机构的整体规模普遍较小，学科专业设置也并不完备。虽然也有柏拉图或者亚里士多德等依靠个人的百科全书式的知识与天赋进行多学科知识传授的个别案例，但是绝大多数学校是单科性的专业教育机构，如古希腊罗马的文法学校和雄辩家学校、拜占庭和阿拉伯的医学及法律学校等。中国古代的太学和书院则是以四书五经等儒家经典的研修为主的机构。这反映出古代世界的学科知识体系尚未融贯形成一个完整的体系。这也意味着，作为文化传承与知识发展的高等教育的体系模式尚处于发展过程之中，有待进一步的成熟。从宏观视野看，古代世界的高等教育主要是各国和各地区依据本区域社会经济发展的特点独立发展的过程，彼此之间尤其是东西方之间少有交流与渗透，基本保持独立的发展轨迹，遑论形成一个统一的高等教育发展模式。

11—12世纪欧洲中世纪大学的诞生是世界高等教育发展史上的一个标志性事件。神学、法学和医学等不同门类的知识首次被整合成系统化、理论化的知识体系。知识的保存和传播方式突破了以往个人间口口相传的零散方式，通过构建一套共同的教学模式和标准，知识传承和人才培养开始具备相对稳定的组织和制度载体。

17世纪以后，欧洲政治、经济、文化力量在全球范围的优势地位逐步确立，产自欧洲的大学模式也随之扩散至全球各地。以大学为核心的高等教育进

入了全球互动的时代。

全球互动时代下的大学对人才培养、知识创造以及社会发展有着巨大影响，特别是各国各区域的大学通过加强与本地区经济文化的紧密联系，不断凸显大学的区域与国家特点，强化其服务国家战略的定位与职能。各国和各区域的大学在职能定位与基本活动方面逐渐形成了大致统一的标准，并形成激烈的竞争。在竞争中胜出的大学往往成为引领大学发展的中心和标杆，通过吸引其他大学的响应、模仿、借鉴乃至反抗和竞争，逐渐形成高等教育领域内的中心模式，这又进一步推动全球高等教育机制模式及职能结构的趋同，并驱使大学不断实现自我更新和完善。围绕大学中心地位的竞争与中心模式的演进，实质上成为近代以来世界高等教育发展的主要脉络。由于这种演进与变革是在跨国境的互动与碰撞中形成的，也只有超越国别区域限制，将其置于更广阔的全球史视野下才能对其演进的路径与变革的动因形成较为清晰的理解与把握。

大学是知识创新的主要载体，这意味着大学的发展以及大学中心的转移与科学的发展及其中心的转移存在着高度重叠的空间。科学既以静态的知识体系而存在，又以动态的研究过程和社会建制而存在。无论是以何种形式而存在的科学，在历史的时间和地理的空间上均始终处于不平衡的状态，即科学知识、科学研究活动和科学机构在不同历史时期和不同地区呈现出波动发展的态势。最早关注到科学发展不平衡现象的是英国科学史学家丹皮尔（William C. Dampier, 1867—1952），在专著《科学史及其与哲学和宗教的关系》（1929）中，他首次提到"世界科学中心"一词。美国社会学家默顿（Robert K. Merton, 1910—2003）和英国科学家贝尔纳（John D. Bernal, 1901—1971）分别采用定量测量和定性描述的方法对"科学活动中心"展开研究。在此基础上，日本科学史家汤浅光朝基于《科学技术编年表（1501—1950）》里记录的科学成果和《韦伯斯特传记词典》中编选的有代表性的科学家[1]，对16世纪至20世纪的重大科学成果做了定量分析，并在《解说科学文化史年表》（1962）[2]一书中提出了世界科学中心转移的量化规律，即"汤浅定律"。汤浅光朝认为，如果某个国

1　王晓文，王树恩．"三大中心"转移与"汤浅现象"的终结 [J]. 科学管理研究，2007（4）：36-38.
2　汤浅光朝．解说科学文化史年表 [M]. 张利华，译．北京：科学普及出版社，1984.

家的重大科学成果数超过同期世界科学成果总数的四分之一，即可将该国称为"世界科学中心"。照此标准，从近代自然科学产生以来，世界科学中心从意大利（1540—1610）开始，经英国（1660—1730）、法国（1770—1830）、德国（1830—1920）至美国（1920— ），发生了四次转移，且科学中心转移的平均周期为80年。因此，他预言美国的世界科学中心地位将在2000年前后被取代。尽管汤浅光朝关于美国科学兴隆期的预言在一定程度上来说失败了，但其对科学中心转移路线的精准绘制得到了学界的广泛认可。

值得指出的是，本-戴维（Joseph Ben-David，1920—1986）在其1971年出版的著作《科学家在社会中的角色》中，通过考察科学家角色的产生与变化以及科学的体制化进程来解释世界科学中心转移现象，描绘了科学在大学中心转移中的发展轨迹。[1]他认为，近代科学形成以后，每一个时期都有一个国家居于科学研究的中心地位，17世纪是英国，18世纪是法国，19世纪是德国，20世纪以后是美国。由于全世界的科学共同体的统一性，边缘国家的共同体成员在思考自己的工作时，通常把科学中心的状况作为他们的参考框架，其大部分工作是对中心的响应、模仿、反抗和竞争，每一个中心的科学的社会结构的发展都是建立在前一中心的发展形态的基础上的，科学所扮演角色的演变和组织的发展正是中心模式从一个国家到另一个国家的扩散、移植和革新过程。

这与上文讨论的大学发展逻辑一致。这是因为，大学是现代科学的中心，科学中心的演变与大学模式的先进性、中心化有着直接的关系。无论是在科学知识发展还是在科学组织形成，抑或是规范科学研究过程中，大学都发挥了显著作用。同时，在科学家角色和科学组织从一个国家到另一个国家的扩散过程中，大学担任了制度化"继承者"的角色，正是在大学模式的继承与移植的过程中实现了新旧科学中心的更替。

本书从全球史的视角出发，试图勾勒并在整体上理解高等教育体系的变迁及中心模式在世界范围内的扩散。现代意义上的大学制度产生于欧洲，这使欧洲与美国在高等教育体系形成与发展过程中居于中心地位，非欧美国家的大学

---

1 约瑟夫·本-戴维.科学家在社会中的角色[M].刘晓，译.北京：生活·读书·新知三联书店，2020.

在其生成过程中则不断地趋向、模仿、借鉴欧美大学的模式，形成世界高等教育体系中的中心—边缘等级结构。但同时，各国和各地区又受到其所处的特定的政治、经济、文化等高等教育系统外部环境要素的影响，这种具有差异性的本土化要素是各国高等教育体系在近代化过程中形成自身特色的重要诱因。

上述视角与观点是本书各章内容衔接与推进的逻辑基础。全书以大学中心模式的形成、变革与扩散为主要线索，侧重梳理自中世纪大学产生以来，大学发展历程中的核心职能和组织特征的变迁，分析包含英、法、德、美各中心模式的形成原因、社会基础、主要特征及主要影响，进而探讨现代高等教育的本质特征、变革规律和发展方向。

全书除前言及终章外，共分八章，包括三大部分：

第一部分由第一章和第二章构成。第一章主要介绍东西方古代世界高等教育兴起与发展的特点；第二章重点分析欧洲中世纪大学形成的背景与特征，通过对其与古代东西方高等教育的比较，重点探讨大学及其核心特质。

第二部分由第三至六章构成。以大学中心模式的形成与演变为重心，比较与分析17世纪的英国模式、18世纪的法国模式、19世纪的德国模式及20世纪的美国模式的形成过程、主要特征及演变动力，探讨现代大学发展的轨迹与规律。

第三部包括第七章和第八章。以中国与日本为案例，比较与分析后发国家引进、革新与建设现代大学制度的历程、特征及成败要因。

终章在总结近代以来世界高等教育中心转移及发展演变规律的基础上，对21世纪大学发展的趋势做扼要分析。

第一部分

第三部分

Part 1

第一部分

高等教育史

大学模式的演进与变革

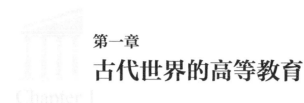

第一章

古代世界的高等教育

Chapter 1

　　教育是人类文明的标志之一，是人类文明得以世代传承的关键。自人类文明诞生之时起，以社会维系、知识与价值观念传承为特征的教育组织和教育模式即以各种形态在世界各地产生。

第一节　古代西亚和南亚的高等教育

一、两河流域的早期学校教育

　　苏美尔人在两河流域所创造的苏美尔文明是目前已知最早的文明。根据碳十四检测，其年代可追溯至公元前4000年。人类最早的学校即是由苏美尔人创办的，其学校教育可追溯到公元前3000年以前。

　　作为文明的标志之一，苏美尔人发明了楔形文字，并将其刻画在黏土泥版上，以作记录和保存之用。现存最早的泥版文书出土于苏美尔古城乌鲁克。这些泥版文书用楔形文字书写而成，以经济和管理文献为主，也包括一些单词表，据推断可能是供新人学习和练习之用。这表明在公元前3000年之前，出于培养从事文书记录工作的文士[1]等管理人才的需要，可能已经出现了学校教育的雏形。更直接的证据是在20世纪30年代考古学家在两河流域上游的名城马里（Mari）发掘出了一所房舍。这所房舍包括一条信道和两间房屋，大间房屋长44英尺[2]、宽25英尺；小间面积为大间的1/3。大间排列着4排石凳，可坐45人左右；小间排列着3排石凳，可坐20人左右。从房间布局分析，其高度疑似学校的教室。房中没有讲课用的讲台，但发现了很多泥版，从泥版内容看应是学

1　文士是苏美尔社会的统治阶层成员，主要服务于王室与神庙。文士一般分为高级和低级两类，前者充任官员，后者从事各种技术工作，如土地测量及登记员、缮写员、计算人员、秘书等。

2　1英尺 ≈ 0.3 米。

生的习作。这所房舍靠近王宫，附近还有泥版文书的储存地。考古学家由此推断，这是一所建造时间在公元前3500年前后的学校，其出现时间比此前公认的埃及的宫廷学校要早1000年左右，是目前已知的人类最早的学校。[1]

目前的考古发掘没有发现更多之后几个世纪的学校教育的遗迹。大量的学校相关的遗迹集中在公元前2500年以后。1902—1903年，考古学家在苏美尔的重要城市舒鲁帕克（Shuruppak）发掘出了大量楔形文字的泥版，这些泥版文书是公元前2500年左右制作的，内容主要是行政管理方面的文献，包括苏美尔人经济生活的方方面面。据此可以推断，这一时期的文字数目较之先前有大幅度增加。另外，在出土的泥版上发现很多类似学生的习作和老师写的教材，表明这一时期学校教育有相当程度的发展。这些泥版文书，大致反映了古代苏美尔人学校教育的办学目的、学生来源、教职人员构成、课程设置和教学方法等方面的情况。

迄今为止，从考古学家所发掘的苏美尔的学校遗址看，其大致包括三种类型：一是王宫附近的学校，包括在拉尔萨（Larsa）、乌鲁克（Uruk）和马里等地发掘的学校遗址，这类学校可能由王宫设立；二是靠近神庙的学校，它们可能是由神庙建立的；三是邻近文士居住区的学校，这类学校遗址主要在尼普尔（Nibru）和基什（Kish）。这三类学校究竟谁占据主要地位，就现有材料而言还无法得出确切结论。

在苏美尔，学校被称为"泥版屋"（苏美尔语edubba），因为泥版是学校全部的工作道具。苏美尔人学校教育的宗旨和目的是为王室和神庙培养文士，以满足土地管理和经济发展的需要，这贯穿于苏美尔人学校发展的始终。随着学校的发展和壮大，特别是课程设置范围的不断扩大，学校逐渐成为苏美尔人的学术、文化和研究中心。苏美尔人的学校有一个现代学校所不具备的显著特点和功能，即其同时是文学创作中心。学校在不断鼓励学生创作新文学作品的同时，也把优秀的旧作品作为学校教材之一。[2]学生毕业后，部分人成为王室或神庙的文士，更多的人则留校，把自己的一生献给新人培育或学问研究。

---

1 斯蒂芬·伯特曼.古代美索不达米亚社会生活 [M].秋叶，译.北京：商务印书馆，2016：319.
2 Kramer S N. History Begins at Sumer[M]. Philadelphia：University of Pennsylvania Press，1981：4.

古代两河流域的教育系统，在很多方面不同于现代学校教育的模式：它的定位是私人的或者特定阶层的而非公共的；它的入学是自愿的而非义务的。据此推断，苏美尔学校的学生很可能都出身于富裕的或地位显赫的家庭。苏美尔语的难度使得掌握楔形文字书写需要相当长的时间。贫困家庭支付不起学费，也承受不起接受教育所需的大量时间，"要想成为一个文士，必须每天和太阳一起升起"这句谚语充分说明了这一点。在公元前2000年前后制作的几千块泥版里，约有500人称自己为文士，并标明了他们的父名和职业。1946年，德国楔形文字学家施耐德（N. Schneider）根据这些材料进行研究，发现这些书吏的父亲大都是政府官员、军事长官、高级税务官、祭司、文士等[1]，充分说明了入学者的身份和学校的阶层属性。

在组织和管理方面，苏美尔人的学校与现代学校有些类似。校长被称为uremia，意为专家、教授，也被称作a-bi-é-dub-ba，意为学校的父亲，因其学识渊博而受到学生的顶礼膜拜。学生通常被称作dumu-é-dub-ba，即学校的儿子。教师在苏美尔语中叫"泥版书屋的书写者"，每个教师负责一门学科。教师的助手一般被称为"大师兄"，职责是制作供学生临摹的泥版，检查学生的临摹与背诵作业情况。学校还有一些教辅人员，被称为"泥版书屋的管理者"，负责图书馆和其他校务工作。一块记载学生校园生活的泥版显示，学校的教职人员还有绘画老师、苏美尔语老师、记录学生出勤情况的职员、制定学生守则的职员、维持学生课堂秩序的职员、管理学生出入校园的职员等。这些教职人员的职位高低与工资来源目前尚不清晰。[2]不过，现代学校的成员组成——管理者、教师、助教、教辅人员和学生等，在苏美尔时期的学校均已完备。

苏美尔人学校教育的课程设置与教育宗旨、目的相适应，大体可分为基础课（语言课）、专业技术课和文学创作课。语言课是基础课，主要教授苏美尔语的单词和语法。老师把有联系的单词和短语进行语言学分类，以便于学生记忆和抄写。至公元前3000年前后，这些语言教科书已臻完善，并形成固定模式。在专业技术方面，学生需要学习计算（代数）、土地测量（几何）、数学知识及

---

1 李海峰，祝晓香.古代西亚苏美尔人的学校教育 [J].阿拉伯世界，2003（6）：40-42.
2 李海峰，祝晓香.古代西亚苏美尔人的学校教育 [J].阿拉伯世界，2003（6）：40-42.

生物、地理、天文、医学等。文学创作课包括两方面内容——抄写与模仿，以研究过去的文学作品并进行新的文学创作。供抄写和模仿的作品主要是公元前3000年前后以诗歌形式写成的数百篇文学史诗，如《吉尔伽美什》（*The Epic of Gilgamesh*）等。这是当时作为一个文士所必须具备的基本知识体系。从教学内容看，分类教授通用知识和专业知识的观念已经形成。

有关苏美尔学校的教学方法和技巧的记载不多，可以推知记忆在学习过程中起着重要作用。通常学生到校后，先复习前一天学过的课程，然后照着助教准备好的泥版进行临摹和学习。最后，助教和教师检查学生临摹的泥版。针对学生学习，学校设置了奖惩分明的管理制度：表现好的给予表扬，违反学校纪律的则实施处罚，一般是用鞭子抽打或用铜链锁住双脚关禁闭，严重的则被开除学籍。

苏美尔学校是人类学校教育的起步阶段，其办学宗旨、教学方式和教学内容等对古代世界的教育发展无疑起着推动作用。不过，从目前考古发掘的泥版情况看，这一时期的学校教育较为简单，尚未出现后世的初等及高等教育阶段的分段。从培养定位看，苏美尔学校以培养服务统治阶级进行社会管理的专业文士为主，实质上带有后世的专业教育的色彩。

二、古埃及的学校教育

古埃及是公认的世界早期代表性文明古国之一，其璀璨的文化对近东乃至古希腊的文明都产生了巨大的影响。公元前3500年前后，依托尼罗河流域得天独厚的自然资源，埃及境内初现文明的曙光，形成了上埃及和下埃及两个国家。公元前3000年前后，两国统一，先后建立起早期王国和古王国。此后一度发生战乱和分裂，至公元前2200年前后，埃及全境重新统一，并发展成强大的中王国。中王国时期的埃及政治稳定、经济繁荣，有效地促进了文化与教育的发展，是古代埃及的鼎盛时期。公元前1580年前后，古埃及进入新王国阶段，国势出现下滑趋势，于公元前525年为波斯帝国所灭。

古埃及时期，社会经济的发展有效地推动了科学技术与文化的发展。由于尼罗河的定期泛滥，为保障农业生产，国家需要准确预报汛期，这使天文学得以萌芽并衍生了人类历史上最早的历法。通过兴修灌溉沟渠和堤坝工程，水利学有了开端；通过测量尼罗河泛滥后的田地，几何学获得了初步发展的基础。中王国时期稳定的海外贸易和频繁的军事远征，帮助古埃及人建立了视野广阔的世界地理知识体系。古埃及法老为体现王权的强大，大量征发民力兴建规模庞大的宫殿、寺庙和金字塔等大型建筑，奠定了工程学的发展基础。此外，为制作木乃伊和治疗疾病，古埃及在医学领域也有所成就。这些文化发展和知识创新的成就，使古埃及的教育很早就具有了相当的成熟度。

古王国时代，埃及已经有了较为系统的学校类型体系的分化，产生了宫廷学校、职官学校、寺庙学校、文士学校等不同类别的教育机构，它们有不同的招生对象、不同的培养目标和不同的学习内容。

宫廷学校主要招收王族和贵族子弟，培养国家的高级统治人才。学校的教学内容既有文化知识，也包括统治伦理和技巧等。贵族青年除了在宫廷学校学习书写和计算，还要到政府部门见习，接受实际业务的锻炼，以便日后充任官吏。[1]

职官学校层级相对低于宫廷学校，主要培养国家管理所需要的普通官吏。中王国时期，疆域不断扩大，政务日益繁重，需要大批的官吏以加强国家管理。仅靠宫廷学校难以满足这一要求，因此各级政府部门均根据自身业务需求开设不同类别的职官学校，培养本部门急需的专业技术与管理人才。据古埃及时期的文献记载，司法机关曾设立训练司法官员的学校，司档机关设立培养司档官员的学校，司库机关则设有训练理财官员的学校。这些学校一般以吏为师、以法为教，招收贵族和官员子弟，由本部门有经验的官吏充任教师，教育内容以本部门日常工作即专门职业教育为主，兼及普通文化课程。[2]

寺庙学校是古埃及办学水准最高的教育机构。古代社会的科学与文化知识早期多脱胎于宗教活动。僧侣和祭司等不仅在宗教领域，在天文学、水利学、工程学以及医学等知识领域也具有远远领先于同时代人的专业素养，享有崇高的社会声誉与专业威望。古埃及寺庙具有鲜明的世俗性，它既是宗教活动的

1　王素，袁桂林.埃及教育[M].长春：吉林教育出版社，2000：7.
2　李立坚.试论古代埃及教育的发展及其特征[J].太原教育学院学报，2002（4）：40-44.

场所，也是替法老办理天文、水利、建筑等事务的专业机构。在中王国时期，为培训宗教人士和专业人员，寺庙设立了很多学校，如建于赫利奥波利斯城（Heliopolis）的太阳神庙和建于底比斯城（Thebes）的卡纳克神庙（Temple of Karnak）均为高级僧侣集中且图书丰富的学府。这些学校除传习一般知识外，还传授天文学、数学、建筑学、医学等较为高深的科学技术。与官办的职官学校着重培养执行公务的官吏不同，寺庙学校侧重造就专业人才。

文士学校是古埃及设置最多的一类学校。文士精通文字、善书能算，是古埃及社会的专业技术人才和各级政府的中坚技术官吏。由于文士不是世袭，而充任职官的文士具有较高的社会地位和丰厚的收入待遇，所以古埃及社会各阶层人士都企图"学为文士"，现存的考古文献中即存在不少人读好了书"就可以支配整个世界"的文字记录，反映了当时埃及社会的这一观念。[1]为了满足上述要求，许多文士自行设校招生。这种私人开设的文士学校主要教授书写、计算和有关律令的知识。水平高的学校还传授数学、天文学、医学等专业知识。由于学校的水平不同，学生修业年限也参差不齐，有富贵子弟入水平高而修业年限长的学校，也有家庭情况较差者入水平较低而修业年限短的学校。与古埃及的其他各类学校不同，文士学校招生对象不限于贵族官僚子弟，也招收商人及手工业者子弟。众多青年通过进文士学校学习而获得充当官吏的机会，使得教育成为实现阶层流动的工具。

古埃及时代，学校教育的类型更为多元，教育内容也相较苏美尔时期有相当程度的完善。但在教学方式上，学生不是通过诵读而是通过反复抄写范本进行知识学习。如在书写方面，除抄写词汇外，学生还须反复抄写公文、函札、契约、记事等，以熟悉其撰写的格式规范；在计算方面，学生也是通过反复的练习，掌握家财计算、土地测量和预算税收等的实际业务运用法则。整个教学浅易实用，但缺乏理论性，其性质更接近机械式的技能训练。[2]此外，和苏美尔时期一样，古埃及的学校教育也没有出现学校阶段的分化。

古埃及在公元前525年为波斯所灭，结束了其作为独立国家的历史。公元

---

1 王素，袁桂林. 埃及教育 [M]. 长春：吉林教育出版社，2000：7.
2 李立坚. 试论古代埃及教育的发展及其特征 [J]. 太原教育学院学报，2002（4）：40-44.

前332年，马其顿的亚历山大大帝（Alexander the Great，前356—前323）击败波斯，占领了埃及。作为亚里士多德的弟子，亚历山大把古希腊的文化带入中古埃及，推进了中古埃及的希腊化进程。

亚历山大在埃及地中海沿岸建立了名城亚历山大里亚（Alexandria）。亚历山大死后，其部将托勒密（Ptolemy，前367—前282）在埃及建立了希腊化的托勒密王朝，并在亚历山大里亚设立了博物馆。博物馆设有文学部、数学部、天文学部和医学部，附设有植物园、动物园、实验室和天象仪器馆等设施，吸引了各国学者在此开展高水平的科学研究。在亚历山大里亚的博物馆，欧几里得（Euclid，前330—前275）完成了他的几何学体系的构建，天文学家阿里斯塔克（Aristarchus，前315—前230）证明了太阳比地球大，并初步计算了两者的比例关系。医学家赫罗菲拉斯（Herophilus，前320—？）通过解剖证明了人的智慧产生于大脑而非心脏。亚历山大里亚博物馆的高水平研究吸引着古代世界的各国青年前来求学，学生最多时曾达万人，如阿基米德（Archimedes，前287—前212）青年时也曾在此跟随欧几里得的学生埃拉托色尼（Eratosthenēs of Cyrene，约前276—前194）等学习。博物馆开设的讲座包括语言学、修辞学、哲学、文学、数学、天文学和医学等。总体而言，亚历山大里亚的博物馆集藏书、学习和科学研究于一体，已经初步具备后世大学的各项功能。

三、古代印度的学校教育

印度河流域的文明兴起于公元前3100年前后。公元前2000年前后，居住在印度河流域的土著达罗毗荼人建立起城邦国家，并创造了文字。约在公元前1500年，中亚游牧部落雅利安人入侵印度，建立了强有力的王国，并在婆罗门教的基础上逐渐形成严格的等级制度，即所谓的种姓制度。种姓制度把人分为四个等级（种姓），按高下依次为：婆罗门，即僧侣；刹帝利，即武士；吠舍，即农民和从事工商业的平民；首陀罗，即被征服的土著居民，非雅利安人。其中婆罗门和刹帝利为高级种姓，属特权阶级。

古印度雅利安人的知识体系集中体现在公元前1500年开始创作的《吠陀本集》中。吠陀的梵文为veda，意译为"明"，即知识。《吠陀本集》采用诗歌形式，通过口口相传留传下来。其内容主要是古印度人有关宗教和哲学的认知。古印度教育的起源也直接与宗教的传播有关。婆罗门教的教育宗旨是破除尘俗，获得精神上的解脱，与梵天（创造之神）合一。教育不仅是赞美、追求知识本身，还是宗教的一部分，而学习知识被视为解脱和自我实现的一种手段。[1]

早期印度的教育主要是家庭教育，由家中长辈口授《吠陀本集》，子弟随之诵读与记忆。公元前8世纪前后，《吠陀本集》的最后一部《奥义书》面世。此时，经长期摸索，婆罗门教教育开始由机械背诵经典渐渐向钻研经义发展。由于阐明经义非一般家长所能胜任，对经典略有研究的僧侣随之开始开展专业且固定的青少年教导工作，以弥补家庭教育的不足。这批人被称为"古儒"（guru），他们在家设校，所设学校被称为"阿什仑"（ashram）。儿童在阿什仑的学习年限通常为12年。教学方式为寄宿在古儒家中，与导师及同学共同生活起居，日常听古儒解经。古儒学校受婆罗门教影响，清规戒律甚多，入学须举行隆重的仪式和通过比较严格的审核，入学后须定时沐浴，虔诚祈祷。作为修行的一部分，学生在校学习期间须定期外出乞讨。印度在《奥义书》产生以后的公元前8世纪—前4世纪，不但数学、天文、建筑术和星占术等均有一定的发展，还因为正确诵经和解经的需要而出现了语法学、发音学、音韵学、逻辑学等新的学问领域的萌芽。为适应时势，阿什仑的古儒也要求学生学习发音学、音韵学、语法学、字源学、天文学和祭祀规则等，作为习经的基础。这些知识被称为"六科"。[2]这种学习已超出宗教的领域，具备了后世的高深学问体系的雏形。随着学问体系的逐步成形，阿什仑的教学方法也发生了一定的变化，简单的启发诱导式教学取代了全盘机械式的死记硬背和照本宣科。此外，古儒还常利用年长儿童为助手进行教学：助手先学习一步，然后协助老师指导其他儿童。这与后世的助教制有些接近。

公元前6世纪—前5世纪，释迦牟尼（Śākyamuni，前622—前543）创立佛教。佛教的兴起极大地改变了古印度的文化和教育生态。与婆罗门教侧重在家

1　王长纯.印度教育[M].长春：吉林教育出版社，2000：7.
2　王长纯.印度教育[M].长春：吉林教育出版社，2000：13.

庭和人数有限的阿什仑进行学习与修行不同，佛教要求教徒出家修行，以寺院为教育场所。由于寺庙有财有势，社会上形成"入寺习僧"的风尚。因此庙宇日多，僧徒日众。大多数寺庙规模在千人以上，著名的那烂陀寺更是常常保持在万人以上，包括各类僧师（教师）和为数众多的修行僧徒，从规模上看，已接近后世大型高等教育机构。

佛教教育的目的是用佛教思想影响社会上年轻的一代。与婆罗门教不同，佛教的寺庙学校没有种姓限制，教学用语也结合各地方言，并不仅限于上层阶级专用的梵语，一定意义上具有教育民主化和大众化的倾向。在教育内容方面，佛教教育有一套系统完备的宗教课程体系。课程起初仅限佛学、哲学和逻辑，但随着教义研讨的深入和外部印度社会及其他宗教文化的发展，逐渐扩及梵语文学、天文学、占星术、医学、法律、政治、管理、音乐、艺术和技术教育等众多领域，形成了多样化的学科体系。[1]

入学佛教寺庙学校须年满8岁，僧徒入寺后须学满12年才能毕业，成为寺庙中具有独立资质的僧侣。入寺之初，僧徒主要学习阅读、写作和数学，这一阶段相当于后世的初等教育。在具备了一定的理解能力与知识基础后，僧徒将进入高阶段学习佛教经典及哲学等科目。佛教教育十分重视辩论，将其作为主要的教学方法。当时流行的观点是：辩论是传经送道、扩大佛教影响的重要手段。通过辩论的教学方法，帮助僧徒学会论证，熟悉辩论技巧，重视逻辑推理，能够表达流畅。[2]基于经义传播的辩论教学超越了单纯的机械式知识记忆的传统教学方式，推动了教育模式与类型向更高层次发展。

佛教教育依托一些高僧云集的著名寺庙形成了多个教育中心，其中最知名的是玄奘取经讲学的那烂陀寺。那烂陀寺兴起于公元5世纪，及至7世纪时已成为全印度令人瞩目的佛学教育与研究中心。那烂陀寺有藏书900万卷，僧众万人，其中具备传道资格的僧师1500人。这些僧师按能力分成三个等级：第一等级的10位僧师能解读500部佛教经典，第二等级的500位僧师能解读30部经典，其余近1000位僧师属于第三等级，能解读20部经典。众多的高僧聚集于

1　王长纯. 印度教育 [M]. 长春：吉林教育出版社，2000：24.
2　王长纯. 印度教育 [M]. 长春：吉林教育出版社，2000：29–30.

此，使那烂陀寺享有古代世界的崇高声誉。每天有100多个讲坛讲经说法、研讨佛教教义。除了开展佛学研究，那烂陀寺也是研究因明、生命、医学、天文历算、工巧学、农学等学问的重心。[1]

那烂陀寺采用民主管理方式。住持（校长）由全体僧众选出，以经验、性格和学识为标准，通常是佛教方面最知名的人士。佛教团成立两个委员会，以协助僧众的工作。一个是学术委员会，负责处理教育和教学各个方面的问题，为校长献计献策，也管理图书馆。另一个委员会负责一般的行政事务，包括校舍的管理、新建和维修以及僧众的衣食住行等，还要管理隶属于寺庙学校的200个村落。[2]从那烂陀寺的教学和管理看，其作为高等教育教学与研究机构的特色鲜明且较为完备。

苏美尔、埃及和印度都是古代世界的文明象征，其教育模式也是人类早期教育发展的代表。从教育内容看，一方面，苏美尔和埃及的教育更侧重培养技术性、应用性的文士和官吏，这与当地的强大世俗王权力量有直接关系；另一方面，印度的教育起源于宗教，导致其更注重形而上的高深知识的探索。相对于世界各地早期文明中普遍存在的多神教，宗教在印度产生了一神教——佛教，这使其更容易关注对世界本原的探究并借此推动教育与学术体系的发展。当然，无论是苏美尔、埃及还是印度，其教育模式都是一贯性的，尚未出现后世初等教育和高等教育的明确分阶。

第二节　古代西方世界的高等教育

一、古希腊的高等教育发展

古希腊是现代西方文明的摇篮，其文化与教育等都达到了相当的高度，成为后世西方文化教育发展的直接源头。

与古埃及法老一统的政治体制不同，古希腊所处的伯罗奔尼撒半岛被爱琴

1　王长纯.印度教育 [M].长春：吉林教育出版社，2000：39.

2　王长纯.印度教育 [M].长春：吉林教育出版社，2000：40.

海、地中海所环绕分隔，形成众多独立的城邦国家，这为古希腊注重个性的文化与文明发展奠定了基础。

古希腊教育依城邦不同，形成了两大不同类型——斯巴达型与雅典型。斯巴达是古希腊的军事强国，其人口由斯巴达人和被征服的本地希洛人组成。斯巴达人是统治者，约3万人。希洛人属于奴隶，没有任何权利，约30万人。斯巴达人为了保持少数统治的稳定，需要把所有斯巴达人都训练成军人，斯巴达的教育即是为培养这种军人服务的。斯巴达人把教育视为国家的职责，实行严格的体格检查制度：婴儿从出生伊始就属于国家，父母必须把初生婴儿交给长老检查；身体虚弱或畸形的，就被抛之荒野，身体强壮的才被留下，由父母替国家抚养至7岁；7岁以后，儿童要离开父母到国家教育场所过半军营式的生活，直到18岁。教育的主要任务是通过严格的军事体育训练和道德灌输，使儿童养成健康的体魄、顽强的意志以及勇敢、坚忍、顺从、爱国等品质。

雅典则是商业化的港口城市，市民社会发达，这使其教育在目的、内容和方法上，与斯巴达的教育存在显著差异。雅典教育不仅重视健美体格的育成，更重视高度的文化修养、发达的智力以及高尚的审美情趣的养成。换言之，相比斯巴达，雅典的教育更重视人的全面发展。根据这样的教育目的，雅典的男童一般在7岁以后进入文法学校和弦琴学校学习。文法学校主要教授读、写、算的知识，弦琴学校主要教授音乐、唱歌、朗诵等。雅典人非常重视音乐教育，认为音乐能塑造和改变一个人的性格，使其心灵纯洁，举止文雅。上述两类学校都是私立的，教师一般是有政治权利的自由民。国家仅负责16—20岁青年的军事教育。[1]

公元前5世纪前后，随着社会文化的发展，希腊出现了一批以传授知识技艺为生的云游教师，即"智者"（sophists）。智者云游四方，以钱财而不是以门第作为收徒授业的唯一条件，这不仅推动了文化的传播，而且因扩大了教育对象的范围起到了促进社会流动的作用。同时，智者以知识传授为谋生职业，不仅提高了教育工作的专业化效率，也抬高了教师的身份地位。智者教育

---

1 贺国庆，于洪波，朱文富.外国教育史 [M].北京：高等教育出版社，2009：28.

的目的是教人学会从事政治活动的本领，有志成为政治家的青年在修辞技巧的帮助下，通过辩论疑难问题来促进其智力和辩才的发展。因此，辩论术、修辞学和文法成为智者主要的教学科目，由此确立了西方通识教育的核心"七艺"（seven liberal arts）中的前三艺。相比早期城邦的教育，这种教育无疑具有更高层次的知识水准。

在智者教育的基础上，古希腊时期出现了一批高水平的高等教育机构与学派，比较著名的有伊索克拉底（Isocrates，前436—前338）创办的修辞学校（Rhetoric School）和毕达哥拉斯（Pythagoras，前580—前500）学派。公元前392年，雄辩家伊索克拉底在吕克昂（Luceion）附近创办修辞学校，主要培养演说家和有志从政的青年。课程除修辞学外，主要有文学、哲学、历史、法律等。学生除了学习修辞技巧外，需要定期就社会热点展开辩论，以训练与掌握专业应用的技能。修辞学校由此具备了高层次的专业教育机构的职能。毕达哥拉斯学派是公元前6—前5世纪由著名哲学家、数学家毕达哥拉斯及其门人所组成的一个集政治、学术与宗教于一体的神秘团体。毕达哥拉斯学派门规严格，规定没有数学基础的人不得入门。毕达哥拉斯个人高度重视数学数字对世间万物的意义，强调"万物皆数"，主张通过学习和研究数量之间的比例与关系来揭示自然世界发展的规律与奥妙。从教学内容与培养目标看，毕达哥拉斯学派不仅是单纯的知识传授组织，还注重培养学生探索知识的精神与能力，这使其教育教学带有了研究的性质，从而初步具备了高深学问探究的高等教育特性。

公元前387年，哲学家柏拉图（Plato，前427—前347）在雅典创办了阿卡德米学园（Academus），重点传授哲学、伦理学、政治、法律、文学、音乐和数学等。柏拉图的讲授风格是讨论性教学，对后世的西方教育产生了极大影响。柏拉图的学园是名副其实的古代世界的高等教育机构，它在一定程度上要求所有的入学者都受过相当程度的专门教育，这就意味着学生须受过一般的希腊式教育，即身体方面要学过体操，精神方面要学过音乐。此外，学园还要求学生有数学方面的基础，这一要求刻在学园的大门上——"不懂几何的人莫入"。在柏拉图看来，数学是形而上学和知识理论的最重要前提之一，因为在数学中，证明是可信的，原理是真实的，所以就可以获得真正的知识。

柏拉图的教育理念主要体现在他的《理想国》和《法律篇》中。柏拉图认为儿童的教育要尽早着手，以一种托儿所的方式，用游戏和比赛反复强调和灌输最初的技能。要做到这一点，必不可少的科目是体操和音乐。在高级阶段的教育中，学生学习经过改进的毕达哥拉斯学派的四艺。四艺是较为抽象的知识，数学和天文学在其中处于重要位置。对于非奴隶的自由公民而言，这些科目是非常重要的，因为它们既有助于形成理性，又可以把人的精神从低级的物质世界中提升出来，并形成对于永恒真理的思考，而这种思考，正是智慧的开端。

柏拉图的学生亚里士多德是古希腊哲学的集大成者。公元前335年，他仿效老师柏拉图所办的学园，在雅典创办哲学学校吕克昂（Lykeion），也称逍遥派学校（Peripatetic School）。

与柏拉图希望通过教学来进行教育不同，亚里士多德则希望除训练之外，还要采用研究的方法来进行教育。为此，吕克昂配备了大的图书馆、博物馆（museion）和实验室，以供科学研究之用。在亚里士多德看来，要想进行正确的科学研究，不仅要对基本哲学问题进行理论思考，还要进行直接的实验。这种亲身的实验和经验既包括自然现象方面的，也包括社会结构方面的。正是因为如此，亚里士多德把吕克昂的教育机构充实成一个真正的研究机构：学校内有序地陈列着各种学科的材料；博物馆中开设了一个规模很大的手稿图书馆，保存了大量的教学材料；在柱廊上，悬挂着许多地图，上面标示的地区都是古希腊的地理学家和其他旅行家曾经考察过的。常常还有装载了当时来自未知东方的动物的船只来到吕克昂，其中一些是亚里士多德的学生亚历山大大帝送给老师的礼物。亚历山大在军事远征中，没有忘记给老师送去这些新的研究资料。在吕克昂，亚里士多德亲自从事研究，除了对希腊各城邦的体制进程进行比较研究，他还对540多种动物进行分类，对其中一些动物的生长过程进行观察，并由此创立了动物学。正是在这个意义上，吕克昂被认为是古代第一所具有大学性质的学校。亚里士多德在这所学校中探索教学与研究的有机联系，使其成为后世欧洲及阿拉伯世界高等教育机构效仿的榜样。

古希腊高等教育是古代世界高等教育的高峰，对中世纪乃至近现代西方高等教育的学科体系、教育教学目标等都产生了深远影响。古希腊文明在许多方面受到古代东方的影响，文化教育亦然。但在长期的发展过程中，古希腊文化教育形成了自己独有的特征。就教育而言，与以实用导向的文士教育为主的东方不同，古希腊教育更注重哲理思考与人格训练。随着经济社会的发展，古希腊除了对高级专业人才的需求及培养规格不断提升外，对纯粹知识的兴趣与探索也日趋浓厚。由此产生的知识阶层以及其为传播个人的学说主张而广为招徒的行动，促成了古代希腊高等教育的形成与定型。

公元前3世纪以后，随着亚历山大的学生马其顿王亚历山大的东征，地中海东岸，包括埃及、波斯等地均成为庞大的亚历山大帝国的领地，由此使古希腊文化教育的影响突破了希腊世界的疆域，形成了古代中近东地区的希腊化风潮。

希腊化的象征是亚历山大帝国的首都亚历山大城。它于公元前332年建于尼罗河河口，是古代亚洲、埃及和希腊文化的融合地，从而成为当时世界的商业中心和学术活动中心。继亚历山大而起的托勒密一世在此建立的亚历山大图书馆是古代世界最著名的图书馆。图书馆的目标是要把所有希腊文献都收集在一个屋顶之下。图书馆还收藏了大量的其他文献，如埃及、美索不达米亚、腓尼基和其他亚洲国家的文献，其中大批被译为希腊文。学者对用各种文字撰写的手稿进行整理、注释、翻译，产生了语言学、文学批评和系统语法学等学科。正是在亚历山大城，犹太学者首次将《旧约》从最初的希伯来语翻译成希腊文（《七十子希腊文本》）。该图书馆存在了数百年之久，托勒密一世时，已藏书20万卷，二世时达49万卷，当公元前47年恺撒（Gaius Julius Caesar，前100—前44）访问该城时，藏书已达70万卷，为当时世界上藏书最多的图书馆。除图书馆外，还有一个博物馆。该博物馆完全模仿柏拉图和亚里士多德在希腊本土所建的教育机构，内设植物园、动物园、解剖室、天文观测台等设施以供研究，由此吸引了来自东西方各国的学者在此从事研究工作。

由于具有优良的图书馆和其他设施，亚历山大城在各门科学所取得的学术成果代表了当时最高的水平。由于汇集了如此多的书籍文献，需要将它们进行登记分类，遂产生了目录学。生活在大约公元前3世纪中期的图书馆学专家卡利马科斯（Callimachus，约前305—前240）被称为"目录学之父"，他曾著书描述了亚历山大城的学校，书名为 On the Museion，可惜该书已失传。此外，校勘学也在亚历山大城建立了，其标志是荷马的《伊利亚特》和《奥德赛》的修订及其他一些作品的面世。另外还产生了不计其数的文学评论和文法方面的作品。虽然这里崇尚人文学科，但也未忽视数学和自然科学。数学家欧几里得在《原本》（Elements）一书中收录了几乎所有的希腊数学运算，还给后人留下了关于光学、天文学和声学方面的著作。地理学家埃拉托色尼曾任亚历山大城图书馆馆长，他首次测量了地球圆周长，被视为第一位科学地理学家。阿波罗尼奥斯（Apollonius of Perga，前262—前190）出版了他的专著《圆锥曲线论》。喜帕恰斯（Hipparchus，前190—前125）发现了岁差现象。公元1世纪，亚历山大城成为应用数学的权威所在地。托勒密（Claudius Ptolemaeus，约90—168）研究光学和声学、地图绘制学、地理学和天文学，他的主要研究成果都是在亚历山大城完成的。他所发展的地心宇宙体系（托勒密体系）在天文学中占统治地位长达1300年之久；他还是一流的几何学家，在立体几何研究上有许多创见；由于著有《地理学指南》一书，他也获得了地理学家的声望。大数学家阿基米德虽然在亚历山大城没有做出科学发现，但他作为一名学生，在这里获得了良好的训练，并与这里的自然科学家保持了密切的联系。在医学上，亚历山大城也取得了丰硕成果。埃拉西斯特拉图斯（Erasistratus，约前304—前250）和希罗菲卢斯（Herophilus，约前335—前280）做了许多工作来弥合当时解剖学和生理学知识的分歧，发现大脑是神经系统的中心，静脉和动脉是不同的，并弄清了与消化和生殖有关的新事实。他们是所处时代解剖学和临床诊断方面的权威。

在谈到亚历山大城对文化发展的贡献时，后世学者归纳为以下四点：第一，它为许多国家培养了研究型学者和教师；第二，博物馆的学者开创了研究的风气，他们对各门科学的系统阐述和分类工作领先于当时的世界；第三，他们的编辑和文学批评活动为后世保存了古代诗人和其他古典作家的作品文本；第四，来自许多民族和国家的学者在历史上第一次自由而包容地聚集于此，包括希腊人、印度人、波斯人、犹太人、叙利亚人、埃及人等。文学、科学和哲学团体在此间产生，没有教派偏见，没有狭隘的民族主义，没有种族歧视。这种学术自由和繁荣的景致与后世许多国际著名的大学高度相似。[1]

二、罗马时期的高等教育

罗马帝国是欧洲在希腊文化兴盛以后的第二个高峰，影响并统治地中海沿岸地区长达千年。罗马时期古希腊语和拉丁语并存成为国家的学术语言，希腊文化由此得以保存并在全欧传播。

罗马的历史一般分为三个时期。（1）公元前8世纪—前6世纪的王政时期：这一时期，罗马从部落联合过渡为世袭贵族统治的城邦国家。（2）公元前6世纪—前1世纪的共和时期：这一时期，罗马由平民选举和贵族世袭组成的元老院进行统治，同时通过对外扩张建立起在地中海沿岸的绝对霸权。（3）公元前1世纪—公元5世纪的帝国时期：从奥古斯都（Augustus，前63—14）开始，元老院的权力被弱化，皇帝成为罗马的最高统治者，国家控制与君主的绝对权威成为帝国时期的社会统治的主要特点。

从共和时期开始，罗马逐渐形成了完整的学校教育体系。公元前3世纪，希腊文化对罗马产生影响，出现了被称为"ludus"的文法学校类型。这类学校一般由私人创建，采用希腊文教学，接受10岁左右的男孩入学学习阅读和书写。但和希腊不同的是，此类学校很少关注音乐与体育。[2]公元前1世纪，拉丁文作为罗马国家通用语开始受到关注，由此出现了以教授通俗拉丁文为主的文法学校与教授古典希腊文的文法学校并存的格局。不过，在教学内容方面，两者大同小异。罗马帝国时期，国家加强了对学校的控制与扶持。如一方面规定行省及城市须根据其规模大小利用公共支出对学校进行相应的资助。庇护皇帝（Antoninus Pius，138—161年在位）要求省会城市需要资助10名医生、5名修辞学家和5名文法学家；小城市标准减半，但也需要资助5名医生、3名修辞学家和3名文法学家。另一方面加强了对学校的管理控制。狄奥多西皇帝

---

1 贺国庆，王保星，朱文富，等.外国高等教育史 [M].北京：人民教育出版社，2006.
2 R.弗里曼·伯茨.西方教育文化史 [M].王凤玉，译.济南：山东教育出版社，2013：89—90.

（Theodosius the Great，379—395年在位）要求公共学校的教师不能有私人学生，私人教师也不能在政府资助的公共学校任教。[1]

罗马帝国时期，学校的分阶体系渐趋完善。文人学校（school of litterator）是最常见的初等学校，教授基本的阅读；常见的文法学校（school of grammaticus）属于中等教育；帝国最好的学校是所谓的修辞学家学校或称修辞学校。[2]修辞学校出现于公元前2世纪，主要招收16—18岁的贵族青少年，目的在于培养善于辞令的演说家。教学采用希腊语，此后也用拉丁语进行教学。教学内容一般取自希腊作家的作品，采用拉丁文教学后也开始引进一些拉丁作家的作品，以文学和修辞为主要教学内容，辅之以一定的哲学、历史、法律和数学知识。修辞学校的教师一般由中央和地方政府任命，并供给薪金及提供教学场所。仅就教育目标、学生年龄、教学内容看，修辞学校一定意义上可以被认为是罗马时期的高等教育机构。

与重视艺术、思辨和文化发展的希腊不同，罗马是通过军事强权而逐步由城邦国家发展成的帝国。因此，罗马人的兴趣点更聚焦于实用知识方面。政治管理和法律制度设计能力成为罗马人最高贵的品质，而抽象的形而上的学术思维居于次要的地位。罗马人吸收希腊文化的直接目的是为罗马社会服务，为现实政治服务，而不是出于学术目的。西塞罗（Marcus T. Cicero，前106—前43）曾注意到，保守的功利主义精神体现在罗马教育的所有特点中。譬如，希腊思想家一直对理论几何怀有浓厚的兴趣，但罗马人从来就没有想过除了丈量土地的实践工作所需的知识，还要去学更多的知识。[3]

基于这一因素，从学术发展的视角考虑，罗马的学校教育与学术研究远没有达到柏拉图、亚里士多德以及亚历山大里亚的水准。不过，罗马时期，通过西塞罗、瓦罗（Marcus Varro，前116—前27）和卡佩拉（Martianus Capella，生卒年不详，活跃于公元5世纪前后）等人的努力，希腊时代的知识体系被整合成文法、修辞、逻辑、算术、几何、天文、音乐等所谓的"七艺"，形成了后

1　R. 弗里曼·伯茨. 西方教育文化史 [M]. 王凤玉，译. 济南：山东教育出版社，2013：93.
2　R. 弗里曼·伯茨. 西方教育文化史 [M]. 王凤玉，译. 济南：山东教育出版社，2013：91.
3　葛怀恩. 古罗马的教育：从西塞罗到昆体良 [M]. 黄汉林，译. 北京：华夏出版社，2015：9.

世"自由学艺"和通识教育的基本框架。此外，出于管理庞大帝国的需要，罗马制定了系统繁杂的法律与法令，对这些法律进行编纂、整理和解释成为众多法理学家及一些君主关心的重要问题。在他们手中，罗马的法律成为整个西方文明世界的规范，影响了后世的法学专业教育与法学学术研究。

三、东罗马帝国的高等教育

罗马帝国瓦解后，西欧一度陷入了黑暗时代，蛮族的入侵与破坏导致数千年积累的文化财富丧失殆尽，整个文明几乎退回到蒙昧时代。

但在东方，东罗马帝国和新崛起的阿拉伯世界保存与继承了大量的古典希腊罗马文化遗产，并在此基础上设置了高水平的教育机构，继续保持并推进医学、数学、天文学等自然科学的教学与研究。

公元330年，罗马皇帝君士坦丁一世在古代希腊移民城市拜占庭旧址建立新都，改名为君士坦丁堡。395年，皇帝狄奥多西一世逝世，东西罗马帝国正式分裂。476年，西罗马帝国灭亡，东罗马帝国则继续存在，直至1453年君士坦丁堡被奥斯曼土耳其攻占。由于东罗马帝国首都君士坦丁堡建于拜占庭旧址之上，一般又称东罗马帝国为拜占庭帝国。古希腊罗马文化正是在东罗马（拜占庭）帝国得以保存并在十字军东征期间重新传播回欧洲，由此引发12世纪欧洲的文艺复兴和中世纪欧洲大学的兴起。

拜占庭教育的主要方式是沿袭古典希腊罗马和基督教的传统，强调对基本语言的掌握和对经典文本的准确记忆，在此基础上以基督教思想原则为指导，对古典文明遗产进行深刻的信仰诠释。这种对两种似乎对立文化要素的结合是7世纪以前拜占庭教育的特点。[1]7世纪以后，基督教会一度垄断了学校教育，世俗教育退回家庭，由私人教师和父母主导。直到8—9世纪的圣像破坏运动（Byzantine Iconoclasm）之后，宗教教育与世俗教育才重新获得同步发展的机会。

拜占庭时期，希腊语为通用教学语言，古希腊的哲学、文学和古罗马的法学在教育中占据重要地位。这是因为拜占庭教育和学术界尚古之风盛行，普

1　陈志强 . 拜占庭文明 [M]. 北京：北京师范大学出版社，2018：201.

遍存在抵制民间口语、恢复古代语言的倾向，如利班尼奥斯（Libanios，314—393）即声称，不能学习"野蛮的"拉丁语。[1]因此，其学校语言教学的重点是阅读希腊时代古典作家的经典作品，使学生掌握古代希腊语音的正确发音和拼读，使用标准的希腊语进行阅读、演讲和写作，特别是学会用古希腊语思维，以正确理解古典文献。这种教育理念虽然保守，但很大程度上保护与保存了古代世界的文化遗产。

拜占庭的学校教育一般从6—8岁开始，儿童先入初等学校学习希腊语，学校教学内容包括字母拼读、文法初步和算术，同时也讲授《荷马史诗》与《圣诗集》等经典。在初等学校之上设有文法学校，教学的基本内容是文法和古典作品研究，教科书多采用希腊化时代的注释。除了阅读，学生还需要学习辩论技巧、初级语言逻辑、修辞和韵律学等，不过考虑到学生的智力发育，这些课程一般安排在14岁左右进行。相对于初等教育和中等教育来说，拜占庭的高等教育和专业教育更为发达，在古代世界形成了较为成熟的模式，对阿拉伯和欧洲中世纪大学产生了重要的影响。

拜占庭时期的高等教育机构包括雅典学院、亚历山大城的医学校和哲学学校、贝鲁特的法律学校等。其中规模最大、影响最为深远且几乎是始终存在的高等教育机构，当数君士坦丁堡全科学院（Pandidakterion）。公元425年，为对抗非基督教的雅典学院，狄奥多西二世创建君士坦丁堡全科学院。创办初期，学校拥有20名文法学者，其中希腊文和拉丁文各10人；8名修辞学者，其中希腊文5人，拉丁文3人；另有1名哲学家和2名法学家。所有教师均由政府任命，并由政府支付薪俸。

君士坦丁堡全科学院的课程内容是在文法学校学习的初级语言、逻辑等课程的基础上，进一步学习高级修辞学、哲学和所谓的"四艺"（包括算术、几何、音乐和天文）等。高级修辞主要通过阅读古典作品来完成。学生们被要求背诵古希腊文史作品，按照古希腊的写作规范和文风撰写论文或进行演讲练习。读书是主要的学习方式，如哲学课程中，学生必须熟读亚里士多德

1　陈志强. 拜占庭文明 [M]. 北京：北京师范大学出版社，2018：203.

和柏拉图及其门人的全部著作，还要背诵古希腊文本。全科学院的教师认为，"探索和传播真理的人首先必须是了解和掌握所有知识的人，因此在学院里，学习必须是全面的，无所不包的"[1]。"百科全书"的词源即来自拜占庭人。君士坦丁堡全科学院的著名学者普塞洛斯（Michael Psellus，1018—1078）强烈主张将教育分为百科全书式基础教育、语法教育和高级学问三阶段，要求学生在校期间学习文学、历史、算学、几何学、地理学、天文学、修辞学和哲学。此外，学生还可以在校自由学习法律、医学等职业课程，而神学作为必修课贯穿于学院教育过程的始终。不过在拜占庭，专门的神学研究不是在学校而是在教会和修道院里进行的。[2]

拜占庭的学者认为，高等教育的目的是培养探索真理和传播真理的人，因此教学方法以提问讨论为主，讲授为辅。在课堂上，教师主要就教学内容进行提问，由学生回答或集体讨论。为了方便教学，各类教育机构普遍设有图书馆。如君士坦丁堡全科学院图书馆有藏书12万册，在帝国境内藏书量仅次于著名的亚历山大图书馆。丰富的图书资源使得全科学院除了进行教学，还成为学术研究的中心。如雅典是古希腊哲学和语言文学的学术中心，亚历山大是"所有科学和各类教育"的中心，贝鲁特是拉丁语和法学教育的中心，塞萨洛尼基是古代文学和基督教神学的学术中心，加沙和安条克是古代东方文学和神学的教育与学术中心。《查士丁尼法典》记载，当时拜占庭帝国三大法学中心包括君士坦丁堡、罗马和贝鲁特。其中，在贝鲁特法律学校，教师使用拉丁语教材，但教学完全用希腊语讲授，主要介绍各派理论和观点，并在对比中做出评价，引导学生展开讨论。这种带有研讨性的教学，以及结合图书资源进行学术研究的情况，意味着拜占庭时期的高等教育机构与后世的大学有着一定的相似之处。

虽然自公元392年起，基督教即成为罗马帝国的国教，但在7世纪以前，全科学院的课程设置与教学内容并无严格的限制，非基督教的知识与观点也可在学院的课堂讲授与传播。6世纪末至7世纪初，随着基督教会文化教育活动

---

1 陈志强.拜占庭学研究 [M].北京：人民出版社，2001：216.
2 陈志强.拜占庭文明 [M].北京：北京师范大学出版社，2018：204–205.

的加强，教会一度垄断了拜占庭帝国的教育事业，使得全科学院的作用与地位受到削弱，其教学甚至一度中断。公元863年，皇帝迈克尔三世（Michael Ⅲ，840—867）的叔叔巴德斯（Bardas，？—866）重建君士坦丁堡全科学院，由著名哲学家和数学家利奥（Leo，约790—869）主持，学生大多免缴学费，教师由政府支薪。此后，君士坦丁堡一直是拜占庭帝国最大的高等教育中心，其教育水平在欧洲和地中海世界首屈一指，吸引了众多求学者。

1045年，君士坦丁九世对学院进行了重组，重组后的君士坦丁堡全科学院由两部分组成：一所法学院，由西菲利纳斯（Xiphilinus，生卒年不详）主持，所有律师在正式执业前都被要求进入该校接受培训；一所哲学院，由普塞洛斯和受他领导的一名文法教师尼塞塔斯（Nicetas，约1155—1215）共同管理。由于建院之初没有修辞教师，天赋极好且多才多艺的普塞洛斯将修辞学和哲学结合在一起进行教学。由于他的声名，前来求学的学生遍及英格兰岛、阿拉伯半岛、埃塞俄比亚、波斯和两河流域等地。

在专业教育方面，拜占庭高等教育机构的法学教育与医学教育在中世纪的欧洲和阿拉伯世界也享有盛誉。

在被阿拉伯人征服之前，君士坦丁堡一直是欧洲医学文化的中心。拜占庭医学成就体现在4世纪的医学家奥雷巴西（Oribasius，约320—约403）及其追随者、7世纪的医生保罗（Paul of Aegina，约625—？）的研究上。奥雷巴西整理了古代医学资料，总结自己的实践结果，写成了70卷的《医学大全》，这是一部百科全书式的医学著作，曾被译为拉丁文、叙利亚语和阿拉伯语等多种文字，在阿拉伯和西欧地区广为流传，成为中世纪欧洲大学医学院教材之一。

拜占庭法学教育的兴起与东罗马帝国皇帝查士丁尼（约482—565）的立法活动是紧密相连的。查士丁尼非常重视法学研究。登基不久即于528年成立了编纂新帝国法规的十人委员会，529年出版《查士丁尼法典》，530年又建立一个整理罗马法学著述的专门委员会，整理出版《法理汇要》《法学总纲》，并于565年颁布《法令新编》，后三者与《查士丁尼法典》合称《查士丁尼民法大全》(简称《民法大全》)。[1]《民法大全》是欧洲历史上第一部系统完备的法典，不仅是拜占庭帝国此后历代皇帝编纂法律法令的蓝本，也成为后世欧洲各国制定法律的范本，更成为欧洲中世纪大学法学教育的核心教材。在实践层面，查士丁尼注重推行法学教育，培养法律人才，著名的贝鲁特法律学校即是在其执政期间创办的。另外，君士坦丁堡也设有法律学校。两校修业年限均为5年，其教学课本甚至由查士丁尼以皇帝之尊写成序言，由教师讲解。由于《民法大全》用拉丁语写成，教授在讲课前，首先要将内容从拉丁文译为希腊文，然后进行注解和阐述。50卷中有26卷由教师讲授，其余由学生自己学习。1045年，君士坦丁堡全科学院重组，法学院得以建立，旨在培训当时国家急需的律师和官吏。著名学者西菲利纳斯任院长。在他的领导下，学院注重法学实用知识的传授，学生毕业后，还须进行司法实习。法学教育的地位与办学水平由此进一步提升。

拜占庭帝国地处欧、亚、非三大洲交界处，在历史上一直是东西方贸易交流的重要桥梁。同时，拜占庭帝国在文化与教育上承继并保存了希腊罗马古典时代的传统遗产。以君士坦丁堡全科学院为代表，拜占庭帝国的高等教育机构的办学模式、课程体系与教学内容通过吸收与整合希腊罗马时代所形成的知识体系与教学模式，形成了相对成熟的高等教育结构体系与办学模式，从而成为欧洲中世纪大学办学与学科体系建设的参考蓝本之一。

四、中世纪阿拉伯世界的高等教育

阿拉伯伊斯兰是中世纪世界舞台上崛起的一支重要的力量。7世纪初，穆罕默德（Muhammad，约570—632）假托天神安拉之名，以《古兰经》为教义创立了伊斯兰教，并在麦地那建立神权国家。穆罕默德的继承者哈里发经过与波斯和拜占庭等的战争，到8世纪中叶建立起地跨亚、非、欧三大洲的帝国。不久由于统治者内讧，帝国一分为三，即以巴格达为首都的黑衣大食、以西班牙科尔多瓦为首都的白衣大食、以开罗为首都的绿衣大食。

由于阿拉伯帝国领地的相当一部分得自拜占庭帝国，因此，古希腊和罗马

---

1 陈志强.拜占庭文明[M].北京：北京师范大学出版社，2018：18.

的文化与学术遗产有一部分被吸收到伊斯兰文明中并被加以整合改造，形成了独特的中世纪阿拉伯文明。阿拉伯的高等教育模式以及数学、医学和自然科学研究在继承古希腊学术理论的基础上进一步发展，达到相当高的水平，对12世纪以后欧洲中世纪文化的复兴及大学的发展产生了较为积极的影响。

阿拉伯人对希腊文化的继承发扬始于大量翻译古希腊的哲学与医学经典著作，其部分是由叙利亚译本转译而来，部分是直接译自希腊原文。这种翻译工作往往得到官方的大力支持。图书收集机构一般由官方设立，同时兼有翻译中心的职能。通过翻译古希腊原典及汇聚学者对其进行诠释与研究，阿拉伯世界早期的高等教育机构由此起步。公元9世纪，黑衣大食阿拔斯王朝的哈里发迈蒙（al-Ma'mūn，786—833）在巴格达创办拜伊特勒·赫克迈（Bayt Al-Hikmah），亦称"智慧大学"或"智慧宫"。这是阿拉伯世界第一个高等教育机构，也是当时著名学者的翻译中心。学校由图书馆、科学院和翻译局三个机构组成。首任校长是鼎鼎大名的叶海亚·伊本·马赛维（Yahyaibn Masawaih，777—857），他曾留学希腊，精通希腊文化和算学，并曾把希腊的重要典籍译成阿拉伯文。该校的翻译工作受到高度重视，迈蒙曾用与译稿同等重量的黄金酬谢该校的翻译家侯奈因（Hunayn，808—873）。图书馆馆长是数学家兼天文学家花剌子米（al-Khwārizmi，约780—约850），他将印度、阿拉伯数学家和代数的概念介绍到欧洲。该校以传授和研究天文学、数学、医学和哲学著称，设有藏书丰富的图书馆和观象台以助教学科研。由于设施先进，教师造诣深厚，该校学生毕业时多具有较高的水准。[1]

在绿衣大食，法蒂玛王朝哈里发阿齐兹（al-Azīz，955—996）于988年在爱资哈尔清真大寺设立爱资哈尔学校。该校下设多所学院，并附设图书馆，广泛搜罗了古代世界遗留的有关哲学、艺术和自然科学的大批书籍，供教师、学生们研究。校内建有宽敞的学生宿舍，对从北非、西班牙、叙利亚、伊拉克、阿拉伯半岛等地来此求学的学子免费供应食宿和书籍。学校还聘请了大批著名学者担任教授，讲授各门学问。这些学者除了教学，还从事著述研究。在法蒂

1 贺国庆，王保星，朱文富，等. 外国高等教育史 [M]. 北京：人民教育出版社，2006：29.

玛王朝时代，埃及出现了许多著名学者，他们在文学、历史、哲学、数学、天文学、医学等方面留下大量的著作，在学术上做出巨大贡献。阿齐兹的儿子哈克慕（al-Hākim，985—1021）在位时继承父亲的遗志，于1010年在开罗设立达赖勒·仪勒姆学校（Dār Al-l'lm），意为"学问之家"。他先建校舍，然后从巴格达和巴士拉等东方大城搜集和购买了大批书籍，并选聘逊尼派著名的长老（舍赫）、学者（阿里木）主持教务，让二人自由选聘各科教师。该校课程除讲授圣训学和教律学外，兼授语言、文学、诗词、天文、医学等学科。特别值得一提的是，该校打破教派的壁垒，不限于信奉法蒂玛所崇奉的什叶派，而是同等重视逊尼派，这是学术超越教派的先声。

在白衣大食，高等教育的兴起同样与清真寺有很密切的关系。许多清真寺都积极传授高深科目，培养高级专业人才。科尔多瓦、格兰纳达、塞维尔、麦加拉等城市都设有高等教育机构，尤以科尔多瓦学校最为著名。该校注重医学、数学、天文学等自然科学，崇尚独立思考，其学术辩论不仅吸引了本校师生，也吸引了校外的学者，学术氛围甚浓。求学的人来自欧、亚、非三大洲，既有信奉伊斯兰教的学生，也有信奉基督教的学生。哈康二世在位时期（961—976）拨巨款扩建校舍，聘请名师，购买大量书籍和手稿，终于使这所学校成为当时世界首屈一指的学府，其在校生曾多达数千人。白衣大食地处西方，与位居东方的黑衣大食和绿衣大食相比，政局相对稳定，宗教和战争不甚激烈，因此不像中东地区的伊斯兰学校那样热衷于教授神学和法学等与现实世界关联更多的学科，而更专注于传授科学和哲学等形而上的学科。此外，白衣大食准许私人设校，政府不加干预，提倡自由讲学、辩论，学校规模极大且不尚严格管理。这些特征都对欧洲中世纪早期的大学产生了影响。[1]

阿拉伯中世纪的高等教育继承了古希腊以来古典世界的知识与学术体系，并在此基础上有所发展与完善。同时，阿拉伯高等教育机构的形成虽早于欧洲中世纪大学，但两者相距年代较近，这为其后欧洲中世纪大学的产生与发展提供了重要的参考蓝本。欧洲中世纪大学在学科设置与学术管理方面的多种习惯

---

1 贺国庆，王保星，朱文富，等. 外国高等教育史 [M]. 北京：人民教育出版社，2006：31.

特点，大多与阿拉伯中世纪高等教育机构的习惯相近，其中应该有一定的轨迹可以探寻。

第三节　古代中国的高等教育

一、古代的官学

（一）汉代以前官学教育的兴起

中国的学校教育历史悠久漫长。据《周礼·春官·大司乐》记载，传说中的五帝时代，即有名为"成均"的教育机构，虞舜时期又出现了名为"庠"的教育机构，"有虞氏养国老于上庠，养庶老于下庠"（《礼记·王制》）。不过上古时代的成均和庠更多的是奉养老人、进行以孝为主的道德教育的场所，与后世以知识传承为特征的教育存在明显的性质差异。

从考古资料看，中国古代在商代即已存在培养贵族子弟的教育机构。甲骨文中已有"大学"文字出现（《屯南》60）。从字形看，此时的大学主要是举行祭祀之地。三代以后，教育活动开始体制化。"夏曰校，殷曰序，周曰庠，学则三代共之，皆所以明人伦也。"（《孟子·滕文公上》）根据孟子的解读，这些教育机构的名称、功能各不相同，庠是奉养老人、进行道德教育的场所，校是习武之地，序是习射之地。

西周时期，学制更趋完备，"家有塾，党有庠，术有序，国有学"（《礼记·学记》）。学校类型有培养贵族子弟的国学和服务平民子弟的乡学。国学按程度高低分为小学和大学。《礼记·王制》云："天子命之教，然后为学。小学在公宫南之左，大学在郊，天子曰辟雍，诸侯曰泮宫。"《诗经》中的《泮水》即是专门歌颂泮宫的。可知大学又分为天子设立的和诸侯设立的两类。其中天子设立的又可再细分为五学：

至周之大学名，见此经者唯成均，见于礼记则又有辟雍、上庠、东序、瞽宗，皆大学也……周五学，中曰辟雍，环之以水，水南为成均，水北为上庠，水东为东序，水西为瞽宗。……春夏学干戈，秋冬学羽龠，皆于东序。又曰秋学礼，冬学书，礼在瞽宗，书在上庠。[1]

五学之中，以辟雍为首，其余四学，环绕辟雍而设，故天子所设的高等教育系统亦称辟雍。这说明，西周时期中央政府的学制体系规模较大、学科较多。

西周时期"大学"的教育对象是贵族子弟，目的是培养国家管理的精英人才，因此学校完全由国家控制，称为"官学"，即后世所谓的"学在官府"。与小学主要教授基本的礼仪道德和社会知识不同，大学除了"明人伦"，主要教授修己治人的统治术，内容包括礼、乐、射、御、书、数六艺，对实际生活的专业技能知识较为轻视。

春秋战国时期，"天子失官，学在四夷"（《左传·昭公十四年》），中央官学随着周天子权威的丧失而呈崩溃衰落的趋势。而在民间，由于百家争鸣，兴起了私人讲学之风，侧重传播本派的政治主张与学术，强调有教无类。其中齐国的稷下学宫是由官方设置、私人主持，集著述、讲学、育人、咨询等功能于一体的高等教育机构。学宫内兼容并包，各派学者如孟轲、邹衍、淳于髡、荀况、鲁仲连等在此发表见解，自由论争，成为战国时期百家争鸣的一个缩影。

（二）汉代以后官学的体系化

秦始皇统一以后，基于法家"以吏为师"的理念，朝廷严格禁止私学，同时又不发展官学，社会文化教育事业发展相对停滞。汉初盛行黄老之学，也对发展文教事业缺乏热情。汉武帝继位后基于政治管理的需要，于公元前124年采纳董仲舒的建议，罢黜百家，独尊儒术，逐步恢复与创建了各类学校系统。汉代的学校系统分官学和私学两大类。中央官学包括太学、鸿都门学和宫邸学，地方官学包括郡国所设的学、县道邑所设的校、乡所设的庠和聚（村）所设的序等。地方官学基本属于基础教育层次。中央官学方面，宫邸学是朝廷为皇室、外戚及功臣子弟开设的贵胄学校，教学内容以五经为主，类同太学，但

1　孙诒让. 周礼正义 [M]. 北京：中华书局，2015：2064，2067，2070.

招生对象有明确限制，所聘经师等办学条件优于太学；鸿都门学为专门研习文学艺术的教学机构。两者都创建于东汉时期。

太学创建于汉武帝时期，是两汉时期国家最高官学。太学中教师称为博士。博士原为秦朝的官职名，意为精通经史百家以备皇帝咨询的顾问，汉朝沿用博士之名，其成为专掌儒学经典传授的学官。博士聘任的标准为熟习经史百家，"明于古今，温故知新，通达国体"（《汉书·成帝纪》）。东汉时博士还限年50岁以上。博士的选聘，西汉只采用荐举，东汉时还需通过考试。

太学的学生一般称为博士弟子。凡年十八以上，"仪状端正者"，"好文学，敬长上，肃政教，顺乡里，出入不悖者"（《史记·儒林列传》），均有资格被举荐或由郡县长官选拔入学。

汉代太学最初只设五经博士，置博士弟子50名。宣帝时博士增至12人，开设了讲解《易经》《诗经》《尚书》《礼记》《公羊传》《穀梁传》《左传》《周官》《尔雅》等的课程。汉元帝时博士弟子达千人，成帝时增至3000人。王莽秉政，为了树立自己的声望，笼络儒生，大力扩充太学，设博士30人，博士弟子一度达1万余人。博士弟子有免除赋役的特权。武帝到王莽，朝廷还岁课博士弟子，入选的可递补为官。

东汉时期，太学继续发展。明帝时期，太学有房1840间，太学生人数多达3万人。不过东汉时期，太学生积极卷入朝政，批评宦官专权，太学成为当时士族的主要地盘。为了与此抗衡，对立方的宦官利用在位的汉灵帝嗜好书画与词赋，网罗各州郡艺术人才近千人，创办鸿都门学，以培养己方的知识分子。鸿都门学的师生专事尺牍、字画和词赋的教学与研究工作。在以儒学教育为主流的东汉，词赋书画往往被士人视为"才之小者，匡国理政，未有其能"（《后汉书·蔡邕传》），鸿都门学的师生更是被视为"斗筲之人"，但它的创办打破了太学以儒家经典传承为唯一内容的固有思维，成为古代中国专业的文学艺术教育的先导。

西晋时期，受门阀观念的影响，社会重视人的家庭出身，国家教育体制因此发生重大变化。朝廷为五品以上官僚子弟专设了国子学，六品以下官员子弟只能就读太学，由此形成了贵族与下层士人分途教育，国子学、太学并立的双轨制。北魏孝文帝和宣武帝时期，朝廷为家庭品级较低的士子增设了四门小学，形成了国子学、太学、四门小学三学并立之制。南北朝后期至隋，朝廷又逐渐增设了律学（习法令）、书学（习文字）和算学（习计数）三学，作为专业教育机构以培养专门领域的技术人才。

隋唐以后，除太学外，各朝均设置国子监，作为管理中央官学的行政机构。如唐朝国子监作为教育行政管理部门，管辖有国子学、太学、四门学、律学、书学和算学等直属中央的高等教育机构。上述学校的差别，主要与学生的家庭背景有关。国子学、太学和四门学分别面向三品、五品和七品以上官僚子弟，律学、书学和算学则面向八品以下子弟及庶人。此外，国子学、太学、四门学学生学习儒家经典，律学、书学和算学学生则学习专门技术。国子学生员300人，太学500人，四门学1300人，律学50人，书学和算学各30人。在教学方面，太学、国子学等的特点在于统一，教材以五经为标准，教学方法以微言大义、章句训诂的说经为主。

宋时太学仍为最高学府，隶国子监。宋初仅设国子监，学生名额甚少，且只收七品以上官员子弟。宋仁宗庆历四年（1044），范仲淹（989—1052）推行新政，始以东京开封锡庆院兴办太学，招收内舍生200人，并效法胡瑗（993—1059）的"湖学"制订"太学令"。宋神宗赵顼（1048—1085）时，扩建太学，增加学生名额达2400人，设八十斋，并重订太学条制，推行三舍法。宋徽宗赵佶（1082—1135）时，兴建辟雍作为外学，太学（包括辟雍）共招生3800人，同时废除科举，人才皆由学校选拔，太学达到极盛时期。南宋绍兴十二年（1142），在临安府重建太学，至宋末学生达1700多人。

明清以后，随着科举取士体制的完善与书院的兴盛，国子学、太学等的影响有所下降，不过作为中央官学，依然保持着培养高级专业人才的职能。

二、私学书院的兴盛与发展

（一）唐宋时期书院的兴起

除官学以外，中国自古即有私人讲学的传统。唐宋以后，随着经济文化的发展，书院兴起，助推了私人讲学和研究著述之风。

书院之名最早见于唐代，唐玄宗开元年间设立正殿书院，开元十三年（725）改名集贤殿书院，隶属中书省，但其功能主要在于藏书和修史，并非士子读书受业场所。书院正式作为讲学授徒的教育机构始于五代年间。

唐末藩镇割据，战乱不止。政局的动荡导致官学荒废，不少学者书生避居山林，为应对"士病无所于学"的困境，遂模仿佛教禅林讲经制度创立书院，作为讲学授徒之所。如朱熹（1130—1200）《衡州石鼓书院记》所云："予惟前代庠序之教不修，士病无所于学，往往相与择胜地，立精舍，以为群居讲习之所。"宋初，统治者鉴于唐末五代藩镇割据的教训，实施重文政策，着重用科举笼络士子。由于注意力放在科举上，开国后80余年都没有兴办各类官学。两宋期间，理学兴盛，出现了不少著名的学派和学者［如朱熹、吕祖谦（1137—1181）、陆九渊（1139—1193）等］，书院作为聚徒讲学之所及学派活动基地，得到大力发展，出现了白鹿洞书院、岳麓书院、应天府书院、石鼓书院等著名的四大书院。

白鹿洞书院位于江西庐山，始建于唐代。相传唐贞元年间，洛阳人李渤（773—831）在此隐居读书，养一白鹿自娱，人称白鹿先生。后李渤任江州刺史，遂在读书台旧址创建台榭，名"白鹿洞"。南唐时，此地办起学馆，称"庐山国学"。宋代理学家朱熹为南康郡守时，重建院宇，在此亲自讲学，确定了书院的办学条规和宗旨，并奏请赐额及御书，吸引了海内外知名学者来此地讲学。此后白鹿洞书院名声大振，成为宋末至清初几百年"讲学式"书院的楷模。清代学者王昶在其《天下书院总志序》中称它为"天下书院之首"。

岳麓书院位于湖南长沙岳麓山。北宋开宝九年（976），潭州太守朱洞在僧人办学的基础上，由官府捐资兴建讲堂5间、书斋52间，正式创立岳麓书院。北宋大中祥符八年（1015），宋真宗召见岳麓山长周式，御笔赐书"岳麓书院"四字门额，岳麓书院由此进入全盛时期。南宋时，理学家张栻（1133—1180）主教书院，曾与来访的朱熹共同主办中国哲学史上著名的"朱张会讲"，使书院声名更加远播。明清时期，书院仍为讲学之所。清末新政改革的1903年，书院与湖南省城大学堂合并改制为湖南高等学堂，沿用书院旧址；1926年，湖南高等学堂正式定名湖南大学，仍就书院基址扩建至今。

应天府书院前身为睢阳书院，由五代后晋时的商丘人杨悫创办，后由其门人、名儒戚同文（904—976）继办。北宋大中祥符二年（1009），宋真宗改升应天书院为府学，称为"应天府书院"，并正式赐额"应天府书院"，史载"州郡置学始于此"。大中祥符七年（1014），应天府（今河南省商丘市睢阳区）升格为南京，成为宋朝的陪都，应天府书院又称为"南京书院"。庆历三年（1043），应天府书院改升为"南京国子监"，成为北宋最高学府，同时也成为中国古代书院中唯一一座升级为国子监的书院。北宋书院多设于山林胜地，唯应天府书院设立于繁华闹市之中。晏殊、范仲淹等曾在此执教，使应天府书院发展成为北宋最具影响力的书院。

石鼓书院位于湖南衡阳县北石鼓山。旧为寻真观，唐代李宽曾在此读书。北宋时，其族裔李士真就此遗址创建书院，奠定书院的格局。北宋景祐二年（1035），据衡阳郡守的奏请，宋仁宗赐"石鼓书院"匾额，改为州学，遂与当时的应天府书院、白鹿洞书院、岳麓书院并称全国四大书院。朱熹、张栻、范成大、辛弃疾、文天祥等先后到此游览或讲学。元明清时期，书院多次因战乱被毁，又几度重建。

据不完全统计，两宋期间，全国共建书院203所，其中建于北宋的约占24%，建于南宋的则占75%强。从地域来讲，长江流域占74%，珠江流域占21%，黄河流域只占3.5%。这一定程度上说明黄河流域受到了摧残。珠江流域文化有所发展，而长江流域则文化、经济都占优势。从省份而言，江西最多，有80所；浙江次之，有34所；湖南又次之，有24所。究其原因，江西有白鹿洞书院，朱熹、陆九渊等学者在此讲学；浙江是南宋首都临安（今杭州）所在地，经济文化力量比较强；湖南有岳麓书院的影响，这些是影响三地书院兴盛的重要因素。从举办者状况看，民办、官办各占50%左右。官办中，地方官办占21.25%，督抚办占1.96%，京官办占6.55%，敕建及奉诏建占2.09%。[1]江西、浙江、湖南三省以民办为主，湖北、广东官办力量较强。

宋代书院虽有不少为私人所办，但具有较高的办学水准。

---

1 曲士培.中国大学教育发展史 [M]. 北京：北京大学出版社，2006：145.

一是书院的主持人或讲学者多为当时的知名学者，具有较高的学术造诣与声望，甚至是某一学派的代表人物。书院往往就是某一学派教学和研究的中心或基地。这使书院的教学活动与学术研究紧密结合、相互促进、相得益彰。书院不仅成为授徒讲学的教学机构，也是钻研与推广本派学术主张的学术研究机构。同时，书院往往是藏书中心，以便其开展高层次的学术研究。书院原为藏书之所，后虽成为授徒育才的精舍，但仍然重视藏书。五代，一些乡里之学以有较多的藏书为人称道。宋初各大书院除原有藏书外，多得到朝廷赐书。另外，书院还盛行刻书，这些刻书分为两类，一类是刊印书院师生研究所得，有推动著书立说的作用；另一类是刊印阅读参考书籍，有保存文献的价值，使得教学与科研能够结合起来。在一定意义上，与其说书院类同高等教育机构，还不如说它类同研究机构。

二是书院允许不同学派共同讲学，重视学术交流和论辩。特别是南宋以后书院盛行的"讲会"制度，成为重要的教学形式，不仅师生共同参加学术争辩，而且常与地方上的学术活动紧密结合，使书院成为一个地区的教育和学术活动的中心。书院讲学实行"门户开放"，一个学者可以在几个书院讲学，听讲者也不限于本院生徒，常有慕名师而远道前来者，书院则热情接待，并提供各种方便。

三是书院的教学比较重视生徒自学。书院招收的学生都是具备一定知识基础的书生。书院教学提倡独立研讨，课程也较灵活，允许个人有所侧重，发挥专长；学生学习以自修、读书为主，辅以教师指导、质疑问难；成绩考核多重平时表现，不仅关注学生的学业，而且尤重人品与气节的修养。

书院的组织机构比较精干，一般只设山长（或称洞主、主洞）总理其事，规模较大的书院增设副山长、讲书等协助山长工作。书院的主持人多数是书院的主讲，脱离讲学的管理人员很少。

书院虽是作为私学兴起，但从南宋开始，逐渐为官府控制。南宋理宗即位后，理学成为朝廷钦定的正统学说，为了控制书院的思想传播，景定元年（1260），朝廷正式规定通过科举考试或从太学毕业的官员才能成为每个州的书院山长。自此，书院逐渐官学化。

（二）元明清时期书院的发展与演变

元政府鼓励书院发展。元至元二十八年（1291），元世祖忽必烈首次下令广设书院，民间有自愿出钱出粮赞助建学的，也立为书院。后多次颁布法令保护书院和庙学，并将书院等视同官学，书院山长也定为学官，使书院进一步官学化。不过这一时期，书院和理学推广到北方地区，缩短了南北文化的差距。元时新建书院143所，加上修复唐宋旧院，总数达到408所。新建的书院就地域分布而言，长江流域位居第一，占65.7%，黄河流域书院数量占比上升为27.95%，珠江流域书院数量占比则下降为6.27%。就省份而言，江西的书院数量依然位居第一，共42所，占29.37%；浙江次之，共19所，占13.29%；湖南位居第三，共14所，占9.79%。与南宋时书院的分布状况基本一致。[1] 就书院的办学性质而言，完全民办的占47.51%，地方官办的占14.18%，督抚办的占7.8%，京官办的占4.25%，敕建的占1.41%，总计完全官办的占27.64%。[2] 民办书院的数量依然多于官办书院。但书院教学受官方控制甚严，争鸣辩论的传统讲学特色逐渐消退。

明初时，宋元留存的书院多被改建为地方学校和社学。成化、弘治以后书院逐渐复兴，出现了东林书院等一批有名的书院，在学术、政治上都形成了较大影响力。但此后的统治者及掌权者，如明世宗、张居正、魏忠贤等，屡以书院倡邪学等为由下令毁天下私创书院。直至崇祯即位后书院才有一定程度的恢复。其间书院总数达到2000所左右，新创建的有745所，以嘉靖、万历年间新建的最多。明朝的书院分为两类：一类是重授课、考试的考课式书院，同于官学；另一类是教学与研究相结合，各学派在此互相讲会、问难、论辩的讲会式书院。后者多被统治者禁毁。明朝书院在分布上相比元朝有了较为明显的变化。长江流域书院数量占比约为51%，相比元朝时有所下降；珠江流域书院数量占比约为30%，升幅明显；黄河流域书院数量占比约为19%，退居第三。就省份而言，江西有146所，依然排名第一；浙江和广东各有75所，并列第二。从官办和民办的比例看，民办占18.98%，相比宋元时期下降明显。另外，官办

1　曲士培.中国大学教育发展史 [M].北京：北京大学出版社，2006：145.
2　曲士培.中国大学教育发展史 [M].北京：北京大学出版社，2006：145.

书院大幅增加，占全国新建书院的65.01%。其中，地方官办的占47.13%，督抚办的占12.29%，京官办的占5.19%，敕建的占0.4%。[1]书院的官学化倾向非常明显。

清初统治者抑制书院发展，进一步使之官学化。顺治九年（1652），朝廷明令禁止私创书院。雍正十一年（1733），各省城设置书院，后各府、州、县相继创建书院。乾隆年间，官立书院剧增。民办书院占比仅9.65%，而官办的合计占78.74%。其中，地方官办的占57.1%，督抚办的占8.56%，京官办的占0.48%，敕建的占12.6%。从区域看，黄河流域书院数量占比约为21%，长江流域书院数量占比约为35%，珠江流域则升至第一，约为44%。在省域分布方面，福建、湖南、广东排前三位，各有书院181所、106所和102所。[2]清代书院分为三类：其一，教授中式义理与经世之学；其二，以考科举为主，主要学习八股文制艺；其三，以朴学精神倡导学术研究。不过绝大多数书院已沦为以考课为中心的科举预备学校。光绪二十七年（1901），朝廷责令书院改为学堂，书院的历史就此结束。

总体而言，中国古代高等教育无论是官学的太学、国子监还是兴起于民间讲学的书院，多注重儒家经典的教学与研究，学科门类较为单一，与官府的关系也极为紧密，这使其在进入近代以后陆续被西方引进的现代大学模式替代。

本章小结

首先，人类文明的进步和社会分工的深入推动着教育的组织形式和办学模式在变革与发展中不断走向成熟。随着国家疆域的扩大、政府对社会统治的加强，以及智者对自然现象的思考与对社会认知的深化，在东西方古代社会都普遍出现了以高深学问研究和高级专业人才培养为导向的高层次的教育与学术研究机构。这些机构或者如古埃及的职官与宫廷学校，或者如中国的太学与国子监，或者如拜占庭的全科学院等，由国家设立，侧重高级官吏和社会管理必需

1　曲士培.中国大学教育发展史 [M].北京：北京大学出版社，2006：146.

2　曲士培.中国大学教育发展史 [M].北京：北京大学出版社，2006：146.

的专业人才的培养；或者如古印度和阿拉伯的寺庙学校，或者由古希腊柏拉图和亚里士多德等智者圣贤私人创办，以古代文化传承和自然真理探索为己任。但无论是哪一类机构，其作为代表本地区古代世界最高教育与学术水准的组织，在推动人类文明发展的进程中都发挥过积极的作用。

其次，古代世界的高等教育机构虽然代表了古代世界文化教育发展的最高水平，但一般而言，其整体规模普遍较小，学科专业设置也并不完备。虽然也有柏拉图或者亚里士多德等依靠个人的百科全书式的知识与天赋进行多学科的知识传授的个别案例，但是绝大多数学校是单科性的专业教育机构，如希腊罗马的文法学校和雄辩家学校、拜占庭和阿拉伯的医学学校及法律学校等。中国古代的太学和书院则是以四书五经等儒家经典的研修为主。这反映出古代世界的学科知识体系尚未融贯形成一个完整的体系，也意味着作为文化传承与知识发展的基础组织的高等教育，其体系模式尚处于发展过程之中，有待进一步的成熟。

再次，虽然就总体而言，古代世界的高等教育机构一般均以高深学问的探索与传承、高层次专业人才的培养为其主要职能，但不同时期、不同地域的古代高等教育机构在设置方式、管理模式、学科专业结构和课程设置、教师资格与学生录用标准等方面均呈现出明显的差异。一般而言，在疆域辽阔的巨型帝国，高等教育机构往往主要由政府控制，其教师与管理者被普遍定位为学官，学校也以培养社会管理急需的高级专业人才为重心；而在古印度或者古希腊的城邦国家，高等教育机构一般由私人或宗教组织设立，倾向于以传授高深学问、探索自然真理为宗旨。从宏观视野看，古代世界的高等教育主要是各地依据本地社会经济发展的特点独立发展，彼此之间尤其是东西方之间，少有互相渗透与交流。显然，在近代的世界体系形成之前，全球的高等教育缺乏统一的质量评判标准，也因此在古代世界并未形成一个统一的高等教育发展模式，而是保持各自的发展路径，遑论形成全球的高等教育中心。

最后，虽然世界各国的高等教育保持着相对独立的发展轨迹，但在地中海沿岸地区，高等教育还是有一条相对清晰的演进轨迹可以窥寻。古希腊的哲人创造了西方世界前所未有的文化与教育发展巅峰，通过亚历山大的远征以及继

起的古罗马与拜占庭帝国在地中海沿岸长达千年的主导控制，希腊的学术知识
体系与教育理念深刻地印入欧洲文化基因之中。在中世纪早期，这一从雅典发
源经亚历山大里亚和罗马传递的高等教育模式与学术知识体系在拜占庭帝国的
时空背景下与阿拉伯帝国的伊斯兰高等教育碰撞融合，从而直接促进了欧洲中
世纪大学的兴起。

❓ **思考问题**

古代世界的高等教育机构的共同特点是什么？

📖 **阅读书目**

1. 邓洪波. 中国书院史 [M]. 上海：东方出版中心，2004.

2. 曲士培. 中国大学教育发展史 [M]. 北京：北京大学出版社，2006.

3. 李立国. 古代希腊教育 [M]. 北京：教育科学出版社，2010.

4. 加布里埃尔·孔佩雷. 教育学史 [M]. 张瑜，王强，译. 济南：山东教育出版社，2013.

5. R. 弗里曼·伯茨. 西方教育文化史 [M]. 王凤玉，译. 济南：山东教育出版社，2017.

6. 亨利－伊雷内·马鲁. 古典教育史（罗马卷）[M]. 王晓侠，龚觅，孟玉秋，译. 上海：华东师范大学出版社，2017.

7. 亨利－伊雷内·马鲁. 古典教育史（希腊卷）[M]. 龚觅，孟玉秋，译. 上海：华东师范大学出版社，2017.

8. 陈志强. 拜占庭文明 [M]. 北京：北京师范大学出版社，2018.

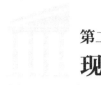

第二章

现代大学的起源：欧洲中世纪大学

从古巴比伦时代起，东西方文明世界即已广泛分布着以传授高深知识和培养高级专业人才为目标的高等教育机构；在古希腊和阿拉伯地区，高等教育也有相当完备的知识体系和职能定位。但严格而言，现代意义上的大学直到11世纪的欧洲才诞生。这不仅因为现代大学"university"一词的词源来自欧洲中世纪，更重要的是现代大学的学科体系、知识结构及职能要素等是直接来源于中世纪的欧洲大学。

第一节　欧洲中世纪大学形成的时代背景与社会基础

一、中世纪语境下的大学定义

大学（university）一词源于中世纪拉丁语"universitas"。不过，universitas一词原先并非指代培养高级专业人才的高等学府，其最初含义是指"一群个人的联合体"，与行会（guild）基本同义。[1]

欧洲中世纪是一个严格的等级社会，不同的人群被对应地置于不同的社群集团之中。城市兴起之后，城市居民对自身社会属性的重视依然远甚于对个性的重视，因为这能够给他们带来更强的安全感与归属感。11世纪，在南欧的城市中出现了最早的工商业从业者的互助组织誓约联合体（coniurationes），这即是后世所谓的行会的原型。12世纪，"universitas"一词出现，泛指有共同利益并享有独立法定地位的各种团体，即"行会"。当时城市的各行各业都结成了互助型的行会，以知识传授及学习为生的大学师生也不例外。在意大利博洛尼亚，学生们成立了自己的行会组织；在法国巴黎，大学师生也结成了类似的组

1　张磊.欧洲中世纪大学 [M].北京：商务印书馆，2010：11.

织。因为只有以行会的方式组织起来，才能给师生们争取更多的生存与发展权利。随着中世纪大学师生行会的普遍建立，到13世纪，universitas开始特指由大学教师与学生组织的行会。

对于中世纪大学而言，出现更早且使用更为频繁的一词是studium，意为教育教学的场所，即"学舍、学苑"之意。中世纪大学在诞生之初没有固定的教学场地。12世纪，巴黎大学依托原有的大主教学校而诞生，才有了较为固定的教学场地，由此产生了studium一词。在12—13世纪，universitas还普遍用于称呼各种行会组织，尚未特定指代大学，几乎所有的大学都被称为studium。法国大学史研究者雅克·韦尔热（Jacques Verger）对studium和universitas两个词在中世纪的语义做过对比，认为前者指的是进行教育的高等教育机构，而后者指的是管理运营该机构所开展的各种教育活动的自律性行会组织。[1]

不知从何时起，studium的词缀之后多了一个"general"，使得中世纪大学分成了两种类型：studium general和studium（或studium particulary）。其中，studium general相比后者具有一些特殊的特征。一般认为，被称为studium general的教育机构需要具有三个特征：其一，生源来自全欧各地，而非仅限于特定的国家与地区；其二，它是进行高深专业教学的场所，所教科目至少必须包含神学、法学和医学这三个高级学科中的一个；其三，应有相当数量的教师从事各科教学，而非如古代社会那样仅有少数几个教师任教。[2]13世纪后期，卡斯提尔的阿方索十世（Alfonso X of Castile，1221—1284）在其颁布的法典《七章律》（*Las Siete Partidas*，1256—1265）中对sutdium general的性质也有所解读：学校必须教授七艺的全部科目；民法和教会法都必须配备专职的教师。最重要的是，学校只能由教皇、皇帝或者国王授权许可才能建立。14世纪以后，被认可为studium general的大学必须是"由世俗和宗教权威授权建立"的理念被欧洲社会广泛接受，与此相应的是"普适教学权"（ius ubique docendi）概念的出现。所谓"普适教学权"，指的是从studium general获得学位的学者有到全欧任何国家或地区去任教而无须进行额外考试的资格。由于被称为studium general

---

1 雅克·韦尔热. 中世纪大学 [M]. 王晓辉，译. 上海：上海人民出版社，2007：38.
2 横尾壮英. 大学の誕生と変貌：ヨーロッパの大学史断章 [M]. 東京：東信堂，1999：18.

的大学必须是由教皇或者神圣罗马帝国皇帝的法令授权建立的，这使其所培养学生的质量和所颁发学位的可靠性通过泛欧的教会与权威的世俗政权而得以保障。由此 studium general 具有了跨国的泛欧性，其师生来源超越了疆域限制。师生在全欧范围内的自由流动则推动了整个欧洲学术共同体的形成。与此相对，没有 general 词缀的 studium，规模较小、学生人数不多，其服务对象及影响力的地域性更为突出。[1]

中世纪后期，民族国家兴起，studium general 原有的特征消失，不再指代大学。universitas 成为追求知识和教授高级学术的场所，即大学，并以 university 一词沿用至今。

二、欧洲中世纪大学产生的背景

与古代世界的高等教育机构相比，中世纪大学是一个全新的起点，其兴起除了延续古代世界对知识的渴求，更与欧洲当时的社会经济及文化发展有直接关系。

首先，出于神职人员训练的组织化与规模化需要，加洛林时期教会学校得以普遍设立，这为中世纪大学的产生提供了直接的组织基础。

中世纪早期，由于蛮族入侵与战争的摧毁，希腊罗马时代的文化遗产在西欧基督教世界丧失殆尽。8世纪，法兰克国王加洛林·马格努斯（Carolus Magnus，742—814）通过征服战争统一了大部分西欧和中欧。公元800年的圣诞节，他访问罗马，被教皇里奥三世加冕为"罗马人的皇帝"，史称查理大帝（Charles the Great）。作为古罗马帝国的继承者和基督教世界的保护人，查理大帝崇尚并积极恢复古典传统与基督教文化教育。他在位期间制定的《加洛林书》规定了基督教的教义及其基本宗教仪式，从而使此前欧洲各地自发的对基督教教义的解释和凌乱的宗教仪式得以定型与规范。公元797—800年，查理大帝指派教士阿尔古因（Alcuin，736—804）组织人员对当时收集到的各种《圣经》文本进行校勘，在此基础上统一了《圣经》文本并将其译成了拉丁文，成为后世天主教通用的定本。为了稳固基督教在欧洲社会的地位，他还屡次下令恢复

1　张磊. 欧洲中世纪大学 [M]. 北京：商务印书馆，2010：16.

学校与图书馆，以保存基督教古典文化，培养合格的基督教士。787年，在写给瓦伦西亚地区主教与修道院院长的谕令中，查理大帝要求每座教堂和每间修道院都设立学校并建立图书馆，其中建立学校的目的是"培养教士与俗人的读书、写作能力"。在789年的敕令中，他又下达命令：每一主教的教区和修道院，要注重诗篇、乐谱、赞歌、年与季的计算及文法等的教学。在查理大帝的努力下，加洛林王朝时期，西欧地区陆续出现了修道院学校（monastic school）、大主教学校（cathedral school）和教区学校（parish school）等教育机构。

修道院学校和大主教学校以培养专业的神职人员为目的，教学内容较为完备。修道院学校起源于僧院制度，其学生主要是准备充当僧侣的儿童。大主教学校则一般设在各主教的辖区内，由主教直接管理，目的是培养高级僧侣，学生主要为贵族及高级僧侣子弟，因此教学内容较为成熟，不少中世纪大学即是从大主教学校直接脱胎而来。根据查理大帝的要求，修道院学校和大主教学校的教学主要用古典拉丁语传授所谓的七艺，包括文法、修辞、逻辑、算术、几何、音乐和天文。七艺最早可追溯到古希腊柏拉图时期，定型于1世纪的罗马。按照阿尔古因的解释，七艺中，文法指拉丁文法，修辞专指宗教教义阐释和讲经布道的辩才，逻辑则指供神学论证和驳斥异端邪说的形式推理方法，算术用来解释《圣经》中的数字，几何成为根据《圣经》的思想来解释大地的工具，音乐更成为以礼拜圣诗为内容的艺术形式，天文学用来推算宗教节日和按教会传统来构筑宇宙图式的手段。七艺由此发展成后世欧洲学校教育课程体系的核心基础。查理大帝所推动的加洛林文艺复兴被后世公认为欧洲中世纪的第一次觉醒，除了以七艺的形式保存了部分希腊罗马的文化遗产，最重要的是通过教会所办的修道院学校和大主教学校的形式推进了神职人员知识传承的规模化和组织化，为中世纪大学的形成奠定了组织基础。早期中世纪大学教师普遍具有神职身份，大学与教会在管理上的千丝万缕的联系，即是因大学普遍起源于上述教会所办的培养神职人员的学校。相较之下，教区学校出现较晚，主要设于村落教堂，规模较小、设施简陋，以本地村民子弟为对象，只教授一般的读写算及基础的宗教知识。

其次，十字军东征及带回的大量希腊罗马时代的古典文化典籍为中世纪欧洲大学的诞生提供了丰富的知识基础。

如果说教会学校的普遍设置为中世纪大学的诞生提供了组织基础，那么11—12世纪的十字军东征及随之而起的古典翻译运动则为中世纪大学的诞生提供了丰富的知识基础。西罗马帝国灭亡后，以君士坦丁堡为首都的东罗马帝国依然延续了1000年的统治，其疆域内保留了大量的希腊罗马古典文化的精华。11世纪末开始，西欧封建领主为缓和国内矛盾，扩大势力，掠夺财富，发动了对地中海东岸各国持续近200年的以宗教为名义的战争——"十字军东征"。战争给当地的民众造成了严重的灾难，但客观上促进了东西方贸易和文化的交流。中世纪前期教会学校的知识传授仅限于文法、修辞、逻辑、算数、天文、几何、音乐等七艺，学术内容较为空洞，不需要进行高深的教学与研讨。十字军东征期间，欧洲人重新发现了在西欧失传许久的古希腊、罗马时代的知识，包括柏拉图和亚里士多德的哲学著作、欧几里得的几何原理、托勒密的天文学、希波克拉底（Hippocrates，前460—前370）和盖伦（Claudius Galenus，129—199）的医学著作等，这些新的知识大量地传回欧洲，冲破了此前大主教学校和修道院学校的知识束缚，大大提升了欧洲人的文化和智力水平，为12世纪以后大学的产生和发展奠定了知识基础。在这一重新发现古典文化的过程中，1220—1225年亚里士多德全集被发现并翻译成拉丁文，具有特别重要的意义。对亚里士多德学术思想的吸收与消化贯穿了整个13世纪，其逻辑学、哲学及科学论著成为中世纪大学的标准教材和重要教学内容。对西欧知识界而言，除原有的基础学科七艺得到充实和发展外，新的高级学科——神学、法学和医学也开始确立，其知识体系不断完善，从而为大学的学科形成准备了条件。[1]

最后，城市经济的复兴及从中产生的行会模式为中世纪大学的诞生提供了重要的制度管理基础。

除了组织形式与知识基础，中世纪大学的诞生还与欧洲城市的复兴有一定的关系。中世纪早期，西罗马帝国留下来的城市破败不堪，早已失掉了经济中心的地位，仅仅成为封建诸侯和教会主教统治的政治和宗教中心。10—11世纪，

1　宋文红.欧洲中世纪大学的演进 [M].北京：商务印书馆，2010：46.

随着经济的发展，城市开始复兴。13—15世纪，欧洲约诞生了5000个新型城镇，不少城市人口都超过1万人，甚至出现了20万人以上的大城市。城市的产生不仅创造了丰富的物质条件，也为丰富人的知识和精神生活提供了广阔的空间。中世纪的城市具有高度的自治性。每个城市都有独立的司法权和立法权，也有完善的行政管理体系，共同的利益和生活经验使得城市居民形成了高度的自主性与强烈的规范意识。工商业的发展与城市的自治独立地位使得法律专业人才的需求大幅增加；战争与疾病的流行使得医学人才成为社会发展不可或缺的关键人才。这些都为中世纪大学的学科专业发展提供了巨大的市场空间。除了上述市场前景，中世纪城市独有的管理运营方式也为中世纪大学提供了与此前的古代高等教育机构不同的制度管理样本。在中世纪城市管理体系中，行会具有极其重要的作用。行会是手工业者或商人为了保护自身的利益，联合起来对付封建领主的侵犯，以及防止外来竞争而建立起来的自治组织。它由同行业者组成，依靠集体的力量与教会及世俗统治者博弈，以此维护自身的权益。行会必须取得教会或世俗统治者的特许状（法律地位认可证明）才能取得合法身份，成为中世纪城市行政管理的基本单位。行会组织为最初大学的形成提供了制度上与管理上的参照。中世纪大学（universitas）最初的含义即是行会，是为争取特许状及学术活动自由而组织起来的中世纪学者行会。

加洛林时期出现的教会学校、十字军东征前后引进的古希腊罗马经典以及中世纪城市中的行会组织，共同构成了中世纪大学形成的教育基础、知识基础和制度管理基础。

第二节 中世纪大学在欧洲的发展历程

教育史学家一般公认，中世纪大学产生于意大利，然后扩散到西欧和北欧。整个中世纪，代表性的大学主要集中于意大利、法国和英国。

一、中世纪大学在意大利的兴起

从现有文献看，中世纪大学兴起于意大利。萨莱诺（Salerno）大学和博洛尼亚（Bologna）大学是早期中世纪大学最著名、最有代表性的两所大学。

（一）最早的大学：萨莱诺大学

萨莱诺大学通常被看作第一所大学。萨莱诺位于意大利南部，7世纪末这里就设立了一所医院，吸引了远道而来的许多病人。9世纪末，这所医院聚集了许多技艺高超的医生，其中有人同时带徒从事教学活动。传说最早的医学校由希腊、拉丁、犹太和阿拉伯的4位医生共同创建。虽然并没有充足的证据证实这种说法，但这一传说反映出当年意大利南部多种文化交流碰撞的现象，这是萨莱诺医学得以持续并得到发展的重要环境。

萨莱诺早期的医学著作多是关于医学实用知识和技术方面的，较少涉及理论的思考。[1]这些医学实用知识和技术除了部分来自同时代的实践经验，也有一些传承于古希腊罗马。11世纪末，大量的关于阿拉伯的科学、医学以及被翻译成阿拉伯语的希腊古典医学著作传入，为萨莱诺医学的发展注入一股新的活力。生于北非的名医康斯坦丁诺斯（Constantinus Africanus，约1015—1087）于1077年前后定居在萨莱诺。在蒙特卡西诺修道院，他翻译了大批医学著作，包括希波克拉底和盖伦的著作，哈里阿拨斯（Haly Abbs，949—982）的《医术大全》（Pantegni）等，这些著作为萨莱诺医生提供了大量新的医学知识，促进了萨莱诺医学理论和教学的发展。阿拉伯医学的特征是具有系统规范的理论框架，包括采纳辩证分析和逻辑分类的学术方法。这种方法同样渗透到当时的大多数知识领域，如神学、法律和文法。康斯坦丁诺斯翻译的希腊和阿拉伯医学著作，同萨莱诺医学工作者后来的著作一起，构成了12世纪下半叶以后的大学医学课程的基础。这类课程先是传播到巴黎大学，继而又传播到其他开设医学课程的大学。[2]

萨莱诺的医学教育在12世纪发展到巅峰。有关萨莱诺的教学内容与教学方法，目前所知甚少。从保留下来的少数资料可以推知，生理学和病理学是以古希腊的四大体液（血液、黏液、黄胆汁和黑胆汁）理论为基础的；《班伯格外

1　艾伦·B.科班.中世纪大学：发展与组织 [M].周常明，王晓宇，译.济南：山东教育出版社，2013：47.
2　艾伦·B.科班.中世纪大学：发展与组织 [M].周常明，王晓宇，译.济南：山东教育出版社，2013：47.

科术》（*Bamberg Surgery*）反映了萨莱诺在外伤、骨折和脱臼、眼耳损伤、皮肤病等方面的实践活动；《萨莱诺学校》（*Schola Salernitana*）或《养身之道》（*Regimen Sanitatis*）显示其还较为关注一些常识性的或民间的有关健康、饮食、卫生和药物使用的习惯。[1]除了医学领域的贡献，萨莱诺对传播古希腊和阿拉伯的科学和哲学知识也作用巨大。例如，托勒密的《天文学大成》（*Almagest*）以及亚里士多德著作的早期拉丁文译本，不少是萨莱诺的师生翻译的，他们的工作使得医学教育与实践能够具备更加有效的理性哲学基础，从而推动医学从一门应用性的职业向体系化、理论化的专业学科转型。

萨莱诺最早的法律认可体现在腓特烈二世于1231年颁布的《梅尔菲》（*Melfi*）法令中。根据该法令，萨莱诺被确认为南意大利和西西里岛主要的医学中心，除了萨莱诺，禁止在任何地方教授医学和外科学。法令同时规定，在萨莱诺任教的教师，必须是那些遵守规章，并通过了由萨莱诺教师委员会或王室官员主持的考试的人。1241年，腓特烈二世又颁布了攻读医科的正规课程表，规定学生在萨莱诺完成5年学习课程之后，还须在一位有经验的医生的指导下实习一年。不经萨莱诺医学学校许可，任何人都不能行医。此外，这项法令还有一项重要内容：学生在攻读5年制的医科之前，必须学习3年的逻辑，显示出医学专业教育和前置的基础教育的关联性。[2]学习年限、理论与实践分层的课程结构体系、学校和毕业生的特权，这些体现后世大学教育特色的要素正是在萨莱诺萌芽的。

12世纪以后，萨莱诺一直是欧洲最著名的医学中心。萨莱诺大学的医学在全欧享有与博洛尼亚大学的法律和巴黎大学的神学一样崇高的声誉。然而，尽管萨莱诺在医学史上占据着很重要的地位，它对大学组织的发展却没有什么影响，其致命的弱点是未能建立一个协调一致及有效的组织管理体系，以保证其学术的发展。直到13世纪后期，萨莱诺的组织管理体制才勉强符合当时尚处于不成熟状态的中世纪大学的标准。组织及管理制度的不健全是萨莱诺逐渐丧失在欧洲大学中学术影响力的一个重要原因。

---

1 艾伦·B.科班.中世纪大学：发展与组织[M].周常明，王晓宇，译.济南：山东教育出版社，2013：50–53.
2 艾伦·B.科班.中世纪大学：发展与组织[M].周常明，王晓宇，译.济南：山东教育出版社，2013：53–54.

萨莱诺在大学史上评价较低的另一个原因是除医学之外，萨莱诺没有教授过任何高级的学科。甚至在1231年，学校从腓特烈二世手中获得了医学学习中心的法律认可之后，授予萨莱诺学生博士学位的权力依然受到王室法令的限制：申请学位的人首先要接受萨莱诺学校的教师资格考试，获得一个证明其忠诚度及专业知识的证书，最后经过教师和王室代表的签字才能到国王面前求得这一许可。换言之，学校没有独立的授予学位资格的权力，教师要获得资格证及行医执照必须获得王室的许可，这体现了王权的行政干预及专制作风。直到1359年，王室才勉强承认了萨莱诺授予学位的权力，认可其颁发的医学证书在整个帝国境内的有效性。

（二）法学教育中心：博洛尼亚大学

博洛尼亚是意大利北部的一个天然的十字路口，商业繁荣，人员流动便利，频繁的商业往来带来的是对法律知识及法律从业人员强劲的市场需求。9—11世纪，博洛尼亚及其周边的拉文纳（Ravenna）、帕维亚（Pavia）等地即有法学教师在传授法学知识。

著名的罗马法学者欧内乌斯（Irnerius，1055—1130）大约于1116—1140年在博洛尼亚从事教学活动，他使博洛尼亚法律教学的水平远远领先于意大利的其他学校。作为中世纪最著名的法学教授之一，他主要的贡献是对《民法大全》（Corpus Juris Civilis）做了详细注释，使其既适合职业性的需求，又适合作为一门高深的专业学科进行学术研究。正是欧内乌斯对罗马法的精深造诣，使博洛尼亚成为同时代最著名的罗马法教学中心。此外，教士格拉提安（Gratianus，？—1159）在博洛尼亚讲授教会法，并于1140年完成其代表作《教会法汇要》（Concordia Discordantium Canonum）。格拉提安的最大贡献在于从理性的立场对教会法进行解读，从而使其从神学中独立出来，成为一门具有系统理论体系的专业学科。《教会法汇要》也因此成为中世纪教会法学习的标准教科书。由于上述学者的声誉和影响，到12世纪中期，博洛尼亚已经成为欧洲罗马法和教会法教学与研究最重要的中心。

博洛尼亚大学不仅是欧洲中世纪最早出现的大学之一，也是欧洲中世纪大学中学生主导型大学的典型。这种模式对欧洲南部的大学，如意大利、法国各地方性大学以及西班牙和葡萄牙大学曾产生过深远影响。12世纪中期，博洛尼亚吸引了数以百计的学生，其中不仅有意大利的学生，更多的是来自阿尔卑斯山以北的学生。这些学生远离故土，按照博洛尼亚城市的法律被当作侨民对待，这意味着无论其在本国的家庭背景如何优越，在博洛尼亚，他都必须面对苛刻而不公平的法律、高额的房租、沉重的税负甚至义务兵役制。由于博洛尼亚的学生年龄普遍偏大，社会经验丰富，其中相当一部分人在其母邦有过出任重要社会职务的经历。为了保护自身的权益，这些熟悉法律的学生们便组织起来成立了行会。博洛尼亚的学生行会首先按种族和地理出身形成4个同乡会组织（nation）—— 伦巴第同乡会、托斯卡纳同乡会、罗马同乡会和阿尔卑斯山外同乡会，最后逐渐整合成了山南和山北两个大型学生团体。经过一系列和城市当局及教师的博弈，学生逐渐在校务管理中占据了上风。1158年，腓特烈一世颁发特许状《完全居住法》，授予博洛尼亚学生行会特权，这被很多历史学家看作博洛尼亚大学真正"建立起来"的标志。学生获得的各项特权包括组织团体并自主选举团体领袖的权利、免缴市政税的权利等。

博洛尼亚学生行会最初是一个互助互惠的团体，其主要目的是根据城市法最大限度地保护组织成员的权益，并未过多地参与大学的教务与校务管理。根据现有资料推断，在1180年之前，博洛尼亚的法学教育主要是每个教师自主经营的私塾，师生之间的关系主要体现为后者"缴费上学"。但随着学生的大量涌入，教师之间、学校之间和城市之间的竞争日趋激烈，为了防止优秀教师流失至其他城市，造成学生流失而产生城市税收损失，1182年，博洛尼亚市镇当局强迫教师做出承诺，在两年内不得在博洛尼亚之外从事任何教学活动；1189年，又再次要求教师们发誓，其教学活动只限于博洛尼亚，并不得帮助那些到意大利其他地区学习的学生。[1]由于教师们被剥夺了教学自主权，学校的管理权力逐渐转向学生团体。1193年前后，学生们提出一项动议，授予自己的团体以学生行会（universitas scolarium）的地位。此后不久，学生行会即开始行使学校

1　海斯汀·拉斯达尔.中世纪的欧洲大学：大学的起源 [M]. 崔延强，邓磊，译. 重庆：重庆大学出版社，2011：120.

教学管理的权力。根据学生行会的章程，教师必须根据学生行会的要求，使用指定的教材，在规定时间内完成教学任务。学生们甚至还获得了任命教师的权力：学生行会在征求学生意见的基础上选聘合适的教师，被聘任的教师须以宣誓的方式表达自己遵守有关学校事务规定的立场。此外，凡大学的各项重大活动的开展都要征得学生行会的许可。

13世纪早期，学生行会与市镇当局的关系日趋紧张。这种全面敌意的氛围导致学生多次向周边城市迁移。1220年，市镇当局试图强迫学生领袖做出保证，禁止学生离开博洛尼亚去其他城市学习，招致学生的抵制。部分学生离开博洛尼亚，于1204年、1215年和1246年先后新建了维琴察（Vicenza）、帕多瓦（Padua）和锡耶纳（Siena）等大学，最终迫使市镇当局于1250年承认了学生行会的地位及其对大学教学的管理权。1252年和1253年，市镇当局和教皇分别承认了博洛尼亚学生行会的章程，最终确立了学生行会对大学事务的主导权。

学生行会取得大学主导权的根本原因在于教师的收入主要依赖学生的学费，除此之外没有稳定的薪酬。学生所拥有的经济权利使他们更有能力抵制和反对那些不服从规定的教师。13世纪末，博洛尼亚市镇当局建立了教师职位薪酬制。最初的阶段是由学生们挑选教师，市镇当局支付其薪酬，但到1350年，几乎所有教师都由市镇当局聘用和支付薪酬，学生行会的管理权由此开始逐渐削弱。

虽然大学的校务和教务由学生行会主导，但博洛尼亚大学的教师还是保有确定考试程序及审核进入教师行会流程的控制权，这体现出大学作为知识传承组织的学术特点。当然，这种教师教学资格证书的颁发在程序上按照中世纪社会的惯例是由教会当局控制的。1219年，教皇洪诺留三世（Honorius Ⅲ，1148—1227）颁布敕令；任何人在博洛尼亚从事教学活动都必须事先获得博洛尼亚教区副主教颁发的教学证书。博洛尼亚的教师行会是由法学教师组成的同业团体。博士（doctor）本来只是加入教师行会的一种资格，但13世纪中叶开始，不再成为加入教师行会的必要条件。在教师（doctor）中间出现了"上课的doctor"和"不上课的doctor"的分化。从事教学的教师必须拥有市民资格，此外还出现将行会成员和享受薪酬的教师地位世袭化的倾向。博洛尼亚的学术名声由此开始急速下降。虽然，博洛尼亚市镇当局于13世纪末对教师世袭化的做法出台了多种干预措施，但依然无法扭转颓势。[1]

二、中世纪大学在法国的成熟

就大学制度而言，一般公认，巴黎大学是欧洲中世纪大学中最成熟、最具代表性的大学。巴黎大学是第一所将多个学科的教师和学生的不同组织整合成一个单一的法人组织的大学。

巴黎大学是西欧最早的大学。如博洛尼亚大学一样，巴黎大学也是逐步形成的，其前身是位于西岱岛上的巴黎圣母院大教堂学校。12世纪初，在法国和低地地区，随着社会的发展，对教育的需求不再局限于修道院的教士教育，附属于大教堂的学校成为当时最活跃的教育中心。由于巴黎是法国的首都和一个重要的主教职位的所在地，其地理位置和政治上的优势吸引了来自欧洲各地的师生。

12世纪中期，巴黎已经聚集了来自各地的大量教师和学生，包括英格兰人、斯堪的纳维亚人、德国人和意大利人。除了以神学为专业的主教学校，塞纳河两岸还有不少以逻辑和文法学习为主的学校。大部分学校设在教会的领地之内，学校不可避免地受到教会的干扰与监控。圣母院副主教及教师行会都宣称自己有权对合格的毕业生颁发教学证书，由此矛盾频发。[2]1200年，几名学生在与圣母院教师的争执中被打死，引起师生们的强烈不满。他们于是上书国王腓力·奥古斯特（Philippe Auguste，1165—1223），不久获得了国王授予的特许状。国王承认巴黎大学的学者具有合法的教师资格，师生享有世俗当局的司法豁免权。这是巴黎大学获得的第一份皇家特许状，巴黎大学因此将1200年作为其从一所大教堂学校转变成独立大学的诞生之年。

1215年，教皇特许巴黎大学制定其首个大学章程，取消了圣母院主教对巴黎大学的控制权，巴黎的教师行会获得了合法地位，完成了由习惯认可的大学到被法律承认的大学的转型。1229年，几个学生在与国王士兵的殴斗中丧

1　张磊.欧洲中世纪大学 [M].北京：商务印书馆，2010：58-59.
2　艾伦·B.科班.中世纪大学：发展与组织 [M].周常明，王晓宇，译.济南：山东教育出版社，2013：88.

生，由于国王和主教处理不力，引发学潮，大学宣布罢课，师生们各奔东西。1231年，教皇出面调停，颁布新的特许状，进一步确认了师生们应拥有的豁免权，使巴黎大学最终摆脱了主教的控制。除了拥有结盟权和罢课权，巴黎大学还具有授予毕业生教学资格证书的专业权。同时，国王圣路易九世（Louis Ⅸ，1214—1270）承认巴黎大学具有法人资格，使巴黎大学完全摆脱了被监护的地位。至此，巴黎大学作为一个独立的团体正式成立。

1261年，巴黎大学这一固定词组正式取代原来的巴黎师生行会。中世纪的巴黎大学系科完备，拥有文学、法学、医学和神学4个系科，其中神学最为著称于世。在中世纪，神学的地位是高于其他学科的，这使巴黎大学的影响范围涉及法国及其北部低地国家，并成为英国和德国大学创建的样板。

三、中世纪大学在英国的扩张

英国古典大学是以牛津大学和剑桥大学为代表并延续至今的。

1167年，英格兰国王亨利二世（Henry Ⅱ，1133—1189）因同法兰西国王腓力二世发生争吵，召回了在巴黎大学和法国的英国师生。这批人来到牛津，使牛津迅速成为英国经院哲学教学和研究的中心。虽然牛津大学受到了巴黎大学模式的直接影响，但其并非如巴黎大学一样是由大教堂学校转变而来的，这使得牛津大学学术群体的世俗性更强。

13世纪上半期，牛津大学的数学和自然科学在欧洲享有广泛的赞誉，1215—1221年，担任牛津大学校长的罗伯特·格罗斯泰斯特（Robert Grosseteste，1175—1253）被看作牛津大学兴起的关键人物。1247年，罗杰·培根（Roger Bacon，1214—1293）从巴黎来到牛津。他注重实验科学，对数学、天文、语言学均有研究。1249年，达勒姆（Durham）主教捐赠给牛津大学一笔钱，资助学习神学的学生组建了大学学院，并盖起了学院的房子。1263年和1264年，牛津大学又以同样的方式相继建立了贝利奥尔学院和莫顿学院，这些学院最初都是由私人出资修建的，供贫困学生寄宿，后来逐渐发展成为半独立的教学和研究机构。

剑桥大学脱胎于牛津大学。虽然创办较晚，但其在制度建设方面走在了牛津大学与巴黎大学之前。根据目前的研究，罗马安吉利卡图书馆发现的《剑桥大学章程》是欧洲所有大学中最早的法典。该章程大约制定于1234—1254年。[1]章程共13个章节，详细说明了剑桥大学的管理结构，包括校长、院长、学监、持杖官、教师的选定，校务委员会的成员组成，司法程序，学位服饰和校纪，宿舍和租金，葬礼和赞助人纪念仪式等事项。剑桥大学最早得到王权和教皇承认分别是在1231年和1233年，这意味着作为团体法人的实体组织得到正式认可。与此相比，巴黎大学和牛津大学分别迟至1245年和1254年才获得此项特权。

四、中世纪大学在全欧的扩张

（一）13—14 世纪的大学扩张

12世纪在意大利产生的中世纪大学，到13世纪时陆续新建了18所，主要集中于南欧的意大利及西欧的英法等地。中世纪大学数量增长情况见图2-1。

这一时期，中世纪大学的建立方式主要有三类。除了如巴黎大学和牛津大学这样自然形成的，还有迁移式的以及根据教会或世俗当局的授权设置这两类方式。迁移式主要是师生由于与地方当局发生争执之后离开大学原所在地，到一个新的城镇，重新创办一所大学。这种类型的迁移可能是暂时性的，随着冲突的妥善处理，离开的师生很多会重返之前的学校。当然，如果条件适宜，一所新的大学也可能由此诞生。[2]除了剑桥大学，法国的奥尔良和安格斯等地的大学，均从1229—1231年的巴黎大学师生逃亡中获益匪浅。在意大利，博洛尼亚大学师生和城市当局的关系导致了帕多瓦大学的诞生（创办于1222年），这所大学的制度及精神明显反映出其对博洛尼亚大学的继承。另外，在13世纪前期，维琴察、韦尔切利（Verclli）和锡耶纳等地也短暂地出现过大学，这些大学的产生和博洛尼亚、帕多瓦等校师生的迁移有着直接关系。

1　希尔德·德·里德－西蒙斯.欧洲大学史（第1卷）：中世纪大学 [M].张斌贤，程玉红，和震，等译.保定：河北大学出版社，2008：125.

2　希尔德·德·里德－西蒙斯.欧洲大学史（第1卷）：中世纪大学 [M].张斌贤，程玉红，和震，等译.保定：河北大学出版社，2008：55-56.

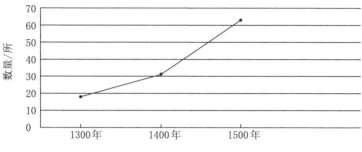

图2-1　中世纪大学数量增长情况

资料来源：希尔德·德·里德－西蒙斯.欧洲大学史（第1卷）：中世纪大学 [M].
张斌贤，程玉红，和震，等译.保定：河北大学出版社，2008：66-69.

　　除上述两类大学外，13世纪以后，欧洲新建大学中更多的是由教会或者世俗当局直接授意设置的大学。世俗当局和教会设置大学主要基于自身的利益考量，在设置之初即有明确的社会和政治目标。

　　那不勒斯（Naples）大学是此类学校中最早建立的大学。它由神圣罗马帝国皇帝腓特烈二世（Friedrich Ⅱ，1194—1250）创办于1224年，其目的就是与博洛尼亚大学竞争，培养皇帝所需要的法学家。在法国，类似的还有图卢兹（Toulouse）大学（创办于1229年），它是在十字军征伐清洁派（Catharism）[1]和图卢兹伯爵之后，通过巴黎协议而设置的。该校最初的建校目的是成为一所宗教化的大学，但由于不受当地人喜欢，最后改良成一所以法学教育为主的大学。[2]在西班牙，卡斯提尔的阿方索八世（Alfonso Ⅷ，1155—1214）从1208年起即在经济上资助帕伦西亚大教堂学校，为其教师支付薪水。1218—1219年，阿方索九世在萨拉曼卡（Salamanca）创办了一所大学，并于1254年获得王室授予的特权，1255年得到教皇的批准认可。在里斯本，葡萄牙国王迪尼什（Dinis，1261—1325）于1288年创办了里斯本（Lisbon）大学并持续给予资助，教皇于1290年予以设置确认。

　　14世纪以后的大多数大学则由世俗统治者或城市当局建立，并在此后得到

1　清洁派：中世纪流传于地中海沿岸的基督教派别。兴起于巴尔干等地，受摩尼教影响，相信善恶二元论并主张禁欲主义。11—12世纪传入法国和意大利。1179年被教皇宣布为异端而受镇压。14世纪末期，教派消亡。
2　希尔德·德·里德－西蒙斯.欧洲大学史（第1卷）：中世纪大学 [M].张斌贤，程玉红，和震，等译.保定：河北大学出版社，2008：57.

教廷的确认，如特雷维索（Treviso）大学（创办于1318年）、帕维亚（Pavia）大学（创办于1361年）、奥朗日（Orange）大学（创办于1365年）和布拉格（Prague）大学（创办于1347—1348年）。不过尽管有世俗当局的支持，社会需求缺乏或者地理位置选择不当依然会影响大学存活的概率。例如，1339年建立的格勒诺布尔（Grenoble）大学地处多芬地区，界于神圣罗马帝国和法兰西王朝之间的争议领土，权力的博弈导致该大学始终未能发展起来，最终被瓦伦斯（Valence）大学（创办于1452年）取代。另外，纸面计划的大学和实际建成的大学之间是有相当的差异的。南特（Nantes）曾计划建一所大学，并先后于1414年和1449年获得教廷的支持，但直到1461年，大学才实际创办成功。上述情况都反映出大学作为知识传承组织，其真正的生命力在于回应社会的有效需求。

在意大利兴起的大学扩散到法国、西班牙、葡萄牙、德国、苏格兰及斯堪的纳维亚等地，极大地改变了中世纪大学的地理版图，使得各地的年轻人有更多的机会在本地或近邻地区上大学，从而更有助于突出大学作为世俗政府代言人的地位。1409年，占布拉格大学师生大多数的德国师生，在听到国王瓦茨拉夫（Wenceslas）修改宪法以确保波希米亚教师在大学全体教师大会上拥有不正当的控制权力时，即离开了布拉格大学。这一著名的外迁事件表明，随着近代民族国家的逐渐形成，民族主义意识开始渗透到欧洲大学内部，大学逐渐丧失其全欧性的、跨民族的特色，成为现实政治领土不可分割的一部分。[1]

（二）中欧和东欧地区的大学扩张

1378年，围绕新任教皇选举产生的法国和意大利之间的对立最终造成了"教会大分裂"（the Great Schism）。该事件虽然在1417年得到解决，却成为中世纪大学发展史上的分水岭。1300—1378年的"教会大分裂"时期，全欧共有19所新大学建立，主要集中在神圣罗马帝国所属的中欧和东欧地区，而在1378—1500年，大学在全欧爆发式地增加了63所，欧洲全境由此形成了较为完善的大学网络体系。新创建的大学主要由城市或王公贵胄发起，虽然仍然需要教皇认

---

1 艾伦·B.科班.中世纪大学：发展与组织 [M].周常明，王晓宇，译.济南：山东教育出版社，2013：133.

可的教谕，但由于办学资源与财政支持主要来自世俗政权，大学管理主体由此从教会教皇开始转向世俗当局，大学组织也由教皇庇护的泛欧洲机构逐渐成为归属不同民族国家的学术组织，大学定位就此从超国家的文化传播中心转为培养专业精英的国家机构。大学由此进入国家竞争模式的时代。

教会大分裂改变了欧洲各地大学的分布状态，并对大学与城市当局的关系、大学内部组织结构等都产生了重大影响。在教会大分裂所引起的剧烈对抗中，巴黎大学的德国师生出于各方面原因，尤其是担心在罗马教皇的辖区无法谋取教会职位，陆续离开巴黎回到自己的故乡。海德堡（1385）、科隆（1388）、爱尔福特（1389）、维尔茨堡（1402）、莱比锡（1409）等地的大学即是这批回到德意志的师生所创立的。

德语圈的大学设置运动中，教皇或皇帝的特许证明并非被认为是必不可少的。但从布拉格大学到法兰克福大学（创办于1498年），这期间所有的大学都努力争取教皇的特许而非皇帝的特许，促成这一制度变革的正是神圣罗马帝国皇帝查理四世（Charles Ⅳ，1316—1378）。他的动机主要在于：首先，新办大学获得教皇特许以后，即可像意大利和法国的知名大学一样在全欧享有崇高的地位与特权，其学位证书（教师资格证）在全欧具有通用性。其次，教皇的特许也有助于大学吸引神圣罗马帝国以外的师生。查理四世强烈希望在其辖区内创办一所顶级大学，通过形成新的学术中心来显示国威，这一目标与欧洲当时流行的学术中心转移说（translatio studii）有很大关系。阿尔昆（Alcuin，735—804）等学者认为，学问的中心就像接力棒从一个城市传递到另一个城市，其传承方向从雅典经过罗马和拜占庭传递到巴黎。这一理论随着大学的兴起开始被广泛接受，在此后的文艺复兴及宗教改革时期都曾盛行一时。这种观念的核心是认为学术与文明是神的意志，并随着时代与环境的变化不断调整。大学是学术强权的体现，它与精神上的强权"圣职主义"（sacerdotium）和世俗强权"帝王统治权"（imperium）共同成为基督教世界的统治支柱。[1]从历史的角度看，这一理论是缺乏足够的依据的。不过在大学产生之初，这一理论的确有助

1　艾伦·B.科班.中世纪大学：发展与组织 [M].周常明，王晓宇，译.济南：山东教育出版社，2013：25.

于确立其半独立机构的地位，对于摆脱教会及世俗政权的过分控制起到了宣传作用。

不过，在中世纪，由于政治经济条件的限制，并未出现一个如雅典罗马那样绝对的学术中心，公认的医学、法学、神学的全欧中心散布于法国和意大利南北方，"全部学问从集中于一个都市繁荣发展转变为各学科领域散布于各地，有教有学，竞相发展的局面"[1]。

在整个中世纪大学中，不同地域、不同阶段的大学体现出各自的独特性。意大利的大学世俗性浓厚，师生主要是城市居民及贵族子弟，核心的学科集中在医学及法学等世俗性较强的领域。而法国的大学宗教色彩浓郁，师生中有相当比例是教士，这使神学成为法国大学中最有影响力的学科。15世纪大学普及到德意志地区时，天主教会的权威已经动摇，哲学研究开始从神学中脱胎而出，而重视基础研究，强调研究和教学的结合成为19世纪柏林大学改革的先声。

五、中世纪大学的衰落

中世纪大学是在中世纪政治与社会文化土壤中诞生的特定知识组织。中世纪大学有相当比例是在基督教会的土壤上蒙受庇荫而成长起来的，这使其与中世纪的教会、中世纪的教会教育有着深厚的关联。大学虽然不是教会，但大学继承和保留了教会的特点，按照教会特有的方式去开展教学活动，教会的教义是大学教学的基本原则，教会的通用语言也是大学教学的语言。大学和教会一样具有跨国的泛欧性。

15—17世纪，随着文艺复兴以及宗教改革的冲击，民族国家诞生，欧洲传统的封建制度及教会对人的精神领域的绝对控制瓦解，中世纪大学也出现了衰落和蜕变的迹象。

15世纪的文艺复兴带动了人文主义思潮席卷整个欧洲知识界。人文主义者将人文学科置于中世纪神学的对立面，强调讲授希腊罗马的古典学问，以有益于人的现实生活为目的。虽然人文主义运动既没有改变大学的结构，也没有改

1　横尾壮英.ヨーロッパ大学都市への旅：学歴文明の夜明け[M].東京：リクルート出版部，1985：34.

变大学的社会功能，但是欧洲大学文学部的课程确实发生了变化。

同时，14—15世纪以后，新兴的民族国家也采取了各种措施，阻止而不是鼓励学生的跨国流动。当时每个国家的政治或宗教团体都试图建立大学，以使其国民能在本地而不是国外学习。到15世纪，外部流动实际上已经停止。统计数据表明，中世纪末期，四分之三的学生满足于到地方大学就学，那里通常是离他们家乡最近的一所大学，由此带来的结果是巴黎大学在中世纪后期逐渐由君主所控制，从一所泛欧性大学转变为一所影响范围有限的国家大学。同样，博洛尼亚大学日益趋重和依赖于城市当局，失去了相当多的国际吸引力。

16世纪的宗教改革以后，德意志地区的大学大多基于人文主义立场进行改革，从而摆脱了中世纪经院哲学的枷锁。随着民族国家的抬头，世俗权力对大学的影响加深，大学的贵族化、世俗化倾向加剧。如1533年，法国国王弗朗西斯一世（François Ⅰ，1494—1547）就宣布改巴黎大学的博士学位为骑士称号。

更重要的是，宗教改革对大学的招生也产生了重大影响。中东欧地区的世俗当局在很多方面没收了教会的捐赠，而这些捐赠原本主要用于资助大学中的教士，教会在大学的势力由此受到抑制。随着教士的名声扫地，学生对神学的兴趣急剧下降。大学注册人数因此锐减。例如，罗斯托克大学1517年注册学生有300人，1525年仅15人；在埃尔福特大学，注册学生数从1520年的311人降到1525年的15人；在巴塞尔大学，1526年只有5名学生注册；在柯尼斯堡、科隆、维也纳以及英格兰的牛津和剑桥，学生数都出现了急剧下降的情况，一些传统的知名大学开始衰退乃至消失。这意味着如果期望中世纪所形成的大学模式继续生存发展，就需要开辟新的模式。

第三节　中世纪大学的管理体制

一、中世纪大学的管理架构

中世纪大学被视为现代大学的直接源流，这与其职能及管理架构对现代大学的影响有直接的关系。学院（college）和学部（faculty）等现代大学组织管理的核心单位，无论其框架雏形还是名称，均来自中世纪大学。中世纪大学在诞生之初是师生的自发组织，学校的生存与发展主要取决于是否拥有优秀的、有号召力的名师。但随着规模的扩大，师生之间成立了各种具有不同特色的大学行会，其内外管理朝着规范化与制度化的方向不断完善。

（一）同乡会

中世纪大学的师生来自全欧各地，跨区域流动性极强，因此按出生地域形成的同乡会（nation）是大学历史上最早发挥管理功能的核心组织。不过相比中世纪大学的其他管理组织，同乡会的存续历史较为短暂，它的形成和消亡与欧洲各地民族主义意识的觉醒有密切的关联。

同乡会何时形成，其早期组织的成员结构如何，由于年代久远、资料有限，存在诸多争议。目前已知博洛尼亚大学是早期管理同乡会较为规范的大学。博洛尼亚大学同乡会由外籍学生组成。起初，全校学生按出生地域组成了17个同乡会，包括来自阿尔卑斯山以北地区的14个区域的同乡会和来自阿尔卑斯山以南地区的3个区域的同乡会，此后通过合并逐渐形成山南山北两大同乡会。由于博洛尼亚的教师都是本地市民，拥有诸多本地市民独享的特权，因此教师无须另组成团体，只有来自异乡的学生才需要通过具有高度防卫性的同乡会——以集体的力量——确保自身的权益不受侵害。

巴黎大学的同乡会构成则有所不同，主要由文学部的教师构成。17世纪的大学史研究者给巴黎大学同乡会的定义是："由教授组成的法人团体，所有教授文科的教师，在同一个名册内记录下他们的名字，遵守相同的法令，接受同一个官员的管理。"[1]这些教师中很多人同时也是高级专业学部的在读学生。他们在基础性的文学部毕业后可以申请加入教师行会（the guild of master）。而一旦加入该行会，则必须保证承担两年的教学工作。这些在职教师通常一方面在文学部任教，另一方面在某个高级专业学部继续深造，攻读博士学位。在他们最终获得高级学部的博士学位后（同时取得高级学部教师行会成员身份），其在

1　李艳玲.西欧中世纪的大学与社会 [M].北京：东方出版社，2020：88.

由文学部教师构成的同乡会的会员资格自动失效。[1]

巴黎大学有四个同乡会，分别是法兰西、皮卡第、诺曼底和英德同乡会，其中法兰西同乡会人数最多。英德同乡会成员除了英格兰的学生，还包括来自东欧、中欧和北欧等的学生。每个同乡会都有自己的首领，由会员选举产生，可连选连任。同乡会还有自己的规章制度、集会场所、仪式、节日和守护神等。如英格兰同乡的集会场所有固定的教堂，守护神是英格兰国王埃德蒙一世（Edmund Ⅰ，921—946）。英法百年战争期间，鉴于法国民众日益高涨的反英情绪，同乡会改名为德意志同乡会（the German Nation），守护神也改为查理大帝（Charlemagne）。

除了博洛尼亚大学和巴黎大学，其他古老大学也都存在过同乡会的组织。在英国，牛津大学有北方同乡会（Boreals，包括苏格兰）和南方同乡会（Australes，包括爱尔兰和威尔士）。不过由于同乡会之间无休止的争斗和冲突，1274年牛津大学取缔了同乡会。[2]在中欧，布拉格大学有波希米亚、波兰、巴伐利亚和萨克森等四个同乡会，包括了所有学生。同乡会首领和教师一样是大学评议会成员。维也纳和莱比锡也各有四个同乡会，涵盖所有学部。不过，相比维也纳同乡会的学生可以通过同乡会参选学校管理职位，莱比锡同乡会只有教师有资格参加学校的会议。[3]

在中世纪大学，同乡会是一个独立的团体，其能量与职能在不同的大学是各不相同的。不过所有的同乡会都有着大同小异的组织结构。同乡会的最高权力机构和立法机构是同乡会会员大会。会员大会的首要任务是选举它的主要官员。根据博洛尼亚日耳曼同乡会年鉴记载：每年主显节（1月6日）召集的同乡会大会上会选举会长，1340年前由全体成员直接选举，之后由全体成员推选的代表间接选举。会员大会的另一项使命是制定同乡会章程。日耳曼同乡会的会章规定：每年两次在同乡会大会上宣读章程。如果需要修订或者制定新章程，

1　张磊.欧洲中世纪大学 [M].北京：商务印书馆，2010：132–133.
2　希尔德·德·里德－西蒙斯.欧洲大学史（第1卷）：中世纪大学 [M].张斌贤，程玉红，和震，等译.石家庄：河北大学出版社，2008：127.
3　希尔德·德·里德－西蒙斯.欧洲大学史（第1卷）：中世纪大学 [M].张斌贤，程玉红，和震，等译.石家庄：河北大学出版社，2008：127.

则必须召集全体会议，由三分之二以上的会员表决同意。[1]

不同的同乡会对其首领的称呼各不相同。意大利的大学称为"rector"，巴黎大学和博洛尼亚的日耳曼同乡会称为"proctor"，博洛尼亚其他同乡会则称为"consiliarii"。但同乡会的首领和代表的职责是相同的，即参与学校的会议并投票，管理同乡会的内部事务等。

同乡会的首领在内部管理及同乡会财务方面拥有较大权限，某些时候对其成员甚至拥有司法权力。同时，他们也可以校长顾问的身份参与大学的重大决策，与大学的学部长一样属于大学重要的管理人员。不过，他们的权力行使是受到会员大会的严格制约的。如巴黎大学皮卡第同乡会规定：首领是同乡会的代表，执行同乡会大多数成员认可的决定，同乡会在学校大会上保留增加、减少和纠正首领决定的权力；首领掌管同乡会的印章，但只有在同乡会全体大会上宣读文件后，他才能加盖印章。[2]

同乡会消失于中世纪晚期。一方面，中世纪后期民族国家兴起，大学国际性衰退，世俗当局对大学的控制日趋严密，作为异乡人组织干预本地大学的管理自然很难得到当局的许可。另一方面，随着大学在全欧范围的扩散，年轻人无须走出国门也能在本乡本土上学，同乡会所具有的异族环境中的侨民保护价值也因此失去了存在意义。

（二）学部

学部是与教学组织相关的大学行政分支机构。其词源faculty源自拉丁语facultas，最初指才能，即一个人与生俱来的或者因训练而获得的一种能力。中世纪大学早期，facultas是scientia的同义词，指某一门特定的学问分支。1251年巴黎大学向法兰西国王所发的誓言中出现了"为了巴黎大学整体的利益……为了那些在神学部、教会法部、医学部和文学部进行研究和学习的教师和学生们"[3]的表述，这是学部这一术语首次出现于正式文本中。随着巴黎大学教师行会的规模扩大，facultas的含义逐渐定型，用于指称教授一门学科的学术群体。

1 李艳玲. 西欧中世纪的大学与社会 [M]. 北京：东方出版社，2020：89.
2 Kibre P. The Nations in the Mediavel Universities[M]. Cambridge：Mediavel Academy of America，1948：70–72.
3 李艳玲. 西欧中世纪的大学与社会 [M]. 北京：东方出版社，2020：85–86.

传授同一学科课程的教师由于知识背景及价值观接近，形成学部组织，参与大学管理。

学部大学的典范是巴黎大学，其学部构成包括一个基础学部（文学部）和三个高级学部（医学部、神学部和法学部）。13世纪的意大利神学家波纳文图拉（Bonaventure，1217—1274）曾形象地比喻"文学部是一个宏伟建筑的底座，法学部和医学部是它的围墙，神学部是它的屋顶"[1]。欧洲中部和北部地区的大学基本沿用这一模式。14—15世纪德意志地区创办的大学也基本上模仿巴黎大学。虽然理论上大学应该开设全部四个学部，但现实中并非完全如此。出于对巴黎大学神学研究垄断地位的保护，在13世纪末之前，教廷坚决反对其他大学开设神学部，所以只有巴黎大学可以拥有完整的四个学部。另外，神圣罗马帝国和丹麦等地的大学由于条件限制，尽管都设有医学部，但就读学生往往不到学生总数的1%[2]，其结果就是文学部规模在整个大学中显得异常庞大，成为学校中举足轻重的群体。

学部的管理者包括学部长（decanus）、司库（bursar）、执杖官和司印。学部长一职最早出现在13世纪的巴黎大学和蒙彼利埃（Montpellier）大学。1265年，巴黎大学神学部最早出现学部长。1267年，文学部也选举产生了学部长；1338年，医学部和教会法学部也选举了学部长。14世纪，大部分大学出现了这一职位。学部长负责学部的日常行政与教学事务管理，定期召集学部教师会议，同时代表学部参加学校大会。学部长通常由学部教师选举产生，其人选多为教学一线的资深教师。巴黎大学文学部规模庞大，教师数远超另外三个高级学部，因此文学部的学部长一般同时兼任巴黎大学的校长。在牛津大学，学部最早出现在1208—1209年。和巴黎大学一样，文学部规模庞大，所以学部长只设在文学部，其他高级学部不设学部长。除了学部管理人员，学部还有自己的印章和章程。1252年，巴黎大学的高级专业学部开始制定自己的章程。1270年，巴黎大学的医学部和法学部都拥有了自己的印章。管理者、章程及印章的确定表明

1　李艳玲.西欧中世纪的大学与社会 [M].北京：东方出版社，2020：86.
2　希尔德·德·里德－西蒙斯.欧洲大学史（第1卷）：中世纪大学 [M].张斌贤，程玉红，和震，等译.保定：河北大学出版社，2008：123-124.

学部具备了一个法人团体所必需的基本要素。

在中世纪的大学里，学部是一个基本的教学组织机构，负责本学科的教学，制定教学大纲。《巴黎大学档案》现存一份巴黎大学医学部在1270—1274年制定的教学大纲，详细记录了医学部学生的标准学习年限和指定的学习课程。另外，学部还有权认定获得学位的学生资格。1213年，在教皇的调停下，巴黎主教同意每个学部有权决定本学部的候选人是否有资格获得教学认可证，同时，它也有权制订学习计划和对学生学习进行纪律管束。

和同乡会更多侧重成员的生活事务保护与管理不同，中世纪大学学部的管理权限主要集中于学术事务。作为知识或学科领域组织的学部在中世纪成为大学管理的核心单位，意味着大学成为各个知识体系的集合体，大学所从事的教学与学术活动的范围及水平也与其所设的学部类型形成了密切的互动关联。

（三）学院

12世纪开始，新的大学管理组织学院开始形成。college一词源于拉丁文collegium，原意指团体、社团或一些由共同生活的人所组成的集合体。学院最初是作为为贫困学生提供住宿的由私人捐赠的慈善机构的形式而出现的学生宿舍，即学寮。最早的学寮是1180年设立于巴黎的迪克斯—惠特学寮（Collège des Dix-Huit），它是为18名贫困学生提供宿舍的慈善性住所。此后在巴黎和其他地方又出现了许多学寮。

在中世纪的大学里，大部分学生异地求学，在大学周边租房而住。就读于文学院的学生通常比正常学习法学或神学的学生年轻，大学当局既担心这些年轻人容易受当地市民的欺负，也担心他们比成年学生更容易滋事。这就需要大学当局对学生进行必要的、有效的监管。学寮则为这些涉世未深的年轻人提供了一个在教师指导下的完全庇护及管理场所，这与修道院有些类似。学寮通常由一个住宿部、一个食堂、一个小礼拜堂和一座图书馆构成，实施严格的纪律，有门禁制度。由此学寮逐渐成为大学生活和教学的一部分。1250年，剑桥大学规定，学寮必须服从大学的规定，向校长交付一定的押金。1313年，牛津大学也规定，学寮必须每年向校长提交有可能破坏秩序、公开捣乱的学生名单。这些规定表明，大学当局已经承认学寮作为大学的附属机构对学生进行管理。14世纪晚期，剑桥大学明文规定，在同乡会和教师的陪同下，校长有权每年两次对学寮进行巡查；如果寮长反对，他将被剥夺任职资格；如果学生藐视寮长的权威，违反学寮的规定并且拒绝改变，则他将被逐出大学。这一法规表明，大学越来越依赖学寮对学生进行管理。至少到14世纪末，牛津大学和剑桥大学等英国大学已明确规定，所有学生必须住在大学认可的学寮中。1420年，亨利五世正式批准了该项规定。[1] 另外，巴黎大学也在1457年规定，学生必须住在学寮或教师处以便接受监管。这项规定在1463年被明确写入大学章程。[2]

在通过学寮加强学生管理的同时，大学也加强了对寮长的约束与管理。最初，寮长并无特别的资质要求，大学的教师及一般职员均可担任这一职务。13世纪以后，学寮在法国、英国和其他国家迅速发展。如果有那些年长学生或教师住在学寮，则其可能承担监管职责并额外提供大学课业的辅助指导。至1380年前后，学寮的管理开始由正式的大学教师或大学的硕士负责，并直接服从大学的管理。1432年，牛津大学规定：担任寮长的人员必须具有研究生身份；每年9月9日，学校当局将在圣玛丽教堂举行仪式，寮长需要在此和校长订立新约并交付保证金，否则将被取消资格。[3] 随着教育活动的增多，以生活管理为主的学寮逐渐演变为教学管理和生活管理并重的学院，并最终垄断了大学的文科教学。

学院成为大学的教学组织始于巴黎大学。1257年，法王圣路易九世的忏悔教士索邦（Robert de Sorbon，1201—1274）创建神学院，该学院最初是为那些继续学习神学的文科毕业生所建。索邦神学院开办不久，原来的神学院便与索邦神学院合并。在整个中世纪直至法国大革命，索邦神学院一直是巴黎大学的代名词。

在中世纪大学中，学院成为英格兰大学中最为独特的机构。各学院不仅延

1　Cobban A B. The Medival English University：Oxford and Cambridge to c. 1500[M]. Aldershot：Scolar Press，1988：146–148.
2　Rashdall H. The University of Europe in the Middle Ages，Vol. I[M]. Oxford：Oxford University Press，1936：525–526.
3　李艳玲. 西欧中世纪的大学与社会 [M]. 北京：东方出版社，2020：93.

续下来，而且变成了教学机构，甚至逐渐控制了大学。13世纪始，牛津大学和剑桥大学先后建立起许多学院。16世纪前夕，牛津大学已设立了10所世俗学院，即13世纪设立了3所，14世纪设立了4所，15世纪设立了3所；而剑桥大学在13世纪只有1所学院，14世纪设立了7所，15世纪设立了5所，共13所世俗学院。学院发展史上的一个重要步骤是在14世纪末，英格兰主教和政治家威克汉姆（William of Wykeham）创办了牛津大学新学院（New College）。新学院采取了极富特色的导师制（tutorial），即把若干名年纪较小的学生分配给正规住寮学生（fellow）管理，对他们进行相应的指导和教育。住寮学生除了可从学院获得一定的补助费，还可从学生那里获得一些感谢费。这与巴黎的学院由神学者对学生进行监督有明显的不同。同时，与巴黎大学的学院由大学学部、同乡会乃至指定的高级圣职人员控制不同，牛津大学和剑桥大学的学院在住寮学生选出的院长的领导下进行自治。英国大学的同乡会已经消失，学部也未能像巴黎大学那样成熟，结果就是自治的学院成为大学管理的核心。大学由此成为诸多独立学院的集合体。

新学院的模式被大多数英国学院仿效。到16世纪，学院已完全成为自治的机构。学院开设的课程和辅导课几乎完全取代了英国大学开设的讲授和辅导课，学院几乎已能够提供完整的课程。到16世纪中期，大多数英国的学院已经发展成为向本科学生和研究生提供教学的自给自足的教学单位。这种教育上的革命，使牛津大学和剑桥大学从趋于集中的大学转变成趋于分散的大学。在与学部的竞争中，学院的地位不断上升，学部的作用逐渐被削弱到仅仅授予学位。到中世纪晚期，学院变成一个由学生、学者等组成的自我管理的小社会，成员在学院中朝夕相处，共享学院中的各种公共设施，彼此建立起密切的社会关系。

二、中世纪大学的内外管理体制

除了类型不一的各种学术管理组织，中世纪大学也形成了完善的大学治理体系与模式，并影响至今。

（一）中世纪大学的校长与其内部管理体制

中世纪大学史上前后有两个词——rector和chancellor，用于指代学校管理者。就使用情况看，rector使用时间较长，但从对大学形成与发展的意义而言，chancellor的作用更为明显。

在中世纪大学兴起之初，chancellor的本义是作为主教的代表负责对大学的活动进行监督和管理，其性质近乎学监。chancellor是从教师中挑选的，但需要经过教会方面的任命。这种任命意味着教会对大学负有直接的管理监督职权。但在大学与教会围绕自治权的博弈中，大学的自治权力得到教皇的认可，chancellor的权限受到极大的削弱，只剩下"根据考核确定是否颁发学位"这一条，chancellor就此演变为大学形式上的管理者与监督者。

rector在古罗马时代是文官系统的地方总督，12世纪开始被指代为在意大利北部城市中出现的行会的首领。学生与教师行会的首领被称为rector，大学的首领也被称为rector。[1] rector的特点是他以行会组织成员的身份按照行会管理规则行使职权。换言之，作为行会组织成员之一，他与其他成员地位平等，只是被成员暂时推选为代表。在中世纪的大学中，rector一职经常可由2—3人担任。这是因为最初的大学是由同乡会主导，rector是从同乡会首领中选举产生的，出于利益平衡的考虑，几个同乡会首领共同出任大学的rector，可以最大限度地避免冲突和矛盾。如博洛尼亚大学由山南山北两个同乡会组成，同乡会的首领也叫rector，两个首领共同负责大学的事务。巴黎大学的rector由于是由教师选举产生，人数占绝对多数的文学部rector自然也同时兼任大学的rector。[2]但其任期较短，1266年起，巴黎大学的rector每年选举4次，每次任期仅3个月。

虽然各地大学校长（rector）的产生方式及任期有所不同，但其权限职责大同小异，主要是对内组织校内教师会议，确定各项教学管理事务，对外代表学校与教会及世俗当局交涉，保障大学师生权益。根据意大利学者的研究，意大利各地大学校长的职责主要包括：保管学生名册，安排教学时间表；组织教师

1　横尾壮英.ヨーロッパ大学都市への旅：学歴文明の夜明け [M].東京：リクルート出版部，1985：152.

2　张磊.欧洲中世纪大学 [M].北京：商务印书馆，2010：157–158.

进行宣誓；对教师教学状况及薪酬进行监督；推荐学生参加学位考试。[1] 虽然校长具有一定的管理权限，但在实质上，校长与普通教师地位平等，是被教师行会集体选出的校务管理代理者，其权限来自教师行会的授予，这也成为后世大学教授会自治的历史基础。

中世纪大学内部管理中还有一个非常重要的管理机构——校长法庭。这个管理机构在英国大学中非常突出。以牛津大学为例，校长法庭每周至少一次在圣玛丽教堂开庭，由校长亲自主持。通过这个法庭，校长对学术行会内所有成员行使司法权。这些成员除了师生，还包括校内的仆役、为大学提供服务的书商等。被传唤者如果拒绝出庭，将被开除教籍。这来自教会及世俗的权力认可。亨利三世是第一个正式授予大学司法权的国王。他于1244年颁布法令，规定与牛津大学成员有关的所有民事案件都由校长法庭进行审理。这一法令在13、14世纪先后得到后任国王的多次确认。[2]校长所拥有的独立的司法权不仅是对内部成员的约束，也使得大学作为独立的、不受外力干预的自治团体的地位得到确认。

（二）中世纪大学的设置许可与大学的对外关系

早期中世纪大学大多数是自主形成的。随着其影响力的扩大，教会与世俗政权不断卷入大学事务；同时，大学的自身发展也使其与所处城市的居民、地方教会等不断发生冲突，由此产生需要更高层面的仲裁与权力保护之需，在大学发展史上因此出现了设置许可（chartering）的概念。

charter一词源于希腊语，在拉丁语中变为charta，此后在各国分别演变为charter（英语）、charte（法语）、karte（德语）、carta（意大利语）等。其本义是"纸张"及"在纸张上书写的条文"，但当其与权威机构的授权许可等语境相连时，其含义指的是由权威机构等发布的严格的法律证明文件。[3]

中世纪大学的设置认可前后经历过三个阶段。第一阶段是12—13世纪的前

1　Zaccagnini. 中世イタリアの大学生活 [M]. 儿玉善仁，译．東京：平凡社，1990：42–44.

2　Cobban A B. The Medival English University：Oxford and Cambridge to c. 1500[M]. Aldershot：Scolar Press，1988：76.

3　张磊．欧洲中世纪大学 [M]. 北京：商务印书馆，2010：81–82.

认可阶段。这一时期是大学形成之初，不需要设置认可即可成立的野蛮生长阶段，在此阶段诞生的主要是意大利及英法等西欧国家的早期中世纪大学。第二个阶段是14—15世纪的统一认可阶段，其特点是大学的设置认可的权力集中掌握在教皇及神圣罗马帝国皇帝之手，大学的设置标准具有统一性与国际性。中东欧的神圣罗马帝国区域的大学基本都是经过教皇或皇帝的授权许可后才成立的，同时，前期在西欧、南欧设置的一些著名大学也在这一阶段相继得到教皇许可设置的追认。第三个阶段是宗教改革以后的时期。随着民族国家的抬头，大学标准的国际性消退，设置认可成为民族国家的主权体现，新的大学的设置普遍由本地的世俗当局而非教廷授权许可。[1]

　　早期的大学，如博洛尼亚大学、巴黎大学等都是自发形成的，其实际的建校年代已不可考。最早的通过设置许可创办的大学是1224年由神圣罗马帝国皇帝腓特烈二世授权创办的那不勒斯大学。1229年，教皇格列高利九世（Gregory IX，1145—1241）出于强烈的政治意图特许创办了图卢兹大学。1234年，教廷又在罗马城特许创办了罗马教廷大学（Studium of the Roman Curia）。需要指出的是，这一时期，对于新兴大学而言，设置许可并非不可或缺。牛津大学及剑桥大学等在创办之前并未申请教皇的设置许可即是明显的例子。不过，获得教皇和皇帝设置许可的大学与其他大学相比还是具有不少明显的有利条件：一是通过颁发设置许可，认可大学章程（statutes）等方式，教廷可赋予大学财务、司法等方面的各种特权，为大学提供有力的保护；二是教廷通过确定名单并授权教职俸禄（prebends）的方式，向那些到大学学习的学生（已经或将要成为教职人员者）提供财政支持（这些津贴通常只有不离开自己所属教区的人员才能享受），由此确保了大学高质量的生源与稳定的财源；三是通过确定教师资格证书的程序来协调大学与地方教会（尤其是chancellor）之间的关系，包括确立大学是否具有在学位发放领域对候选者资质与水平进行鉴定把关的权力；四是通过授权能否发放泛欧教师资格证书（licentia ubique docendi）的方式确定学校是否属于"stadium general"（指发展完善的大学），从而确保其具有其他学校无法

1　横尾壮英.大学の诞生と变貌：ヨーロッパの大学史断章 [M]. 东京：东信堂，1999：117.

企及的特权与名声。[1] 上述因素的影响，尤其是罗马教廷在中世纪欧洲具有的绝对权威，使其认可的 "studium general" 的毕业生具备在全欧范围内任教的可能性。13世纪开始，那些期望自己的大学能够得到很好发展的国王、城市当局以及封建领主等，热衷于为自己辖区内的大学向教皇申请办学许可。许多久已成名的大学，如博洛尼亚大学、巴黎大学等也相继取得教皇设置许可的追认。在14世纪以后神圣罗马帝国的大学设置热潮中，以布拉格大学的设置（1347）为起点，所有大学无一例外地以获得教皇的设置许可为荣，其主要动机即是以此获得 "stadium general" 的地位，使其毕业生具有全欧范围的执教与从业资格。只是到了15世纪，随着法兰西国王查理七世的登基，其颁发的诏书明确规定，法兰西疆域内的大学设置事宜属于法兰西国王的权限，由此才使得大学逐渐成为国家的而非泛欧性的机构。

中世纪大学获得设置许可不仅意味着其具有教学和学术活动的资格，更重要的是意味着其可以在中世纪社会享有多项特权，其中首要的是大学内部拥有不受外来干涉、进行自我管理的权限，包括有权处理与外部的关系、监督成员的录用、制定大学的章程等。这种大学自治权是大学师生基于捍卫自身权益的需要，经过与教会和世俗当局长期斗争而争取到的。

1158年，神圣罗马帝国皇帝腓特烈一世在博洛尼亚颁布了一项保障学者安全活动的法令，规定大学生在国内受到保护，如遭到任何不合法的伤害将予以补偿。该法令被视为中世纪大学享受自治权之始。1194年，教皇在巴黎赐予大学社团特权；1200年，巴黎大学获得第一份国王特许状；1215年，教皇又为巴黎大学制定了第一部章程。1214年，经过5年罢课的牛津大学获得了来自市政当局的保证，享有与巴黎大学同样的自由与特权。

然而，大学获得的自治权常常是短暂的和不稳定的，教会和世俗统治者担心作为一个独立的社会阶层的大学在其主管校区或管辖区域内带来挑战，故常常对大学进行多方面的干预，企图控制大学。除了与教会势力的斗争，大学还要反抗世俗社会势力的干预，并曾一度取得胜利。例如，巴黎大学的自治权是

1　张磊. 欧洲中世纪大学 [M]. 北京：商务印书馆，2010：91-92.

在1229年学生与国王的警察发生流血冲突后才获得的；牛津大学的学生1209年与市民发生冲突，1214年该校终于迈出了独立的第一步。

中世纪晚期，世俗王权逐渐替代了教会对大学的控制，大学自治与政府干预的矛盾日益突出。法兰西国王于1437年下令取消巴黎大学免税的特权；1445年免去巴黎大学的司法特权，大学被置于议会的管辖之下；1449年又取消巴黎大学师生的罢课权，把大学牢牢置于自己的掌控之中。15世纪末，欧洲大学与13世纪的大学已有较大差异，随着世俗政权的强大，大学早先所拥有的种种特权几乎丧失殆尽，大学从此前的富有研究和教学活力的独立行会，逐渐退化为受国家严密控制的、服务于世俗政权的职业培训中心。

总体而言，中世纪大学在漫长的发展过程中逐步形成并不断完善其内部学术组织机制和管理体系。依托学术活动领域形成的核心学术组织"学部"和学生管理所形成的"学院"，以及在此基础上将大学作为独立法人运行的内部自治，确保了大学开展知识传承与学术探索的独立性和自主性，并进而成为现代大学治理体系的核心要素。

第四节　中世纪大学的教学与学术体系架构

除了形成现代大学管理的雏形架构，中世纪大学还影响了现代大学的学术体系架构。

一、中世纪大学的学科体系结构

作为知识传承组织，中世纪大学继承了希腊罗马以来的文明传统，并将其改造成一个完整的系统，其中最主要的特点是将古代传承下来的知识等级观念以制度的形式予以固定。

（一）作为基础学科的七艺的定型

中世纪大学起初均为单科大学，如博洛尼亚大学为法学，巴黎大学为神学，萨莱诺大学为医学。但学习这些学科必须具备一定的知识基础，因此大学在正式的专业课程开始之前，一般会设置入门的基础课程，要求学生修完才能进入专业课程的学习。这一基础课程就是所谓的七艺，包括修辞、文法、逻辑、几何、数学、音乐、天文等，主要是欧洲及阿拉伯世界的经典理论与知识。

七艺的概念最初形成于古希腊时期。柏拉图在其代表作《理想国》第七卷中已体现出建设某种适合公众教育的组织化的设想。他认为，这种教育应该体现广博的学问和系统化的知识逻辑，通过初步的文法、文学、音乐和算术的基本训练，最终为哲学（它的目标是知识的最高阶段——智慧）的高级研习做好准备。亚里士多德强调这种教育是为培养自由民而非奴隶准备的学问。

为公民实施预备教育的观点也体现在古罗马的教育中。公元前1世纪的政治家、雄辩家西塞罗为了训练公民，提出了"文科"（artes liberales）和"文科科目"（liberalis disciplina）的概念，不过他并没有提出具体的科目教学计划。公元1世纪，瓦罗汇编了其《论九门科目》（"De novem disciplinis"）一文，其中着重讨论了文法、逻辑、修辞、几何、算术、天文、音乐、医学和建筑等领域的知识内容。公元5世纪的卡佩拉发表《论墨丘利和哲学的联系》（"De nuptiis Philologiae et mercurii"）一文，系统论述了瓦罗所列举的9门科目，但对其中的医学和建筑学涉及极少，由此实际上确定了七艺的体系结构与边界。

进入中世纪，古希腊罗马关于系统化的文科科目的概念进一步得到梳理与定型。7世纪的加洛林王朝时期，七艺被进一步分成以人文类知识为主的三艺（trivium，包括文法、逻辑和修辞三科）和以数学及自然科学知识为主的四艺（quadrivium，包括算术、几何、天文和音乐四科），成为学习基督教神学前的必要准备。[1]七艺的核心知识原本是古希腊时代为培养城邦的自由公民而设计的，与中世纪大学的医学、法学特别是神学等高级专业学科在知识体系上的逻辑关联并不紧密。七艺作为大学学习的基础性阶段，实质上反映出这样一种理念：通过学习这些基础性科目，可以训练和扩充心智，从而为在最高层次上更加持续不断地学习做必要的准备。

七艺的前三艺中，文法（grammar）主要关注时态、词性、语气、数、词

---

1 艾伦·B.科班.中世纪大学：发展与组织 [M].周常明，王晓宇，译.济南：山东教育出版社，2013：11.

源及句法使用的规范。中世纪大学主要教授拉丁文的基本语法，这是中世纪欧洲的知识学习与传播必须具备的语言基础。修辞（rhetoric）关注的是词的含义及其正确的使用方法，以体现使用者语言表达的流畅、舒适与高雅。中世纪大学的修辞教学主要学习亚里士多德、西塞罗等人的古典修辞文献，同时也学习古典诗歌、戏剧和布道等。逻辑学（logic）又称辩证法，侧重关注思维过程及其行为法规。中世纪大学的逻辑学教材主要是亚里士多德的《工具论》等古典著作。[1]七艺的后四艺中，音乐（music）被认为是有教养的神职人员进行祈祷仪式的一部分，这使其在教士培养中具有广泛的应用价值。算术（arithmetic）则通常被视为音乐的预备学科，毕达哥拉斯曾将音符与数字相连，这使算术成为四艺中最重要的基础学科。不过在中世纪大学，学生学习算术的时间较少，主要目的为掌握学习其他知识体系所必须具备的基本运算能力。[2]天文学（astronomy）在古代社会总是与占星术相关联。在中世纪的医学观念中，上天影响疾病的发展，只有通过天象运动的计算，才可能治愈疾病。另外，学习天文学知识还有助于计算各种宗教节日的准确时间。中世纪大学的天文学课程主要学习托勒密等人的著作。几何（geometry）与天文运动的计算有关，欧几里得的《几何原理》是中世纪大学公认的标准教材。

总体而言，在中世纪大学，学习任何高深的专业知识，必须具备规定统一的知识基础。七艺由此成为中世纪知识体系进阶的基础课程。为了教学方便，中世纪大学将七艺的教学统一整编在基础学部，即文学部进行。学生学完文学部的课程方能进入不同高级专业学科进一步深造。

（二）中世纪大学的高深学问体系

中世纪大学的高级专业学科是医学、法学与神学。

医生是人类社会古老的职业之一，与人类社会的生存发展息息相关。传统医生主要通过师徒制的经验方式培养。7世纪前后，医学教育在阿拉伯进入了高等教育机构，提供了一种独特的职业和知识结构。

1　R. 弗里曼·伯茨 . 西方教育文化史 [M]. 王凤玉，译 . 济南：山东教育出版社，2017：55—56.
2　王子悦 . 英国中世纪大学早期发展研究 [M]. 北京：中国社会科学出版社，2017：79.

中世纪欧洲大学的医学教育从萨莱诺大学开始，其继承了阿拉伯世界和古代世界的医学遗产，强调医学实践和自然哲学之间的联系。整个中世纪，大学教育训练出来的医学者只是从事具体实践治疗的医生群体中的小部分，两者在实践经验、知识体系上的差别并不明显，后者同样吸收了许多古典医学和阿拉伯世界的医学营养，同样也从大学的医学知识中汲取养分。但就资源和社会地位而言，接受过大学教育的医学者作为一个整体居于医学职业的上层。[1]因此，中世纪大学医学教育的主要贡献是建立起永久性学术机构以提供正规医学教育，从学理上明确了把人类生理、健康和疾病作为理性探究目标的法定地位，从而创造出一种丰富、多样、复杂的医学文化传统。

中世纪大学的医学教育是一个完整的体系，其中拉丁语、占星学、自然哲学等方面的能力要求成为大学医学教育的预备基础。医学教育的内容主要来自希波克拉底和盖伦等的著作，另外，阿拉伯医学中有关治疗法及草本药理学的知识也被大量引入。

在学制方面，1309年的教皇训令规定，完成5年文学部学业的学生，必须在医学部学习6年，之后再经过8个月的实习方可获得医学学位。1405年的博洛尼亚大学医学院章程规定，占星学和哲学等基础教育需要学习3年，之后需要4年时间学习药理学和内科医学。[2]基础教育和专业教育的这种有机结合使医学从一门依赖经验的职业发展成为一门在学理上具有不断自我发展能力的学科专业。

法学是中世纪大学另一重要的学科。随着城市经济的发展，商业与民事纠纷频繁，律师的重要性大为突出，产生了强烈的培养律师的社会需求。

希腊罗马时期，欧洲法律的理论及实践体系已经相当成熟。中世纪早期，欧洲重新陷入野蛮落后状态的边缘。12世纪，罗马法被重新发掘，结合亚里士多德政治学的理念，成为中世纪教会和国家法规章程以及政治管理制度的核心。

1　希尔德·德·里德－西蒙斯.欧洲大学史（第1卷）：中世纪大学 [M].张斌贤，程玉红，和震，等译.石家庄：河北大学出版社，2008：397–399.
2　希尔德·德·里德－西蒙斯.欧洲大学史（第1卷）：中世纪大学 [M].张斌贤，程玉红，和震，等译.石家庄：河北大学出版社，2008：419.

中世纪大学法学院的学习资料是《教会法大全》和《民法大全》。前者包括12世纪格拉提安所编的《教会法汇要》以及13—14世纪历任教皇的教令法规等。后者从6世纪《查士丁尼民法大全》开始，包含大量欧洲古老法律。

法学院的教学采用讲授和辩论相结合的方式。讲授的程序一般包括：法律文本概述；朗读文本、解释难点；展示与其他文本相似的内容及反对观点；叙述和解释法律文本阅读过程中产生的问题，指出其中最有价值的主题和思想。辩论则从现实生活或法庭中随机选取一个话题进行公开讨论。

法学生的来源主要是教会、中产阶层及上流社会人士。1265—1300年，博洛尼亚大学德国同乡会的220名学生中，151人是教会的教士，32人是世俗人士，34人无法确认身份，还有3人是还俗的教士。在获得博士学位的记录者资料中，学习教会法的有51人，学习民法的仅7人。法学院学习教会法的教会人士占绝大多数的主要原因是，教士在教会中获得职位机会的可能性远大于世俗机构。[1]

神学在中世纪欧洲社会具有至高无上的地位，因此也成为中世纪知识体系中最主要的学科。《圣经》是中世纪人的精神生活的核心教材，对《圣经》的解读与解释成为中世纪神学的核心。修道院是大学兴起之前的学习中心，圣奥古斯丁（Saint Augustine，354—430）的《基督教教义大全》是中世纪基督教神学的最重要的著作。它强调，世俗学问必须以某种合适的方式为基督教服务。大学兴起后，神学教学与研究的重心转移到大学的神学部。巴黎大学和牛津大学是中世纪最重要的神学中心。

中世纪大学神学的教材是《圣经》和彼得伦巴德的《格言大全》。按照规定，学生们必须听完《圣经》和《格言大全》这两门科目并达到规定的年限（在巴黎大学是5—7年）。被动的听讲式学习结束后，学生们作为一名讲授者需要在2年内通过一系列高级讲座解读《圣经》，并在完成一场规定的辩论后才有资格开始参与《格言大全》的讲授。被允许讲授《格言大全》的成员被称为格言学士（baccalarii sententiarii）。他们必须举办一场仪式来开始其讲授。博洛尼亚大学章程规定，仪式必须有整个神学院的教师出席，学士必须公开承诺信奉

1　希尔德·德－里德－西蒙斯.欧洲大学史（第1卷）：中世纪大学 [M].张斌贤，程玉红，和震，等译.石家庄：河北大学出版社，2008：445.

正宗神学，承担宣扬教义的责任。学士完成《格言大全》的讲座后，就成为一名合格的学士（baccalarius formatus）。整个过程一般是4年，其本人必须参加神学院举办的各种活动，包括一次集会、一次教师就职辩论、一次在索邦举行的辩论和一次在大斋期举办的辩论。训练期结束后，学士要为获得教师许可证及学位做最后准备。学位获得者的最小年龄一般是35岁。任何持有许可证者，均须宣誓加入教会，服从教皇。牛津大学1313年的章程规定，获得文科硕士学位后需要学习7年神学才有资格讲授《格言大全》。而没有获得文科硕士学位的学生，必须在文学院学习8年，再学习神学9年，才有资格讲授《格言大全》。[1]

需要指出的是，中世纪大学在早期是独立发展的，由于受到教会势力、地域社会经济等因素影响，欧洲各地大学的课程与学科体系并不完全一致。但随着知识的发展与交流，中世纪大学的学科专业与课程体系趋于统一，最终形成了适合普通教育的文科和面向社会职业需要的专业学科两大体系。到13世纪，这一划分以各大学章程或教皇敕令的形式固定下来，从而在全欧范围内达成了高度的统一。学科专业与课程体系的统一，为大学之间的人员流动及全欧范围的学者共同体的形成奠定了基础。

与世界各地的古代高等教育机构侧重七艺等基础知识的教育不同，中世纪大学的学科结构形成了现代大学学科体系与人类知识结构的基本框架。中世纪大学的学科体系划分构成了现代知识体系的架构，成为大学发展的基本组织机制。以解决人的心灵与信仰问题为重点的神学，在宗教改革后逐渐被哲学替代，构成了今天的哲学与人文学科；以解决人与人之间、人与社会之间关系问题为重点的法学，随着近代社会的发展不断细分，演变成探讨人与人、人与社会秩序的社会科学；以解决人的生理疾病为重点的医学，随着人对自然认知的加深，发展成以实证实验为工具、关注自然发展规律以及人与自然关系的自然科学。大学由此成为知识体系统一集中的教育机构。大学的诞生使古代社会完全基于个人闲逸爱好的知识追求转变为一种旨在了解和促进知识的学者的集体性努力，并最终具体化为制度性的场所，由此对人类文明发展产生深远影响。

---

1 希尔德·德·里德－西蒙斯.欧洲大学史（第1卷）：中世纪大学 [M].张斌贤，程玉红，和震，等译.石家庄：河北大学出版社，2008：465–466.

二、中世纪大学的学位体系

学位是现代大学中衡量学术从业者学术训练水准的主要指标。学士、硕士和博士是学位体系中代表三个不同层级的最基本学位。这三个学位的名称均起源于中世纪大学。不过在中世纪，学位最初只是学者行会的一项自我保护措施，用以判断学生是否具备知识传授的职业准入资格。

在中世纪，各行各业的城市工商业者均结成行会以保护原有从业人员的利益。后来者欲加入某个行会，就必须通过该行会原有成员的审核。大学产生之初，模仿其他行业也成立了学者行会，行会中的师徒制以及甄别学徒是否达到满师资格的方法被引入大学，学者通过颁发学位以衡量学生们掌握知识的深度和广度。[1]

magister一词的本义是师父，表明已出师，具备授课带徒的资格的人。硕士（master或magister）、博士（doctor）和教授（professor）一样，都是从拉丁文借用来称呼大学教师的，获得这一称号即意味着已经属于教师同业行会，可以教授其所擅长的科目。这三个头衔在大学诞生之初完全是同义语，并无高低之分，只是在不同的大学用法不同而已。萨莱诺大学最早使用magister称呼教师，并规定在教师升级时必须举办严肃的仪式以示庄重。14世纪，随着教师地位的变化，教师开始被称为dominus（主人）。[2]在巴黎大学，magister和professor常用来指代神学部、医学部和文学部的教师，不过教授教会法的教师则习惯被称为doctor。在博洛尼亚大学，法学部的教师通常被称为doctor，有时也被称为professor，很少被称为magister。15世纪以后，意大利大学所有学部的教师均被称为doctor。英国的大学则延续巴黎大学的惯例，但到了15世纪，习惯称高级学部的教师为doctor，而文学部则一般用magister称呼。上述情况说明，虽然三者不能无差别地混用，但其含义大致相似，即一个在某个领域具有出色才能、正在从事教学的知识传播者。[3]学士（bachelor）一词出现较晚，其本义为"新手""学徒"，起初并不是正式学位，只是表示已经取得学位候选人

1　贺国庆，等.欧洲中世纪大学 [M].北京：人民教育出版社，2009：105.
2　宋文红.欧洲中世纪大学的演进 [M].北京：商务印书馆，2010：196.
3　李艳玲.西欧中世纪的大学与社会 [M].北京：东方出版社，2020：104–105.

的资格，能帮助教师开展教学活动的高年级学生。学士的称呼最早出现在文学部。作为教师的助手，学士尚处于学习教学技艺的阶段，不能单独任教，只有在一位教师的指导下才能讲课。从身份看，学士不属于教师系列，地位明显低于硕士和博士。

在早期的中世纪大学，教师的任教资格并无严格的限定。在博洛尼亚，只要能招到学生，任何学者都可教学。在巴黎大学，只要得到大教堂学校的首领，即圣母院的司法官的批准即可任教。后期教师执教资格是逐步确立的，中世纪大学在全欧的普及以及"普适教学权"的确立，使获得硕士或博士的称号成为取得教学资格的前提。

中世纪大学内部制度的成熟，使申请学位或教职资格的规范程序日益完善。当然，不同的大学、不同的学部，情况各有不同。在早期，由于大学师生多为教士，学校也一般设置于教区之内，教学许可证通常由教会代表颁发。13世纪初，大学从教皇处获得了教学许可证的颁发权，教学资格证的审核与颁发由教师行会决定。为了保证审核的公平与公正，大学引入了考试制度。随着时间的推移，这种执教权的考试程序越来越规范，并在全欧范围内得到了普遍的认可。巴黎大学英格兰同乡会在1252年和1275年的章程中明确通过了这一规定，并推广至整个学部。[1]

一般而言，硕士资格的获取无须通过公开的考试。修完规定的课程即可获得许可证书，取得教学资格；博士考试则公开举行，有隆重的仪式。通过考试者，可前往主教所辖地区，由副主教赐予学位。获得硕士及博士学位者统称为教授。[2]

由于上述的差异，在使用过程中学位的称呼逐渐产生了分化，硕士只用于低级学院的成员，博士则用于医学、法学、神学三个高级学院的成员。两者由此成为两个高低不同的学位级别，与学士一起构成了现代大学的三级学位体制。

---

1 李艳玲.西欧中世纪的大学与社会 [M].北京：东方出版社，2020：155.
2 宋文红.欧洲中世纪大学的演进 [M].北京：商务印书馆，2010：288.

三、中世纪大学的教学特色与学术自由

相比现代大学，中世纪大学的管理较为松散。由于没有入学考试，只要达到基本的入学年龄和入学水平，任何人都可以自由选择进入自己所向往的大学，并且可以随意在各个大学间游学而不受学校的限制。由于没有年龄限制，各校之间和各学部之间，学生年龄差别较大。13世纪巴黎大学文学部规定，年满14岁且掌握基本拉丁语者均可入学。在北欧的大学中，文学部入学年龄普遍在15—17岁。在意大利，由于学生在具备学力基础后可直接攻读专业学科，所以学生普遍较为成熟，大部分人入学年龄在20岁以上，其中不少人甚至年逾30岁。[1]

中世纪大学的教学方法，以讲授、辩论和大量的练习为主。讲授不是系统地阐述学科内容，而是教师讲解一些选定的原文和对原文进行注释和评论。其程序是：由教师向学生宣读古代作家的原文，接着对原文进行详细说明，再评论特别有兴趣的段落，最后提问题进行讨论。讲授分为普通讲授和特别或临时性的讲授。普通讲授是学校制度中规定的正式讲授，通常在上午进行，特别或临时性的讲授是非正式的，一般在下午进行，所有讲授一律用拉丁文。一般认为，讲授之所以在中世纪大学课堂占主导地位，是因为当时出版技术落后，书籍稀缺。辩论是讲授的必要补充，其目的是使教师和学生扫清修业中遇到的困难，也给学生提供运用辩证法的实践机会。辩论有严格的规则，要求遵守亚里士多德工具论所包含的逻辑规则。辩论由各个学院的教师组织实施。如在13世纪的巴黎大学，辩论的题目由教师每两周提出一次，作为班上同学的训练之用，然后教师试图解答或裁定这些问题，具体做法是对学生的不同论据、论证的正确性以及优缺点做出总结（一年中有两次，一次在圣诞节，另一次在复活节），教师们带着学生举行大型的辩论，这些辩论主题可以是任何想辩论的内容。

巴黎大学建立的标准化的辩论程序为大多数大学所遵循。中世纪大学的学生读完一年级后就开始不停地练习这一辩论技术，并且其在学院生活的每一个

1　贺国庆，等.欧洲中世纪大学 [M].北京：人民教育出版社，2009：132.

重要阶段都得参加公开辩论，或是作为答辩人，或是作为反方辩手。因此，中世纪大学的氛围始终充满着论证和辩论的风气。但是，与写作艺术一样，这种辩论是有实用性目的的，是为了加强那些未来将在法庭议会和教会会议上进行辩论的专业人士的辩论技能。不过这种讨论式的教学也成为现代大学从做中学以及教学与科研相结合的雏形。

一般而言，中世纪大学教师在法律、医学、语法和数学领域享有较大的教学自由，可以进行公开的辩论。但在教会影响较大的神学和哲学领域，有一定的限制。13世纪，曾有两起教会出手干预大学教学的代表性案例。1215年，教会曾下令禁止大学讲授亚里士多德的著作，因为其有关自然的起源与《圣经》有严重冲突。1277年，因为坚持与宣扬阿维洛伊主义（Averroism），出身布拉邦的巴黎大学教师西格尔（Siger de Brabant，1240—1284）被巴黎主教唐比埃（Stephen Tempier，？—1279）指控为异端，他的观点遭到教会的谴责和禁止。不过，与普通平民在宗教裁判之下遭受的迫害不同，持有非正统学术观点的教师受到的惩罚和限制要温和得多。除神学和哲学教师普遍具有的教士特权的保护外，13世纪以后，大学已成为一个稳定的组织，审查和判断教师的学术研究是否正当的权力首先属于大学中的神学教师团体，然后再通过当地主教的权威来实施惩罚。大多数学术异端案例是在大学范围内审查的，并没有提交到教皇法庭。大学对异端相对容忍的原因是，大学是允许对有争议的命题进行讨论的，甚至包括那些表面上看来是异端的或者亵渎神明的命题。为了训练学生的辩论技巧，神学教师在教学中经常利用那些具有异端倾向的命题，让学生练习在一个错误的或者异端的命题下寻找真理，而且他们经常自信满满地认为这些异端命题在其控制范围之内。[1]

牛津大学的威克里夫（John Wycliffe，1328—1384）是中世纪著名的神学者，他强调《圣经》的权威性，反对当时流行的"化体说"（transubstantiation），即圣餐礼中使用的面包和酒通过主礼教士的祈祷能转化为基督的血和肉，进而否定教阶制和教会特权。为此，1377年，教皇格列高利十一世颁布训谕，谴责了

---

1 李艳玲.西欧中世纪的大学与社会 [M].北京：东方出版社，2020：116–121.

他的18条异端命题，命令牛津大学校长镇压这些异端思想，并让其到坎特伯雷大主教处接受讯问。由于1370年牛津大学获得教皇授予的特权，校长的选举无须经过主教的委托和确认，即不受主教的司法管辖，因此牛津校长拒绝服从主教的命令，强调任何高级教士都不能超越大学居于权威地位。最终，威克里夫逃脱惩罚，仅受到主教的警告，其追随者也得以继续留在牛津大学传播其学说。

本章小结

人类社会的进步与发展有赖于文明与知识的传承与创造。在中世纪大学诞生之前，各个文明社会也诞生了类型、模式不一的教育组织。但正是在中世纪大学诞生以后，人们才改变了知识从一个个体到另一个个体的口口相传的教育方式。法律、医学和神学等不同门类的知识第一次被整合成一个系统化、理论化的知识体系，尤其是将零散的教育活动归并到一种教育机构之中，通过构建一套共同的教学标准和评价体系，使得知识传承和人才培养开始具备相对稳定的组织和制度载体。

中世纪大学与现代大学之间差别巨大，但中世纪大学的基本制度与传统被保留下来并延续至今。中世纪大学的三级学位制度被全球大多数不同的国家采用，其文学、法学、医学、神学的学科结构虽然已面目全非，但对人文、社会及自然知识的追求的基本结构被保留至今并不断得到充实，成为现代大学学科结构的核心。即使是universitas这个最初只是作为学生教师团体的称谓，也被定型为所有大学的共称，成为今天知识团体与智力机构的代名词。

从历史发展的视角看，大学是在冲突中诞生的，抗争贯穿于大学发展与迅速扩张的每个阶段。中世纪大学是一个学者的共同体。这一共同体与前近代主要由血缘纽带或者共同的地缘联系结成的群体（家庭或宗族组织）不同，它是一个建立于知识追求基础上的有着共同利益和价值信仰的共同体。中世纪大学学者的知识活动并非在封闭和孤立的环境中进行的，整个中世纪大学发展的历史中总是伴随着外界对大学的控制与学者共同体的反控制的互动博弈。组建学者共同体的过程即是不断将不同的社会影响转化为组织环境和制度要素的过程。作为知识传承与创新的组织，中世纪大学与此前的教育组织最大的差异不仅在于开创了新的知识传承的组织模式和教学方式，更在于学术自由理念的形成以及对其通过大学自治而实施的制度性保护。这种理念与制度保障成为大学能够持续追求知识创新及社会影响的永恒动力。正是在这个意义上，中世纪大学被公认为现代大学的直接源头。

思考问题

1. 中世纪大学的特色是什么？

2. 基于什么理由说中世纪大学是现代大学的起源？

阅读书目

1. 雅克·韦尔热. 中世纪大学 [M]. 王晓辉，译. 上海：上海人民出版社，2007.

2. 查尔斯·霍默·哈斯金斯. 大学的兴起 [M]. 梅义征，译. 上海：上海三联书店，2007.

3. 希尔德·德·里德 – 西蒙斯. 欧洲大学史（第 1 卷）：中世纪大学 [M]. 张斌贤，程玉红，和震，等译. 保定：河北大学出版社，2008.

4. 张磊. 欧洲中世纪大学 [M]. 北京：商务印书馆，2010.

5. 海斯汀·拉斯达尔. 中世纪的欧洲大学：大学的起源 [M]. 崔延强，邓磊，译. 重庆：重庆大学出版社，2011.

6. 海斯汀·拉斯达尔. 中世纪的欧洲大学：在上帝与尘世之间 [M]. 崔延强，邓磊，译. 重庆：重庆大学出版社，2011.

7. 海斯汀·拉斯达尔. 中世纪的欧洲大学：博雅教育的兴起 [M]. 邓磊，译. 重庆：重庆大学出版社，2011.

8. 贺国庆. 还原大学 [M]. 合肥：安徽教育出版社，2012.

9. 艾伦·B. 科班. 中世纪大学：发展与组织 [M]. 周常明，王晓宇，译. 济南：山东教育出版社，2013.

10. 李艳玲. 西欧中世纪的大学与社会 [M]. 北京：东方出版社，2020.

Part 2

第二部分

高等教育史

大学模式的演进与变革

高等教育史

大学模式的演进与变革

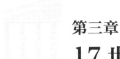

第三章
17 世纪的英国高等教育模式

16—17世纪，随着地理大发现和工业革命的推进，近现代世界体系雏形初现，国与国之间经济文化的交流与竞争日趋频繁。作为专业人才培养与高深学问研究的大学，由于与国家科学技术发展及全球国力竞争中的优势位置形成联动，在国力提升方面显示出越来越强大的生命力，由此形成世界高等教育的中心模式并推动全球高等教育的规模扩张与持续变革。17世纪至今，全球范围内先后形成了英国、法国、德国和美国四个高等教育中心模式，主导并影响了全球高等教育的发展。其中，英国大学是中世纪大学向全球扩散后形成的第一个具有国际影响的高等教育模式。

第一节　英国高等教育模式的形成基础

一、英国高等教育模式的社会和思想基础

（一）英国的绅士社会传统

英国（本章主要指英格兰地区，下文不作区分）高等教育模式的核心基因是所谓的绅士教育。绅士教育在英国的扎根、发展和最终成形与该国的社会结构和思想文化息息相关。自古以来，英国即是典型的贵族社会。这种贵族精神可以追溯到亚瑟王朝时期的骑士精神，并且在15世纪文艺复兴时期伴随着骑士文学而愈发深入人心。"在15世纪的英国……最得意的题材仍然是骑士的史诗，它把过去的历史转化成从特洛伊、罗马和亚瑟王的'圆桌'传承下来的英国骑士的一套传奇故事。"[1]13世纪大宪章运动后，贵族、教会和骑士等阶层的特权

1　波特.新编剑桥世界近代史（第1卷）[M].中国社会科学院世界历史研究所，组译.北京：中国社会科学出版社，1999：71.

再次扩大，贵族正式确立了在英国政治生活中的主导地位。16世纪开始，贵族绅士凭借世袭特权，成为把持英国高度垂直分层社会的精英阶层。在中世纪各国，社会结构通常包含僧侣、贵族与平民三个等级。在英国，绅士则被视为贵族等级，史学家斯通（Lawrence Stone，1919—1999）直接将英国的社会成员简单划分为"绅士"和"非绅士"两种类型。[1]换言之，英国文化语境下的绅士是最广义的绅士，既包括如公爵、侯爵、伯爵、子爵、男爵等贵族阶层，也包括教士、乡绅、骑士等阶层。这样的划分意味着绅士阶层并非单纯由血缘组成。换言之，在英国，人们既可以通过血缘传承获得贵族特权，也可以通过自我奋斗而跻身贵族阶层，更可以通过美德、道德、礼仪与绅士教育等经由非绅士阶层向绅士阶层转变。

这一点在16—18世纪表现得最为明显。社会的变革与转型带动了这一时期英国频繁的社会流动，个人为改变自身地位而不断努力。特别是新兴阶层，他们热衷于通过财富和经济上的优势来寻找向社会上层流动的机会。"贵族权威有其历史渊源，而英国人对传统的尊重又反过来巩固了这种权威的基础。在漫长的历史发展中，贵族的言行逐渐成为民众的表率，贵族不仅意味着一种地位和头衔，也意味着社会追随的一种目标。久而久之，贵族阶层便形成了一种独特的行为准则和价值标准，这就是史家所称谓的'贵族精神'。"[2]精英身份除去充足的财政收入、悠闲的生活节奏等必要因素外，出身、教育，以及采纳绅士阶层的行为准则、价值标准、道德体系和生活方式，也是非常重要的条件。新兴阶层向往绅士身份，并有意识地模仿绅士阶层的行为和风度，这进一步使绅士文化日渐成为英国社会精英所共同接纳、推崇和维护的价值观与生活方式，构成了英国民族文化和思想传统中的底色。其中，进入大学接受绅士教育便是公认的向上流动的便捷途径。在此背景下，我们便能更好地理解绅士教育存在和延续的基础。所谓绅士教育，即通过道德与品德训练，培养具有古典知识、优雅举止、高尚品格的绅士的教化过程。

1　Stone L. Social mobility in England，1500–1700[J]. Past & Present，1966，33（1）：16–55.
2　易红郡.英国教育的文化阐释 [M].上海：华东师范大学出版社，2009：14.

（二）新人文主义与自由主义的传播

自1215年签订《自由大宪章》（又称《大宪章》）后贵族联合起来与王权进行权利与关系的界定开始，英国自由主义的精神便开始萌芽。其时，诺曼底大量土地被法国占领，英国贵族要求将其收回，可当时的英格兰国王约翰（King John，1166—1216）不但大规模地增收赋税，而且并未成功收复被占领的土地。此外，在宗教问题上，约翰与教皇就坎特伯雷大主教的任命发生争执。王权的种种行为一直在损害英国贵族的权利和利益，引起了后者的强烈不满。1215年，各地贵族联合起来对国王发起武装反抗，成功胁迫约翰在6月15日签订了限制王权、保障贵族利益的文件，即《自由大宪章》。《自由大宪章》的主要原则在于保护贵族和教会的权利不受王权的侵犯，代表了贵族和教会政治精英的利益。

文艺复兴特别是英国宗教改革后，自由主义思想迅速发展和传播。文艺复兴的本质是人文主义，强调世俗文化和人的尊严。随后的宗教改革不仅摧毁了教会的精神独裁和其行使世俗政治权力的基础，更使得英国成为现代意义上的民族国家。所谓"现代国家"的最大特征即个人主权与国家主权的并存，即对内聚焦个人享有的自由权和财产权，关注国家能在多大程度上干涉个人权利，对外则以具有主权的独立的民族国家的身份参与国际竞争。[1] "对于自由主义的形成，历史事件无意的影响至少于思想家们在塑造其赖以生存的精神环境方面所做的有意识的努力有着同样的作用。地理上的发现、新宇宙论、技术发明、复苏的俗世玄学，再加上经济生活中新形势的出现这些最重要的因素，都对自由主义思想的形成起了促进作用。如果没有我们称之为宗教改革的理论革命，自由主义也许会是另外一番模样。它的很多特点都是从知识复兴带来的变化中得到的，是由中世纪基督教共和国的崩溃、欧洲分裂成一系列主权国家这一事实造成的。"[2] 约翰·洛克（John Locke，1632—1704）是政治上自由主义的代表人物，其主张国家和个人在信任和同意的原则上由政府执行惩罚，才能保障个人的人身安全和财产安全；亚当·斯密（Adam Smith，1723—1790）则是英国经

1　刘益东，高璐，李斌 . 科技革命与英国现代化 [M]. 济南：山东教育出版社，2017：12.
2　拉斯基 . 思想的阐释 [M]. 张振成，王亦兵，译 . 贵阳：贵州人民出版社，2001：36.

济上自由主义的代表人物，其认为对个人利益的追求能促进公共福利。

自由主义在教育上的具象表现即自由主义教育，也就是博雅教育。博雅教育关注知识本身的价值，反对教育功利论；推崇具有普遍知识的"通才"，强调理智的培育与人格的规训。因此，在实践中，大学教育不应该局限于狭窄的专业目标，而应当在宽广的知识基础上促进人的发展，为学生提供自由教育或普通教育，以培养有能力、有教养的人。"他得益于一种理智习惯，这种习惯不依赖于特定的教师，且能指导他选择学科并及时替他解释所选的学科。他领会知识的大框架，领会知识所基于的原理，领会知识各部分所涵盖的范围，其闪光之处和不为人注意的地方，以及它的重点和次要部分。……由此，他所接受的教育被称为'自由教育'。一种以自由、公平、冷静、克制和智慧为特征的终生思维习惯得以形成。"[1]这充分概括了自由教育的本质内涵与目标。

上述英国的社会结构、贵族文化精神、新人文主义和自由主义的传播构成了英国高等教育模式形成的社会和思想基础，共同推动了绅士教育和博雅教育理念的发展与实践。

二、早期英国大学的兴起

（一）早期英国大学的产生

在英国高等教育发展历史中，最璀璨的明珠莫过于牛津大学（University of Oxford）和剑桥大学（University of Cambridge）。这两所高校的毕业生曾经一度把持着英国政治、社会和经济命脉，在英国国家发展中扮演着举足轻重的角色。以牛剑（Oxbridge）为代表的英国传统大学也是英国高等教育的精华所在。

牛津大学的起源时间已无法确切考证，因其"并非某个伟人在一夕之间建成，而是在漫长历史中自然演变而成"[2]。尽管牛津大学的建立曾受巴黎大学的启发，但它本质上依然是扎根英国本土而生的大学。[3]据记载，早在11世纪初期即有人在牛津聚众讲学，但这种教学活动与其说是大学式的，不如说是间断

1　约翰·亨利·纽曼.大学的理想 [M].徐辉，等译.杭州：浙江教育出版社，2001：6-7.

2　Cobban A B. The Medieval University：Their Development and Organization [M]. London：Methuen，1975：97.

3　Ridder-Symoens H. A History of the University in Europe (vol.1)[M]. Cambridge：Cambridge University Press，1992：52.

性的。自1094年起，神学家斯坦彭西斯（Theobaldus Stampensis，1080—1120）在牛津连续讲学四年；自1133年起，神学家普伦（Robert Pullen，1080—1146）在牛津连续讲学五年；1149年，意大利民法学家瓦卡利乌斯（Roger Vacarius，1120—1200）在牛津讲授"法学阶梯"。[1]

然而这一时期，英国与欧洲大陆的交往密切，绝大部分英国学生还是更青睐于欧洲大陆的高等教育学府。当时世界上最著名的大学便是法国的巴黎大学和意大利的博洛尼亚大学。特别是巴黎大学相当丰富的学科设置吸引了大批的学者和学生，推动巴黎成为欧洲文化与知识传播的中心。

这一情况直到12世纪中后期才有所改变。1167年，由于英法两国交恶，当时的英格兰国王亨利二世（Henry Ⅱ，1133—1189）发布法令，禁止英格兰学生在巴黎大学就读。这些学者和学生从巴黎返回英国后聚集在牛津，他们从巴黎大学带回来的先进教学理念与大学章程和英国自由的学术氛围交相辉映，促使了牛津大学的快速兴盛，使得这所英语语言国家中最古老的大学成为欧洲新的学术中心。这些师生之所以选择牛津，在很大程度上是因为其优越的地理位置——它是重要的交通枢纽，不仅直接与英格兰大部分地区相邻，而且可以直达欧洲大陆。

1190年前后，牛津大学迎来了第一位海外学生。至1201年，牛津开始在学校学长（magister scholarum Oxonie）的领导下运转，直到1214年，这一职位被冠以我们现今熟悉的校长（chancellor）之名。这时，牛津的日常教学活动主要由聚集在一起讲学的教师负责。直到1231年该学者组成的行会被认可为大学或法人社团，牛津大学才真正具备了今日大学（university）的含义，即学者团体组成的探究高深学问的场所。尽管牛津大学自诞生起就具有强烈的学者团体自我管理的特征，但其时大学的内部管理仍旧非常不完善。

与同时期的欧洲高校相似，牛津大学也具有国际性和开放性的特点。来自不同国家和地区的学生汇聚在牛津求学，但他们的外来者身份使其难以受到当地法律的有效保护。这迫使牛津师生向英国国王和教皇寻求保护，并成功获得

1　王慧敏，杨克瑞．美国高等教育史（上卷）：开拓与奠基（1636—1861年）[M]．北京：教育科学出版社，2019：56．

了在物价限定和司法方面的诸多特权，但这也引起了当地市民的不满。1209年，牛津大学的师生与牛津城镇的居民产生冲突，最终演化为著名的城镇与学袍之争（Town vs. Gown）。据记载，关于这次冲突事件的起因有两个版本：一说是牛津学生在练习射箭时误杀了当地的一名妇女，并为逃脱责任而逃跑，气愤的市民处死了与杀人者同住的几名学生[1]；另一说是牛津大学的两名经院派哲学家被控谋杀了一名妓女，牛津市法庭对他们处以绞刑[2]。此后，双方的矛盾不断升级，以至于学校无法维护正常的教学秩序，甚至师生的人身安全也难以得到保障。因此，千余名牛津师生先后避走至距牛津100多公里的剑桥，与当地的学术团体共同开展教学活动。

然而，剑桥大学也没有逃离城镇与学袍的纷争，师生与城镇居民之间时常发生冲突。直至1231年，英格兰国王亨利三世（Henry Ⅲ，1207—1272）为剑桥大学颁布特许状，不仅确认了剑桥大学的合法地位，而且此后通过陆续颁布一系列特许状赋予大学特权，如大学享受较低的租金，负责当地治安，以及享有独立于世俗法律体系之外的司法独立权。1233年，教皇格列高利九世也颁布法令承认剑桥大学的合法身份，并赋予其教会特权。自此，剑桥大学获得了王权和教权的双重认可与保护。

在王权与皇权的共同支持下，至宗教改革前夕，牛津与剑桥两所大学迅速发展起来。及至13—14世纪，牛津大学已成为欧洲思辨思潮的中心，至15世纪中期，剑桥大学逐渐占据了相当高的地位，发展水平也较高。[3]这一时期，两所大学的课程一方面继承了巴黎大学的课程传统，具有浓厚的宗教性和古典性，强调七艺的教授，且神学渗透至其他高级学部；另一方面又呈现出对自然哲学的开放态度，重视逻辑学和数学对其他学科的推动作用。这一时期的教学方式以讲座、辩论和导师教学为主。讲座是文学部的主要教学方式，以课本讲解为基础，分为硕士讲座和学士讲座，前者要求学生阅读规定的文本，对文本进行意义阐释，并就相关主题进行发散式思考。辩论主要围绕逻辑学和自然哲

1　Rashdall H. The Universities of Europe in the Middle Ages[M]. Cambridge：Cambridge University Press，2010：34.

2　雅克·韦尔热.中世纪大学 [M].王晓辉，译.上海：上海人民出版社，2007：32.

3　查尔斯·霍默·哈斯金斯.大学的兴起 [M].梅义征，译.上海：上海三联书店，2007：119.

学展开，学生每周都要参加一次辩论会，而参加"问题答辩"是学生获得学位的必要环节。

（二）早期英国大学的教育与管理特色

作为扎根本土的大学，牛剑逐渐形成了有别于欧洲大陆中世纪大学的独特的教学形式与管理模式，即学院制和导师制。如前所述，学院制起源于巴黎大学的学寮制，其主要目的在于通过为学生提供住宿和加强管理以避免大学师生和城镇居民在房屋租赁和食品价格等方面的矛盾与冲突，并不负责教学。但牛剑的学院具有以下特征：首先，在办学目的上，学寮制仅限于为学生提供住宿并对学生进行管理，而学院制兼具管理与教学的职责；其次，在财产上，学寮制的宿舍大多是租赁的，但学院拥有独立的房屋、固定的土地等资产；最后，在管理上，学寮制主要通过大学任命的舍长对学生进行监督与管理，而学院则是拥有自主权的独立法人，院长由学院成员选出并在成员的监督下实行民主化管理，学者在学院内从事教学活动并与学生共同生活，大学无权干涉学院的事务。牛津大学最早的学院包括大学学院（University College）、贝里奥学院（Balliol College）和默顿学院（Merton College）等。在14—16世纪的学院扩张阶段，牛津大学先后建立多所学院，其在教学中重视人文主义课程的传统为后期博雅教育理念的实践打下了基础。1636年，牛津大学校长劳德（William Laud，1573—1645）制定了该校首个完整的校规，不仅重申了中世纪学院的规章制度，而且规定大学是从一个松散组织发展为众多学院联盟组成的集体。

剑桥最早的学院是彼得豪斯学院（创建于1284年），是模仿默顿学院的章程而建立的。剑桥现已拥有30余所学院，根据成立时间可以将其划分为两大类，第一类叫作"旧学院"（old colleges），指成立于1284—1596年的16所学院；第二类叫作"新学院"（new colleges），指成立于1800后的学院。在1596—1800年这长达2个世纪的时间里，剑桥没有任何学院成立。最初，牛剑学院只招收男性学生，后来才逐渐开始招收女性学生，直到20世纪后半叶，几乎所有的学院都变成了混合学院，即男女同院。

学院的兴起在三方面改变了大学的原有特征。一是改变了中世纪大学的组织结构，使大学成为各个独立学院的联合体。大学在成立之初就是一个松散的学者行会，在其内部有学部、学院、同乡会等组织，其中学部和同乡会是最重要的管理机构，学院从属于大学。从14世纪开始，学院成为牛剑最重要的组织，并逐渐掌握了大学的教学管理权力和教学方式等，如大学讲座逐渐被学院内部讲座取代，学生通过学院图书馆、授课厅和其他教学设备进行学习。二是改变了学生的学习环境和学习方式，为学生提供了专心学习的净土。中世纪的大学生在法律上享有豁免权，加之大学对于学生的宽松管理，导致学生的生活充斥着混乱与放荡。而学院为居住其中的学生们安排了严格的日程，且创造了一个与外部混乱世界隔离的环境，使得学生不仅可以学习知识，还可以锻炼社交技巧。三是学院在一定程度上削弱了大学的宗教性，使其世俗性得到增强。受制于经费，中世纪大学的很多学生在获得学士学位后就离开了大学，很少有学生会继续向高级学科深造。大多数捐赠者捐资创办学院的重要目的即在于鼓励更多学生投身于高级学科的学习，而不是服务于宗教。因而，学院从一开始便是一个世俗机构。

同时，学院内年长的成员需要对年轻学员的教学和行为负责，该规定为早期导师制的产生奠定了基础。1636年的《劳德规约》要求"所有的学生必须有导师，导师由院长认为在品质、学问和宗教信仰上符合要求的毕业生担任。导师要在教会的条例和教义方面对学生进行悉心指导，并要负责监督学生的着装和行为"[1]。

学院制和导师制为博雅教育的推行奠定了良好的基础。一方面，学院营造了专心学术的氛围，导师制则注重学生价值观的塑造和性格的养成，这样的教育无疑有助于学生的身心陶冶，也为博雅教育的持续推行提供了制度保障。另一方面，从学院的专业划分和课程设置来看，其专业划分比较粗疏宽泛，有助于学生形成广博的知识视野。

---

1 王慧敏，杨克瑞. 美国高等教育史（上卷）：开拓与奠基（1636—1861年）[M]. 北京：教育科学出版社，2019：65.

第二节　英国高等教育模式的定型与特点

17世纪英国高等教育模式的核心特点由牛剑等古典大学实施的绅士教育可窥一斑，即大学的职能限定为教学，教育专注于对人的培养。这种培养不以实用的专业人才为目的，而重在对人的综合素质的熏陶，即所谓的绅士教育，并在18—19世纪被提炼为博雅教育理念，成为支撑现代大学通识教育发展的核心价值观。

一、绅士教育思想的形成

（一）人文主义精神的传播

14—16世纪的文艺复兴运动打破了中世纪对人性的束缚，促进了人文主义的兴起。其时，经院哲学的盛行使得大学效率低下，严重滞后于社会发展，其主要目的在于为宗教服务，即为国家培养神职人员、公务人员等。文艺复兴时期的人文主义者追求人的自由，强调人的个性，"当这种对于最高的个人发展的推动力量和一种坚强有力、丰富多彩并已掌握当时一切文化要素的特性结合起来时，就产生了意大利所独有的'多才多艺的人'——'l' uomo universal'（全才）"[1]。人们迫切要求打破宗教的束缚，而教育便是其中的重要途径。"这一时代教育实际上是传播、养育，甚至升华人文主义文化精神的基本途径，是使人从自然状态中脱离出来发现他自己的人性的过程"[2]。

15世纪后期，一批人文主义者聚集到牛剑，带动了人文主义思潮在英国的传播。新人文主义学者关心的议题便是如何为社会培养合格的绅士。人文主义者所提倡的"新知识"（new learning），即强调关注古典语言和古典著作中的理性精神，以激发人的潜力和创造力为目的的知识。因此，当时最著名的人文主义者多是教授人文学科的教师。"人文主义者是某些学科的职业代表，我们主要应该根据人文主义者的职业理想、思想兴趣和文学作品来理解文艺复

1　雅各布·布克哈特.意大利文艺复兴时期的文化 [M].何新，译.北京：商务印书馆，1979：131.
2　阿伦·布洛克.西方人文主义传统 [M].董乐山，译.北京：生活·读书·新知三联书店，1997：42–46.

兴时期的人文主义。"[1]例如，格罗辛（William Grocyn，1446—1519）、利纳克尔（Thomas Linacre，1460—1524）、科利特（John Colet，1467—1519）等人都曾在文艺复兴运动的发源地意大利学习与生活，并将人文主义教育理念带回了英格兰的大学。其中，科利特从意大利访问后前往牛津大学任教，并多次发表公开演讲，批判经院哲学式的神学研究。利纳克尔于1480年进入牛津大学，主攻希腊语，后前往意大利先后学习拉丁文、医学。这些经历使得他成为第一个在意大利修习希腊语的英国人，也促使其成为同时期最著名的人文主义学者。[2]回到英格兰后，他先后在牛剑建立医学教授讲席。牛津大学于1962年新建的利纳克尔学院（Linacre College）即以他命名，以彰显学院的多学科交融特色。在剑桥大学，费希尔（John Fisher，1469—1535）起到了举足轻重的作用。费希尔于1488年毕业于剑桥大学，1504年成为剑桥大学的校长和罗切斯特的红衣主教。费希尔推动了多所新学院的建立和首个命名教学教授讲席的设立——玛格丽特夫人神学教授（Lady Margaret's Professorship of Divinity），并成为担任该讲席的首位教授。这一定程度上得益于他担任了亨利七世的母亲玛格丽特（Margaret Beaufort，1443—1509）的牧师，后期基督学院的建立也是在费希尔的推动下由玛格丽特促成的。在剑桥大学，他鼓励对拉丁文、希腊文、希伯来文等古典语言的学习，推动了对古典著作和古典文学的研究，吸引了大批学者前来剑桥讲学，如伊拉斯谟（Desiderius Erasmus，1466—1536）。1540年和1546年，剑桥大学与牛津大学先后设立了希腊文和希伯来文的皇家教授讲席职位。[3]同一时期，还有许多学者前往意大利，并带回大量珍贵书籍捐赠给牛剑，使得大学成为人文主义思想传播的重要场所。人文主义思想在英国的迅速传播当然也与这一时期印刷术的发展密切相关。"印刷术无限地（而且花费很小地）增多了同一部著作的印数。从此，凡是懂得阅读的人就都有能力可以有书并且按照自己的兴趣和需要得到书；而且这种读书的便利又扩大并传播了进行教育的愿望和手段。"[4]

1　克利斯特勒.意大利文艺复兴时期八个哲学家 [M].姚鹏，陶建平，译.上海：上海译文出版社，1987：183.
2　Encyclopedia Britannica（11th Ed.）Vol XVI[M].Cambridge：Cambridge University Press，1910：702.
3　希尔德·德·里德－西蒙斯.欧洲大学史（第2卷）：近代早期的欧洲大学（1500—1800）[M].贺国庆，王保星，屈书杰，等译.保定：河北大学出版社，2008：37.
4　孔多塞.人类精神进步史表纲要 [M].何兆武，何冰，译.北京：生活·读书·新知三联书店，1998：101.

　　文艺复兴在大学里的直接表现即是人文学科的复兴，更深层次的表现则体现在对于人的全面发展的推崇、对于人性解放的需求和为了实现上述目的而推行的自由教育。通过人文主义者的努力，至 16 世纪，古典语言和古典文学在牛剑的课程中取得了重要地位，其目的不再是为神学服务，而是培养"人"。换言之，中世纪的教育目的在于使学生掌握某种具体职业的技能，如教士、医生等，而人文主义教育致力于培养通才，这无疑促进了学科的世俗化。

　　文艺复兴影响下的人文主义教育观强调通过对古典语言和古典著作的学习来培养"人性"，促进人的全面发展，并在高等教育的宗教功能之外强调其为国家政权培养人才的功能。该教育观本身便带有浓厚的精英教育色彩。1531年，埃利奥特爵士（Sir Thomas Elyot，1490—1546）的《行政官之书》（*The Boke Named the Governour*）是英国首部专门论述教育的英文著作。作为人文主义者和政治家，埃利奥特将该书献给英格兰国王亨利八世（Henry Ⅷ，1491—1547），指出应当通过道德教育培养效忠于国王、服务于国家的社会精英[1]，即处在统治阶级的绅士。作者在其中大量引用了古典作家的论述，高度提倡学习古典文学的重要性，倡导学习希腊语和拉丁语时要利用本族语言，重视角力、赛跑、游泳、骑马、打猎等体育锻炼，以培育具有优雅谈吐、健康体魄、古典主义素养且练达人情的绅士，这显然体现了文艺复兴的影响，但他并不排斥实用知识和科学知识。汉弗莱（Laurence Humphrey，1527—1590）的《论贵族》（*The Nobles or of Nobilitye*，1563）、克莱兰（James Cleland，1601—1650）的《年轻贵族的学校》（*The Institution of a Young Nobleman*，1607）、皮查姆（Henry Peacham，1576—1643）的《完美绅士》（*Complete Gentlemen*，1622）等著作均提出了绅士教育的主张，指出绅士教育的目的在于培养具有古典知识、高尚道德和得体举止的社会精英。这些学者的思想对后期英国绅士教育思想的发展产生了重要影响。

　　1644 年，弥尔顿（John Milton，1608—1674）在《教育论》（*Of Education*）中全面地阐述了其教育思想和理念。弥尔顿认为教育应当具有两个目的：就公

1　Elyot T. The Boke Named the Governour[M]. London：J. M. Dent & Company，1531.

共目的而言，通过教育使一个人能够在任何时期、任何岗位胜任自身的工作；就个人目的而言，通过美德的习得来无限接近基督。弥尔顿的教育理念杂糅了文艺复兴的人文主义和基督教教义中的救赎观，但他的观点显然更强调教育的公共目的。因此，弥尔顿批判并强烈呼吁改革中世纪的课程体系。他指出学生不应花费大量时间在语言的学习上，而应更早地投入古典文学之中，以激发学生的热情；同时，应通过教育来陶冶人的心灵，振奋人的精神，促进人作为个体和作为社会公民的发展。"弥尔顿则必须被称为人文主义唯实论者。他是一个真正的人文主义者，古典传统式的学者，他相信所有学科最好的知识都可通过阅读过去的大量书籍而学到。"[1]弥尔顿设计的课程体系可谓百科全书式的，涵盖文法、几何、代数、地理、宗教、建筑、物理、经济、语言、政治、法律、神学、修辞学、语言学等学科，并且在其中尤其强调人文学科的价值。[2]这些都深刻地体现了人文主义的思想。

1693年，洛克出版《教育漫话》（*Some Thoughts Concerning Education*）一书，较为全面地阐述了绅士教育的思想，对后期英国大学绅士教育模式的形成产生了深远影响。洛克指出，教育的最高目的即在于培养绅士。"一旦绅士受到教育走上正轨，其他的人自然很快就能走上正轨了。"[3]洛克认为绅士应当具有健康的身体素质、德行、智慧、礼仪和学问。其中，德行是最重要的，"我认为在一个人或者一个绅士的各种品性之中，德行是第一位的，是最不可缺少的……德行愈高的人，其他一切成就的获得也愈容易"[4]。因此，应该教育儿童克制自身欲望，依照理性引导自身行为，使其自小便养成理性思考的惯习。智育是为了以知识和智慧培养具有德行的绅士，因而教学的重点不在于狭义的知识，而是引导学生尊重知识，知晓获取知识的路径。礼仪是为了培养绅士优雅的礼节、仪态和修养。体育则是获得健康的体魄进而获得健康的精神的保障。由此可见，在洛克的绅士教育论中，对于绅士的培养更加注重内在的德行。在

1　弗罗斯特.西方教育的历史和哲学基础 [M]. 吴元训，等译. 北京：华夏出版社，1987：270.
2　John M. "Of Education." [M]//Milton on Education: The Tractate of Education with Supplementary Extracts from Other Writings of Milton. New Haven: Yale University Press，1928：51–64.
3　约翰·洛克.教育漫话 [M]. 傅任敢，译. 北京：人民教育出版社，1979.
4　参见：约翰·洛克.教育漫话 [M]. 傅任敢，译. 北京：人民教育出版社，1979：19.

《教育漫话》中，洛克勾勒了该教育思想下的课程设置：一是阅读、写作、绘画和速记；二是法语、拉丁语和英语，尤其强调对能准确表达个人思想的本国语言——英语的学习应是持续终身的，而对于拉丁语的学习则不建议花费过多时间；三是地理（地球）、数学、天文学、几何学和依据年表学习历史；四是伦理学、国际法和普通法；五是英语会话和写作；六是跳舞、击剑、骑马、园艺、林间劳动。[1]受新兴资产阶级兴起和科学革命的影响，上述科目安排体现出强烈的实用主义的特征，即一方面囊括了能使绅士适应宫廷生活和公共事务所必需的科目，另一方面剔除了从文化标准和美学兴趣出发的修辞学、逻辑学、音乐学等科目。在教学上，洛克受人文教育思想和近代科学思想的影响，主张因材施教，鼓励学生自学，反对死记硬背和苛责式教育。洛克认为人的成才主要靠后天教育的影响，后天教育倡导以经验为中心价值，即"新知识或新行动的真正原则，要建基于最简单的事实上"[2]。

在人文主义者的不懈努力下，人文主义课程在大学中得以确立，绅士教育思想得到了广泛传播。吕埃格（Walter Ruegg，1918—2015）在描述人文主义者对大学的影响时指出："人文主义者将人类对他们自身和世界的理解置于兴趣的中心，将人类的社会活动作为矛盾的潜在来源，就这些创新而言，他们开启了大学史上的新纪元。在这个新纪元中，人类的经验及其转化为语言和数字的形式，成为了'科学革命'的任务，或者，更精准的表达是：实质的拓展、经验的深化、方法的个性化和概念的系统化，这些都是科学和学术研究以及它们通过教学进行交流的结果。"[3]值得指出的是，其时，人文主义者在英国的活动正与英国君主渴望加强王权、巩固君主专制社会的需求不谋而合，其反对经院哲学的主张与亨利八世的国教改革的需求相契合，这是人文主义教育思想得以在大学站稳脚跟的深刻社会政治背景。

1　约翰·洛克.教育漫话 [M].傅任敢，译.北京：人民教育出版社，1979：140.

2　林玉体.美国教育思想史 [M].北京：九州出版社，2006：77.

3　希尔德·德·里德 – 西蒙.欧洲大学史（第 1 卷）：中世纪大学 [M].张斌贤，等译.保定：河北大学出版社，2007：523.

（二）宗教改革

1517年神学家路德（Martin Luther，1483—1546）发表的《九十五条论纲》（Ninety-five Theses）标志着欧洲宗教改革的兴起。这场教派改革运动很快由欧洲大陆传至英国，由亨利八世领导的英国国教改革不仅是英国政治社会上的重大事件，由此导致的教会与世俗政权间权力的此消彼长也直接影响了英国古典大学的发展。

伴随着世俗王权的日益强大，文艺复兴和人文主义的传播进一步促进了人们的思想解放，加之教会的陈腐，呼唤宗教改革的声音愈发强烈。1533年，亨利八世颁布《上诉法案》（Statute in Restraint of Appeals），禁止一切向罗马教皇的上诉，法案指出教会的司法权和世俗的司法权均归属于国王，从而明确了国王的唯一和权威统治地位。1534年，亨利八世与新教合作，通过《至尊法案》（Act of Supremacy），创立英国国教会，以英国国王为教会的最高领袖。在此之前，牛津大学和剑桥大学虽然是享有诸多特权的自治机构，但主要服务于宗教，效忠于教皇。宗教改革后，世俗王权取代了宗教特权，大学开始归属于国家。

此时，集绝对权力于一身的亨利八世任命克伦威尔（Thomas Cromwell，1485—1540）对大学进行监管。1535年，克伦威尔率领访问团前往牛津大学与剑桥大学访问，并颁布《皇家1535条令》（Royal Injunctions of 1535），要求大学师生必须服从于国王的统治，承认国王的最高权威，停止教会法（canon law）的学习，但学生可以阅读《圣经》并参与讲座学习。该条令还规定学生学习的课程包括逻辑、修辞、算术、地理、音乐、政治等，鼓励学生阅读亚里士多德等人的经典著作和梅兰希顿（Philipp Melanchthon，1497—1560）等人文主义者的著作。梅兰希顿强调将新教教义与人文主义相结合的思想深刻地影响了英国的古典大学，且其编写的拉丁语和希腊语的文法和修辞学以及逻辑学、心理学、伦理学等课本被使用长达百年。[1]大学不再学习经院哲学相关的作品，而

---

1 弗·鲍尔生．德国教育史 [M]．滕大春，滕大生，译．北京：人民教育出版社，1986：38.

在每个学院开设希腊语和拉丁语的每日讲座。[1]这些举措共同确立了古典语言和古典文学，以及人文主义精神在大学中的主导地位。

同时，这也标志着世俗权力首次干涉英国大学，重新定义了英国高等教育机构与国家的关系，从而完成了英国古典大学的民族化与世俗化。这使牛剑在一定程度上丧失了自己的特权和自治权。

上述因素共同引发了牛津大学和剑桥大学在16世纪以后的缓慢变化，逐渐形成了以培养绅士的自由教育为典型特征的英国高等教育模式。

二、古典大学的绅士教育模式

宗教改革之后，大学的学生人数虽然因为部分教会科目的废除而出现了一段时间的下降，但在1550年后开始迅速增长。1580—1640年，每年进入牛剑的学生平均达450人，至17世纪前期则达千余人。[2]这与大学职能的转变和国家—大学关系的变化不无关系。伊丽莎白一世（Queen Elizabeth I，1533—1603）继任后，先后委派皇家委员会并颁布法令，对牛津大学的招生、注册、教学、学位等制度进行了详细的规定。1571年颁布的《牛津大学和剑桥大学1571年法令》（Oxford and Cambridge Act 1571）确认了牛津和剑桥的法人团体地位，政府对大学的控制加强。"与王室更紧密的联系加强了大学的政治和社会地位……查理一世说：'大学是德性和学问的渊薮，在那里因为良好的教育使得我们主体的器官变得更好，更倾心于宗教、德行和服从法律，并能同时服务教会和国家。'大学与国家统治精英更密切地联系在一起，学术职位成为王室和贵族赞助人偏爱的领域。但在这个浮士德式的契约中，国家回过来要求大学毫无疑义地支持政治和宗教权威，以及等级的社会秩序。"[3]在此背景下，大学的职能与其说是培养学生的技能使其寻得好的职业，不如说是培养具有良好德行与优雅礼仪以及能够服务于国家发展的社会精英，这正是绅士教育的目的。

1　Donald L F. The first royal visitation of the English universities，1535[J]. English Historical Review，1991，106(421)：861–888.

2　希尔德·德·里德－西蒙斯. 欧洲大学史（第2卷）：近代早期的欧洲大学（1500—1800）[M]. 贺国庆，王保星，屈书杰，等译. 保定：河北大学出版社，2008：318.

3　Anderson R. British Universities：Past and Present [M]. London：Bloomsbury Continuum，2006.

在此情况下，大学的生源结构逐渐发生变化。中世纪大学以基督教提出的教育应当免费为原则，由教会建立财政机构资助贫困学生。但是伴随着学费和生活费的增长、学术生活的贵族化倾向，牛剑开始向具有贵族化性质的机构转变。受人文主义精神影响，贵族子弟日益感受到需要接受思维的训练以更好地胜任其未来将要承担的政府职位，因此贵族子弟和绅士阶层大量涌入学校。"在1500年以前，英国贵族几乎不上大学，因为他们的教育建立在音乐、舞蹈和使谈吐举止赏心悦目、优雅得体的艺术之上，不需要学术性学科的知识。但是，早在亨利八世统治时期，许多有贵族头衔的人开始到大学注册，到了伊丽莎白时期，社会精英中的大部分是大学毕业生。1563年，议会中只有67人上过大学，然而到了1584年，数量增加了一倍，1593年，议会中的大学毕业生达到了161名。到了16世纪后半期，牛津和剑桥大学中每有五个来自平民家庭的学生，就有三个绅士的子弟，到了17世纪初，学校中出身平民与出身贵族的学生比例是5∶6。"[1] 换言之，大学已经日益成为为贵族子弟和绅士阶层提供教育的场所。

以培养绅士为目标，大学的学科设置以古典学科为主导。自中世纪以来，牛剑两校即以七艺为核心建立了课程体系。这种经院哲学的知识在文艺复兴后逐渐被古典语言和古典文学取代，这一时期课程的变化体现在"由形式逻辑、形态文法向文学作品进行转变"，还体现在"从高级逻辑和亚里士多德式的自然与道德哲学转为更加广泛的自然与道德哲学"。[2] 至16世纪，牛津大学聚集了大批人文主义学者，成为英国人文主义的中心。

师生的教学活动主要集中在学院，而非像欧洲大陆大学一样集中在部系。本科生和研究生阶段的学生都集中住在各个学院，其主要的学习和日常活动都在学院进行。这种分散式的教学模式无疑更有利于"通才"的培养。特别是在16世纪后期，导师制开始出现。在每个学院内部，学生被指定由一位导师全面负责其学习、生活、道德品质等方面。学院导师制不仅是教学方法，更是

1　希尔德·德·里德－西蒙斯.欧洲大学史（第2卷）：近代早期的欧洲大学（1500—1800）[M].贺国庆，王保星，屈书杰，等译.保定：河北大学出版社，2008：328.

2　Leedhan-Green E. A Concise History of the University of Cambridge [M]. Cambridge：Cambridge University Press，1996：38-39.

让本科学生获得教育的最好方式。[1]导师制是学院制的自然发展[2]，对于学生的全面培养具有重要意义，但这也使得学生的培养质量极大地依赖于导师的能力与投入。

　　总体而言，由上述教育目标、学生构成、课程设置所形成的绅士教育模式在以牛剑为代表的英国古典大学得以定型，构成了17世纪英国高等教育模式的核心特征。该模式不仅深刻地塑造了英国的高等教育，也对欧洲的社会精英产生了深远的影响。

三、博雅教育的发展

（一）博雅教育理念的形成背景

　　18世纪后，英国思想家逐渐将古典大学的绅士教育模式提炼为博雅教育思想。例如，诺克斯（Vicesimus Knox，1752—1821）认为更多的与脑力相联系的艺术即博雅艺术，伦理学、逻辑学、形而上学都属于这一范畴，支持通过文雅知识的学习以涵养人性，塑造文雅、和善的良好品性。[3]其中，将博雅教育发扬光大并且付诸实践的当数纽曼（John Henry Newman，1801—1890）。纽曼是19世纪英国著名的教育家、思想家、语言学家和红衣主教。在他生活的年代，古典大学的绅士教育模式正受到猛烈的冲击，其背后的原因是多重的。

　　首先，宗教改革将非国教徒逐出大学，科学被排除在封闭保守的古典大学之外，大学对这一时期涌现的新兴学科几乎采取了视而不见的态度。可以说，这一时期的英国大学对于科学发展起到的作用微乎其微。"自从查理二世复辟之后，科学的发展就完全在英国国教之外进行了。它处于不信国教者的保护下，而不是处于信奉国教者的保护下。在各公学中，既不讲授科学，也不讲任何现代的学科。牛津大学也是如此，剑桥大学也几乎如此。"[4]这使得大学与国家的经济发展几乎毫无关系，把自己的功能限制在为国家的绅士阶层和国教会

1　Tapper T, Palfreyman D. Oxford and the Decline of the Collegiate Tradition [M]. London：Woburn Press，2000：100.

2　Charles E M. A History of the University of Oxford [M]. New York：Barnes & Noble，1968：134.

3　Knox V. Liberal Education：Or，a Practical Treatise on the Methods of Acquiring Useful and Polite Learning[M]. London：Charles Dilly，1785：21.

4　克劳利. 新编剑桥世界近代史（第9卷）：动乱年代的战争与和平（1793—1830年）[M]. 中国社会科学院历史研究所，组译. 北京：中国社会科学出版社，1992：172.

的牧师提供教育这一狭隘的范围之内。及至17—18世纪，英国大学不断衰落，体现在学生的大量流失、课程的陈旧、教学方法的腐朽、教学质量的下降等方面，大批英国学者和学生前往正在崛起的法国、德国等地求学。

与此同时，在工业革命的冲击下，英国国内新兴阶层的力量不断壮大，强烈要求改革高等教育。这些变化不断引发着英国国内对于古典大学封闭保守、只重教学而忽视研究、只重人文而忽视科学的批评，更对英国古典大学理想的生存土壤造成冲击。19世纪上半叶，英国古典教育与科学教育间展开了两次大辩论。首次辩论发生在1810—1830年，边沁（Jeremy Bentham，1748—1832）、埃奇沃思（Richard Lovell Edgeworth，1744—1817）等人立足于功利主义的原则，围绕大学的目标和方向展开争论，严厉抨击以牛剑为代表的古典教育。例如埃奇沃思提出"知识的价值最终取决于它的功用"，反对古典语言和文学的学习。[1]至19世纪30年代，科学教育的支持者当推斯宾塞（Herbert Spencer，1820—1903）和赫胥黎（Thomas Henry Huxley，1825—1895）。他们认为古典教育是华而不实的，不仅无法服务于社会进步，对人的心智训练也不如科学教育。赫胥黎认为"科学本身就是通才教育不可缺少的组成部分"[2]。斯宾塞以"完满的生活"为衡量知识价值的尺度，得出"科学知识是最有价值的"这一结论。因此，他们明确反对古典大学将自然科学排斥在课程之外的做法。

在此背景下，由地方力量创建的一批新型大学应运而生，它们以技术教育、科学教育和实用教育为主导，以服务于地方工业化发展为目标。此即英国的新大学运动。1828年伦敦大学的建成标志着英国19世纪新大学运动的肇始。该校的创始人大多是边沁主义者，因此该校建立之初就秉持实用主义、功利主义的办学原则，致力于培养英国经济社会发展所需的工商业和管理人才。较之于古典大学的课程设计，该校的课程不仅取缔了宗教课程，而且新增了大量的自然科学课程，涉及物理、化学、植物学等，还有部分与社会联系密切的国际法、英国法、政治经济学等课程。[3]1836年，为改变伦敦大学与保守派创建的

1　Sanderson M. The Universities in the Nineteenth Century[M]. London：Routledge & Kegan Paul，1975：35.

2　张泰金. 英国的高等教育：历史·现状 [M]. 上海：上海外语教育出版社，1995：32.

3　North J，Harte N. The World of UCL，1828—2004[M]. London：UCL Press，2004：37.

国王学院间的对立与冲突状态，在政府的主导下，两所大学合并为伦敦大学学院。合并后的两所大学依然作为独立学院存在，而伦敦大学学院的主要职责是组织学生考试并授予学位证书。此后，不断有新学院加入伦敦大学学院，至1853年附属于伦敦大学学院的医科院校有68所，非医科院校也有32所。[1] 伦敦大学及其后的一批城市大学，形成了在牛剑传统古典大学模式之外的新大学模式，冲击了古典学科在英国大学中的主导地位。

（二）纽曼的博雅教育理念

在此背景下，纽曼通过梳理绅士教育传统和自由主义教育思想，系统地提出博雅教育理念，以期稳固英国传统高等教育模式的地位和影响力。1833—1845年，纽曼领导并参与了"牛津运动"（Oxford movement），这是一场英国国教内部的宗教复兴运动，其实质是以古典自由主义教育为核心宣传复古主义思想。1854—1859年，纽曼奉命担任都柏林天主教大学［Catholic University of Ireland，现为都柏林大学（University College Dublin）］校长，并为了这所新大学的建立和发展发表了一系列演讲。这些系列演讲后以《大学的理想》（*The Idea of a University*）为名结集出版。纽曼在其中系统地阐述了其博雅教育理念。

纽曼明确地指出大学的性质——"大学是传授普遍知识的场所"。因此，大学不应聚焦于传授狭隘的专业知识，而应传授具有普遍性的、完整性的知识。换言之，不应对知识进行等级划分，或者人为地排除某项知识于大学教育之外，应当对人文知识和科学知识一视同仁，对神学学科和世俗学科平等相待。知识具有普遍意义，是一个完整的、内部相互联系的知识体系。因此，纽曼旗帜鲜明地反对人为划分的专业教育，认为大学培养的学生应当是"通才"而非"专才"。同时，"知识本身即为目的，这种知识应被称作自由知识或绅士知识。接受教育是为了获取这种知识，应把它纳入大学的范畴"[2]。换言之，纽曼将知识看作精神追求，认为大学教育并非为了任何功利的目的，而应将学习知识本身看作最终目的。"知识不仅仅是达到知识以外的某种东西的方式，或是

1 王承绪. 伦敦大学 [M]. 长沙：湖南教育出版社，1995：41.
2 约翰·亨利·纽曼. 大学的理想 [M]. 徐辉，等译. 杭州：浙江教育出版社，2001：31.

自然地发展某种技能的基础，而且是自身足以依赖和探求的目的。"[1] "理智不是用来造就或屈从于某种特殊的或偶然的目的、某种具体的行业或职业抑或是学科或科学，而是为了理智自身进行训练，为了对其自身固有的对象的认识，也是为了其自身的最高修养"[2]。因此，传授普遍的、完整的知识的自由主义教育是训练学生心智、提高学生修养、培养绅士的途径。大学的目的在于智力培养，在于激发人类心智的本性，但纽曼同时认可大学的社会功能。"若大学课程一定要有一个实际的目的的话，我认为这就是为了培养良好的社会公民"[3]，这里的公民即绅士。

纽曼所处的时代正是以柏林大学为代表的德国大学模式盛行于欧美高教界之时，其重视研究、强调教学与研究相统一的模式在世界范围内产生了深远影响。与同时代大多数学者不同，纽曼认为大学是传授知识的场所，而非科学研究的场所。因此，大学的唯一职能就是教学，而非科学研究。纽曼认为，科学研究应当是科研机构的职能，而非大学的职能。过往的历史已经证明，研究成果很少来自大学，而多出自科研机构，这是因为科研机构本身便与大学有着不同的分工，对于知识创造和知识生产也有着不同的技能需求。对于大学来说，应当为学生创造理想的学习环境；对于教师来说，其主要职责在于通过传授现有知识来训练学生的心智，为社会提供良好的成员。"它旨在提高社会的益智风气，旨在修养大众身心，旨在提炼民族品位，旨在为公众的热情提供真正的原则，旨在为公众的渴望提供固定的目标，旨在充实并约束时代的思潮，旨在便利政治权利的运用和净化私人生活中的种种交往。"[4]

显而易见，纽曼的博雅教育思想传承了以牛剑为代表的古典高等教育模式，是对英国绅士教育思想和自由主义教育思想的系统化论述。这对于英国大学的未来发展起到了重要作用，更是直接影响了20世纪美国通识教育思想的发展。

然而，不可否认的是，上述思想存在着一定的局限性和与时代的脱节性。

1　约翰·亨利·纽曼.大学的理想 [M].徐辉，等译.杭州：浙江教育出版社，2001：24.
2　约翰·亨利·纽曼.大学的理想 [M].徐辉，等译.杭州：浙江教育出版社，2001：72.
3　约翰·亨利·纽曼.大学的理想 [M].徐辉，等译.杭州：浙江教育出版社，2001：97.
4　约翰·亨利·纽曼.大学的理想 [M].徐辉，等译.杭州：浙江教育出版社，2001：97-98.

其时，英国已丧失其世界霸主地位，工业革命的发展速度更是远远落后于欧洲大陆的德国。这背后的原因当然是多重的，但文化和教育无疑是其中的一环。在英国，大量社会精英正在忙于成为绅士，而那些获得了财富的人由于没有贵族血统，只能单纯地模仿绅士的行为方式与生活方式。其中，跻身绅士阶层最直接的方式便是通过高等教育。"目前，一个人是被接受和认可为绅士的。不论是谁，只要在大学里学习过，宣称具有人文科学的知识，简言之，只要能悠闲地生活，不从事体力劳动，他就会保持绅士的风采，承担绅士的责任，彰显绅士的风度，他被称为先生。"[1]因此，大量新兴阶层如商人，将自己的孩子送入公学和牛剑等大学中，希望通过博雅教育的程序跻身绅士的行列。然而，博雅教育强调的是对心智的训练，而非职业技能的学习，这样脱离科学研究的学习导致大批工商业精英的流失，无法应对英国工业革命和商业发展所带来的种种竞争和挑战，进一步导致了英国的衰落。

如表 3-1 所示，1752—1849 年，来自教会家庭和拥有土地的绅士家庭背景的学生是剑桥大学学生的重要组成部分，占 60% 以上；20 世纪开始，从事金融和工商业的新兴阶层的子弟开始大量进入大学。

表 3-1　18—19 世纪剑桥大学学生父亲从事职业的占比情况

单位：%

职业领域	1752—1799 年	1800—1849 年	1850—1899 年	1937—1938 年
政府管理	2	2	3	8
金融	0	1	3	46
工商业	9	5	12	
教会	31	32	31	7
土地所有者	38	31	19	2
法律界	4	8	9	7
军队	4	8	10	8
教育	3	3	4	7
其他	9	10	9	15

资料来源：Jenkins H，Jones C. Social class of Cambridge University alumni of the 18th and 19th centuries[J]. British Journal of Sociology，1950，1（2）：93–116.

1　Stone L. The educational revolution in England，1560–1640 [J]. Past & Present，1964，28（1）：41–80.

四、英国皇家学会和英国科研体制

教育的发展与科学的进步是密切相关的。近代英国高等教育的普及与发展推动了大批科学家的出现，奠定了英国在近代世界科学发展中的中心地位。不过，由于英国的古典大学侧重绅士传统和博雅教育，科学教育并未直接体现在大学教育中，科学研究更是以松散的、非体制的方式运行于大学组织之外。

16—17世纪的英国，随着培根（Francis Bacon，1561—1626）的"新哲学"兴起，有众多追求者共享归纳逻辑和实验方法并常就学术问题讨论而举行学术聚会。1660年，一批学者聚集在伦敦讨论实验法和培根思想，并自发成立了一个固定的学术组织以发展物理—数学实验知识，还规定了学会的缴费制度，确定了学会管理人员。该组织于1662年获得皇家特许状，并在随后被命名为伦敦皇家自然知识促进学会（the Royal Society of London for Improving Natural Knowledge），简称英国皇家学会。这一时期的英国刚刚经历内战的动荡，建立一个稳定的实体性科学组织难度很大，因此新建的皇家学会的组织模式十分松散。

英国皇家学会以"通过实验来促进自然知识"为学会使命。学会章程明确规定，"皇家学会的任务是靠实验来改进有关自然界诸事物的知识，以及一切有用艺术、制造、机械实践、发动机和新发明（不涉及神学、形而上学、道德、政治、语法、修辞或逻辑）"[1]。这一章程成为自然科学的"独立宣言"，奠定了自然科学与神学、哲学同等重要的地位。

皇家学会曾对"血液循环、静脉瓣膜、淋巴管、哥白尼假说、彗星的性质、木星卫星、土星光环、太阳黑子、太阳自转、月球转动的不均匀性、地理学、金星和水星的公转周期、望远镜镜片磨制及其改进、空气质量、真空、水银的托里拆利试验、自由落体及重力加速度"[2]等进行实验。实验的基本步骤是先观察到有趣或实用的现象，再针对现象开展实验，继而由实验者提供观察报告供学会登记在册，最后对实验现象背后的理论进行探究。例如，波义耳

---

1 刘益东，高璐，李斌. 科技革命与英国现代化 [M]. 济南：山东教育出版社，2017：65.
2 Scriba C J. The autobiography of John Wallis, F. R. S. [J]. Notes and Records of the Royal Society of London, 1970, 25 (1) 17-46.

（Robert Boyle，1627—1691）曾在学术例会上将两种透明液体混合在一起，产生了白色固体沉淀物。至 17 世纪 70 年代后期，学会成员已经不再满足于仅仅发现自然界的现象，转而探究现象背后的根源以对现象做出解释。此时实验的范式发生了变化，即先发现现象，再对现象提出假说，接着设计实验以验证假说，最后对现象做出解释并由英国皇家学会登记在册。由此，实验的功能发生了重大转变，由通过实验发现自然知识转变为经由实验验证理论或假说。当时，包括英国在内的整个欧洲学界都在寻求一种有别于传统亚里士多德式的解释演绎式的方法论，英国皇家学会即在此背景下找到了结合数学与实验的研究纲领。在促进实验科学进步方面，波义耳和胡克（Robert Hooke，1635—1703）都做出了卓越的贡献：前者在实验中不仅仔细观察和详细记录物质的变化，而且对物质的化学变化进行定量描述；后者在实验仪器制造和实验科学方面做出了巨大的贡献。

早期，为了扩大学会的影响力并尽可能地吸纳经费，凡是对实验科学感兴趣者均可经推荐成为学会会员，大量对历史、文学、艺术等感兴趣的政府官员、外交官等加入学会。学会成员中非科学家的高占比使得学会研究天然地带有科普性质，尤其是对社会上层人士的科普。例如，学会的创始人之一约翰·威尔金斯（John Wilkins，1614—1672）曾简化哥白尼天文学并撰写《新行星论》进行科普。1674 年，学会规定所有成员每年都须提供一份自然哲学实验研究的学术论文，否则将罚款五英镑。这一规定导致成员数量的大幅下降，但也间接筛选出了对科学真正感兴趣的成员。1703 年，牛顿（Isaac Newton，1643—1727）担任学会会长，在此后 24 年的任职期内极大地提升了学会的声誉，赢得了社会公众和政府对学会的认可，并获得了大量的资助。

作为当时科学活动的基本组织形式，学会直接推动了英国成为其时世界科学的中心。据统计，1662—1730 年，全世界约有 36% 的杰出科学家聚集于英国皇家学会，40% 的科研成果产生于学会成员的研究。[1] 18 世纪中叶，科技在工业革命中的重要作用再次激发了民众对科学的向往与追随，促使现代科学逐渐

---

1 刘益东，高璐，李斌.科技革命与英国现代化 [M].济南：山东教育出版社，2017：67.

演变为一种新的职业，实现了科学建制化。科学建制化的另一个标志性事件是出版刊物的发展。1665年，英国皇家学会出版了《哲学汇刊》(*Philosophical Transactions*)，并一直延续至今。该出版物在提供科学交流平台和传播科学知识的同时，也逐渐形成了一套系统的科学发表制度，如尊重作者权益、处理学术争端的程序等，为同行评议制度的实施奠定了基础。

第三节　英国高等教育模式的变革

一、古典大学的变革

（一）古典大学教学内容的变革

随着工商业的发展和启蒙思想的渗透，欧洲大陆的高等教育模式在19世纪发生了很大改变，且此时伦敦大学在英国国内开辟了新的高等教育模式，这些都冲击了以牛剑为代表的古典大学。19世纪上半叶，牛剑与英国国教继续保持着密切的联系，无论是其聘任的教师还是招收的学生都需要信奉国教，且只有信奉国教的学生才能获得毕业文凭。在教学上，两所大学均以古典教育为主，牛津大学主要教授古典文学、亚里士多德的哲学和逻辑学，剑桥大学重视教授数学。针对上述问题，英国知识界和公众舆论界依托《爱丁堡评论》《威斯敏斯特评论》《教育季刊》等报刊进行了猛烈的抨击。[1]例如，《爱丁堡评论》在1808—1810年持续批评牛剑的教学不实用，认为牛剑教授古典语言是为国教服务且会抑制学生的创新精神，指出对于进入社会的世俗人来说，法律、制造业、农业、税收、现代语等才是最好的学习内容。《教育季刊》也同样批评两所大学的教学缺乏实用性和世俗性，认为这导致了对科学研究的最新进展的关注不足，且呼吁通过政府的干预对两所大学进行改革。《威斯敏斯特评论》在随后请求将整个大学的管理权移交世俗王权。与上述报刊的呼吁相一致的是，19世纪初，英国政府通过颁布《学徒工健康与道德法案》(*Health and Morals of*

1　王承绪．英国教育 [M]．长沙：湖南教育出版社，2000：229–230.

Apprentices Act，1801）和《工厂法》（*Factory Law*，1833）等法案干预教育。

虽然牛剑多位院长与教授联名反对政府对大学的干涉，但都没有动摇国家改革这两所古典大学的决心。19世纪50年代以后，英国政府对古典大学进行了系列改革，使得古典大学发生了根本性的变化。1850年，英国成立皇家委员会（Royal Commission）并对牛剑的课程设置、教学、考试制度、财务、宗教限制等方面进行全面调查。尽管剑桥大学委员会报告肯定了该校摈弃宗教限制、开辟新学科等举措，但牛津大学委员会报告尖锐地指出了传统大学的诸多弊端。两份报告为政府干预传统大学提供了决策依据，促成政府先后出台《牛津大学法案》（*Oxford University Act 1854*）和《剑桥大学法案》（*Cambridge University Act 1856*），对学校管理体系进行改革，允许非国教学生进入两校学习，并推动了科学学科的设置；法案授权各个学院自主制定本学院章程，允许教授进入学院和学校的理事会，进一步确认了教授的地位。尽管两项法案部分地解决了传统大学管理制度的问题，但并没有解决大学成员的宗教信仰问题。19世纪70年代出台的《大学审查法案》（*Universities Tests Act 1871*）进一步废除宗教审查，规定无论是入学还是授予学位时都无须宗教审查，大学教师也不再有宗教限制。1872年再次设立的皇家委员会调查两校的资产和收入情况，后颁布《牛津大学与剑桥大学1877年法案》（*Universities of Oxford and Cambridge Act 1877*），修订了大学和学院的章程，调整并明确了两者之间的财务关系，并规定学院收入的一部分用于发展自然科学课程。从1850年皇家委员会成立到70年代末大学与学院关系的理顺，英国政府基本完成了对这两所古典大学的改革，使后者彻底摆脱宗教束缚并逐渐适应了现代工业社会的发展需要。

（二）古典大学教学对象的变化

19世纪70年代开始，牛剑开展大学推广运动（University Extension Movement）。1873年，剑桥大学教师詹斯图尔特（James Stuart，1843—1913）倡导大学教授面向社会公众开展讲座，为大学外部的社会民众提供高等教育。他身体力行地为英格兰北部的城市妇女提供各种课程，也为一些协会、技工、讲习团等组织提供讲座。在他的感召下，剑桥大学的其他教师也纷纷加入大学教育的推广活动。1873年，剑桥大学专门成立了"地方讲座委员会"（Local Lectures Committee），负责大学的校外讲座工作。在该组织的推动下，正式的大学教育推广课程先后在诺丁汉、德贝郡和莱斯特郡等地出现，掀开了大学推广运动的序幕。在剑桥大学的带动下，牛津大学于1878年开始向学校以西推广大学教育，形成了兰开夏郡和约克郡地带的新大学推广教育区。至1891年，大学教育推广运动达到巅峰，共开设500多个课程班级，有6万多人接受教育，且在此后的15年间，受教育人数持续在每年5万人左右。[1]大学推广运动促使大批原本无缘进入大学的人有了接受高等教育的机会，一定程度上体现了大学的社会服务职能。

二、新型高等教育机构的创设

19世纪中叶，随着英国第一次工业革命的结束，传统农业和手工业逐渐没落，新兴的机械制造业、纺织业、煤矿业等成为经济支柱产业。新的产业结构要求变革生产方式，亟须大量掌握现代科技的工业、经济和管理人才。加之新兴资产阶级经由工业革命不断壮大，迫切需要接受高等教育。在此背景下，英国新型工业城市中的工商业界人士以伦敦大学为模板捐资创建了一批城市学院，将新大学运动推向高潮。

工业革命时期棉纺织业兴盛的曼彻斯特最早建立了欧文斯学院（Owens College,1846）。办学初期，该校以古典科目为主，更关注中产阶层的休闲教育，并没有较强的地方服务意识。该办学定位致使该校的生源难以为继。1858年后，该校通过聘请德国教授，引进先进科研成果，加强学校与当地工业界的联系，极大地改善了该校的办学状况。1860年中期，该校已经有113名走读生和280名夜校生。[2]欧文斯学院的成功转型和发展刺激了大批城市学院的涌现。这些城市学院遍布英格兰和威尔士，且以英格兰为主。例如，梅森理学院（Mason Science College，1870）（1898年成为梅森大学学院，即现伯明翰大学的前身）和约克郡理工学院（Yorkshire Institute of Technology，1874）位于英格兰中部，

1 张新生. 英国成人教育史 [M]. 济南：山东教育出版社，1993：218.
2 Jones D R. The Origins of Civic Universities：Manchester，Leeds and Liverpool [M]. London：Routledge，1988：52.

哈特利学院（Hartley Institution，1862）（即现南安普敦大学的前身）位于英格兰南部，布里斯托大学学院（University College Bristol，1876）、利物浦大学学院（University College Liverpool，1881）位于英格兰西部。

　　快速发展的城市学院开辟了英国高等教育的新模式。首先，城市学院以服务世俗世界的经济社会发展为办学目标。例如，梅森理学院是企业家梅森为了培养当地经济社会发展所需的机械制造人才而创建的，其办学方向为"促进全面而系统的教育和训练，使之适合于英格兰中部的制造业和工业在实践、机械和艺术方面的需求……取消纯文学的教育和训练以及全部神学教学"[1]。该办学目标呈现出为当地经济服务的强烈意愿。其次，城市学院的课程设计不再以博雅教育为原则，而是注重实用主义理念下的科学技术课程的开设。例如，欧文斯学院引进留学德国的化学教授罗斯科（Henry Roscoe，1833—1915）。罗斯科是光化学的奠基人，其讲授的有机化学推动了英国现代化学教育的创立，有效地服务于当地采矿业的发展。[2]再次，城市学院的技术部门与当地工商企业形成了共生关系。例如，谢菲尔德大学学院（University College Sheffield，1897）的冶金学教授阿诺德（Oliver Arnold，1858—1930）研制了钒、锰、铬、钨等金属的合成方法，培养了一批钢铁冶金业专家，使得该学院成为英国钢铁业研究中心，他本人则同时担任72家公司的顾问。[3]最后，城市学院的生源集中于工商业界家庭，毕业去向也集中于工商业界。据统计，1900年城市学院拥有378名理工科的学生，而牛剑的理工科学生有160人；1910年城市学院的理工科学生人数激增至1231人，而牛剑的理工科学生人数仅为189人，与二十年前相比几乎无变化。[4]城市学院的毕业生也大多流向了工商业界。例如，1890—1899年，欧文斯学院47.3%的化学毕业生和48.3%的物理学毕业生进入工业部门，而同时期牛剑的比例仅为10%—15%。[5]

　　新大学规模的不断壮大改变了英国的高等教育结构，形成了服务于社会精

1　欣斯利.新编剑桥世界近代史：物质进步与世界范围的问题（1870—1898 年）[M].中国社会科学院世界历史研究所，组译.北京：中国社会科学出版社，1999：257.
2　Sanderso M. The Universities in the Nineteenth Century[M]. London：Routledge & Kegan Paul，1975：109.
3　刘兆宇.19 世纪英格兰高等教育变革研究 [M].北京：中国科学技术大学出版社，2008：108.
4　殷企平.英国高等科技教育 [M].杭州：杭州大学出版社，1995：48.
5　黄福涛.欧洲高等教育近代化：法、英、德近代高等教育制度的形成 [M].厦门：厦门大学出版社，1998：117.

英即传统意义上绅士阶层的古典大学和服务地方经济发展与民众需求的城市学院的双层结构。在双层结构下，英国高等教育的价值取向由单一的精英教育走向精英教育与大众教育并存，教学内容由倚重人文教育走向兼顾人文教育与科学教育，教育方式也从单纯的知识传授走向教学与科研相结合。其中，古典大学居于英国高等教育结构的金字塔尖。为提升社会地位，获取与古典大学同样的学位授予权，以城市学院为代表的新大学积极增设古典人文课程，由此导致了其向古典大学模式的同质化迁移。

19世纪末期至20世纪初期，一批地方性的大学学院通过获得皇家特许状，取得了独立大学的地位。1900年，伯明翰大学（University of Birmingham）是第一所取得皇家特许状并升格为独立大学的城市大学。1903年开始，三所大学学院先后从维多利亚大学（Victoria University）分立出去，即利物浦大学（University of Liverpool）、利兹大学（University of Leeds）和谢菲尔德大学（University of Sheffield）。[1] 城市大学开设于英国工业发展重镇，其主要目的在于服务本地的工业发展，因此，其课程以科学和工程为主，且带有浓厚的实用主义色彩。以谢菲尔德大学为例，该大学不仅招收全日制学生，也开设非学位课程，且除传统的学术性课程外，还包括奶牛饲养、铁道经济、采矿等一系列多元课程。

蓬勃发展的城市大学和日益增长的对科学与工业效率的追求，使英国高等教育界确立了服务于地方经济发展的使命。在第一次世界大战的催化下，政府进一步意识到大学在国家发展中的重要意义。1919年成立的大学拨款委员会（University Grants Committee）作为政府与大学之间的中间机构（buffer institution），以财政拨款为杠杆，统筹安排各大学的财政拨款并以此将一向以独立、自治为传统的英国大学纳入国家的指导之下。两次世界大战进一步推动了英国科学技术的发展，工程、燃料技术、航空、纺织、冶金、物理学以及农业等科学知识与技术得到了极大的发展与普及。

第二次世界大战后，由于英国经济发展迟滞和国际地位下降，高等教育发展也出现了滞后现象。《珀西报告》（*Percy Report*，1945）、《巴洛报告》

1　张泰金. 英国的高等教育：历史·现状 [M]. 上海：上海外语教育出版社，1995：43.

（*Barlow Report*，1946）、《大学和科学人力增长》（*Universities and the Increase of Scientific Manpower*，1946）和《工党和科学革命》（*Labour and Scientific Revolution*，1963）等报告均指出高等教育正面临危机，呼吁政府提供资金帮助高等教育的发展。20世纪60年代，在英国政府委托下出版的《罗宾斯报告》（*Robbins Report*，1963）系统地阐释了高等教育的目标和原则，并提出了一系列具有针对性的政策建议。该报告建议扩大高等教育规模以满足日益增长的社会需求和经济需要，政府也应增加拨款以支持高等教育的发展，由此催生了一批新大学的建立，包括约克大学（University of York，1963）、华威大学（University of Warwick，1965）等，英国高等教育迎来了蓬勃发展时期。

1966年，政府以"双重制"（binary system）改革重塑了英国高等教育结构，将高等教育系统分为具有学位授予权的自治大学和培养实际岗位所需的技能劳动力的公立高等学校两种类型。一批多科技术学院（polytechnic universities）和其他学院应运而生，极大地促进了科学教育和工程教育在英国的发展。1992年，34所多科技术学院和其他学院升格为大学，获得独立的学位授予权，标志着英国高等教育双重制体系的完结。及至20世纪90年代，英国已迈入高等教育大众化阶段，但其强调广博知识和人文素质的绅士教育模式和博雅教育理念，始终在世界高等教育史中熠熠生辉。就某种意义而言，近现代英国高等教育的发展实质上是大众型高等教育机构不断向古典大学模式的同质化迁移过程，同时，为了对应社会变革与发展的挑战，英国又不断重新创设新型的大众型高等教育机构。

第四节　英国高等教育模式的影响

英国的绅士教育模式和博雅教育理念在世界范围内均产生过广泛影响。这些影响一方面是伴随着英国国家实力的输出与殖民过程而传播的，另一方面集中体现在博雅教育对于大学理想的描绘，切中了对于大学本质与教育本质特征的描述，即完整人格的培育。博雅教育理念对美国产生的影响最为深远。美国思想家、教育家和改革家结合本国的实际情况，继承并创新了英国的绅士教育模式和博雅教育理念，逐渐形成了通识教育（general education）的理论体系。

一、英国古典大学理念对美国早期高等教育的影响

17世纪伊始，英格兰人便在北美建立起第一批殖民地。至17世纪中期，英国通过移民向这片尚未开化的大陆输送其政治、经济、教育和文化的思想与模式。美国最早的高等教育机构哈佛学院（Harvard College，1636）即仿照英国牛津、剑桥两校而设，其早期章程更是直接取自伊丽莎白时期的剑桥大学章程。哈佛学院的早期课程综合了中世纪的七艺科目、文艺复兴和宗教改革时期英国古典大学的课程设置。[1] 此外，学院的教学管理、学位要求、学生纪律等均全面模仿英国大学的做法。[2] 殖民地时期建制的美国高校多模仿哈佛学院而设，因此打上了浓厚的英国传统高等教育模式的烙印，课程上以古典语言和古典文学为主导，管理上实行学院住宿制度，职能上强调教学而非研究。

1776年美国独立后，开始有意识地模仿法国高等教育模式，专业教育兴起，自然科学和实用科学逐渐成为美国社会发展所倚靠的学科。实用性院校、私立院校等不断兴建，古典高等教育模式饱受诟病。针对这种情况，1828年，耶鲁大学展开了对古典教育传统的辩护。《1828年耶鲁报告》（*The Yale Report of 1828*）围绕"大学学生应当学习什么"展开论述，指出大学教育应当使学生成为具有自我监管、精神规训、渊博知识和高尚人格的人，即真正的绅士。通过自由教育对学生进行心智训练是培养绅士的必要手段，因此学院要为学生提供全面的基础教育。古典学科是全面教育中最重要的组成部分，因此报告强调在大学科目中重视拉丁语和希腊语等古典语言的学习。[3] 古典知识的教育不仅有陶冶学生性情和品格的价值，还有为专业学习做准备的实用价值，即"在造就绅士的同时，还能向工匠、工人及农民提供有益的帮助"[4]。古典语言学中蕴含的雄辩术传统被认为是培养社会领袖的必要途径，因此耶鲁

1　贺国庆. 德国和美国大学发达史 [M]. 北京：人民教育出版社，1998：82–83.

2　Brubacher J S, Rudy W. Higher Education in Transition：An American History, 1636–1956[M]. New York：Harper & Brothers, 1958：3.

3　The Yale Report of 1828 [R/OL]. [2022–01–15].http：//collegiateway.org/reading/yale–report–1828/.

4　Potter R E. Stream of American Education [M]. New York：American Book Company, 1967：84.

学院始终坚持设置古典语言学科。"如果一个人缺乏古典文学知识的储备而致力于文学研究，或者要讨论任何文学流派，或者与国内或欧洲任何具有文学素养的学者合作，就会即刻发现自己所受教育的缺陷，并且被认为是缺乏实际学问的一个重要方面。"[1] 该报告认为自由教育和古典学科能为学生接受专业教育和未来就业奠定基础，反对在耶鲁学院开设商业、农业和技术类的实用课程的主张。主张耶鲁学院的课程应涵盖接受全面教育的个人应通晓的全部课程。除古典语言外，该报告认为物理、数学、逻辑学、写作等都有利于训练学生的各种感官，并详细介绍了每门课程的作用。对于当时美国其他高校模仿德国自由选修制的做法，耶鲁学院以美国学生尚不具备自由选课的能力为由，拒绝推行。该报告蕴含的自由教育精神和传统教育理念是对19世纪初源于适应工业改革需求的大学课程改革的强力反击，是对古典自由教育传统的坚守，既中和了彼时美国高等教育过分追求实用的色彩，也保留了美国高等教育中的文化根基，从而塑造了认识论哲学观与政治论哲学观兼顾的哲学基础。[2]

1827年，阿默斯特学院（Amherst College）向董事会提交了两份报告，肯定了科学知识的重要性，同时指出学习古典语言和古典文学的重要性，提出了更加灵活的课程设置方案。1829年，鲍登学院（Bowdoin College）的教授帕卡德（Alpheus Spring Packard，1798—1884）对阿默斯特学院的报告做出回应，首次提出了"通识教育"的概念，"我们学院的目标是给年轻人提供一种通识教育，是尽可能古典的、文学的、科学的和全面的一种教育，以为他们今后进入任何职业提供充足的准备。这要求学生在选择一个专业之前先进行各个学科的教学，以熟悉共同的知识，而那些职业学科应当在诸如法学院、神学院、医学院等散落在这片土地上的专门学院中去学习"[3]。这些观点形成了通识教育的基本内涵，史称第一次通识教育运动。

19世纪60年代，伴随着美国南北战争结束后经济的飞速发展和科技在经

---

1 Levine A. Handbook on Undergraduate Curriculum[M]. San Francisco：Jossey-Bass，1978：554.

2 王保星. 美国现代高等教育制度的确立 [M]. 石家庄：河北教育出版社，2005：79-80.

3 Packard A S. The substance of two reports of the faculty of Amherst College，to the Board of Trustees，with the doings of the Board thereon [J]. North American Review，1829，28（63）：294-311.

济社会发展中的重要性提升，大学脱离社会实际需求的这一传统饱受诟病，关于大学改革的呼声不断高涨。1862年，《莫雷尔法案》（*Morrill Land-Grant Act*）刺激了大批州立学院的建立。这些学院专注于工程机械和农业课程，促进了实用主义教育理念在美国的大范围传播，传统古典课程再次受到冲击。在此背景下，哈佛大学校长艾略特（Charles Eliot，1834—1926）对哈佛大学课程体系展开改革，认为任何专业中都应该同时包含人文学科和自然科学，使哈佛大学的重心由人文主义知识传统转向兼顾专门化知识和实用知识的知识体系。他取消了必修课程，实行自由选修制（elective system），允许学生自由选课。该模式在美国得到广泛传播。然而，这种无限制的自由在后期逐渐展露弊端，尤其是学生投机取巧地选择容易的基础课的情况经常出现。针对自由选修制的弊端，艾略特的继任者劳威尔（Abbott Lawrence Lowell，1856—1943）于1909年出任哈佛校长后采取了一种更为折中的课程体系，即主修与分类修习要求相结合的制度。其中主修课程即专业课程，旨在让学生掌握系统而牢固的知识；分类修习则是通识课程，旨在拓宽学生的知识面，从而较好地维系了通识教育和专业教育的平衡。劳威尔强调，"大学应该培养的不是有缺陷的专家，而是有全面的智慧、广泛的同情心和自主判断力的人。……在复杂的现代社会，最理想的自由教育旨在培养既通又专的人"[1]。这两次改革不仅扩大了大学课程的范围与种类，而且将教学自由和学科自由的思想全面贯彻于大学的教学和学科体系之中。选修制从根本上动摇了古典人文学科占主导地位的课程体系，为社会科学、自然科学，尤其是实用科学的发展扫除了障碍。随后，科学教育和专业教育取代了以古典教育为主的自由教育。选修制允许学生根据自身个性和志趣选择课程，能最大限度地满足其多样化的发展需求。教师也被允许在自己感兴趣的研究范围内深入研究，使其能在自由和开放的心态下从事科研。此外，随着课程的增多和学科的分化，选修制推动以学科为基础的教学组织形成，促进现代多学科大学的发展。[2]

1　Smith R N. The Harvard Century[M]. New York：Simon and Schuster，Inc.，1986：69.
2　黄福涛. 外国高等教育史 [M]. 上海：上海教育出版社，2003：189.

二、美国通识教育运动对英国博雅教育理念的继承与变革

20世纪上半叶，科技的迅速发展不仅加速了工业化的进程，极大地提高了社会生产力，也使得科学主义、物质主义渗透到人们生活和思想的各个领域。高等教育在个体自我实现过程中所扮演的角色日渐受到质疑。不少批评者指出这种重实用技能而轻智力培养的教育模式有违高等教育的本质，芝加哥大学校长赫钦斯（Robert Maynard Hutchins，1899—1977）在此背景下掀起了又一次通识教育运动。在他的"芝加哥计划"（Chicago plan）中，赫钦斯反对专业化和职业化教育，重组了本科生和研究生的系科体系，将其分为四个大的学部，即人文科学、社会科学、自然科学和生物科学。他鼓励学生在更早期就开始接受博雅教育，认为经典著作是通向博雅教育的最好路径。因此，赫钦斯大力推崇经典著作（great books），将其作为学生的共同必修课程。

20世纪中期，哈佛大学校长科南特（James Conant，1893—1978）针对二战后美国社会对高等教育的新需求，将教育的目的分为公民教育、良好的生活教育和职业教育，前两者均可归入通识教育的范畴。他认为"真正有价值的教育，应该在每个教育阶段都持续不断地向学生提供进行价值判断的机会，否则就达不到理想的教育目标"[1]。他组建委员会并出版《自由社会中的通识教育》（*General Education in a Free Society*）（又称"哈佛红皮书"）。该报告提倡美国高等教育应为多样化的高等教育对象提供共同的基础教育和思想，认为通识课程是"一种能够在不同背景的学生群体中带来高层次知识的共享和互相理解的课程，一种合乎精英大学理念的课程"[2]。该报告指出，自由教育是通识教育的早期阶段，两者都蕴含"培养出一个对于自身在社会和宇宙中的位置都有着全面理解的人"[3]的教育目标，只不过在民主社会，这种教育已经不再是贵族阶层的特权，而是所有人的权利，这是因为民主社会的公民应掌管自己的生活并承担管理共同体的责任。同时，民主社会也需要专业教育，因为个人谋生和阶层

1 哈佛委员会.哈佛通识教育红皮书[M].李曼丽，译.北京：北京大学出版社，2010：4.
2 默顿·凯勒，菲利斯·凯勒.哈佛走向现代：美国大学的崛起[M].史静寰，钟周，赵琳，译.北京：清华大学出版社，2007：60.
3 哈佛委员会.哈佛通识教育红皮书[M].李曼丽，译.北京：北京大学出版社，2010：40.

提升都依赖于专业主义。通识教育是为了使学生成为一个负责任的人和公民，专业教育则关注学生未来的职业能力，这两方面是不可分割的。实施通识教育的重要手段并非直接教授通识课程内容，而是尽可能地将通识教育的精神——自由社会赖以存在的共同知识和价值观——渗透到专业教育中。通识教育包括"知识的整体概括、知识所依赖的种种原则、知识的范畴、知识的光明面和阴暗面、知识的优点和不足，以至于这种教育可以产生一种内在的价值，一种自由、平等、冷静、谦逊和聪慧的心智习惯"[1]。通过开展通识教育，科南特成功地使哈佛大学保持了世界领先的地位，也推动了整个美国的高等教育课程改革。基于哥伦比亚大学和芝加哥大学建立在古典人文教育传统之上的通识教育，科南特提出了一个更具创新性的教育目标——使学生拥有高尚的公民道德和从事维护社会公共事业的志向。[2]

20世纪70年代以来，受功利主义和专业主义思想影响，哈佛大学校长博克（Derek Curtis Bok, 1930— ）决定再次改革通识教育体系，组建委员会并发布《哈佛核心课程报告》（*Harvard Report on the Core Curriculum*），提出了核心课程（core curriculum）的概念。之所以设计核心课程，是因为"每个哈佛毕业生都应当受到广泛的教育……要达到此目标需要对学生进行某种指导，教师有义务指导他们获得知识、智力技能和思考的习惯，而这些都是有教养的人的标志"[3]。核心课程的目标是"鼓励批判地理解主要的知识方法，这样学生们就可以知道在某些重要的领域有哪些知识，这些知识是如何被创造的，如何被应用的，以及对他们个人来说有什么意义"[4]。核心课程通过综合学科基础内容，为学生提供共同的知识共识，包括文学与艺术、历史、社会分析与伦理道理、科学、外国文化等。

1983年全国教育卓越委员会（National Commission on Excellence in Education）提交《国家处于危机中：教育改革势在必行》（*A Nation at Risk: The Imperative*

---

1 弗兰克·H. T. 罗德斯. 创造未来：美国大学的作用 [M]. 王晓阳，蓝劲松，等译. 北京：清华大学出版社，2007：19.
2 科南特. 科南特教育论著选 [M]. 陈友松，等译. 北京：人民教育出版社，1988：10.
3 亨利·罗索夫斯基. 美国校园文化：学生·教授·管理 [M]. 谢宗仙，周灵芝，马宝兰，译. 济南：山东教育出版社，1996：99.
4 Smith R N. The Harvard Century[M]. New York: Simon and Schuster, Inc., 1986: 318.

for Educational Reform）报告，引发美国的教育改革运动。在高等教育领域，人们将改革的目光聚焦于本科教育。1987 年，时任卡内基教学促进基金会主席和纽约大学校长的博耶（Ernest Boyer，1928—1995）在实证调查的基础上形成了《美国大学生就读经验》（*College: The Undergraduate Experience in America*）报告，直指美国本科教育存在着分化的校园、冲突的优先权和竞争的利益等问题，并将通识教育作为提高本科教育质量的手段。[1]博耶认为本科教育的目的在于培养受过良好教育的公民，他们拥有综合性的知识且能超越个人私利，将学习与生活密切联系起来。[2]然而，由于学科的分化和学习的专业化，现行本科教育使学生难以形成贯通的知识观和综合的人生观，也就无法达到本科教育的培养目标。因此，博耶重申综合核心课程的重要性，其既可以由主题性或跨学科的课程组成，也可以由各学科最基础、概括性的课程组成，旨在教授学生每门学科中共同存在的经验和知识并使学生了解每门学科和课程在知识上的关联性。这是因为博耶的通识教育观认为"通识教育不是单独的一套课程，它是具有明确目标的课程方案，可以通过各种途径来实现"[3]，以期使得学生一方面能够走向独立自主的生活并实现经济和社会的赋权，另一方面能够超越个体利益，将其生活置于历史的、社会的、道德的和精神的维度之中。

美国的通识教育理念深受英国博雅教育思想的影响，但又同时伴随着美国的实际情况、社会发展、历史文化等因素，在发展中逐渐形成具有美国特色的通识教育体系。但无论如何改革，我们仍旧可以看到英国博雅教育理念中对于宽厚知识基础、理性智力规训和全面人格培养的推崇在美国通识教育中的体现。

本章小结

英国是欧洲中世纪较早建立大学的国家之一，其最璀璨的明珠——牛津大

1　Boyer E. College：The Undergraduate Experience in American[M]. New York：Harper & Row，1987：2.

2　欧内斯特·L. 博耶 . 关于美国教育改革的演讲（1979—1995）[M]. 涂艳国，方彤，译 . 北京：教育科学出版社，2002：68.

3　Boyer E. College：The Undergraduate Experience in American [M]. New York：Harper & Row，1987：101.

学和剑桥大学正是在中世纪师生联合体的基础上发展而来的。早期的牛津大学和剑桥大学一方面保持了中世纪大学浓厚的宗教色彩、非功利性的教育目标、有限的师生自治等传统，另一方面创造性地形成了学院制、导师制等教育管理方式，改变了中世纪大学的组织结构和教学模式。

15—16世纪，在文艺复兴思潮的传播和宗教改革运动的洗礼下，主张人性解放和推崇理性的人文主义思想在英国产生深远影响，并与日益强大的世俗王权、传统的贵族文化精神相结合，共同在英国的土地上孕育出绅士教育的理念。此时英国古典大学步入快速发展期，其目的在于培养具有良好德行、渊博学识、优雅礼仪，且能够服务于国家发展的绅士，古典语言和古典文学取代经院哲学成为大学传播的主要知识。16—17世纪，以培养绅士的自由教育为典型特征的英国高等教育模式形成并定型。后期，英国教育家和思想家从绅士教育模式中提炼出博雅教育理念，指出大学教育的目的在于传授普遍的、完整的知识以培养绅士，且将英国大学的职能限定于教学。博雅教育理念巩固了英国传统高等教育模式的地位和影响力，并随着英国国家实力的输出和殖民过程而广泛传播，尤以对美国高等教育的影响最为深远，后者在继承博雅教育理念的基础上逐渐形成了通识教育的理论体系。

19世纪以后，工商业的发展和启蒙思想的渗透冲击了以牛剑为代表的英国古典大学，尽管它们做出了取消宗教限制和引进自然科学等改革，但始终因高等教育的人才培养与社会脱节而饱受诟病。与此同时，一批以技术教育、科学教育和实用教育为主导，以服务于地方工业化发展为目标的城市大学兴起，形成了传统古典大学之外的新大学模式。城市大学在实用主义理念的引导下注重科学技术课程的开设，服务世俗经济社会发展。由此，英国高等教育形成了服务于社会精英即传统意义上绅士阶层的古典大学和服务地方经济发展与民众需求的城市学院的双层结构。

❓ 思考问题

1. 英国高等教育模式的主要特点是什么？

2. 英国的博雅教育理念对世界高等教育产生了怎样的影响？

📖 阅读书目

1. 希尔德·德·里德 – 西蒙斯. 欧洲大学史（第 2 卷）：近代早期的欧洲大学（1500—1800）[M]. 贺国庆，王保星，屈书杰，等译. 保定：河北大学出版社，2008.

2. 约翰·洛克. 教育漫话 [M]. 傅任敢，译. 北京：人民教育出版社，1963.

3. 约翰·亨利·纽曼. 大学的理想 [M]. 徐辉，等译. 杭州：浙江教育出版社，2001.

4. Anderson R. British Universities：Past and Present[M]. London：Bloomsbury Continuum，2006.

5. Charles E. M. A History of the University of Oxford[M]. New York：Barnes & Noble，1968.

18世纪的法国高等教育模式

Chapter 4

法国是欧洲中世纪大学的发源地之一，巴黎大学是中世纪的著名大学，被誉为欧洲大学之母、传播法兰西精神最活跃之地。法国于18世纪开始改革中世纪大学模式，后历经法国大革命时期、拿破仑帝国时期，逐步形成了具有本国特色的高等教育模式，成为18世纪后期至19世纪早期欧洲乃至世界高等教育的重镇。法国高等教育模式中大学校与综合大学双轨并行、重视应用型人才培养、教学科研分离等特征对世界各地的高等教育均产生了深远影响。

第一节 法国高等教育模式的形成基础

一、法国的政治传统与精神文化

教育组织及围绕其所形成的教育制度并不是孤立存在的，而是内嵌于其所属的历史与社会结构之中，从而伴随着社会政治等制度环境的变迁而不断演变。法国高等教育模式形成于其近代化发展过程之中，带有鲜明的时代特征，并且深深受到法兰西的政治传统与精神文化的影响。

世俗权力与精神权力的相伴相生[1]可以很好地解释发生在法国土地之上国家与教育组织相互塑造的关系。自中世纪以来，大学便深刻地受到了宗教的影响，是培养教士、官吏并维护封建贵族特权的机构。与英国的贵族绅士体制不同，法国自17世纪起即开始强化国王的权威，削弱贵族的权力，至路易十四（Louis XIV，1638—1715）时代，法国的专制王权达到顶峰，国家的政治、司法及财政高度统一，官办工商业也得到较大发展。

在法国大革命之前，法国社会已形成了高度君主专制的政治体制。正如托

1　孔德.孔德早期政治著作选 [M].北京：中国政法大学出版社，2003：5.

克维尔（Alexis de Tocqueville，1805—1859）所描述的："由一个被置于王国中央的唯一实体管理全国政府；由一个大臣来领导几乎全部国内事务；在各省由一个官员来领导一切大小事务；没有一个附属行政机构，或者说，只有事先获准方可活动的部门；一些特别法庭审理与政府有关案件并庇护所有政府官员。这些岂不是我们所熟知的中央集权吗？"[1]1789 年爆发的资产阶级革命无疑强化了这种高度中央集权的情况。"民主革命扫荡了旧制度的众多体制，却巩固了中央集权制。中央集权制在这场革命所形成的社会中，自然而然地找到了它的位置，以至人们心安理得地将中央集权制列为大革命的功绩之一。"[2]这一情况在拿破仑时代达到顶峰，由此确立并强化了法国以中央集权为特色的自上而下的官僚管理体制。在教育领域，法国实行跨省的学区制，每个学区设置学区总长一人，不受地方行政长官领导，直接对中央教育部负责。该政治体制确保了法国高等教育模式的延续性。后期拿破仑时期帝国大学制的建立进一步使得教育牢牢地被置于国家行政官僚体系的内部，国家通过垄断公立教育强化了该时期的中央集权。至 18 世纪，由于高度集权统治的需要，各行各业都需要大批的专业技术人才及技术官僚。这是法国从以中世纪大学为主体的旧的高等教育模式向大学与大学校并行、强调应用型人才培养的新的高等教育模式转型的重要社会政治基础。

同时，以反对封建专制和宗教神学为目标的启蒙运动深刻地影响了法国大革命。1789 年法国大革命的爆发和 1792 年法兰西第一共和国的建立都在一定程度上打破了原有的社会结构，资产阶级官僚和专业阶层开始兴起，他们对于科学与进步的推崇直接影响了该时期的教育理念与实践。更重要的是，启蒙运动将理性与科学的精神洒向了法兰西民族与整个欧洲大陆，为后续法国科学的发展奠定了扎实的社会文化基础。哈贝马斯的"资产阶级公共领域"即描述了 18 世纪法国在国家与社会之间，由公民自发形成的公共交往与公共舆论空间及资产阶级的政治参与情况。这些新兴阶级与统治阶级共同笃信着科学与技术的力量，深刻地影响了相关学科的社会地位。正如涂尔干（Émile Durkheim，1858—

1　托克维尔.旧制度与大革命 [M].冯棠，译.北京：商务印书馆，2019：99.
2　托克维尔.旧制度与大革命 [M].冯棠，译.北京：商务印书馆，2019：102.

1917）所说："在这段时期里，在自然科学的各个不同领域里，杰出的学者不胜枚举，重大的发现层出不穷，科学因此激发起异乎寻常的热情，以至于人们期待这些科学能够使人与社会脱胎换骨。"[1]不难发现，高度中央集权所带来的专制主义，与对学校自治、学术自由、科学理性的推崇，为法国的高等教育抹上了矛盾的色彩。因此，若离开了对于上述政治、社会与文化情境的理解，我们便无法全面地理解法国高等教育模式的形成。

二、中世纪的巴黎大学

法国大学起源于中世纪。12世纪，巴黎塞纳河左岸形成了"学习中心"，成为法国高等教育的雏形。1170—1180年，聚集在以拉丁文为主的"拉丁区"的欧洲各地学者与学生为维护自身利益、获得自治权而自发形成了"巴黎教师与学生团体"（universitas magistrorum et scholarium parisiensium）。[2] 12世纪开始，法兰西王国在巴黎安定下来，巴黎的学校享有的特权远远多于其他地区的学校。在各式各样的巴黎学校中，坐落在天主教教堂周边回廊里的附属于巴黎圣母院的学校最为声名显赫。巴黎处于法兰西王国的中心地位，并在欧洲社会享有巨大的声望，吸引了大批学生前来求学。然而，已有的主教座堂学校和修道院学校无法充分满足这些学生的教育需求。一些知名教师开始在教堂外开办学校，新办的学校不再受教会的直接管理。为确保其合法地位，这些教师组成法团。在罗马教廷的庇护下，教师法团逐渐壮大，最终发展成为日后的巴黎大学。由教师法团自然演化而来的巴黎大学没有明确的建立时间，甚至也没有确切的具体位置。1231年，教皇格列高利九世发布谕旨，同意颁布新的巴黎大学章程并取消主教对学校的控制，承认学校的独立审判权、罢课权等权利。该章程被称为巴黎大学的"真正的大宪章"（Magna Charta）。[3]

中世纪巴黎大学形成了稳定的双重组织机构。一是以学科为特征的"学院"，包括艺学院、法学院、神学院和医学院四个学院。其中艺学院（Faculté

---

1 涂尔干.教育思想的演进 [M].李康，译.北京：商务印书馆，2019：428.

2 Anonymous. The History of Paris, from the Earliest Period to the Present Day Volume 2[M]. Paris: Arkose Press, 2015: 255.

3 黄福涛.外国高等教育史 [M].上海：上海教育出版社，2003：59.

des arts）又称文学院，其教育目的是训练学生的心智，为其日后进入高等学院打下基础。因此，艺学院是进入其他三个学院的初级学院。进入艺学院的学生需要具有读写能力，并全面掌握拉丁文。一般来说，正常入学年龄为13岁，但从14岁开始学生即被允许授予学士学位（baccalauréat）。即使艺学院承担着相当于今天的中等教育的职能，其在巴黎大学的重要性也并没有因此削弱。事实上，所有巴黎大学的首脑必须来自艺学院，艺学院的精神则通过该首脑地位取得了主宰地位。[1] 法、神、医三院是巴黎大学中的专科院系，以专门职业为培养取向。其中数神学院地位最高。在中世纪的大学中，基督教神学是指导思想，拉丁文是官方语言，神学院在三个专科院系中占最高地位。

与"学院"结构并行的组织形式是依据教师与学生的民族、语言等方面形成的"民族团"（nationaux），又称同乡会。当时最主要的四个同乡会分别是"法兰西人""皮卡第人""诺曼底人"和"英格兰人"。可见此时的巴黎大学招生范围并不局限于巴黎或法国内部，一定程度上已具备国际化大学的某些特征。值得注意的是，民族团或同乡会的划分只存在于艺学院中，在法学院、神学院和医学院中并不存在这种划分，因此这两种组织形式的划分并非完全重合。对于艺学院的师生来说，他们一方面基于研究共同体结成同一个法团，另一方面根据自己所属的民族划分为各自独立的群体。院系的建立严格遵循学科发展逻辑，主要承担学术职能，对学术之外的事情则不管。同乡会则是为满足个体学术需求之外的生活需求、情感需求而存在的。艺学院作为提供中等教育的学院，招收的学生年纪非常小，几乎都是未成年，所以他们迫切地需要这种生活上的照料。[2]

巴黎大学的办学模式为法国及欧洲许多国家的大学所仿效，成为中世纪大学办学模式的典范。在巴黎大学的影响下，法国大学进入了快速发展的黄金时期，奥尔良、图卢兹、里昂等外省城市也相继参照巴黎大学的模式成立大学。至13世纪，巴黎已成为欧洲的学术之母、大学之母，其影响范围波及英格兰、

1　涂尔干. 教育思想的演进 [M]. 李康，译. 北京：商务印书馆，2019：153–155.
2　涂尔干. 教育思想的演进 [M]. 李康，译. 北京：商务印书馆，2019：150.

德意志等大学。[1]就其影响力而言，"自亚里士多德以来，没有一个教育机构能和巴黎大学所造成的影响相比拟。在3个世纪里，它不但吸引了最大量的学生，并且招来了心智最敏捷、最突出的人士"[2]。

第二节　法国高等教育模式的形成与定型

一、大革命前夕法国高等教育模式的雏形初现

16世纪中叶，路德与加尔文（Jean Calvin，1509—1564）的教义以异乎寻常的速度传播，日益对天主教会造成威胁，后者则创立了新的教学法团，即耶稣会法团。耶稣会法团打破了巴黎大学的垄断并迅速发展起来，在法国教育体系中逐渐占有绝对优势，并深刻地影响了法兰西民族的精神与气质。由于教会的严格控制，大学在学术教学上因循守旧，在组织管理上封闭保守，与社会思想的进步及科学技术的发展严重脱节。无论在知识领域还是在社会生活中，法国大学所发挥的作用都无法与中世纪鼎盛时期相提并论。其时，法国正处于对内确立国王专制、对外进行霸权扩张的时期。巩固王权与对外扩张需要大批专业人才，但此时的大学无法满足国家与社会的需求。因此，从18世纪开始，法国政府相继创办了一批新型的高等专科学校，以培养紧缺的军事及工程建设人才。

1720年，路易十五（Louis XV，1710—1774）创办炮兵学校，随后又开办了军事工程学校（1749）、造船学校（1765）、骑兵学校（1773）等专科学校。同时，18世纪法国的社会经济得到空前发展，资本主义刺激下的工场手工业发展尤其迅速，呼唤着民用人才的培养。一系列传授工场手工业知识和培养专门人才的民用专科学校应运而生，如路桥学校（1747）、矿业学校（1783）等。

总的来说，这一阶段创设的高等专科学校主要是为了满足两点需要：一是满足资本主义经济和手工业发展的需要；二是服务于统治者拓展海外殖民统治

1　查尔斯·霍默·哈斯金斯.12世纪的文艺复兴[M].夏继果，译.上海：上海人民出版社，2005：308.
2　威尔·杜兰.世界文明史：信仰的时代（下）[M].幼狮文化公司，译.北京：东方出版社，1998：1258.

的需要。"17 世纪所有建立和改革职业教育的努力都以重商主义为基础。加强国家的军事和航海力量，提高机器生产的质量和产量，以占领国外市场，成为政治家们永恒的目标。除非你掌握了这一点，否则就不可能理解为什么大力发展职业教育。"[1] 至大革命爆发前，这些涵盖军事、工程、水利、矿业、医学、文学和音乐等领域的 72 所高等专科学校已打破了传统大学对法国高等教育的垄断，其对培养应用型人才的强调构成了法国高等教育模式的初步形态。

二、大革命时期法国高等教育模式的变革

1789 年 7 月 14 日，法国大革命爆发。大革命不仅彻底改变了旧的政治与社会体制，对传统的高等教育体制也产生了巨大冲击。"革命时期教育思想和实践的所有变革和调整，实质上都是来源于行将结束的理性时代的思想基础。"[2] 其时，以巴黎大学为代表的旧大学不仅故步自封，在法国知识界和社会界的地位同样一落千丈，大学的威信扫地。

因此，"大革命时期的人们一开始就宣称，必须彻底清除旧的学院，将它们完全废除，从最基础的东西重新开始，打造一套全新的教育体系，能够切合时代的需求"[3]。革命者致力于彻底清除旧大学，并打造全新的教育体系以回应新时代的政治、社会与经济需求。"人们还表达这样一个观点：大学作为教育机构来说，已经过时了，并且过剩，而应该建立一些目的更明确的、跟上时代的特殊机构，主要进行有用的和必不可少的学科的教学。这里所说的学科包括外科学、药学、兽医学、管理学、产科学、农学和军事学。"[4] 1792 年，欧洲各国组成的反法同盟对法国进行贸易封锁，法国亟须自主生产军备物资和建设军事防御工事。在此压力下，大革命时期的最高立法机构国民议会甚至出台法令宣布关闭并废除现存传统大学。"在法国，大学被大革命一扫而光，犹如英国的

1　安迪·格林. 教育与国家形成：英、法、美教育体系起源之比较 [M]. 王春华，王爱义，刘翠华，等译. 北京：教育科学出版社，2004：147.
2　古德温. 新编剑桥世界近代史（第 8 卷）：美国革命与法国革命（1763—1793 年）[M]. 中国社会科学院世界历史研究所，组译. 北京：中国社会科学出版社，2018：143.
3　涂尔干. 教育思想的演进 [M]. 李康，译. 北京：商务印书馆，2019：429.
4　希尔德·德－里德－西蒙斯. 欧洲大学史（第 2 卷）：近代早期的欧洲大学（1500—1800）[M]. 贺国庆，王保星，屈书杰，等译. 保定：河北大学出版社，2008：135.

克伦威尔时代所发生的那样。"[1]实践中，上述旧大学并未被正式全部废除，虽然其在实质上已停止运行，所以一般认为大革命确实消灭了旧大学，但其法律地位较为模糊。[2]法国在各地倡导并设置了一系列专门学院和综合理工学院，后统称为"大学校"（grandes école）。

专门学院主要围绕一门或两门学科进行机构设置，与由多个学部组成的中世纪大学形成明显区分，具有三个特点：一是多围绕事关国民经济发展的关键行业创设学院，如机械、工程、农业、医学等；二是针对数学、物理、政治等学科创设学院，一定程度上摆脱了宗教束缚而更具理性色彩；三是根据学科差异分别设置不同类型的学院，如师范学院。这些专门学院的共同特征是注重实用技术的传授，即使是人文学科和社会学科类的专门学院，其教学内容也有很强的实用性。不同类型的专门学院分属于政府的不同部门管辖。

除此之外，大革命时期还建立了巴黎综合理工学院（École Polytechnique，1794），其建立之初名为中央公共工程学院（École Centrale des Travaux Publics）。其时，新生的法兰西共和国举步维艰：一方面，国内的道路、桥梁等基础交通设施全面瘫痪；另一方面，政权所面临的环境恶劣，需准备各种战争物资，以与随时可能反扑的封建势力作斗争。巴黎综合理工学院正是为了培养军事和工程人才而创建的，并承担了科学研究的任务，包括对数学、物理、化学和建筑等的基本原理的探究。就此而言，巴黎理工学院的办学理念不仅体现了高等教育服务于国家需求的基本认知，也彰显出高等教育探究真理的科研追求。在实用技术与理性知识的双重追求下，巴黎理工学院形成了通过专业教育培养精英技术人才的办学理念。它招纳了当时法国最负盛名的一批学者来校任教，如数学家蒙日（Gaspard Monge，1746—1818）、数学家和天文学家拉格朗日（Joseph-Louis Lagrange，1736—1813）、化学家贝托雷（Claude-Louis Berthollet，1748—1822）、物理学家和数学家拉普拉斯（Pierre-Simon Laplace，1749—1827）等。课程设计上不仅注重科学技术的训练，而且注重科学理论知识的教授，关注从

---

1 克拉克·克尔. 大学的功用 [M]. 陈学飞，等译. 南昌：江西教育出版社，1993：7.

2 Palmer R R. The School of the French Revolution：A Documentary Analysis of the College of Louis-le-Grand and Its Director, Jean-Francois Champagne, 1762-1814[M]. Princeton：Princeton University Press，1975：127.

理论到实践的过程。数学教学是该校的传统特色，以画法几何学（制图）和牛顿力学为基础的近代工科教育在此逐渐成形，科学理论首次以正规课程的形态在高等教育机构中传授，因此巴黎综合理工学院被视为"最初真正体现近代科学内容的高等教育机构"[1]。由于在课程中首次系统地引入近代科学内容，巴黎综合理工学院深刻地改变了学术职业的人员组成。"为了教学而重新组织的必要性使科学变成了这样一种行业，它立足于教育机构，又反过来向教育机构传授有益于科研和发现的准则。简言之，科学家变成了教授。这种看来十分自然的发展所具有的重要性，怎么说也不过分。"[2]后期，该校逐渐发展为世界范围内最为先进的科学院。[3]

学校设置了严格的招生录取制度。学生通过数学、物理等基础科学的学习培养扎实的基础理论知识，经过两年的学习再进入专门的炮兵、军工、路桥等专门学院，稍加专业训练后即可成为各种专业人才，从而满足了大革命时期法国对大量军工和路桥工程师的紧迫需求。学校不仅培养有才能的军官和懂技术的工程师，而且强调通过军国主义教育鼓励学生承担共和国建设的重任。1808年建立的巴黎高等师范学校（École normale supérieure）是法国第一所高等师范学校，其初衷是培养中等教育教师，并被构想为国民教育体系的核心。

三、新型科学研究机构的创设

17—18世纪，法国还开办了一系列新型科学研究机构，这些机构在国家的保护和支持下承担专职的研究任务。其中，最著名的是自然历史博物馆（Muséum National d'Histoire Naturelle，1793），其前身为1635年由法兰西国王路易十三（Louis XIII，1601—1643）创立的皇家植物园（Jardin Royal des Plantes Médicinales）。自然历史博物馆既是科学知识传播和教育培训的机构，又是科学研究中心。博物馆的研究侧重于理论方面，以农业、医学等领域为主，对于文

1 黄福涛.法国近代高等教育模式的演变与特征 [J].厦门大学学报（哲学社会科学版），1996（4）：68-85.
2 古德温.新编剑桥世界近代史（第8卷）：美国革命与法国革命（1763—1793年）[M].中国社会科学院世界历史研究所，组译.北京：中国社会科学出版社，2018.
3 瓦尔特·吕埃格.欧洲大学史（第3卷）：19世纪和20世纪早期的大学（1800—1945）[M].张斌贤，杨克瑞，林薇，等译.保定：河北大学出版社，2014：534.

法、修辞等中世纪大学的核心内容几乎毫无涉猎。早期的博物馆共设置11个教授职位，分别为：矿物学，普通化学，化学工艺，植物学，农业、园艺、果树和灌木林，四足动物、鲸目动物和鸟禽自然史，爬行动物和鱼类自然史，昆虫、寄生虫和微生物自然史，人体解剖，动物解剖，地质学。[1]博物馆是现代化学的摇篮，其成立之初就有两位化学教授，其中，弗朗索瓦（Antoine-François Fourcroy，1755—1809）讲授拉瓦锡的新燃烧理论，沃克兰（Nicolas-Louis Vauquelin，1763—1829）发现了铬并将其引进纺织业，推动印花织物及其着色技术的发展。1864年，博物馆开设了法国第一所化学学院，免费提供课程和试验场所。[2]

早在17世纪初，随着自然科学的发展，已有不少学者自发举办科学聚会并形成了科学团体。这些科学团体早期主要依赖私人捐助。然而，私人捐助不仅显著地受到捐助者本人的兴趣和经历的影响，而且捐助者和受捐者间的关系也极易受政治因素的干扰，继而导致捐助缺乏稳定性。因此，学者呼吁向政府寻求固定资助。时任法国财政大臣的科尔培尔（Jean-Baptiste Colbert，1619—1683）对科学怀有崇高的热忱且希望通过政府资助的方式将文化集中于王权麾下。在科尔培尔的推动下，科学共同体的集会开始定期在皇家图书馆举行，法兰西科学院（Académie des Sciences，1666）由此成立。科学院运行的前30年，没有一个正式的章程。直到1699年，法国国王路易十四为其制定章程并提供经费，同时要求科学院为皇家提供咨询服务，从而通过经济上的资助实现了科学院的机构国家化。法兰西科学院的成立也标志着职业科学家的出现。这些科学家在国家的资助下无须考虑经济压力，可以全身心地投入科学研究。

科学院不仅汇聚了巴黎以外的外省科研机构加入该系统，甚至还吸引了欧洲其他国家的数学家、物理学家、化学家、生物学家等加入。科学院创建了代表欧洲当时最高水平的巴黎天文台，天文学、大气测量和气象学等领域的种种实验得以在此进行。与此同时，科学院成立了世界上最早的出版委员

1　Museum national d'Histoire naturelle [EB/OL]. [2022-01-20]. https：//www.mnhn.fr/en.

2　Le Museum：Berceau De La Chimie [EB/OL]. [2022-01-20]. https：//www.mnhn.fr/fr/le-museum-berceau-de-la-chimie.

会（1700—1793），先后出版了《法兰西科学院院刊》《外国学者》《时间知识》《艺术与技艺的说明》等大量具有广泛影响力的学术刊物，是当时最大的科学技术传播体。科学院逐渐发展成为具有世界影响力的科研机构。后来，科学院及其所属机构于1793年被解散并于1795年被新建立的国家科学与艺术研究院（Institut National des Sciences et des Arts）取代，在1816年改组成为法兰西学院（Institut de France，1795）的一部分。

　　路易十四对于科学、文学慷慨大方的资助开创了国家支持前沿科学研究的模式，为法国建立较为完整的近代科学和技术体制奠定了基础。法兰西科学院的成立标志着科学在法国成为一项国家事业，而不再是个人因兴趣而投身的事业。这也是法兰西科学院与几乎同时期成立的英国皇家学会之间的主要区别。尽管两者都是现代科学机构的典范，但无论是在学会性质、经费来源还是成员组成方面，两者都存在很大差别：法兰西科学院是受皇室资助的国家科研机构，成员均是具有较高科学水平的学者；英国皇家学会是民间组织，其运行主要依赖于成员缴纳的会员费，成员大多是科学的业余爱好者。这些差异直接造就了两个机构不同的影响力，法兰西科学院被誉为"欧洲近代科学建制的典范"[1]，直接推动巴黎成为17—18世纪的世界科学中心，英国皇家学会对英国和欧洲科研的影响力则远不及前者。[2]追随法兰西科学院的脚步，欧洲大陆其他国家和地区先后建立了普鲁士科学院（1700）、圣彼得堡科学院（1724）和瑞典皇家科学院（1739）等学院，促进了整个欧洲大陆自然科学的繁荣发展。

　　在法国，模仿法兰西科学院而创设的科研机构也积极地寻求来自官方的支持、保护与授权，从而确立了以巴黎为中心的国家文化垄断体系。其时，中央集权制已将巴黎塑造成为国家的中心，尤其是路易十四继位后，君主制得到进一步巩固，巴黎的政治中心地位不断加强。国家通过资助科研组织机构将其纳入国家体系，吸引了最优秀的人才、资源和组织机构集聚巴黎。至18世纪初，巴黎汇聚了解剖学、植物学、天文学、物理学和化学等自然科学领域的大批杰出人才，原创性的科学和思想在这片土地上不断涌现。就此而言，国家对于科

1　杨庆余.法兰西科学院：欧洲近代科学建制的典范 [J].自然辩证法研究，2008（6）：81-87.
2　姚大志，孙承晟.科技革命与法国现代化 [M].济南：山东教育出版社，2017：51.

学研究机构的支持行动与路易十四的现实政治目的是紧密相连的：通过国家资助体制将杰出的文人吸纳进入国家宣传体系，并在民众的想象里构造出一位慷慨大度、热爱科学的君主形象，从而使这种方式成为其国家文化统治体系的重要一环。

然而，高等学术机构在巴黎的过分集中也带来了隐患。建立在一个城市而非一个国家基础上的高等教育布局虽然为法国培养了一批著名的精英科学家和学者，却不可避免地忽视了对于整个民族的训练，"使法国最终失去了在四分之三世纪里无可争辩的领导科学的地位。因为法国的做法是造就一批尖子，而不是训练整个民族，是讲究质量而不是追求数量。大概正是由于科学教育与巴黎和革命的传统联系在一起，在资产阶级一旦变得安全和能够自卫时，就使法国的科学失去了这个阶级的人才。科学的基本特点就是要大胆，而这已经不再是资产阶级法国的特点了"[1]。

总体而言，大革命时期的法国取缔了传统大学，创建了一批新型的高等院校和研究机构。在组织体制上，突破了原有的多学部的传统大学，创设了大批专门学院与综合理工学院，并建立了专职于科学研究（特别是自然科学与工程）的科研机构。在课程设置方面，摆脱了宗教与传统的束缚，关注与国民经济发展紧密相关的近代科学和实用学科。这些高等教育方面的改革使得法国在较短时间内拥有了一批现代科学机构，吸引了大批高质量的学者与学生，从而跃居世界科学之首。

四、拿破仑时期法国高等教育模式的定型

拿破仑（Napoléon Bonaparte，1769—1821）于1799年摄政上台，1804年称帝，建立法兰西第一帝国。执政期间，拿破仑出台了一系列法令，进一步巩固了大革命时期的高等教育改革成果。1802年5月，拿破仑主持发布《国民教育计划》（*Plan National d'éducation*，1802），提出建立统一的公共教育体系，认为教育机构应为"国之重器"（masses de granit）[2]，"在我们所有的机构中，最重要

1　古德温. 新编剑桥世界近代史（第8卷）：美国革命与法国革命（1763—1793年）[M]. 中国社会科学院世界历史研究所，组译. 北京：中国社会科学出版社，2018.

2　Thiers A N M. Histoire de la Révolution française（Volume 10）[M]. Bruxelles：Adolphe Wahlen，1836：582.

的是公共教育，法兰西的现在和将来全都取决于它"[1]。该设想最终经由1806年5月10日颁布的《关于帝国大学形成和教职人员义务的法令》（*Loi relative à la formation d'une université impériale，et aux obligations particulières des membres du corps enseignant*）和1808年3月17日颁布的《关于帝国大学组织政令》（*Décret impérial portant organisation de l'Université*）得以实现，由此打造了对法国影响深远的帝国大学制，服务于其中央集权的强化。

帝国大学并非单指一所高等教育机构，而是涵盖全国所有的公共教育机构的教育管理系统，使政府能够控制并管理全国范围内教育的设施、人员与活动。此后，公共教育机构的设立和公共学校的教学活动均须获得帝国大学总监的许可才能够合法进行。对于拿破仑而言，帝国大学制是建立和巩固国家政权的重要战略，"在一个以确定的原则为基础的教育机构建立之前，一个稳定的政治国家的确立是不可能的"[2]。在帝国大学制的纵向体系内，总监由国家首脑亲自任命，并须对皇帝宣誓效忠；同时设立大学评议会处理帝国大学的法律、财政、行政等事务。大学评议会由30人组成，均为学校官员，并未吸纳学者和教师。

帝国大学按地域将全国划分为26个学区，后于1871年缩减为16个学区。[3]在全国各个学区中设置一名学区长，负责全面管理学区内各级各类学校的事务；设置一名督学长和多名学术督学，督学须由学区长提名并由帝国大学总监任命；同时，设置教育评议委员会，通常包括学区长、学区督学、学部长和其他7名成员，并要求每月至少召开两次会议讨论学区内部事宜。[4]每个学区内包含6种不同层次和性质的教育机构：学院（faculté）为国立高等教育机构，中学教育层次包括由传统大学中的文学部改造而来的国立中学（lycée）、公立中学（collège）和私立中学（institution），除此之外还有私立寄宿学校（pensionnat）与国立小学（petite école）。通过上述规定，帝国大学实现了对法国教育的严格

1　Joseph N M. French Education since Napoleon[M]. Syracuse：Syracuse University Press，1978：12.
2　Barnard H C. Education and the French Revolution[M]. London：Cambridge University Press，1969：97.
3　因学区之间的合并现象，学区数量存在不同时间节点的多种划分，本书采纳由1871年后形成的16个学区的划分方法。
4　Ministère de l'éducation nationale，France. Education in France[M]. Washington：Government Printing Office，1881：121–124.

中央集权。

　　帝国大学制下，学院是唯一提供高等教育的机构，除传统神学院、法学院、医学院外，还包括大革命后期新建立的理学院和文学院。这些学院彼此间无任何横向的学术、人事及财务联系，也不隶属于某一综合性的高等教育机构，而是各自为政，相互独立。其中，神学院、法学院和医学院主要进行专业教育，培养相应的高级专业人才。文学院与理学院附属于国立中学，除从事教学活动外，还同时承担考试管理与学位颁布的职责，从而具备了一定的行政属性。课程设置方面，除神学院外，各个学院的课程都注重实用内容，以直接服务于当地经济发展与国家的工业化发展。这些学院虽然在学术与行政方面并无任何联系，但彼此间也存在着等级划分，包括招收学生的出身，培养的年限与考试所需的花费，甚至大学教师的职业收入。[1]

　　除此之外，拿破仑继续发展大革命时期创建的各种高等专门学院和综合理工学院，由中央各部统辖，培养军事、工程技术等各类专业人员，以适应当时政治与社会发展的需求。例如，拿破仑将巴黎理工学院改归军政部直辖，建立军事化制度，培养该校师生成为共和国的忠诚战士，并曾授予该校一面写有"为了祖国的科学和荣誉"的锦旗。[2]再如，创办包括圣西尔军事学校（1808）、布雷斯特海军学校（1809）、圣日尔曼昂莱骑兵学校（1809）、土伦海军学校（1810）等在内的多所军事学院，服务于帝国对外扩张的野心。

　　拿破仑还对已有的专职科学研究的机构进行改革。例如，完善已有的自然历史博物馆，规定其基本不从事教学活动，将主要力量集中于科学研究方面，且需不断加强系统科学理论研究与实验科学研究。法兰西学院日益发展，被称为法兰西学术院（Académie française，1635），包含五个组成学院，即铭文与美文学院（Académie des Inscriptions et Belles-lettres，1663）、科学院（Academie des Sciences，1666）、道德与政治学院（Académie des Sciences Morales et Politiques，1795）和艺术学院（Académie des Beaux-arts，1816）。

1　瓦尔特·吕埃格.欧洲大学史（第3卷）：19世纪和20世纪早期的大学（1800—1945）[M].张斌贤，杨克瑞，林薇，等译.保定：河北大学出版社，2014：48.
2　黄建如.发达国家高等教育体系变革比较研究[M].广州：广东高等教育出版社，2011：42.

　　19世纪，随着科学技术专业化程度的提高，一些地方学会和地方科学院难以在物理、数学等高度专业化的领域做出突破和贡献，建基于学科的全国性专门学会由此发展起来。这些专业学会集中在自然科学领域，如博物学、药学、地理学、园艺学、昆虫学、外科学、土木工程、生物学、气象学、动物学、植物学、统计学、数学、矿物和晶体学等，其中以法国化学学会（Société Française de Chimie，1857）和法国物理学会（Société Française de Physique，1873）的影响力最大。专业学会依托的学科划分的日趋精细与学会组织的不断发展壮大，都表明现代科学体系正逐渐走上分科发展的道路。

　　这一时期承担科研创新的机构高度集中在以法兰西学院为代表的学术组织中，其吸引了大批优秀学者，并且在数学、物理学、化学、生物学等方面取得了举世瞩目的成就，促使19世纪初的巴黎成为全世界科学家和学者心中的"麦加"（即圣地），成为世界科学与文学的中心。"在18世纪下半叶发生的科学中心从英国向法国的转移没有使法国确立很明显的优势。……但是在19世纪的头30年，法国科学的领导地位更加明确了。这一时期，法国与英国和德国相比优势明显。在热学、光学、磁学、电学和医学领域，法国在19世纪的上半叶中有一半时间都处于领先地位；生理学领域，以5年为一个时间单位进行评估，法国在1824年前有3个5年的成果数量占据领先地位。"[1] "尽管某些英国科学家如道尔顿、戴维、法拉第和杨有杰出的成就，但是英国和其他国家都没有那么多遍及当时各个科学领域的第一流科学家。只有法国，更准确地说是在巴黎，在所有的科学领域中都有人从事高水平的研究。"[2] 例如，柯西（Augustin Louis Cauchy，1789—1857）定义了极限存在准则，在积分微分方程领域成就卓越；泊松（Simeon-Denis Poisson，1781—1840）在积分理论、天体力学、热学等诸多领域均有建树。

　　总体而言，拿破仑时期的教育改革以国家垄断教育为特征，其目的是按照政治需求的统一模式培养出一批掌握专业技术且效忠帝国的人才。一方面，通过构建高度统一、等级分明的国家教育体系，法国得以将教育系统纳入国家官

1　Ben-David J . The rise and decline of France as a scientific centre[J]. Minerva, 1970, 8（1）: 160-179.
2　本－戴维 . 科学家在社会中的角色 [M]. 赵佳苓，译 . 成都: 四川人民出版社, 1988.

僚体系，从根本上改变了法国原有的大学模式。这种以培养应用型人才为目标的大学校模式为法国社会经济的发展贡献了大批实用的专业人才。另一方面，国家严格控制高等教育的入学标准、课程设置、学位授予乃至思想传播等方面，使得学校丧失了自治权。除此之外，大革命时期及拿破仑时期的改革使法国高等教育基本确立了教学与科研相分离的特征。大学以教学为主，科学研究则主要由专职科研机构完成。虽然国家对科学研究的大力扶持与体制化建设促使法国在一段时间内形成了科学的领先优势，但大学置身于科学研究之外而仅限于专业人才的培养，这种专门化的教育体制不利于法国科学人才的可持续培养。延续着大革命时期的布局，这些从事科学研究的机构高度集中于巴黎，造成了法国其他地区的科学水平提升缓慢——"在1860年前，在巴黎之外的法国大学的图景就是一片学术的沙漠；尽管这遭到了当代的批判，历届政府也反复尝试改变现状，但教授职业本身的终极目标就是回归首都……"[1]这些因素共同造成19世纪30年代之后，法国逐渐丧失了科学中心的地位。

五、19世纪中后期法国高等教育模式的发展

19世纪中后期，工业革命的迅速发展促使法国高等教育在内容与形式上均发生变化。伴随着高等教育社会功能的增强，其与区域和地方的横向联系不断加强。为回应地方工商业的需求，高等教育在人才培养上从以培养军事人才、技术官僚为主逐步演变为以培养高级技术人才和管理人才为主[2]，进一步改造并确立了以工程技术教育为核心的大学校体制。大学较为突出的变化是大学内部的理学院的职能变化。自19世纪70年代起，法国各地的理学院都兴起了举办工科教育的热潮，具体表现为：在学院中设置附属或独立的、与地方工业发展相适应的教学机构；除颁发国立中学教师资格证书外，不少理学院还颁发工科教育文凭及证书。与受中央政府严格控制、缺乏灵活性与社会适应性的传统工科类高等专门学院相比，开设工科课程的理学院一方面能够保持理学院重视基础科学理论传授的传统，将最新的自然科学知识与实用的工科知识相结合，确

1　瓦尔特·吕埃格.欧洲大学史（第3卷）：19世纪和20世纪早期的大学（1800—1945）[M].张斌贤，杨克瑞，林薇，等译.保定：河北大学出版社，2014：47.
2　黄福涛.外国高等教育史 [M].上海：上海教育出版社，2003：139.

保其教学质量并提升其社会声望；另一方面，能够立足本地实际，有机结合教学与地方工业发展，增强其专业与课程设置的实用性，适应多方面、多层次的社会需求。理学院的职能变革进一步强化了法国高等教育模式中重视实用性教学与应用型人才培养的特色。

大学校的发展进一步打破了国家垄断和巴黎垄断的情况，巴黎外省建立起了一批行会学校、商业学校和私立学校。例如，1857 年建成的里昂中央理工学院（École Centrale de Lyon）是一所私立教育机构，1894 年创建的高等电力学校（École Supérieure d'Électricité）隶属于国际电气工程师学会。在学科设置方面，经济、管理、计算机等与工商业紧密相连和与新技术发展密切相关的学科进入大学校的教学体系，促进了大学校的多样化发展。

19 世纪末，法国高等教育迎来了大学重组与复兴时期。1896 年，法国政府开始重建包括巴黎大学在内的大学，授予大学法人资格，并效仿德国高等教育模式，将科学研究纳入大学的职能之中，使之更好地回应该时期国家经济与社会发展的需求。至 20 世纪 30 年代，巴黎大学已经成为法国重要的科学研究中心，拥有了大批世界知名的科学家，如居里夫妇（Frédéric Joliot-Curie，1900—1958；Irène Joliot-Curie，1897—1956）、佩兰（Jean Baptiste Perrin，1870—1942）等诺贝尔奖获得者。1939 年，法国设立国家科学研究中心（Centre National de la Recherche Scientifique），其逐渐成为法国最重要的科学研究机构。

二战后，除原有的大学和大学校外，还先后设立更具有职业导向的高等教育机构，如大学技术学院（Institut Universitaire de Technologie）、大学职业学院（Institut Universitaire Professionnel），这进一步推动了大学教育的职业化，加强了其社会服务职能，并丰富了法国层次多样的高等教育体系。当今法国形成了由综合性大学，包含师范学院、政治学院、工程师学院和商学院等多类型学院的大学校，以及高等专业院校三类学校构成的高等教育体系。

第三节　法国高等教育模式的特点

自 17 世纪雏形出现以来，经过法国大革命和拿破仑帝国的洗礼，法国形成了特色鲜明的高等教育模式。虽然此后法国高等教育经历了德国和美国高等教育模式的冲击，但仍旧稳定维持着其模式的基本特点。

一、高度中央集权下国家主导的教育体制

相比英国高等教育模式，法国中央集权的国家体制对高等教育最直接的影响体现在国家对高等教育机构的严密控制。从拿破仑时期起，国家通过构建帝国大学体系和实施严格的行政管制，如学区制度和督导制度等，确保对教育的绝对主导。

在行政设置上，法国设置帝国大学总监与大学评议会，将全国划分为16个学区，并通过设定学区长和督学的方式来控制并管理全国范围内的教育设施、师生与教学活动，从而将教育整合到国家官僚体系之中，作为国家机器的组成部分，以实现拿破仑巩固中央集权的目的。在国家政治体制高度集权化和行政体制高度官僚化的背景下，"大多数决策，无论巨细，都是由巴黎的教育部甚至内阁做出的"[1]。高度集中的体制使得大学一直以来推崇的自治成为一纸空文。"除了为数不多的让步外，其政策在诸多方面都表现出了开明专制的特征：体现在学校的主导模式之上（实际上在某些地方也被称为学院）；体现在国家对文凭的控制上，这为公务员或特定专业开辟了一条狭窄但却具有确定性的道路；体现在对候选人及其考试进行分级，即便对那些对此无要求的职业，也是如此；体现在对统一的学习方案的详尽规定之上；体现在国家对学位授予的垄断上。"[2]由于公共教育部门被纳入政府行政体系，教授被授予国家公职，也实现了大学的世俗化、官僚化与专业化。1808年重建的巴黎高等师范学院以培养学校教师精英为目标，需要经过严格的考试与资格审查，即是大学职业专业化的典型例子。[3]

大学与大学校的学科设置和人才培养也打下了国家主导的深刻烙印。帝国

1 范德格拉夫.学术权力：七国高等教育管理体制比较[M].王承绪，张维平，徐辉，等译.杭州：浙江教育出版社，2001：52.
2 瓦尔特·吕埃格.欧洲大学史（第3卷）：19世纪和20世纪早期的大学（1800—1945）[M].张斌贤，杨克瑞，林薇，等译.保定：河北大学出版社，2014：47.
3 瓦尔特·吕埃格.欧洲大学史（第3卷）：19世纪和20世纪早期的大学（1800—1945）[M].张斌贤，杨克瑞，林薇，等译.保定：河北大学出版社，2014：8.

强调高等教育应当服务于政治需求，即服务于大革命后国家安全与社会稳定，以为国家培养精英官吏与技术人才为主要目的。在课程设置上，以实用学科为主；在思想上，强调对帝国的忠诚与对国家政权的维护。以建立国家垄断的教育体系为手段，拿破仑对于"权力集中的极度渴求"（megalomania）无疑引起了反对的声音。至帝国崩塌前夕，全国范围内有36所国立中学（约9000名学生）和368所公立中学（约2.8万名学生）提供中学阶段的公共教育，但同时存在1255所私立中学（约4万名学生），呈分庭抗礼之势。[1]

国家完全主导了科学和科学共同体，在一定程度上为法国科学的衰落埋下了隐患。一方面，国家出于特定目标而建设的高等教育机构对中央顶层设计有很强的依赖性，往往难以紧跟近代科学和学科体系演变的脚步而进行及时的自我调整，导致无法适应新环境。尤其是19世纪下半叶，伴随着科学的分化，新专业不断涌现，而法国仍对专业设置实施集中管理并限制其规模扩张，导致科学活力不足。另一方面，中央集权下的科研体制内部缺乏竞争，资源配置不平衡。其时各类资源高度集聚于巴黎，而作为首都的巴黎又是法国一系列政治变革的所在地，其科技发展深受政治稳定与动荡情况的制约。[2]尤其是大革命和拿破仑时期留下的不稳定因素导致法国政党间对抗激烈，政权更迭频繁，居住在巴黎的科学家常常难逃政治事件的干扰。例如，1814年拿破仑一世倒台后，作为拿破仑老师的拉普拉斯地位骤降，不仅他毕生的学术成果受到以傅里叶（Baron Jean Baptiste Joseph Fourier，1768—1830）为首的反对派的攻击，而且其追随者卡诺（Nicolas Léonard Sadi Carnot，1796—1832）在次年被流放，蒙日也被罢免巴黎理工学院院长职务并被该校除名。

二、大学与大学校的结构分化

法国高等教育模式在结构类别上的特征是通过大学与大学校的分轨，突出了高等教育的应用性人才培养的职能。从大革命前期由于经济发展和军事需求而建立的炮兵学校、路桥学校等专科学校开始，经大革命时期新建并于拿破仑

1　Tilley A A. Modern France：A Companion to French Studies[M]. Cambridge：Cambridge University Press，1922：381.

2　Herivel J W. Aspects of French theoretical physics in the nineteenth century [J]. The British Journal of the History of Science，1966，3（2）：109-132.

时期迅速发展的专门学院和综合理工学院，法国已经形成了独立于大学体系之外的，旨在实施精英教育和培养精英人才的大学校特色发展模式。

这些大学校多为单科性学校，开展专业化教育，学生入学需要经过严格审核和专门考试。课程设置注重关切国家利益与社会经济发展的实用课程，培养过程强调师生对于帝国的忠诚，即大学校的发展定位应是成为服务国家政权的国家机器的一部分。大学校具有极高的社会声望，学生毕业后多进入政府、军队、大学担任重要职位，其为法国培养了大批高质量的军事人才和技术官僚。大学校自创立开始便带有浓重的国家主义色彩，也因其对精英学生的招生和精英人才的培养而具备了社会再生产的功能。同时，这也反映了随着人类对知识的认知加深，对知识的分化愈发细致。

大学校的兴起与繁荣促成了法国高等教育的分轨，与大学校并立而存的是提供普通高等教育的大学。帝国大学体系内的大学除了延续神学院、法学院和医学院，还设置了理学院和文学院。但当时学院之间并无任何行政关系，只是在各自领域内进行专业教育并培养相应的专业人才。这一独特的"大学—大学校"双轨制构成了法国高等教育模式的重要特征。大学与大学校因承袭不同的教育理念形成了差异化的培养目标，前者的教育理念深受百科全书式传统的影响，带有鲜明的启蒙思想特征，致力于通过通识教育培养学生的理智；后者则更多地受到工业革命后实用主义和功利主义思想的影响，强调专业教育以培养经济社会发展所需的人才。这在一定程度上使得大学培养的人才缺乏职业训练，社会声誉不高。相较于大学校，大学在资源获取、教师待遇、招生质量等方面处于劣势地位。傅勒（Francois Furet，1927—1997）指出，"在当代法国，最好的中学生都进入了大学校，而不是大学"[1]。大学与大学校在资源、声誉方面的差异体现出法国高等教育以专业人才培养为重心的应用性教育导向。诚然，尽管两类高等教育模式存在差异，但彼此间也相互交流。最典型的例子莫过于泊松、柯西等学者同时供职于大学和大学校。

---

1 Furet F. L'Ecole Polytechnique: 1794–1914 [M]. Paris：Presses de la Fondation nationale des sciences politiques，1980：6.

三、教学与科研的职能分离

法国高等教育模式在职能上的突出特征是不同高等教育机构及高等教育与科研机构之间的职能分离，其中最重要的表现即教学与科研职能的分离。这种高度专门化的格局分化了法国的高等教育体制，与同时期的英国、德国等地的大学形成了鲜明对比。

一方面，大学与大学校的职能被严格限定于教学，尤其是应用型教学方面。大学教授应"培养学生通过特殊的考试，并且适应特殊的职业，又能对各种各样的听众发表自由演讲，这些活动都不能使研究工作的重心转移到上述学校里，也不能使学生参加教师的研究活动"[1]。与英国模式侧重绅士教育及人的综合素质培养不同，法国模式更强调应用型人才培养。以大学校为例，其学科设置密切联系社会发展急需的工程、军事、商业等应用性领域，主要目的是培养相应领域的专业技术人才及技术官僚，满足国家治理及社会近代化发展的需要。在管理体制上，各类大学校彼此之间以及与综合性大学和科研机构之间相互分离，互不发生横向联系；在纵向的从属关系上，各种类型与形式的大学校分别受制于中央政府相关主管部门，实行条块分割管理。主管的行政部门制定严格的规章制度来规范学校的课程设置、教学内容和人才培养规格，以此限定并明确学校功能，确保其发展符合所属行业的需求。

另一方面，近代科学的发展使得科学研究的组织化与体制化成为必然。17世纪在英国出现了由学者自发结成的学术团体，英国皇家学会即是典型。在法国，从大革命前期知识分子的自发集会，到法兰西科学院等学术组织和社团的成立，再到拿破仑时期对于专门化科学研究机构的改造和完善，法国的科研体制形成了不同于欧洲其他国家的特色，即科学研究集中在专门的官方研究机构而非大学，最著名的学者是学院与科学院的院士而非大学的教授。其中，法兰西科学院的成立标志着科学家职业成为一种稳定的社会职业。由此，法国实现了科学研究的组织化与体制化，保障了科学研究的有序、稳定发展，为法国在18世纪至19世纪早期取得国际科学界的领先地位创造了条件。但上述科研体制

1　本－戴维.科学家在社会中的角色 [M].赵佳苓，译.成都：四川人民出版社，1988.

同时带来一定的弊端，专职科研机构在巴黎的高度集聚限制了科学家的流动与学术交流，科学家日渐故步自封；专职科学家享受优渥的社会福利且不再受传统特权阶层和教会的压迫，投身科研的动力减弱。这些机构逐渐成为科研评价的垄断机构，不利于科学创新与人才的长远发展。最重要的是，法国模式下科学研究被限定为科研机构的职责，高等教育机构的职能仅为人才培养，使得科学研究与科学研究后备人才培养机制间产生脱节，进而制约了科学研究后备人才的规模化供给，无法有效形成学术梯队与大规模的学术团队，这是法国模式随着现代科学的发展而弊端丛生，逐渐被新兴的其他高等教育模式取代的重要原因。

第四节　法国高等教育模式的影响

法国高等教育模式是伴随着法国，或者更确切而言，伴随着巴黎成为世界科学中心的过程而最终形成的。虽然因法国国力地位的限制，该模式并未得到像英国模式、美国模式一样程度的传播，但其在18世纪末期至19世纪初期对许多国家均产生了教育思想和教育模式方面的影响。这种以高度中央集权为基础、强调大学的应用型人才培养职能的教育模式，尤其符合后发国家集中国力快速实现近代化赶超战略的需求。这是法国模式在19世纪中后期产生世界性影响，被俄国、中国及日本等国家吸收的重要原因。

一、对欧洲大陆的影响

法国创设的大学校以应用型人才培养的教育目标和以高等教育服务于国家发展的教育思想深刻地影响了欧洲各国。在法国应用型学校留学的欧洲毕业生回国后将法国的教育模式与教育思想带回了本国，推动欧洲各国纷纷建立了矿业和民用工程学院。普鲁士、汉诺威、奥地利等德意志邦国以法国大学校为样板兴办技术学院，至19世纪末，德意志各邦国共拥有9所著名的技术学院。这些技术学院为德意志的工业发展做出了重大贡献。1898年，德国最有名的工业公司的105个事业所共拥有3281名技师，其中毕业于技术学院的毕业生占34%

（1124人）。[1]

然而，法国这种以中央集权为基础，以国家为主导，以培养技术公职人员为目标的高等教育体系是厚植于法国的政治社会基础之中的。"高等技术学校在法国的成功是与法国官僚体制的特殊结构和当时在巴黎出现的杰出的科学社团紧密联系的。这些条件在其他地方并不存在，虽然欧洲的其他国家也出现了许多培养科级公职人员的高等学校，但没有一所学校能够同样地成为国家层次上的权威。并且，至少在19世纪下半叶之前，它们中也没有一所学校获得了与它们的法国对手相同的学术声望。"[2] 这些政治基础与社会环境的差异导致了在欧洲大陆其他国家，仿照法国大学校模式创造的专门学院的学术质量和社会作用均与法国的情况相差甚远。

二、对沙皇俄国与苏联的影响

法国的高等教育模式对沙皇俄国与后续的苏维埃政权产生了较为深远的影响。

18世纪开始，彼得大帝（Peter the Great，1672—1725）便效仿法国、德国创立以科学技术学科为主的专门学院和大学。19世纪60年代，沙皇俄国为实现赶超西欧的近代化战略，进一步借鉴和引进法国的大学校模式，建立了大量的专门学院，其中技术类和工程类专门学院最多。专门学院的主要目的是通过知识和技能的传授，为学生进入政府、军事、工程或教师行业做准备。由此，俄国形成了大学和专门学院两种具有不同办学目标和模式的高等教育结构。同时，借鉴法国的国家教育模式，政府要求大学为国家培养技术官僚，以服务其政治需求，并不断加强对学生和学术的管控。大学由俄国公共教育部管辖，后者严格限制大学的教师任免、课程设置和经费拨款等；专门学院隶属于中央政府的行业相关部门，后者根据行业发展需要制定并实施人才培养方案。就此而言，此时的俄国高等教育呈现了国家严格管制的特征。

十月革命后，俄国时期所形成的高等教育模式为苏维埃政权所继承，并得

1　日本世界教育史研究会. 六国技术教育史 [M]. 李永连，赵秀琴，等译. 北京：教育科学出版社，1984：236.
2　瓦尔特·吕埃格. 欧洲大学史（第3卷）：19世纪和20世纪早期的大学（1800—1945）[M]. 张斌贤，杨克瑞，林薇，等译. 保定：河北大学出版社，2014：650.

到强化和发展。一方面，在进一步发展原有的专门学院的基础上，新建大批技术类和工程类的专业学院，并将其作为高等教育发展的主体，从而服务于苏联的工业化建设。对工程技术人才的推崇还体现在对传统大学的改造上。20世纪30年代开始，苏联着手改造原有高校，从综合性大学和多科院校中分离出不同学科的专业学院，如工业学院、农业学院、师范学院、医学院等。[1]另一方面，以培养无产阶级革命接班人为高等教育的主要目标，苏联强调高等教育的公有化，并将所有高等教育和学术研究都纳入政府的严格控制中。1928年开始，为使高等教育的人才培养与国家工业发展需求相一致，各类高等教育机构分别划归于不同行业部门进行管理——这与法国对专门学校的管理模式一致，从而形成了以中央行政部门条块分割管理为特色的应用型高等教育体系。1936年，全苏高等教育委员会建立，统管整个国家的高等教育。该模式对19世纪后期日本明治维新后的高等教育改革与20世纪50年代新中国的高等教育发展产生了重要影响。

本章小结

当古典大学模式在欧洲各国，尤其是英伦诸岛持续兴盛时，法国悄然兴起了新的高等教育模式，为民族国家创办和改造高等教育机构指出了新的方向。法国大革命前夕，以巴黎大学为代表的传统大学因循守旧、封闭保守，严重滞后于社会思想进步和科学技术发展的潮流，一批根据某一特定学科或职业而设置的专科学校应运而生，其在课程中系统引进近代科学知识，为国家军事防御和经济发展培养专门人才。大革命时期，传统大学被关停，年轻的政权兴建了一批专门学院和综合理工学院，逐渐形成了独具特色的大学校体系。与此同时，自然历史博物馆等新型科学研究机构相继成立，它们在国家的支持下专职开展科学研究，标志着欧洲近代科学的建制化。这些科研机构凭借稳定的经费和国家支持吸引了大批优秀科学人才和资源汇聚于巴黎，并涌现出举世瞩目的

1　王义高，肖甦.苏联教育70年成败 [M].北京：北京师范大学出版社，1999：126.

科学成就。由此，法国形成了大学培养人才与专职科学研究机构开展科研并行的局面，确立了教学与科研分离的模式。

　　大革命后，拿破仑为巩固国家政权而建立的帝国大学制对法国高等教育产生了深远影响。为了培养一批掌握专业技术且效忠帝国的人才以满足政治稳定与军事扩张需求，帝国大学通过学区制和督导制将全国所有的公共教育机构纳入政府的管控范围内。在帝国大学体系中，学院专门承担高等教育职责，其以培养精英官员与技术人才为主要目的，在入学标准、课程设置、学位授予乃至思想传播上都受到国家的严格管控。19 世纪上半叶，当启蒙运动中高涨的科学主义渗透到大革命后改造与重建的高等教育机构与科学研究机构中，其与拿破仑创设的高度集权的高等教育和科研管理体制共同促使法国成为新的世界科学中心。法国大学以高度中央集权管理为基础，建立了大学与大学校并行的双轨制，强调对应用型人才的培养，为后发国家集中国力快速实现高等教育近代化提供了样板。

❓ 思考问题

1. 法国高等教育模式的主要特点是什么？

2. 如何评价法国高等教育模式中教学与科研职能的分离对法国的影响？

📖 阅读书目

1. 托克维尔. 旧制度与大革命 [M]. 冯棠, 译. 北京: 商务印书馆, 2019.

2. 涂尔干. 教育思想的演进 [M]. 李康, 译. 北京: 商务印书馆, 2019.

3. 瓦尔特·吕埃格. 欧洲大学史（第 3 卷）: 19 世纪和 20 世纪早期的大学（1800—1945）[M]. 张斌贤, 杨克瑞, 林薇, 等译. 保定: 河北大学出版社, 2014.

4. 古德温. 新编剑桥世界近代史（第 8 卷）: 美国革命与法国革命（1763—1793 年）[M]. 中国社会科学院世界历史研究所, 组译. 北京: 中国社会科学出版社, 2018.

5. 本–戴维. 科学家在社会中的角色 [M]. 赵佳苓, 译. 成都: 四川人民出版社, 1988.

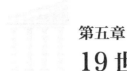

第五章
19 世纪的德国高等教育模式

作为世界高等教育的"后起之秀",德意志在近代化及统一的过程中,其高等教育经由18世纪哈勒大学与哥廷根大学的先期探索和19世纪初柏林大学大刀阔斧的改革逐渐成形并焕发出强大活力,形成了举世闻名的德国高等教育模式,使得德意志在19世纪30年代之后成为世界高等教育的中心。德国高等教育模式对教学与研究相结合的强调、对学术自由的重视等特点,对世界高等教育产生了深远影响。

第一节　德国高等教育模式的形成基础

一、文艺复兴和宗教改革时期德意志大学的变革

文艺复兴是欧洲中世纪与近代的分界线,是欧洲最重要的思想解放运动之一。文艺复兴一方面推崇希腊、罗马的古典文化与思想,希望借此推动欧洲的文化繁荣;另一方面倡导人文主义思想,反对宗教神学,主张解放民众思想。因此,由教会控制的大学成为人文主义者抨击和改造的重要对象。15世纪,一批曾留学意大利的学者将人文主义思想引进德意志的大学。例如,意大利留学归国的彼得·路德(Peter Luder,1415—1472)曾在海德堡大学担任拉丁语教授,并率先将人文主义思想引入该校。

在人文主义思潮的影响下,德意志发起了宗教改革运动。相比文艺复兴运动,宗教改革带有强烈的"革命色彩",对欧洲大学产生了更为深刻的影响。"从中世纪末叶到现代历史时期的开始,这一百五十年间,文化与科学在广度方面的迅速发展,学术与教育在推行范围方面的不断扩大,都应毫无疑义地归

功于宗教改革运动。"[1]在宗教改革运动中，由天主教创办的大学成为改革的主要对象，整个高等教育制度发生了全面动荡。旧教认为，宗教热情可以使人无须学习就能掌握宗教教义与真理。该认知受到改革者的强烈批判与驳斥，他们主张教义必须与科学相结合。宗教改革的发起者马丁·路德即指出，查阅真正的原始资料并阐释和宣传新教教义需要掌握古典语言，因此神职人员必须进入神学院并接受教育。神学院的学生数量由此增长。同时，世俗力量的壮大和现代政府机构需求的旺盛，呼唤着大量的法律人才，促使法学和神学一起成为其时大学最重要的学科。大学提供基础知识的文学院改称为哲学院，提供拉丁文、希腊文、希伯来文、修辞、诗歌等课程，为学生进一步进入神学院和法学院学习打下基础。这一时期大学的教学活动的组织形式发生变化，开始分学科设置讲座。讲座教授领取职务薪金，需要承担学科的教学任务。例如，1536年，维滕贝格大学（Universität Wittenberg，1502）设置了十种正式的讲座职位，包括希伯来文、希腊文、诗歌、文法、初等数学、高等数学、辩证法、修辞学、物理学和道德哲学。[2]其中，人文主义的语言学与经院主义的哲学在教学中常合并讲授，这一定程度上体现了世俗政权影响下人文主义与新教教义相结合的思想。

16—17世纪，德意志地区各教派创办了大批新大学，包括新教创办的柯尼斯堡大学（Albertus-Universität Königsberg，1544）、耶拿大学（Friedrich-Schiller-Universität Jena，1558）和黑尔姆施泰特大学（Universität Helmstedt，1576），天主教创办的迪林根大学（University of Dillingen，1549）、维尔茨堡大学（Julius-Maximilians-Universität Würzburg，1582）和格拉茨大学（Karl-Franzens-Universität Graz，1585）。"如此多大学兴建的主要动力，源于教会以及当时的政治观点对于领地主权原则的强调。其结果是，大学开始成为政府的统治工具，成为帮助后者培养教会和世俗官员的职业学校。"[3]第一所新教大学是创办于1527年的马尔堡大学（Philipps-Universität Marburg），它规定除神学以外的法学、医学、哲

1　弗·鲍尔生.德国教育史 [M].滕大春，滕大生，译.北京：人民教育出版社，1986：61.
2　弗·鲍尔生.德国教育史 [M].滕大春，滕大生，译.北京：人民教育出版社，1986：43.
3　弗里德里希·包尔生.德国大学与大学学习 [M].张弛，郏海霞，耿益群，译.北京：人民教育出版社，2009：36–37.

学和语言等学科都要以论证神的存在为使命，这突出反映了宗教改革时期德意志大学中神学教育的勃兴。尽管宗教改革加速了高等教育的世俗化进程，但这一时期无论是新教还是天主教的大学，都并非以知识进步为己任，而是致力于神学论证。这在一定程度上使得后世的德意志大学在职能定位上更倾向于追求内在的精神世界和永恒的真理。

在旧大学改造和新大学创建的过程中，德国宗教改革家、人文主义者梅兰希顿（Philipp Melanchthon，1497—1560）贡献卓越。他与路德共同就职于维滕贝格大学并共同完成了这所大学的人文主义改革，在改革实践中形成了"教义必须与科学相结合"的主张。[1] 该主张不仅是梅兰希顿作为大学教师的奋斗目标，也成为其所创办的新教教育制度的主旨。在梅兰希顿教育理念的影响下，16世纪30年代，杜宾根、莱比锡、法兰克福、格赖夫斯瓦尔德、罗斯托克、海德堡等传统大学都进行了彻底的改革。在梅兰希顿从事学术活动的四十余年间，其贡献主要集中在三点：一是制定了新教大学的组织原则，并亲自参与多地教育实践的决策工作；二是编写了拉丁文和希腊文的文法、修辞学、逻辑学、心理学、神学等诸多教材，这些教材被持续使用长达百年；三是培养了数以千计的优秀人才，为德意志地区的教育发展和科技勃兴提供了大量人力资源。在梅兰希顿等人的努力下，新教在教育与文化领域的影响力高于天主教。

二、新人文主义思潮对德国高等教育的影响

及至17—18世纪，启蒙运动已深刻地影响了欧洲各国。德国知识分子以浪漫主义、民族主义与新人文主义为特征，更加关注哲学与精神世界，更加关注个人的精神追求与全面发展，走上了一条不同于英国、法国等国的道路。因此，德国大学的办学宗旨与人才培养目标更加关注纯粹的科学研究，关注人的思想自由。新人文主义兴盛于18世纪末至19世纪初，其与发源于意大利的文艺复兴都提倡学习古典文化以及解放人的个性，但新人文主义所指的古典文化是希腊文化而非罗马文化。关于新旧人文主义及其发源地的关系，"德国人或希腊人都是以哲学和科学、文学和艺术等思想因素为国家存在的中心，并不像

1　弗·鲍尔生.德国教育史 [M].滕大春，滕大生，译.北京：人民教育出版社，1986：37.

罗马人或法国人那样以政治和军事为国家存在的重心"[1]。启蒙运动为德国高等教育模式的改革创新奠定了思想基础。这主要体现在两方面：一是启蒙运动的代表人物，如康德、席勒、谢林等哲学家与思想家有关大学职能、大学学科设置等内容的论述影响了19世纪柏林大学的创建及德国高等教育模式的形成；二是受启蒙运动影响，民族主义、浪漫主义和新人文主义在18—19世纪的德国大放光彩，为大学的理想、功用与机制形成提供了土壤。

康德（Immanuel Kant，1724—1804）是德国著名的哲学家，也是18世纪德国启蒙思想的代表人物。康德曾对大学的理念、职能与学科设置等问题发表论述，深刻地影响了18—19世纪德意志的教育家与改革家。鲍尔生（Friedrich Paulsen，1846—1908）甚至认为在18世纪末，康德的大学观点已取代18世纪主导哈勒大学变革的沃尔夫（Christian Wolff，1679—1754）的大学观点而成为大学中的主导理念。康德在柯尼斯堡大学任教时，曾发表《学院之争》（"Der Streit der Fakultäten"）一文，提出大学应当是由不同知识领域的研究人员组成的学问共同体。康德认为神学院、法学院与医学院以其功能性而存在，为政府活动和社会发展供给人才，因此应当受政府的规范与控制；但哲学院应当成为独立的、为追求真理和理性而存在的场所，以传授经验知识和纯粹理性知识为主，因此其思想应当是自由的，其目标在于培养学者而非专业人员。因此，康德将与学术有关的人分成三类：第一类是学术的爱好者，也就是民众的学者阶层，他们不受任何制度和规范的限制，处于学术的自然状态；第二类是大学（高等学院）的学者，这一类又分为哲学学科和神医法高等学科两个类别；第三类是仅在大学中学习知识的业务者，他们看重的是学术的有用性而非真理性。其中，神学、法学和医学受政府的审核与监督，其培养的"业务者"直接进入政府工作。哲学对政府的意见则是通过与其他三个学科的论争而间接传达给政府，并对其他三个学科内容的真理性成分进行审查和监督。

1788年，席勒（Friedrich von Schiller，1759—1805）在歌德（Johann Wolfgang von Goethe，1749—1832）的推荐下前往耶拿大学担任教授。在《何谓普

1　弗·鲍尔生. 德国教育史 [M]. 滕大春，滕大生，译. 北京：人民教育出版社，1986：111.

遍历史及为何学习普遍历史》（"Was heiBt und zu welchem Ende studiert man universalgeschichte"）中，席勒将大学的学生分为以谋生为目标而求学的学生和以追求知识本身为目标而求学的学生，指出后者才应当是大学吸收与培养的人才。谢林（Friedrich Wilhelm Joseph Schelling，1775—1854）一定程度上继承了席勒的观点。其时，德国大学受法国高等教育模式影响，一度强调专门化、单科化的学校发展模式。谢林指出只重视专业知识培养不利于提升学生的精神世界与一般教养。大学应当培养学生整体性地认识知识，并全面理解其间有机联系的能力。因此，教师应具备向学生生动地展示这些获取与整理知识的方法的能力。谢林的观点初步反映了后期德国大学对教学与研究相统一的追求。

洪堡（Wilhelm von Humboldt，1767—1835）是19世纪德国高等教育改革的代表性人物。他受到启蒙思想特别是康德思想的影响，认为"人的最实际的目的——不是频繁变动不固定的偏好，而是永久不变的理智给他所规定的目的——是把他的力量更加充足地以及更加均衡地培养成为一个整体。为了能够进行这样的培养，自由是最基本也是最主要的不能缺少的前提"[1]。作为新人文主义教育思想的实践者，洪堡认为教育应当培养人的修养，从而促进人的自由与自主发展。他特别强调哲学的教育、对纯粹高深学问的研究和教学的价值意义，认为这将从长远上有利于整个德意志民族和国家的发展。事实上，个体自由、个体责任不仅是高等教育改革所强调的目标，它也是18—19世纪德国思想家、政治家为服务于德意志现代化进程所提出的核心理念之一，与之相伴而生的还包括政府行政权的独立、科学的解放、农民的解放等。为了达到上述目的，就必须进行广泛的教育改革。这即是洪堡所提出的学术立国与文化国家概念的核心。除此之外，启蒙运动的发展极大地抑制了教会和政府的审查制度，从而促进了书籍的出版与传播，这又进一步推动了知识、科学与启蒙运动精神的普及，最终使新人文主义在19世纪的德国大学中被广泛接受。

自18世纪下半叶始，启蒙运动和新人文主义思潮的传播解放了德国的民族国家主义，即"更加明确地强调所谓重视民族特色价值的'前民族性'得到

---

1 威廉·洪堡. 论国家的作用 [M]. 窦凯滨，译. 武汉：华中科技大学出版社，2016：15.

了巩固"[1]。"地方性和地区性很久以来就是神圣罗马帝国的固有特征，这与启蒙运动的全球主义特点一点儿也不矛盾。德国古典主义和理想主义甚至是浪漫主义，从全球主义那儿继承了更明确的遗产，比从那个时代欧洲其他国家的学术环境特征中继承的财产更多。"[2]从历史发展来看，德国长期的政治分裂和经济落后状态使得德意志知识分子在浪漫主义与理想主义的交织中产生了民族主义，这是德国知识分子试图从精神领域创造出同一的德意志民族性而进行的自觉努力，即通过强调意识形态统一与自我认同以增强民族意识与凝聚力。17世纪后期的狂飙突进运动即促进了文化民族主义的兴起，这是德国民族主义的思想根源。"德意志的思想家转向哲学，其目的是希望在其中找到他们自己的民族存在的概念，其他的欧洲国家已通过民族进化和传统的继承的途径，不费代价地获得了这种概念。这就是德意志的观念常常成为德意志的理想的原因，因为只有从思想中，德意志人才有希望建立一种民族的同一性。这就是德意志人如此强烈地潜心于哲学问题的原因，也是他们为什么关心方法的原因。"[3]无论是在德意志思想家的论述中，还是在德国高等教育模式中，我们都可以深刻地看到这种民族主义的烙印。

第二节　德国高等教育模式的形成与定型

一、18世纪德国大学的改革

（一）德国大学的兴建

最古老的德国大学兴建于14世纪后半叶的德国东部，分别是由卢森堡王朝1348年建立的布拉格大学（Univerzita Karlova）和哈普斯堡王朝1365年建立的维也纳大学（Universität Wien），14世纪末又先后成立了位于西部的海德堡大学

1　希尔德·德·里德－西蒙斯.欧洲大学史（第2卷）：近代早期的欧洲大学（1500—1800）[M].贺国庆，王保星，屈书杰，等译.保定：河北大学出版社，2008：650.
2　希尔德·德·里德－西蒙斯.欧洲大学史（第2卷）：近代早期的欧洲大学（1500—1800）[M].贺国庆，王保星，屈书杰，等译.保定：河北大学出版社，2008：661.
3　埃里希·卡勒尔.德意志人[M].黄正柏，邢来顺，袁正清，译.北京：商务印书馆，1999：256.

（Ruprecht-Karls-Universität Heidelberg，1386）、科 隆 大 学（Universität zu Köln，1388），以及位于中部的埃尔福特大学（Universität Erfurt，1392）。16—17 世纪文艺复兴后，德意志地区新建了一批新教大学，"大学开始成为政府的统治工具，成为帮助后者培养教会和世俗人员的职业学校。所有政府都在努力确保自己的大学进入规范化的轨道，其首先要做的，就是要保障整体的教学水平，使大学的教学与教会组织的信条标准相一致；其次，就是要将世俗官员的培养掌握在自己手中；最后，就是要让自己的臣民不必再到国外去上大学，以防止金钱外流"[1]。

　　由于受教会的严密控制，特别是 1618—1648 年的"宗教战争"[2]影响，德国大学在 17 世纪进入了衰退阶段。德国大学面临着学生数量不断减少等危机，如科隆大学、特里尔大学（Universität Trier）等大学甚至因生源不足而被迫关闭。[3]同时，此时的德国大学以基督教知识分子的通用语言拉丁文作为教学媒介，使用陈旧的教学材料与教学内容，经院哲学的盛行使得大学与时代严重脱离，甚至被看作阻碍知识进步的过时场所。鲍尔生在描述这一时期德国大学地位的时候评价："17 世纪末，德国的大学在赢得公众尊重和对德国人民的思想生活产生影响方面，都已经滑落到了最低水平。以宫廷为中心的上流社会，从他们所谓的现代文化的高度，非常看不起大学，他们认为后者是陈旧迂腐的经院哲学的温床。"[4]直至 17 世纪末 18 世纪初哈勒大学及哥廷根大学的创建，德国大学才重新获得新的发展活力。

（二）第一次大学改革运动：哈勒大学和哥廷根大学

　　启蒙运动冲击并深刻影响了德意志的思想家、教育家与改革家。人文主义、科学主义与理性主义成为 18 世纪知识分子认识世界与理解世界的指南，科学与科学精神开始进入大学。这首先便体现在哈勒大学（Universität Halle，

1　弗里德里希·包尔生 . 德国大学与大学学习 [M]. 张弛，郄海霞，耿益群，译 . 北京：人民教育出版社，2009：37.
2　又称"三十年战争"，指 1618—1648 年欧洲各国由于天主教与新教的尖锐对立、神圣罗马帝国的衰落与分裂而引发的大规模混战。
3　贺国庆 . 德国和美国大学发达史 [M]. 北京：人民教育出版社，1998：19.
4　弗里德里希·包尔生 . 德国大学与大学学习 [M]. 张弛，郄海霞，耿益群，译 . 北京：人民教育出版社，2009：42–43.

1694）的创办与发展之中。创办之初，哈勒大学即汇集了当时一批卓有远见的思想家，如托马西乌斯（Christian Thomasius，1655—1728）、弗兰克（August Hermann Francke，1663—1727）和沃尔夫，他们共同发起了哈勒大学的改革运动。

托马西乌斯被誉为新大学学术的奠基人。作为哲学教授和法学部主任，他摒弃了中世纪大学传统的经院主义，打破了哲学与神学的依附关系。他率先采取德语而非拉丁语授课，打破了拉丁语的垄断，并借此保证了教学上的学术自由，这也在一定程度上反映了其身上的民族主义烙印。托马西乌斯主张将大学的活动与国家对文职人员的需求结合在一起，并在授课中强调实际知识和经验。弗兰克最初是希腊语言和东方语言的教授，后成为神学教授，对哈勒大学的神学院产生了重要影响。他以现代启蒙运动的精神教育法官和官吏，以重实践的基督教精神教育僧侣和教师。哲学教授沃尔夫否定哲学对神学的依赖，摒弃将哲学学习视为神学预备的传统教学观念，提倡应将近代科学作为思想的基础，强调理性的观念。沃尔夫主张采用现代德语进行教学和写作，"我们的语言用于科学比拉丁语好得多，而且用纯粹的德语所作的表述，若用拉丁语听起来其声音便极其粗野"[1]。这充分体现了其作为启蒙思想家的民族意识。上述学者为哈勒大学的近代化做出了不可磨灭的贡献，使得德国大学开始接受自由哲学与近代科学。

哈勒大学兴起的时期正是德意志民族主义和国家主义理念盛行的时期，这种价值观念的发展推动着大学有意识地将符合政府要求和社会需求的课程纳入课程体系，使得大学培养的人才能够成为具有专业能力的行政官员，以服务于国家的内政外交事务。就此意义而言，哈勒大学及其后德国大学的改革正符合了德国政府的政治需求与当时日益蓬勃的民族主义、国家主义精神。在教学语言上，德语成为教学与讲座的主要语言；在课程内容上，极力摆脱宗教神学的束缚，开始将近代科学引入课程，一定程度上促进了自然科学的发展。虽然这并没有在根本上动摇神学的统治地位，但在一定程度上突破了中世纪大学以神

1　杜美. 德国文化史 [M]. 北京：北京大学出版社，1990：126.

学为根本的原则。通过课程改革将世界主义精神与现代法律训练有机结合，哈勒大学吸引了大批学生进入法学院。

同时，哈勒大学以思想自由和教学自由为基本办学原则，成为学术自由的重要实践者和宣传者。学术自由进一步成为近代哲学与科学代替神学的合法性基础。正如鲍尔生所说，"现代哲学和科学的跨进大学并不是通过它们被官方认可为合法的理论体系的形式，而是通过它们成了自由思想和自由研究等原则的依据。这就使大学的性质完全改观。大学不再是沿袭传统教条的学校，它成了领导整个学术界进行创造性科学研究的基地和真理的拓荒者"[1]。由此，哈勒大学一般被视为德国乃至欧洲的第一所具有现代意义的大学机构。

18 世纪初期，哈勒大学已成为德意志境内最重要的大学，不仅培养了大批普鲁士官员，而且对其他大学产生了巨大影响，其中最为著名的是 1734 年由汉诺威（Hannover）首相闵希豪生（Gerlach Adolph von Münchhausen，1688—1770）创办的哥廷根大学（Georg-August-Universität Göttingen）。该校创办的目的是传播欧洲启蒙运动的理念与价值。哥廷根大学虽然是模仿哈勒大学而建，但其在改革理念、改革力度和办学模式等方面又超越了哈勒大学。

长期以来，哲学院是进入其他高级学院的预备处。闵希豪生希望改变这一情况，通过学科的重组以提高哲学院的地位，使其至少拥有与其他高级学院的平等地位，从而在实质上革新原有学部的层次结构体系。在哥廷根，哲学院除了开设传统的逻辑学、形而上学、伦理学等课程，还新增了自然法、政治、物理学、应用数学等科学和新兴学科，推动其地位不断提高。在早期，神学院往往凌驾于法学院、医学院与哲学院之上，在大学中占有最重要的位置。宗教改革冲击了神学院在大学中的主导地位，哥廷根大学进一步取消了神学院对其他学院的监督权，法学成为最重要的学科。[2] 闵希豪生认为法学院有助于吸引大批贵族和优秀人才，对法学院的课程进行大规模的改革。他大量削减了教会法的占比，增加了服务于国家经济社会发展的世俗法课程，使之更加具有世

1　弗·鲍尔生.德国教育史 [M].滕大春，滕大生，译.北京：人民教育出版社，1986.
2　希尔德·德·里德－西蒙斯.欧洲大学史（第 2 卷）：近代早期的欧洲大学（1500—1800）[M].贺国庆，王保星，屈书杰，等译.保定：河北大学出版社，2008：510.

俗性和民族性。据统计，在哥廷根办学前50年中登记注册的1.5万名学生里，大部分修习了法律，在此意义上，哥廷根大学成为实质上的"法律大学"（a university of jurisprudence）。[1] 经过学科结构的调整，哥廷根大学实际上形成了两大学部：以思维训练与心智培养为主要内容的哲学部、注重法律知识传授与社交技能培养的法学部。

在培养定位上，自建立以来，哥廷根大学便开始有意识地培育一种有利于贵族保守主义（aristocratic conservatism）的大学氛围。为达到这一目的，哥廷根大学进行了比哈勒大学更为激进的改革，注入了大量与同时代社会发展紧密相关并且服务于国家的世俗学科，大力发展法律、历史、政治、数学和科学等学科，并开设了骑马、击剑等课程，以吸引贵族青年进入哥廷根大学并为其未来仕途做准备。[2] 与此同时，随着财产在德意志社会中重要性的下降，由大学教育所赋予的荣誉价值越来越成为上流社会的追求。出于获取社会地位的需求，哥廷根大学成为贵族学生和富裕阶层学生的不二选择，贵族学生的比例达13%，高于哈勒大学的7%。[3] "上流社会几乎以把孩子送进这所大学当作一种时尚"[4]，而这些大学也以吸引贵族学生入学为荣，"它们会如数家珍地道出若干新生名册上伯爵和男爵的名字"[5]。大批优秀人才进入哥廷根大学，并且在毕业后进入政府关键部门任职，这又进一步提高了大学及大学教育在整个德国社会的认可度。

在科学研究方面，哥廷根大学享有充足的科研经费和充裕的图书资源，还有专门从事自然科学和医学研究的研究所。该校建立了欧洲首个现代意义的图书馆，并通过其丰富的藏书吸引了大批学者。同时，哥廷根大学建立了科学实

---

1 Hermans J M M, Nelissen M. Charters of Foundation and Early Documents of the Universities of the Coimbra Group（2nd Edition）[M]. Leuven：Leuven University Press，2005：48.

2 Lawrence S. The University in Society，Volume Ⅱ：Europe，Scotland，and the United States from the 16th to the 20th Century[M]. Princeton：Princeton University Press，2019：502.

3 McClelland C E. State，Society，and University in Germany 1700–1914[M]. Cambridge：Cambridge University Press，1980：46.

4 希尔德·德·里德－西蒙斯. 欧洲大学史（第2卷）：近代早期的欧洲大学（1500—1800）[M]. 贺国庆，王保星，屈书杰，等译. 保定：河北大学出版社，2008：336.

5 弗里德里希·包尔生. 德国大学与大学学习[M]. 张弛，郄海霞，耿益群，译. 北京：人民教育出版社，2009：121.

验室、天文台、植物园等基础设施。哥廷根大学还开创了专题研讨教学法，即研讨班（seminar）制度，又称习明纳制度，以小组为特征的教学模式开始得到认可。研讨班制度为教授向学生展示其研究发现与学科前沿知识提供了制度化模式。该做法也影响了哈勒大学。例如，沃尔夫于1786年在哈勒大学开设了语言学研讨班。[1] 这为日后德国研究型大学倡导教学与科研的结合、强调研究型人才的培养提供了教学上的制度便利。

在教师的聘任与管理方面，考虑到长期以来不同教派之间针锋相对的状况对于高等教育的伤害，哥廷根大学偏好选择教义中立、温和且声名良好的学者作为教授，在学校条例中明确禁止教师斥责异端观点。闵希豪生这种"消极的宗教自由"一定程度上维护了哥廷根大学的学术自由。同时，哥廷根大学保护学者的教学和出版自由，鼓励教授运用德语教学，自编并自由选择教材。1737年颁布的哲学院章程即明确规定："所有教授，只要不涉及损害宗教、国家和道德的学说，都应享有教学和思想自由这种责任攸关的权利；关于课程中使用的教材及讨论的各家学说，应由他们自己选择决定。"[2] 这些举措共同推动哥廷根成为以思想自由、学术自由和写作自由而闻名于欧洲大陆的大学。[3]

17世纪以来，欧洲各个大学在招聘教授方面都不同程度地受到了民族国家的限制。这不利于学者的跨国流动与任职，使"国家学者"成为18世纪欧洲大学学术职业的典型现象，甚至学者在地区之间的流动也不容易。[4] 闵希豪生极其重视招聘优秀学者，认为他们是大学的活力所在，对于优秀学生的吸引与大学名声的彰显有正向作用。因此，他不仅关注本土学者，也注重招聘德国之外的学者，为他们提供搬迁费、安置费与丰厚的报酬，这一定程度上体现了学术职业的国际化特征。自1760年开始，政府掌握了教授的任命与晋升的权力[5]，这

1 弗里德里希·包尔生. 德国大学与大学学习 [M]. 张弛，郄海霞，耿益群，译. 北京：人民教育出版社，2009：594.
2 Ebel W. Die Privilegien und ältesten Statuten der Georg–August–Universität zu Göttingen[M]. Göttingen，1961. 转引自：陈洪捷. 德国古典大学观及其对中国的影响 [M]. 北京：北京大学出版社，2006：16.
3 McClelland C E. State，Society，and University in Germany 1700–1914[M]. Cambridge：Cambridge University Press，1980：39–40.
4 Lawrence S. The University in Society，Volume Ⅱ：Europe，Scotland，and the United States from the 16th to the 20th Century[M]. Princeton：Princeton University Press，2019：509.
5 希尔德·德·里德－西蒙斯. 欧洲大学史（第2卷）：近代早期的欧洲大学（1500—1800）[M]. 贺国庆，王保星，屈ート杰，等译. 保定：河北大学出版社，2008：237.

有利于提升大学教授的社会地位，但在一定程度上不可避免地影响了学校自治与学术自由。

　　经过半个多世纪的发展，哥廷根大学吸引了大批优秀的学者和学生，其学生规模已与哈勒大学和其他早期德国大学，如莱比锡大学（Universität Leipzig，1409）和耶拿大学相当。表5-1呈现了四所当时最大的德国大学在18世纪的学生人数变化情况。

　　总体而言，18世纪，哈勒大学与哥廷根大学在办学理念、办学思想、办学模式等方面都展开了一定的创新探索。这些探索对于科学知识与方法的引入、对于本国语言的强调、对于教学自由和学术自由的保护、对于研究和学术出版的重视，都使得德国大学走上了与欧洲其他国家截然不同的道路。"正在兴起的德意志国家，急于在工业发展上赶上英国和法国，便将大学作为进行技术革新的一种力量。于是，科学研究就成为大学职责的一个关键部分。大学的结构也发生了变化，与正在出现的学科和科学领域相一致的研究所和专业讲座也创建起来了。所有这一切都富于革新精神，并使德国大学与其他国家的大学分道扬镳。"[1]

　　更重要的是，在启蒙运动的影响下，人们对于科学和学术的本质、方法的认知均发生了变化，学术职业与学术机构也由此改变。这是哈勒大学和哥廷根大学的改革能够成功的重要原因。其所倡导的教学与科研结合、学术自由、打破神学部垄断、引入近代科学等内容已经具备了日后德国高等教育模式的某些特征。"虽然柏林大学的改革在其重点上有创新，并且确实提出了一种在广泛的意义上认识研究、科学进步和科学价值的新的途径，但它们仍是建立在以前的发展、理论和方法之上的。自此以后，大学成了科学和学术，为现代政府对自己的合法性和能力充满信心提供理论基础，并使人们认识到现代社会需要提供教育和培训的适当场所。"[2]

1　阿什比.科技发达时代的大学教育 [M].滕大春，滕大生，译.北京：人民教育出版社，1983：30.
2　希尔德·德·里德-西蒙斯.欧洲大学史（第2卷）：近代早期的欧洲大学（1500—1800）[M].贺国庆，王保星，屈书杰，等译.保定：河北大学出版社，2008：665.

表 5-1　德国四所大学 18 世纪的学生人数变化情况

单位：人

年份	哈勒大学	耶拿大学	莱比锡大学	哥廷根大学	所有大学总和
1700—1705	972	978	1083	/	8807
1706—1710	1022	1258	882	/	8615
1711—1715	920	1412	908	/	8684
1716—1720	1089	1464	844	/	8868
1721—1725	1085	1058	747	/	8222
1726—1730	1202	1196	806	/	8509
1731—1735	1075	1344	703	330	8809
1736—1740	1116	1280	736	416	8958
1741—1745	1244	1004	704	385	8105
1746—1750	1026	1010	662	625	8833
1751—1755	918	862	654	600	8364
1756—1760	734	750	540	521	7517
1761—1765	799	602	740	427	7622
1766—1770	587	472	716	653	7139
1771—1775	673	484	676	805	7473
1776—1780	1021	408	703	855	7483
1781—1785	1076	561	720	874	7786
1786—1790	1042	783	670	816	7494
1791—1795	854	867	642	726	6635
1796—1800	744	678	524	705	5990

资料来源：Franz E. Die Frequenz der deutschen Universitäten von ihree Gründung bis zur Gegenwart[M]. Leipzig, 1904：164–165.

（三）第二次大学改革运动

尽管哈勒大学和哥廷根大学的成功改革为德国高等教育注入了全新的活力，但18世纪的德意志在欧洲政治、经济及文化教育版图上均处于落后状态，高等教育存在着生源不足、入学人数不断下降等问题，甚至有大学面临被迫关闭的窘境。18世纪上半叶德国大学的人数在8000—9000人，但到了后半叶其人数降至不足6000人。[1]在此背景下，德国于18世纪中后期发起了第二次大学改革运动。

受功利主义思想影响，第二次大学改革运动的呼声主要来自大学外部的政府机构中负责高等教育事务的世俗和教会官员。一些与政府关系密切的教授在此过程中也发挥了积极的作用。例如，神圣罗马帝国皇后玛丽亚·特蕾莎（Maria Theresa，1717—1780）的家庭医生范·斯维滕（Gerardvan van Swieten，1700—1772）对维也纳大学的改革就是在大学与政府的合作下进行的。1749年，范·斯维滕在维也纳大学展开改革，提出要增加教师收入，培养具有专业能力的世俗人才等措施。同时，他主张限制教会权力，加强政府对学校的控制——特别是在教授聘任与课程教学方面，这在一定程度上干涉了大学自治与学术自由。就此而言，第二次大学改革运动更像是政府与教会之间对于高等教育控制权的争夺。特里尔大学（University of Trier，1473）的改革也是一例。该校神学家霍恩泰因（Johann Nikolaus von Hontheim，1701—1790）于1763年出版专著《论教会的地位和教皇的合法权力》（*De Statu Ecclesiae et Legitima Potestate Romani Pontificis*），主张明晰教皇的权力边界。

总体而言，第二次大学改革运动的结果并不尽如人意，以至于一些激进的教育改革家甚至主张废除大学。例如，泛爱主义教育改革家卡姆佩（Joachim Heinrich Campe，1746—1818）认为大学所做的坏事远比其善事更多，"最好的青年在大学即使没有完全被毁坏，至少也变得放荡起来，回报他们的是灵与肉的衰弱，蒙受损失的是他们自己和社会"[2]。他宣称大学里的知识完全能在大学外

---

1 Charles M C. State，Society，and University in Germany 1700–1914[M]. Cambridge：Cambridge University Press，1980：63.

2 Charles M C. State，Society，and University in Germany 1700–1914[M]. Cambridge：Cambridge University Press，1980：78–79.

以更加经济和便利的方式习得；他甚至认为连科学院都是多余的，因为真正的科学家无须在特定的组织中也能展开科学研究工作。尽管德国大学面临着四面楚歌的情况，但德国高等教育模式依然得到了保留，这一定程度上要归功于哈勒大学和哥廷根大学的成功改革。这两所学校的师生成为捍卫大学存在的重要力量，他们中的一些人也成为德国高等教育后续改革的中流砥柱。[1]

二、柏林大学的改革

（一）费希特、施莱尔马赫与洪堡的思想

宗教改革之后，在德意志各诸侯国中，各诸侯集国家权力与教会权力于一身，达到了权力的鼎盛。然而，整个德意志地区仍处于四分五裂的状态，这直接导致德意志人缺乏德意志民族意识和对德意志作为整体国家的爱国情怀。在法国大革命的影响下，部分德国思想家产生了克服民族分裂，在现实世界与文化上构建统一民族的意识与愿望。1806 年耶拿之战中，作为德意志强邦的普鲁士惨败于法国。战败不仅使普鲁士丧失了近半的领土与人口，濒临亡国绝境，更暴露出其政治体制与军事战略上的保守与落后，导致整个德意志社会中弥漫着消极、沮丧的情绪。在此背景下，费希特（Johann Gottlieb Fichte，1762—1814）、阿恩特（Ernst Moritz Arndt，1769—1860）、施莱格尔（August Wilhelm von Schlegel，1767—1845）等知识分子大力倡导爱国主义，激起了民众强烈的民族主义情感。这种民族主义情感不仅内含深沉的爱国主义情感，更带有一种坚定不移的信念，即"按照人的意见改造现实，乃是人的事业，是人的真正的现世任务；只要有坚定的意志和坚定的目标，就没有做不到的事"[2]。强烈的民族主义情感促使德国自力更生地走上谋求复兴之路。这场战争所暴露出的德意志政治和军事上的保守与落后直接刺激了随后普鲁士在政治、军事、社会上的系列改革。与此同时，物质世界的重创使得德国急需在精神世界中寻找支柱，"国家在体力方面的消耗必须用智力取得补偿"[3]，教育的发展便成为在此背景下

1　贺国庆.德国和美国大学发达史[M].北京：人民教育出版社，1998：32–33.

2　弗·鲍尔生.德国教育史[M].滕大春，滕大生，译.北京：人民教育出版社，1986：124.

3　克劳利.新编剑桥世界近代史（第 9 卷）：动乱年代的战争与和平（1793—1830 年）[M].中国社会科学院历史研究所，组译.北京：中国社会科学出版社，1992：130.

德意志振奋民族精神、恢复国家元气的战略重点。此前，德国更倾向于采用法国高等教育模式来发展本国的高等教育，但耶拿战争改变了统治者和社会公众的看法，启发他们从物质世界转向精神世界以寻找慰藉。"德国哲学家第一次在他们自己的国家中成为重要的公众代表，他们的意见受到重视，特别是在教育事务方面更是如此。"[1]德意志境内各邦国大学的教师、学生间的学术交流和学派竞争，让整个德意志民族在思想感情和文化传统上紧密团结，大学成为维系德意志民族团结统一的精神纽带。1807—1808年，德国古典主义哲学家费希特连续发表了十四次演讲，后于1808年结集出版，此即《对德意志民族的演讲》一书，其核心是呼吁通过教育来重振民族文化与民族精神。他提出要改革原有的教育模式，通过教育将教养（bildung）灌输到每一个德意志人身上，从而使其成为整个民族的教养："如果说迄今的教育顶多是要培养人的某种东西，那么，这种新的教育则是要培养人本身，而且决不是要像以往那样，使自己提供的教养成为学子的财富，而是使这种教养成为学子人格的组成部分……我们现在打算通过新的教育，把德意志人培养为一个整体，这个整体的一切单个成员都受到同一件事情的激励，都是由同一件事情赋予生气的。""培养全面发展的新人是德意志民族过渡到人类文明史上的一个更高发展阶段的必由之路。"[2]费希特的教育思想毫无疑问地体现了民族主义的色彩。

基于上述理念，费希特进而写出《在柏林创立一所高等教育机构的演绎计划》，强调大学真正不可替代的作用是知识技法的培养和训练，即"学习知识不能仅仅是重复，而应使所学知识有助于进一步的学习，有助于创造出新的知识"[3]。为了实现对学习技法的训练，费希特认为大学教师首先要对其专攻领域的学问技法有深刻的认知，然后要观察并评估学生对于所提供知识素材的运用程度与熟练程度，以便据此决定教学方案。同时，费希特强调大学的重要职责是教授学生利用书籍进行自学的能力，考试、研讨会和论文都是训练学问技法的重要手段，其本质在于唤起学生个人的能动性，使学生成为特定团体中学徒

1　本 - 戴维 . 科学家在社会中的角色 [M]. 赵佳苓，译 . 成都：四川人民出版社，1988：225.
2　费希特 . 对德意志民族的演讲 [M]. 梁志学，沈真，李理，译 . 北京：商务印书馆，2010：20-21，18.
3　费希特，等 . 大学的理念与构想 [M]. 梅根梧，译 . 东京：明治图书出版株式会社，1970：14.

式的公民，后期即可全心全意地为群体的共同利益而工作。"我们已经找到了激发起这种纯粹的学习爱好的方法，那就是直接激励学子们的学习自主性，把它当成一切认识的基础，使得依靠这种自主性，就会学到所学的东西。"[1]费希特认为普通民众构成了国家的绝大多数人，因此教育不应局限于少数文化精英阶层，而应覆盖全体民众，使他们都有机会和能力将个体力量贡献给集体利益。同时，费希特将大学的内容分为学问知识与技能知识两类，指出大学所训练的学问技法"应尽量做到纯粹，脱离实用技法，集中精力于自身。那些实用技法应从大学教育中分离出去，设立另外的机构训练之"[2]。作为柏林大学的首位校长，费希特强调教授学习技法的大学观、注重理论的知识观以及强调公民教育的民族主义理念，深刻地影响了柏林大学专注于理论科学研究的发展方向。

1808 年，德国神学家、哲学家施莱尔马赫（Friedrich Schleiermacher，1768—1843）提交了构建新型大学的报告《关于大学的随想》（*Gelegentliche Gedanken über Universitäten*），系统阐述了其有关大学建设的理念与设想，并在此后主导柏林大学启动委员会时将上述构想付诸实践。施莱尔马赫关于建设新大学观点的提出有其独特的社会背景。战败使得德国高等教育严重受挫，不仅导致特里尔大学、斯特拉斯堡大学、波恩大学和美因兹大学等相对弱小的大学关停，更导致普鲁士具有重要精神意义的哈勒大学直接关闭。这使得普鲁士急需寻求新的思想文化的力量，新建的大学即被赋予了重振德意志民族精神的历史使命与国家使命。施莱尔马赫阐释了四点大学观：一是提倡自由主义思想，指出自由是大学精神的本质，强调科学精神和学术活动应当保持独立性；二是主张大学完全独立于国家，反对国家对大学的干涉，但同时认可大学应当为国家服务的职能；三是指出大学教育的首要目的在于认知，鼓励将学生从外在权威的屈从状态中解放出来，培养学生独立的科学精神；四是认为哲学院是大学的基础学院，所有其他专业的学习都须建立在哲学院的学习基础上。同时，施莱尔马赫提出了自己的教育实践设想，即德国的学术机构体系应包括中学（主要指古典中学）、大学和科学院三个阶段。中学侧重知识传授，但就探索事物

---

1 费希特.对德意志民族的演讲 [M]. 梁志学，沈真，李理，译. 北京：商务印书馆，2010：30.
2 费希特.大学的理念与构想 [M].梅根悟，译.东京：明治图书出版株式会社，1970：46.

真正本质、构建知识体系、实践科学精神而言，中学只能是做些准备，不能真正培养。学院主要从事科学研究，而上述能力和精神是作为科学院成员必备的前提条件。因此，上述能力和精神只能由介于中学与科学院之间的大学培养，换言之，大学的使命是产生并培养科学研究精神。

施莱尔马赫的思想深刻地影响了集政治家、思想家与改革家于一身的洪堡。洪堡出身贵族家庭，自幼即受到启蒙思想的启发，曾在哥廷根大学接受海涅（Heinrich Heine，1797—1856）古典文学的熏陶，且深受康德哲学的影响。洪堡所生活的时代先后经历了法国大革命、耶拿战争等社会巨变，这些经历促进了他对"德意志的本质特征"的思考，其思想、言行与著作均打上了深刻的自由主义烙印。1809年2月，洪堡被任命为普鲁士内务部宗教事务与教育部司长。在位的16个月中，洪堡对德国教育体系，特别是高等教育体系，开展了大刀阔斧的改革。他认为唯有创办具有世界影响力的大学，才能重振德意志民族精神，才能在启蒙和精神教育上引领世界，赢得世界各国的尊重。

在费希特、施莱尔马赫等人的理念影响下，洪堡认为大学应基于纯粹科学的原则组建，应独立于国家组织形式、独立于社会经济生活、独立于凡尘俗世，进而形成了"寂寞而自由"的办学原则。对于大学而言，自由是必需之物，而寂寞则是有益之原则。这里的自由指大学应独立于国家组织形式，不受国家的干扰，且国家应保障大学师生享有教学与研究的自由。同时，洪堡认为"所谓高等学术机构，无非是具有闲暇或有志于学术和研究之辈的精神生活，与任何政府机构无关"[1]，但政府应为大学的学术研究提供外在制度和经费的保障，同时应保留聘任大学教师的权力以防止大学权力的滥用。在柏林大学的章程中，大学被认定为属于国家的"赋有特权的法人社团"[2]。寂寞则指大学作为纯粹的学术机构应远离社会政治经济生活，且师生能秉持专注自持、宁静致远的品格投身学术研究。洪堡将科学与研究引入大学的使命与职能中，认为大学的教师与学生应当甘于寂寞而沉浸于纯粹的科学研究，同时享受充分的教

1　威廉·洪堡. 论柏林高等学术机构的内部和外部组织 [M]// 陈洪捷. 德国古典大学观及其对中国的影响. 北京：北京大学出版社，2006：197-201.
2　弗里德里希·包尔生. 德国大学与大学学习 [M]. 张弛，郄海霞，耿益群，译. 北京：人民教育出版社，2009：74.

学与研究自由。在《论柏林高等教育机构的内部和外部组织》（*Über die innere und äussere Organisation der höheren wissenschaftlichen Anstalten in Berlin*）[1] 等报告中，洪堡提出大学的使命是对于科学的探索和修养的追求，将客观学问（wissenschaft）和主观教养相结合，从而实现全面的人的教养（allgemeine bildung）。"高等教育机构的本质在于：在内部，把客观科学与主观教养联系起来；在外部，把已完成的学校教学与刚开始的受自己引导的大学学习联系起来，或者毋宁说，导致从客观科学向主观教养的过渡，从已完成的学校教学向自我引导的大学学习的过渡。"[2] 这一观点后来成为德国大学观的一条核心原则——"由科学达致修养"。

基于上述观念，洪堡着手筹办大学委员会，寻找创建大学的资金和场地，并在全欧洲范围内招聘优秀学者。利用其政客兼学者的身份，洪堡成功地劝说了当时青睐法国高等教育模式的普鲁士国王接受新的教育设想。洪堡于1809年5月提交了成立柏林大学（Universität zu Berlin）的申请，并于1810年5月得到国王敕令，同年柏林大学开始运转。[3] 值得指出的是，柏林大学的筹建并非始于洪堡。早在1807年，当时的内阁大臣拜默（Karl Friedrich von Beyme，1765—1838）便着手筹建柏林大学，为洪堡后续的接手打下了基础。[4]

柏林大学"建立在普鲁士极端困难的年月里……当时这个国家负担着极端沉重的战争税，生活必需品的价格也非常昂贵，而每年给这所新大学和科学艺术院的22500磅的拨款的表决，真像是战场上最勇敢的行为一样"[5]。尽管国家投入巨额经费资助大学，但洪堡坚持国家应给予大学独立自主的发展空间，"国家绝不应企望大学同政府眼前的利益直接联系起来；但应该相信，大学如果能够完成自己的真正使命，则不仅能够服务于政府眼前的任务，还将不断提高大学的学术水平，开创更广阔的事业基础，也将更好地发挥人力和物力的作用，其成效是远非政府近前部署所能意料的"[6]。柏林大学这所凝聚德意志民心且承载

1　该报告至 1903 年才首次以全文形式公开发表。
2　方在庆，朱崇开，孙烈，等 . 科技革命与德国现代化 [M]. 济南：山东教育出版社，2017：31.
3　曼弗雷德·盖耶尔 . 洪堡兄弟：时代的双星 [M]. 赵蕾莲，译 . 哈尔滨：黑龙江教育出版社，2016：299–306.
4　陈洪捷 . 德国古典大学观及其对中国的影响 [M]. 北京：北京大学出版社，2006：22–23.
5　威廉·博伊德，埃德蒙·金 . 西方教育史 [M]. 任宝祥，吴元训，译 . 北京：人民教育出版社，1985：330.
6　弗·鲍尔生 . 德国教育史 [M]. 滕大春，滕大生，译 . 北京：人民教育出版社，1986：211.

着民族复兴重任的大学得到了政府的大力支持。洪堡等人继承了18世纪哈勒大学与哥廷根大学改革的部分成果，通过对科学研究的重视以及对自由等原则的强调，在世界高等教育史上开创了举世闻名的研究型大学模式，并推动德国在世界科技中心的竞争中占有一席之地。

（二）柏林大学的改革

柏林大学在机构设置、学术职能、学术职业等方面进行了突破与创新。

在机构设置方面，柏林大学沿袭了中世纪大学的组织结构，即由神学、法学、医学和哲学（即中世纪的文学院）四个学院组成。在哈勒大学和哥廷根大学的改革基础上，进一步提升哲学院的地位，使之成为柏林大学的核心。早在1798年，康德的《学院之争》（*Streit der Fakultäten*）即指出哲学院（文学院）作为自由的、追求纯粹知识的学院，应当居于神、医、法等专业学院之上。施莱尔马赫认为基础研究应高于专业研究，推崇基于学者纯粹科学志趣而形成的哲学院。这里的哲学不仅包括人文和社科内容，还囊括了自然科学，并为其他学科的发展提供基础。例如，语言和历史学为神学和法学提供了理论基础，物理学、化学和生物学等自然科学成为医学知识的基础。通过提供人文学科、社会科学与自然科学等科目，哲学院有利于促进教师和学生对于纯粹的、非功利性知识的思考与生产。除教学外，哲学院还承担研究使命，以培养能通过独立研究而提高科学知识水平的学者为目标。由此，哲学院开始取代长期以来神学院的主导地位，并以其批判和规范的功能促进其他学院与学科的发展，成为柏林大学实质上的主导学院。这些举措将哲学院从"'大学学术'的女仆上升为'大学学术'的女主人"[1]。

对于神学院，施莱尔马赫倾向于把神学作为一门学术性学科看待，将学术精神与宗教仪式结合起来，从而消除宗教与科学的隔膜，赋予实践以宗教意义，并且坚持以自由的原则进行神学相关的教学和研究。施莱尔马赫将研讨班看作统一教学与研究的综合性方式，并于1812年开始在神学院开办研讨班，不

1　瓦尔特·吕埃格.欧洲大学史（第3卷）：19世纪和20世纪早期的大学（1800—1945）[M].张斌贤，杨克瑞，林薇，等译.保定：河北大学出版社，2014：483.

再讲授上帝与世界、三位一体与耶稣化身等绝对"真理"，而是专注于语言学和历史学的研究。[1]总体而言，在柏林大学，哲学院占据了主导地位，是真正博学的学院，是探索真理与科学的场所；法学院、医学院和神学院则成为更具专业性质的学院，其目的在于为国家培养所需的人才（图5-1）。

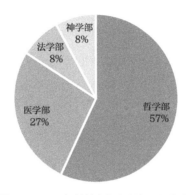

图5-1　1810年柏林大学各学部教师构成

资料来源：黄福涛.外国高等教育史[M].上海：上海教育出版社，2003：161.

在学术职能方面，柏林大学强调教学与科研的统一。一方面，柏林大学进一步发展并完善了研讨班、研究所、实验室等制度，鼓励将学生的科学思考与教师的教学活动有机结合。18世纪哈勒大学和哥廷根大学的改革中便开设了研讨班，但此时研讨班的主要目的在于传授有用但不成体系的知识。柏林大学所设研讨班则不局限于知识传授，更注重培养学生探究知识的方法，其模式发展与柏林大学对于科学研究的重视是密切相关的。研讨班一般在教师的指导下由学生围绕具体研究问题或研究方向展开创造性探究与讨论，不仅有助于将教师的教与学生的学结合在一起，而且能培养学生解决实际问题的能力。施莱尔马赫认为，过去大学的研究仅关注事物的表面，忽略对其本质、规律等问题的讨论，无益于科学的发展。他认为学生不能被动地接受知识，鼓励学生培育科学的理念，学会运用科学的方式思考，从而生成对所获得知识的本质及知识间的有机联系的认知。研讨班、研究所等模式为上述目标的达成提供了基础。就

1　瓦尔特·吕埃格.欧洲大学史（第3卷）：19世纪和20世纪早期的大学（1800—1945）[M].张斌贤，杨克瑞，林薇，等译.保定：河北大学出版社，2014：432.

此而言，大学的重要目的在于获取新知识，培养学生的科学思维和独立思考能力，并引导学生从事创造性的科学研究。

另一方面，为保证对于纯粹科学的研究，柏林大学维护"教的自由"与"学的自由"。教学自由（lehrfreiheit）因而成为德国大学的重要特征。施莱尔马赫提出，教师对学生的教学不仅仅是传授他所知道的知识，更要传授其如何获取这一知识的科学方式。因此，教师的教学内容与教学方式不再遵循中世纪的传统经院哲学的模式，而日益重视对学生方法的训练与思维的规训。"教学只有一个规则：通过理性和事实来判断一个人教学的真理性。"[1] 与法国高等教育创办专门学院（校）的理念正相反，施莱尔马赫认为大学的目标是要"唤醒学术精神、培养各领域研究中的关联意识，并为研习科目提供自由的选择"[2]。由此，在学习自由（lernfreiheit）理念的引导下，除少数学科外，学校对学生不设考勤、强制考试的要求，学生可以根据个人志趣选择课程、研究所，学生在教师的指导下进行独立的学习。"学习自由是如此广泛，以至于它包含了可以不学习或者不做任何事情的自由。"[3] 教师应享有充分的教学自由去选择教什么与如何教，而不受外在限制与命令的影响。在科研方面，政府的作用仅限于提供设备、制度和条件，而师生则决定科研的目标、对象、方法和途径。由于大学的这一本质特征，大学之中的师生关系与中学有所不同，"教师不是为学生而设，两者都是为学术而共处"，"每名成员如果能最大限度地认同于纯学术的关联，高等学术机构才可能实现其目标"。[4] "前者并不是为了后者，两者都是为了科学；教师的工作离不开学生的存在，如果没有后者，前者也就不会有所成就；如果学生不去主动地追随教师，教师就会去四处寻找他们以便更好地实现自己的目标，他要把自己的一颗更具偏见、缺少活力的练达的心，同他们的尽管弱小、

1　弗里德里希·包尔生.德国大学与大学学习 [M].张弛，郗海霞，耿益群，译.北京：人民教育出版社，2009：227.

2　瓦尔特·吕埃格.欧洲大学史（第 3 卷）：19 世纪和 20 世纪早期的大学（1800—1945）[M].张斌贤，杨克瑞，林薇，等译.保定：河北大学出版社，2014：50.

3　弗里德里希·包尔生.德国大学与大学学习 [M].张弛，郗海霞，耿益群，译.北京：人民教育出版社，2009：285.

4　威廉·洪堡.论柏林高等学术机构的内部和外部组织 [M]//陈洪捷.德国古典大学观及其对中国的影响.北京：北京大学出版社，2006：197–201.

未经雕琢但却敢于尝试一切可能的心，糅合到一起。"[1] 大学教学的目的是让学生在和教师的交往中形成对于纯粹学术知识和科学研究精神的认可，这也是研究型大学的真正意义所在。不可否认，这种放任的自由可能会导致学生学业生涯规划上的迷茫、时间管理上的松懈与懒散，柏林大学对于学术自由的推崇进一步确保了科学研究在高等教育机构的重要地位。

在学术职业方面，柏林大学的教师结构延续了传统大学的设置，实行等级制度，由教授、副教授和助教三个层级构成。正教授共同组成"教授会"，在大学内部享有高度的治理权，并对学校的全部事务负责。在每个学院内部按照专业设置讲座（vorlesung），这些讲座同时涉及教学活动与科研活动。正教授负责讲座内事务，其他学科成员协助讲座教授，形成了德国大学独特的讲座制度。和传统大学中背诵固定知识的教学形式相比，讲座制能够较为生动地向学生传授某一学科体系内的系统知识，并且通过师生互动，引导学生产生对科学研究的兴趣，更具灵活性。纵向来看，由讲座构成学院、由学院组成大学，正教授在柏林大学内部享受极大的学术与行政权力。

同时，柏林大学开始招收编外讲师（privatdozent），即没有固定薪金的大学成员。如韦伯（Max Weber，1864—1920）即曾担任柏林大学的编外讲师。这些教师的学位论文或教学水平往往已经得到学术共同体的普遍认可，通过考核后可以获得在其专业领域的"任教资格"（venia legendi）。编外讲师的收入来自在专业领域开办讲座的听课费，其招聘和管理完全由大学内部决定。编外讲师不仅满足了大学的教学需要，同时，作为通向正式教授的前奏阶段，其也有助于大学维系一定的学术职业筛选权。该制度后来在德国各个大学传播开来。虽然其具体招聘标准因学校而有所不同，但具有独立科研能力和独创精神是大多数大学的教师聘任的核心标准。不过，直到 20 世纪 30 年代，编外讲师数量并不多。[2]

值得强调的是，柏林大学教师的首要身份是研究者，当时德国的科学家几

1　弗里德里希·包尔生. 德国大学与大学学习 [M]. 张弛，郗海霞，耿益群，译. 北京：人民教育出版社，2009：54.

2　杰根·恩德斯. 转变中的讲座制：德国大学教师的聘任、晋升与水准保持 [M] // 菲利普·阿特巴赫. 变革中的学术职业：比较的视角. 别敦荣，主译. 青岛：中国海洋大学出版社，2006：19-37.

乎全部在大学担任教职或研究员的工作，由此促进了科学家群体的职业化。正如鲍尔生所言，"柏林大学从最初就把致力专门科学研究作为主要的要求，把授课效能仅作为次要的问题来考虑；更恰当地说，该校认为在科研方面有卓越成就的优秀学者，也总是最好和最有能力的教师"[1]。正是在这种理念的引导下，洪堡聘请了欧洲各领域首屈一指的学者到柏林大学任教，如神学教授施莱尔马赫、法学教授萨维尼（Friedrich Carl von Savigny，1779—1861）、医学教授胡弗兰德（Christoph Wilhelm Friedrich Hufeland，1762—1836）、历史教授尼布尔（Barthold Georg Niebuhr，1776—1831）、化学教授克拉普罗特（Martin Heinrich Klaproth，1743—1817）等。以至于伯格拉尔（Peter Berglar，1919—1989）曾指出，"从此再没有一位德国的教育大臣或部长可以出示一张更可值得自豪的聘任表"[2]。

上述理念、职能与活动方面的突破和创新促进了柏林大学的迅速发展，其模式被德语地区的大学广泛效仿，共同促进了德国高等教育模式的形成与完善。德国高等教育模式逐渐成为世界公认的高等教育机构和科研机构的典范，以至于当任何师生想要真正了解一门学科或科研的最新趋势时，都必须阅读德国教材或学术刊物。从柏林大学的创办到20世纪初德国丧失科学中心的100余年间，德国有200位科学家获得279项科技成果，是同期英国科学家的1.6倍、法国科学家的2.6倍。[3] 本-戴维描述道："就像1800年左右在法国产生的那些革新一样，这些革新都是由知识分子发动的，它们的最初形式是由知识分子集团的需要和思想决定的。法国和德国新体系之间最初的不同是由于扎根在这两个国家完全不同的阶级结构中的知识分子阶层的成分和品质之间有差别。"[4] 德国知识分子认为对大学的改革应当致力于提高大学的地位，提高哲学院的地位，而不是像法国一样呼吁废除大学。柏林大学通过自身的成功验证了上述办学模式的行之有效，促使德国形成了不同于英国、法国的独特的高等教育模式。

不可否认，浪漫主义传统在19世纪的前30年一定程度地阻碍了自然科学

---

1 弗·鲍尔生. 德国教育史 [M]. 滕大春，滕大生，译. 北京：人民教育出版社，1986：125.
2 彼得·贝格拉. 威廉·冯·洪堡传 [M]. 袁杰，译. 北京：商务印书馆，1994：80.
3 方在庆，朱崇开，孙烈，等. 科技革命与德国现代化 [M]. 济南：山东教育出版社，2017：47.
4 本-戴维. 科学家在社会中的角色 [M]. 赵佳苓，译. 成都：四川人民出版社，1988：213.

在德国大学的发展。虽然洪堡等人强调科学在大学的核心位置，但是他们认为的纯粹科学本质上便是哲学。因此，柏林大学改革中那些举足轻重的人将"哲学"放在了核心地位，力求通过哲学创造出综合的世界观和思想体系，从而取代宗教的作用。"在这种哲学中，自然科学有一个重要的地位，但不是人类知识中最重要的部分"，思辨哲学、人文学科等占据了重要地位，自然科学和人文学科都被视为哲学的一部分，且"德国的人文学者越来越多地按科学家的模式来修正自己的行为"。[1]同时，当时的自然科学教授深受浪漫主义哲学的影响，并不青睐于通过实验等方式展开经验研究和实验科学研究。实验室和研讨班等制度的完善与实验科学的兴起应当归功于那些效仿柏林大学改革的德国其他大学的突破创新。

三、19 世纪德国其他大学的改革

1815 年出台的《德意志联邦法》（*Deutsche Bundesakte*）标志着德意志国家联盟的成立，官僚统治者开始对德国大学的民族主义和自由主义进行镇压。政府对大学的严格控制状态一直持续到 1866 年普奥战争（Austro-Prussian War）的爆发，普鲁士取得了统一德意志的领导权。在整个 19 世纪上半叶，德国大学都处在动荡的政权和高压的统治之下。哈勒大学和哥廷根大学的改革给德国大学带来了全新的气象，随后柏林大学的成功创办则直接震动了整个德国高等教育体系，并逐渐成为德国大学改革的范本，科学的精神和理想在德意志地区的大学中得以确立。其时，德国大学培养并吸纳汇聚了一批卓越的科学家和学者，如全世界无产阶级和劳动人民的革命导师马克思（Karl Heinrich Marx，1818—1883）、著名历史学家兰克（Leopold von Ranke，1795—1886）、政治学家和"铁血将军"俾斯麦（Otto Eduard Leopold von Bismarck，1815—1898）、"有机化学之父"李比希（Justus von Liebig，1803—1873）。其中，李比希以实验室作为研究所和兰克对研讨班（习明纳）的推广对德国大学科学研究职能的发展起到了很大的促进作用。

1824 年，年仅 21 岁的化学家李比希被吉森大学聘任。李比希认为，学生的

---

1 本－戴维.科学家在社会中的角色 [M].赵佳苓，译.成都：四川人民出版社，1988：218–221.

学习应与实践直接联系。因此，他创办了一个专门的教学实验室——吉森实验室，以供学生参与化学实验练习，从而真正掌握科学实验操作。该实验室逐渐发展为供学生进行科研的实验室。李比希曾详细描述其指导学生开展科研的过程："普通概念上的实验室教育，在这所教室里只是由熟悉的助手教给初学者的，而我负责指导的学生是根据各自情况来学习。具体方法是我给每个学生以研究专题，并检查他们实践的情况。那如同一个圆的半径有共通的中心一样。我没有对学生进行一般定义的那种指导，而是每天早晨听取每个学生前一天研究进展的情况以及对自己研究工作的见解。最后我对他们表示赞成或反对。"[1]尽管以现在的标准来看，吉森实验室设备简陋，但它却是世界上首个科学系统进行化学训练的实验室，标志着德国化学实验室教学的开端。[2]李比希将教学与科研有机结合的实验室模式很快在德国大学中得到传播，如1833年穆勒（Johannes Peter Müller，1801—1858）在柏林大学创办的解剖生理实验室、1852年本生（Robert Wilhelm Bunsen，1811—1899）在海德堡大学创办的化学实验室等，并进一步促进了科研人员的专业化。虽然在初期柏林大学的自然科学教授对实验科学并没有太大兴趣，但伴随着研究所、研讨班、实验室等制度的成熟，柏林大学的实验科学逐渐发展起来，至19世纪中后期，已经成为欧洲乃至世界数学、生理学、解剖学等学科的中心。这一时期，部分德国大学的实验室成为世界性的研究中心和学科共同体的活动中心[3]，这也彰显出德国作为世界科学中心的显赫地位。

研讨班制度最早源于18世纪上半叶的哥廷根大学，但直到19世纪20年代，研讨班制度仅少量运用于哲学和语言学等学科的教学中。1833年，兰克以弄清事实真相并深钻其来源为教导学生的原则，在柏林大学的历史学教学中推行研讨班制度。兰克允许学生自由选择研究课题，并随时为学生提供建议和帮助，鼓励每个学生按照各自的专长发展；他也言辞委婉地批评学生的过错。"兰克的伟大成就和世界范围的影响并非来自讲课，而是他在柏林首创的历史研究

1　原光雄.近代化学的奠基者[M].黄静，译.北京：科学出版社，1986：166.
2　瓦尔特·吕埃格.欧洲大学史（第3卷）：19世纪和20世纪早期的大学（1800—1945）[M].张斌贤，杨克瑞，林薇，等译.保定：河北大学出版社，2014：542.
3　本－戴维.科学家在社会中的角色[M].赵佳苓，译.成都：四川人民出版社，1988：238.

班（即习明纳）里当导师的天才。这个研究班直接或间接地为德国各主要大学培养出一百多位卓越的学者。这些学者又根据兰克的传统培养学生，不只为德国而且还为美国培养了不少历史家。"[1] 在兰克的推广下，研讨班制度在德国高校得到了广泛应用。1833年，诺伊曼（Franz Neumann，1798—1895）在柯尼斯堡大学建立了数学—物理研讨班，旨在向学生介绍科学研究的方法，并让学生以小组的形式根据兴趣选题、自主研究和展示成果，学生可以通过科学研究来接受教育，体现了教学与科研的有机结合。1820年柏林大学有12个研讨班和研究所，海德堡大学有11个研讨班和研究所，图宾根大学（Eberhard-Karls-Universitaet Tuebingen）有7个研讨班和研究所，到1870年前后，三所大学的研讨班和研究所数量分别发展到27个、18个和18个。[2]

总而言之，通过教育理念、教学形式、内外部治理模式等方面的改革，柏林大学首次将科学研究引入大学使命之中，并将科学探索与科学精神当作人才培养的方式，从而实现了大学教学与科研的统一。正是在德国大学，科学研究不再是单打独斗式、依靠天才学者个人兴趣与才智而发展的活动，而是成为系统的、专业的组织活动。这正是德国大学在19世纪30年代后焕发生机，并成为世界科学中心的根本原因之一。"柏林大学的创办像一个燃烧点发出耀眼的光芒，一切光线全部从这里发出"[3]——以柏林大学为标志性起点的德国高等教育模式对欧洲、美国等国产生了深远影响，引领世界高等教育进入崭新时代[4]。同时，德国大学的卓越成就直接推动了德意志的现代化进程，使其在电子工程、有机化学、光学和物理学等新兴领域全面领先于欧洲各国。[5]

---

1 汤普森 . 历史著作史（下卷第三分册）[M]. 孙秉莹，译 . 北京：商务印书馆，1992：240-241.

2 McClelland C E. State，Society，and University in Germany 1700-1914 [M]. Cambridge：Cambridge University Press，1980：175.

3 克劳利 . 新编剑桥世界近代史（第9卷）：动乱年代的战争与和平（1793—1830 年）[M]. 中国社会科学院历史研究所，组译 . 北京：中国社会科学出版社，1992：169.

4 受法国高等教育模式影响，18 世纪中后期，德国各联邦政府设置了与军事、经济直接相关的专门学院。这些学院以培养实用人才与技术官僚为目标，以应用性科目为主，如农业渔业、矿业、商业、军事、家政等。这些学院在 19 世纪中后期被升格为工科大学（technische universitat），除教学外，也进行科学研究。例如 1807 年建立的林业专门学院，1899 年改革为林业大学，1910 年并入慕尼黑大学。这些专门学院与工科大学也构成了德国高等教育的重要组成部分，为德国发展输送了大量工程技术人才。但由于此方面内容与本书所聚焦的高等教育中心模式无直接关系，故不作详细论述。

5 方在庆，朱崇开，孙烈，等 . 科技革命与德国现代化 [M]. 济南：山东教育出版社，2017：61-64.

第三节　德国高等教育模式的特点

在哈勒大学和哥廷根大学的改革基础上，以柏林大学为原型发展而来的德国高等教育模式具有两个主要特点：一是重视学术自由；二是强调科学研究的重要性，强调教学与科研的统一。这两个特征是相辅相成的。"在大学中，人只能通过自己、在自我中洞悉科学。自由是必须的，寂静有助于自由的自主施展。大学所有的外部组织都以这两点为旨归。听课是次要的，重要的是一个人常年与年龄相同、心智相仿的人处于紧密的联系中，他们都意识到在同一个地方有许多饱学之士，正全身心地致力于科学的发展与传播。"[1] 直至今日，现代研究型大学的思想和模式仍旧受益于这一时期德国大学的创新成果。

一、德国大学的职能特点

洪堡和施莱尔马赫的自由主义思想推动了德国大学以更加开放的姿态拥抱19世纪理性与科学的发展，并进一步促进了科学研究精神在德国大学的传播。德国高等教育模式为现代高等教育留下的最宝贵的遗产即将科学研究引入大学职能，强调大学教学与研究的统一，并确立了研究在大学中的主导地位。

长期以来，在德意志地区乃至整个欧洲，大学在科学发展方面的功用都饱受诟病。贝尔纳（John Desmond Bernal，1901—1971）认为，尽管大学设置了与科学相关的学科，但17—18世纪科学的发展并不应该被归功于这些高等教育机构，真正的科学在古老的大学并没有立足之地。[2] 这一现象与大学的职能定位有关：长期以来，大学都是作为教学机构而非科研机构而存在的。至19世纪，柏林大学的改革者及其追随者希望通过结合研究与教学，为德国社会带来更加现代的教育，这就首先需要在大学中确立科学的精神与科学研究的职能。

一方面，大学开始要求教师不仅作为讲授者从事教学活动，还要承担另一个甚至说更重要的角色，即研究者。因此，大学在招聘的时候，对教授的选择多是基于其研究工作的好坏与研究成果的创新性程度。好的大学教师既要有

1　瓦尔特·吕埃格.欧洲大学史（第3卷）：19世纪和20世纪早期的大学（1800—1945）[M].张斌贤，杨克瑞，林薇，等译.保定：河北大学出版社，2014：21.

2　Bernal J. The Social Function of Science [M]. Cambridge：The MIT Press，1967：71.

广博的知识，又要洞悉本领域内的学科方法，从而以自身的知识创新培养、激励学生的独立研究能力。鲍尔生描述道："理想的大学教师包括两个方面：一方面，他们要在其特定领域成为一名具有原创性的思想家和多产的研究者；另一方面，要将科学精神反复灌输到学生的思想中，并培养其中最有才华者参与到研究工作中来……只有德国人曾经历过的、富有最伟大思想生产力的那个时代，即康德和歌德的那个时代，才具有达到这一高要求的勇气。"[1]德国大学普遍认同只有好的研究者才能成为好的教师的观念，因为教师需要通过科学研究活动，将真正的研究成果作为科学知识传授给学生，从而使学生掌握科学的方法与原理。这一理念直接将学术活动中的教学与研究紧密结合在一起，保证了科学精神在德国大学的延续性——"我们的思想家和研究者不仅为我们著书立说，而且还是我们可以与之面对面的、给我们授课的教师。像费希特、谢林、黑格尔、施莱尔马赫这些人，主要是作为大学教师来影响他们所处时代的……他们的学生，那些在他们之后也成为高等教育机构教师的人，继而让他们的思想精神和治学方法在德国青年一代中传播开来……可以肯定地说，在德国知识发展的历史长河中，如果撇开大学教授的贡献的话，那么剩下的内容也就不太多了"[2]。这一点与近代英国和法国高等教育模式形成了鲜明差别。不仅如此，大学通过鼓励教师的科学研究与著书立说，形成了以科学精神为主要特征的学术职业，推动科学研究走向职业化；科学研究在大学职能中的确认，又进一步提升了大学教师作为研究者更加高贵而独立的社会地位。

　　另一方面，德国大学为科学研究在高等教育机构中地位的确立提供了体制化保障，这集中体现为研讨班、研究所、实验室等教学与科研有机结合的组织形式。以研讨班制度为例，研讨班在 19 世纪已经成为德国大学中除讲座外的最重要的教学形式，能够帮助学生在系统知识训练的基础上对某一科学问题展开独立研究。学生基于研讨班的学习积累，撰写博士论文，即是其独立学术工作的最早体现。实验室和研讨班的制度化进一步使得研究成为大学老师的必备活

1　弗里德里希·包尔生. 德国大学与大学学习 [M]. 张弛，郄海霞，耿益群，译. 北京：人民教育出版社，2009：163–164.

2　弗里德里希·包尔生. 德国大学与大学学习 [M]. 张弛，郄海霞，耿益群，译. 北京：人民教育出版社，2009：5–6.

动，后者的研究又通过实验室、研讨班等形式传递给学生，学生在制度化组织中接受科学训练与研究分工。"在德意志大学里，实验室适应于用研究班方式研究科学，成为科研与教学相结合的工具，成为博士学位的来源地。"[1]

德国大量投资科学研究的基础设施，在大学内建造了一批精良的现代科学研究所，成为19世纪中期及以后欧洲地区的楷模，进一步推动了科学的发展。"利比希实验室和诺伊曼研讨班，德国科学发展中的经典案例和有影响的模式，突出了19世纪德国大学系统的强大的地方组织。这种实验室和研讨班散布在德国大学系统，成为实现教学和科研相联系的强有力的基层单位。学生被吸引到这些单位，既是受科研训练的人，又是科研的履行者。"[2] 正是在19世纪的德国大学，科学成为有组织的科层活动，成为一项专门职业。科学研究在大学中重要性的强调、系统性的科学训练和研究的劳动分工均构成19世纪德国科学迅速发展的重要因素。

更为重要的是，"科学精神在日益增长的大学自治和公共权威的关系中所扮演的角色，这是包括英美高等教育在内的所有高等教育赖以存在的基础"[3]。由于科学精神的确立与传播，大学自治、学术自由日益成为人们认可、主动维护并引以为豪的原则，进而进一步巩固了科学研究在大学的主导地位。一定程度上可以说，科学精神通过德国高等教育模式的推崇、传播，推动了19世纪现代大学制度的确立，成为德国大学焕发活力与创新力的根本。如阿什比所说，"发展到十九世纪，科学在大学中有了牢固基础，大学从中世纪起在欧洲人心目中失去的威望，又重新恢复了。值得注意的是，这种威望主要是建筑在学术上而不在教育上，建筑在以大学为研究机构上而非建筑在以大学为培养大学生的学校上"[4]。

诚然，上述对于研究活动的主导地位的过分强调并非全无问题。它可能导致那些不热衷于教学的教师完全转向研究，从而忽视了教学；同时，它可能造

---

1 克劳利．新编剑桥世界近代史（第9卷）：动乱年代的战争与和平（1793—1830年）[M]．中国社会科学院历史研究所，组译．北京：中国社会科学出版社，1992：170．
2 伯顿·克拉克．探究的场所：现代大学的科研和研究生教育 [M]．王承绪，译．杭州：浙江教育出版社，2001.
3 瓦尔特·吕埃格．欧洲大学史（第3卷）：19世纪和20世纪早期的大学（1800—1945）[M]．张斌贤，杨克瑞，林薇，等译．保定：河北大学出版社，2014：14.
4 阿什比．科技发达时代的大学教育 [M]．滕大春，滕大生，译．北京：人民教育出版社，1983：126.

成学生过早地走上学科专业化的道路，从而忽视了对广博而系统的知识的宏观把握。这都是值得警惕的。

二、德国大学的内外部治理特点

深受自由主义思想的影响，洪堡等人坚持认为大学应当独立于政府，并将这种外部治理关系看作学术自由的保证，始终将教的自由、学的自由和研究的自由放在柏林大学的核心。就此意义而言，柏林大学模式可以看作自由主义改革在高等教育中的典范。

在《论国家的作用》（*Ideen zu einem Versuch，die Grenzen der Wirksamkeit des Staates zu bestimmen*）一书中，洪堡阐述了其自由主义思想影响下的国家观念，即"最小政府"理念。他认为国家应当充当"守夜人"的角色，是法的守护者而非执法者，其唯一目的在于保障公民的安全与自由。洪堡对于国家职责与权力的认识深刻地影响了其对教育体系建构与国家—大学关系的思考。他认为政府不应过多地干涉大学事务，仅应承担两项任务，即保障自由与任命教授，只有这样，才能保障大学能够实现其根本目标。

然而，洪堡这种消极的国家观，对国家与大学关系的认知，以及自由主义的大学理念难免过于理想化。一方面，虽然洪堡一直强调要通过财政独立来维护大学自治，但其离开柏林大学之后，这一乌托邦式的设想便基本告以流产。事实上，自1815年德意志各邦国组成德意志邦联后，政府便开始对大学的财务运营展开直接干预。1880年，政府负责高等教育的几乎所有开支。至19世纪末，柏林大学的财政收入中有84%来自联邦政府。[1]另一方面，国家有任命终身教授的权力，大学仅有提名权，即可以在教席空缺时向政府提名学院认为合适的人选。聘用教授时，教授可以直接和政府谈判并就财务方面的条件进行协商，确定联邦政府应给其的薪酬待遇和研究经费。教授虽然能够较为有效地维护其在大学内部的独立性与研究自由，但政府也通过这种方式加强了对大学的控制，大学的权力被不可避免地弱化了。[2]事实上，在政府选择教授的时候，学

1　阿什比.科技发达时代的大学教育 [M].滕大春，滕大生，译 .北京：人民教育出版社，1983：91, 117.
2　杰根・恩德斯.转变中的讲座制：德国大学教师的聘任、晋升与水准保持 [M]// 菲利普・阿特巴赫 .变革中的学术职业：比较的视角 .别敦荣，主译 .青岛：中国海洋大学出版社，2006：19-37.

院的提名权往往都被忽略了。[1]

在内部治理方面，通过自由理念的传播与教学科研机制的设置，德国大学较好地保证了教授的教学自由和学生的研究自由，使得学术自由成为德意志大学传统中最引以为傲的一部分。其中，讲座制作为教学和科研的基层组织形式，保证了讲座教授能够自主决定讲座内各项事务，学院、学校均无权干预，使教授及教授团体掌握了教学与科研的自由。但是讲座制的建立也可能导致专业设置过分狭窄，且这种分散式的结构有可能滋生研究者的学术个人主义，不利于跨学科交流。同时，讲座制在高度保障讲座教授权利的同时，往往缺乏有效的监督机制，可能会滋生学术垄断现象。在学院层面，通常以教授会议的形式决定学院内部事务，这能够最大限度地保护学科共同体的权益，但也导致机构惰性的增强，不利于持续的创新改革（特别是那些不利于组织成员利益的改革）。在学校层面，各自为政的松散体制不利于大学作为整体对政府与社会的需求做出回应。

上述制度除保障教授的研究自由外，也有效地保障了其教学自由。这共同为德国大学的师生提供了一种自主的、独立的思想氛围，使得人们可以毫无顾忌地探索真理、理性及科学。19世纪德国高等教育模式及其科学研究所取得的种种成就，很难不归功于这种对自由的推崇与保障。

总的来说，洪堡等人认为知识应当是纯粹的，大学所从事的科学研究也应当是纯粹的，其根本目的在于通过科学的知识与科学的精神，助力人的全面发展。政府不应将其眼前利益与大学直接联系起来，而应给予大学充分的信任与自由，只有这样才能实现大学的真正使命。因而，柏林大学的科学研究追求的应当是非功利性与非实用性的纯粹科学。但事实上，德国政府与工业界之所以在政策和财政上为科学研究提供支持，是因为其将科学看成是实现军事、外交和工业发展的重要方式，而并非单纯出于对纯粹科学的追求。就此而言，洪堡的理想并未完全实现。部分历史学家认为，德国高等教育模式形成过程中洪堡的重要性更像是人们在传颂过程中描绘的"洪堡神话"（mythos Humboldt），其

---

1 弗里德里希·包尔生.德国大学与大学学习 [M].张弛，郄海霞，耿益群，译.北京：人民教育出版社，2009：74.

颇具浪漫主义的大学设想，如纯粹知识、全面教育、大学独立等观点，与19世纪德国的社会现实存在着严重脱节。换言之，理念中的柏林大学与现实中的柏林大学并不是一一对应的。谈及德国高等教育模式的建立与发展时，不应将其归为洪堡一人或柏林大学一校之功，而应认识到18世纪至19世纪初期大批德意志知识分子所做出的群体性努力，追溯至发轫于哈勒大学与哥廷根大学的持续改革，更要联系德国高等教育模式形成的社会文化基础加以理解。

第四节　德国高等教育模式的影响

自具有划时代意义的柏林大学的创建开始，德国大学迎来了兴盛时期，并从根本上改变了世界高等教育的面貌。"德国大学的自主权虽因此而一次又一次地受到挫折，但它始终为西方世界所羡慕。曾到柏林大学或哥廷根大学留学的英美学生归国后，都热衷于他们本国高等学校的改革……从十九世纪六十年代到1914年，英美有成千上万的青年到德国上大学。"[1]大批经受过德国大学科学训练洗礼的年轻精英将德国高等教育模式带回本国，进一步促进了德国模式在全球范围内的传播。这里的传播既包括大学的理想，即对教学自由与研究自由的追求、对培养人之教养的推崇；也包括大学的功能，即将科学研究融入大学职能，追求教学与研究的统一；同时包括大学的制度创新，如研讨班制度、实验室制度等。

一、德国大学模式对美国的影响

在世界范围内，受德国高等教育模式影响最为深远的国家是美国。可以说，"德国大学的学术成就对19世纪美国高等教育的冲击，是现代文化史上最重要的事件之一"[2]。早在美国独立战争以前，德国就通过三次向美国境内的大规模移民，成为仅次于英国的第二大宗主国。德国移民区非常重视学校教育，这是因为，一方面，德裔移民希望通过教育使其后代学习德国文化和语言；另一

1　阿什比.科技发达时代的大学教育 [M]. 滕大春，滕大生，译 . 北京：人民教育出版社，1983：7–8.

2　Brubacher J S，Rudy W. Higher Education in Transition：An American History，1636–1956 [M]. New York：Harper & Brothers，1958：217–218.

方面，部分德裔领袖希望借鉴德国的教育模式来提高美国的教育水平。[1]但早期德国移民对美国教育的影响仅局限于德裔社区。

19世纪，德国高等教育思想对美国的影响主要通过两国间的师生流动实现。1815年前后，第一批赴德留学的先驱包括曾担任马萨诸塞州州长、哈佛校长的埃弗里特（Edward Everett，1794—1865）、美国现代大学的开创性人物蒂克诺（George Ticknor，1791—1871）、"美国历史之父"班克罗夫特（George Bancroft，1800—1891）、哈佛大学教授科格斯韦尔（Joseph Green Cogswell，1786—1871），"他们帮忙把欧洲学术带到了美国，打破了美国生活的孤立局面。他们丰富了美国的思想，激发了美国学者正确评价德国知识和教学的重要价值"[2]。在此后的一百年中（1815—1914），美国先后有近一万名留德学生前往柏林大学、哥廷根大学等高校学习，且大多数进入哲学院。[3]学成归国的留德学生成为这一时期美国高等教育的中流砥柱。例如，美国高等教育史上多位大学校长都曾在德国大学学习或访问，包括密歇根大学首任校长塔潘（Henry Philip Tappan,1805—1881）、耶鲁大学校长波特（Noah Porter,1811—1892）、约翰·霍普金斯大学首任校长吉尔曼（Daniel Coit Gilman，1831—1908）、康奈尔大学创办者与首任校长怀特（Andrew Dickson White，1832—1918）、哈佛大学校长艾略特、康奈尔和威斯康辛大学校长亚当(Charles Kendall Adams,1835—1902）等。这些大学校长是19世纪下半叶美国高等教育发展的关键人物，他们直接在美国大学中引入并践行了德国高等教育思想。

同时，还有300余名德国教师赴美任教。例如，《论公民自由与自治》（*On Civil Liberty and Self-Government*）和《利伯法典》（*Lieber Code*）的编撰者利伯（Francis Lieber，1798—1872）长期任教于南卡罗莱纳大学和哥伦比亚大学，并帮助组建了美国的第一所法学院；因政治迫害而流亡美国的福伦（Karl Follen，1796—1840）在哈佛大学任教，极大地推动了美国的德国研究和德国文化学习；

1　贺国庆.德国和美国大学发达史 [M].北京：人民教育出版社，1998：105.

2　Thwing C F. The American and the German University: One Hundred Years of History [M]. London: Macmillan, 1928: 39.

3　Diehl C. Innocents abroad: American students in German universities, 1810–1870[J]. History of Education Quarterly, 1976, 16（3）: 321–341.

霍尔斯特（Hermann Eduard von Holst，1841—1904）担任芝加哥大学历史与政治科学教授期间，呼吁大学的首要任务在于研究，并推动了研究生教育的发展。这些思想和人员的流动为美国学术界带来了先进的学科知识，极大地推动了德国高等教育思想和制度在美国的传播与实践，并共同造就了美国大学在世界科技文化舞台上的崛起。

二、德国大学模式在美国的传播与再创造

约翰·霍普金斯大学是最早继承并发扬德国大学精神的美国高校。19 世纪六七十年代，随着南北战争的结束，美国的工业发展和世俗化进程不断加速，客观上要求科学研究助力社会进步。研究型大学的诞生已经具备稳固的社会基础。此时，美德间频繁的师生流动也促成了德国先进的科学知识和高等教育理念、制度、模式在美国的传播，为建立研究型大学提供了直接的学术动力。1867 年，美国商人霍普金斯（Johns Hopkins，1795—1873）捐资 350 万美元用于创办一所学术型大学，并建立大学筹建董事会。董事会先后走访世界各地名校，群览世界教育名著，最终确定要创办一所全新的研究型大学。这表明，"创办一所以德国模式为基础的名副其实的美国研究型大学的时机已经成熟"[1]。

1876 年，约翰·霍普金斯大学正式成立，因其雇用了大批德国培养的教师而被冠以"巴尔的摩的哥廷根大学"的称号。首任校长吉尔曼的治校办学思想深受德国大学影响，强调"大学能够进行一流水平的学术研究"[2]，着力于建立以研究生教育为重点的新型大学。为尽可能地促成高水平的研究，该校师生享有高度的学术自由，教师们可以不受宗教、政治等力量的干预，根据自己的兴趣自由展开研究并讲授自己的研究成果；学生们可以自由选修课程，在学习中发现并解决问题，从而养成从事科学研究的能力。至 1901 年吉尔曼辞去校长一职时，约翰·霍普金斯大学已经建立了 13 个拥有研究生教育的学系和国际一流的医学院，取得了极高的声誉和地位，并形成了专业化的学术期刊和专门协会等组织体制。

1　Rudoph F. The American College and University[M]. New York：Vintage Books，1962：269.
2　Brubacher J S，Rudy W. Higher Education in Transition：An American History，1636–1956 [M]. NewYork：Harper & Brothers，1958：176.

约翰·霍普金斯大学的成功创办掀起了19世纪末美国高等教育学习德国大学模式的潮流。1889年，富商克拉克（Jonas Gilman Clark，1815—1900）捐资创办克拉克大学，由教育家霍尔（Granville Stanley Hall，1846—1924）担任校长。霍尔不仅曾任职于约翰·霍普金斯大学，而且曾两次留学德国，其力求效仿德国大学和约翰·霍普金斯大学的办学理念和模式，深信追求高深知识是克拉克大学的立校之本。他致力于组建一所完全由研究生院构成的大学。同时，克拉克大学移植了德国大学中的研讨班（习明纳）制度和编外讲师制。1891年，石油大王洛克菲勒（John Davison Rockefeller，1839—1937）捐资创办的芝加哥大学是美国研究型大学的又一典范。芝加哥大学由曾经留学德国的哈珀（William Rainey Harper，1856—1906）就任校长。他高度赞扬德国研究型大学对于高深学问的追求、对于研究职能的推崇、对于教学自由和学术自由的保障。[1] 哈珀从一开始就宣称："应将对学问的探究放在第一位，将教学放在第二位。"[2]

德国高等教育思想和模式在美国研究型大学中的成功践行，也引发了美国原有的传统英国式学院的改造——哈佛大学、耶鲁大学、哥伦比亚大学、普林斯顿大学等先后开启了科学研究和研究生教育的进程。早在约翰·霍普金斯大学创办以前，哈佛大学就已经开始改革传统专业学院并实施研究生教育，但后者并未得到真正的发展。直到校长艾略特任职期间，哈佛大学不仅将各专门学院的办学层次提升至研究生教育水平，还开启了在传统大学中发展研究生教育的探索。艾略特将研究生院分为偏重科学研究的文理研究生院和注重职业训练的应用科学研究生院。哈佛大学的教育实践进一步推动了其他传统大学的改造，如耶鲁大学在校长德怀特（Timothy Dwight，1752—1817）的支持下大力发展研究生教育。

值得指出的是，尽管德国高等教育思想和模式在美国产生了深刻的影响，但后者绝非对前者的简单移植，而是结合美国当地的社会文化进行了本土化的改造。这种本土化改造很大程度上体现在对本科学院地位的固守上。无论是新

---

1 Boyer J. The University of Chicago：A History[M]. Chicago：The University of Chicago Press，2015：131-132.

2 Lucas C J. American Higher Education：A History[M]. New York：St. Martin's Press，1994：173.

创办的研究型大学，还是改造后的传统大学，除克拉克大学在创办初期只实施研究生教育外，其他大学也开展本科教育，并在发展中致力于协调研究生教育与本科教育的关系，推动研究型大学与传统学院制度的有机结合。因此，美国的本科学院是其"独有的教育经验……伴随研究型大学的学术革命，探索新的教育理念与形式，在大学内成为矫正或制衡学科中心之学术秩序的'新教育'机构"[1]。如博耶（John Boyer, 1946— ）曾将芝加哥大学形容成19世纪的德国式大学、牛剑的英式本科学院、美国的成人教育与暑期课程等元素的综合体。[2]这是因为美国高等教育改革与发展所面临的环境，与诞生德国研究型大学的土壤，即德意志的政治社会结构与社会情境，十分不同。本科生院和本科生教育的存续可以为美国大学，特别是那些缺乏国家财政支持的公立大学吸引大量的学费、地方支持和社会捐赠，从而为大学的发展提供保障，并使其与所在城市紧密相连。这也在一定程度上反映了美国高等教育更多地受到其本土实用主义理念，而非德国的新人文主义思想的影响。更重要的是，将大学发展为一个兼具人才培养与科学研究功能的组织而非单纯的学术研究机构，可以使来自不同学科的学者共存于同一个知识空间中，从而形成更有利于高深学问研究与人的全面培养的智识共同体与学术氛围。

　　总的来说，美国高等教育在改革发展过程中兼容英国式本科教育和德国式研究生教育，既继承了德国大学追求高深学问的科研精神，又使得美国大学继续保持与社会现实需求的密切联系，从而形成了适合美国本土社会生态的高等教育模式。"美国各大学实质上有着各自的特征，可以断言，这一多样化的区别，本质上却正是缓慢的、渐进的'欧洲化'所导致的。美国大学这种所谓的'欧洲化'，无论如何，将永远不会变得完全等同于欧洲大学"；美国的发展又进一步促进了研究型大学制度的变革与完善，在后续进一步影响了包含德国在内的世界各国高等教育的发展，甚至于在美国逐渐接近德国大学的同时，"就学术领域各方面而言，德国在许多方面正在'美国化'"。[3]

1　李猛. 在研究与教育之间：美国研究型大学兴起的本科学院问题 [J]. 北京大学教育评论, 2017（4）：2–22.

2　Boyer J. The University of Chicago：A History[M]. Chicago：The University of Chicago Press, 2015：93.

3　马克斯·韦伯. 韦伯论大学 [M]. 孙传钊, 译. 南京：江苏人民出版社, 2006：37.

二战期间，纳粹政策极大地破坏了德国高等教育，不仅迫害了大批德国学者、学生，还使得德意志大学引以为豪的学术自由传统荡然无存，高等教育沦为国家统治的工具，逐渐丧失其世界高等教育的中心地位。因此，二战后联邦德国在重塑高等教育的过程中极其重视学术自由，强调科研与教学的结合，希望借此重塑"洪堡精神"。除此之外，在美国高等教育模式的影响下，德国大学开始强调其社会服务功能，日益推动实用性科学研究在大学的发展，加强大学研究与社会经济发展、地区产业需求的联系。同时，德国自20世纪70年代起建立以应用型人才培养为目标的高等职业学院（Berufsakademie），进一步增强了高等教育与社会的联系；这些高等职业学院在后来的发展中部分升格为双元制大学。综合性大学、应用科学大学、双元制大学和高等职业学院等共同构成了德国当代高等教育体系。

本章小结

作为欧洲高等教育的"后起之秀"，最古老的德国大学兴建于14世纪后半叶。16—17世纪，一批新教大学在德意志地区出现，但随着宗教战争的爆发，德国大学进入衰退期。直至17世纪末18世纪初，哈勒大学与哥廷根大学的创办一定程度上复苏了德意志的高等教育，使其初现近代大学的端倪。哈勒大学在教学内容上摒弃中世纪大学传统的经院哲学，强调以数学和自然科学为基础的知识的传授，并开始使用德语进行教学。在此基础上，哥廷根大学一方面更为彻底地贯彻了学术自由原则，取消了神学院自中世纪以来享有的对其他学院的监控权；另一方面通过充裕的经费、良好的实验设施和丰富的图书资源为研究提供大力支持。这两所大学的改革探索为德国高等教育模式的形成奠定了基础。

19世纪初，普鲁士在耶拿战争中的惨败激起了德意志的民族主义情感，迫使重创后的德意志走上全面改革以实现民族复兴的道路。高等教育被赋予了通过对人的教化以培养同一性德意志民族精神的使命。柏林大学即在此背景之下创办。柏林大学以追求高深知识和纯粹科学为使命，将科学研究纳入大学的职责范围。自此，研究不再是科学家凭借个人兴趣开展的单打独斗，而成为大学内部系统化的、专业化的组织制度与活动。为此，柏林大学一方面通过研讨班、研究所、实验室等制度贯彻教学与研究相统一的原则，另一方面以教学自由和学习自由为原则鼓励教师和学生自主选择教学课程与研究内容。在柏林大学的影响下，19世纪的德国大学展开了全面改革，其在科学研究方面取得的成就不仅直接提升了大学在知识生产和国民生活中的地位，同时推动了德国高等教育模式的定型与传播。及至第一次世界大战前，强调科学研究且主张学术自由的德国研究型大学模式成为世界公认的高等教育典范。

❓ 思考问题

1. 哈勒大学、哥廷根大学和柏林大学的主要改革举措是什么？

2. 上述改革举措如何共同塑造了德国高等教育模式的主要特点？

📖 阅读书目

1. 弗·鲍尔生. 德国教育史 [M]. 滕大春, 滕大生, 译. 北京: 人民教育出版社, 1986.

2. 弗里德里希·包尔生. 德国大学与大学学习 [M]. 张弛, 郤海霞, 耿益群, 译. 北京: 人民教育出版社, 2009.

3. 贺国庆. 德国和美国大学发达史 [M]. 北京: 人民教育出版社, 1998.

4. Bernal J. The Social Function of Science[M]. Cambridge：The MIT Press, 1967.

5. McClelland C E. State，Society，and University in Germany 1700–1914[M]. Cambridge：Cambridge University Press，1980.

第六章

20世纪的美国高等教育模式

从1636年北美殖民地上诞生第一株文明之花——哈佛学院至今，美国近四百年的高等教育发展史上经历了殖民地学院、赠地学院、州立大学、初级学院、研究型大学和创业型大学等多种高等教育办学机构的交替更迭与革新共生，它们共同铸就了20世纪美国高等教育发展的黄金时代，绘制了世界教育中心与科技中心的新版图。

第一节　美国高等教育模式的形成基础与早期发展

一、殖民地学院的设立与发展

15世纪末，哥伦布（Christopher Columbus，1451—1506）发现美洲大陆，就此拉开了英国、西班牙、荷兰和法国等国在这片土地上将近三个世纪的开拓与殖民的序幕。得天独厚的自然资源和巨大的产品倾销市场在推动殖民者开拓新大陆的同时，也促使他们将本国的宗教传统移植到美洲荒野，以增强本国的政治影响。英国是在这片古老土地上走得最远、影响最深远的宗主国。1607年，英国在北美建立了第一块英属殖民地，将其未来构想为经济自足、文化丰盈和移民宜居的新大陆。英国的探险者如吉尔伯特（Humphrey Gilbert，1539—1583）等人认为，"美洲不应被当作通向亚洲的一个中转站，也不应当作劫掠西班牙的一个基地，而应把它本身看作目的地，即一个对移民定居敞开大门的空旷大陆"[1]。兴办教育被看作在这片土地上渗透文化基因、传承价值信仰的直接手段。因此，从1636年第一所殖民地学院建立，到1789年美利坚合众国成立，

1　Simons R C. The American Colonies：From Settlement to Independence [M]. New York：W. W. Norton & Company, 1981：9.

这一个半世纪的高等教育图景即聚焦于英属北美十三个殖民地上的九大殖民地学院。

1584年，英国航海家和探险家哈克卢特（Richard Hakluyt，1552—1616）在晋见伊丽莎白一世时，呈递《论西部殖民》（*Discourse of Western Planting*）一书，提出应开拓殖民地事业，并任命牧师，以教育殖民地的人们信仰上帝，遵守秩序和避免反叛。[1]然而，英国在美洲创建殖民地学院的计划并非一帆风顺。例如，1617年弗吉尼亚总督叶德雷（George Yeardley，1588—1627）曾用一万英亩土地和两千英镑着手建立学院，但1622年印第安人对创办大学的人士发动袭击，导致创办学院的计划终止。

直至十年后，英国清教徒中一批来自剑桥大学的毕业生积极倡导和建议在马萨诸塞州建立一所高等学校。1636年，在马萨诸塞州政府的支持下，学院正式启动建设，成为广袤的美洲大陆上第一所正规高等教育机构。1637年，校监委员会聘请曾就读于英国剑桥三一学院的清教神学家伊顿（Nathaniel Eaton，1609—1674）担任院长。1639年，为纪念向学院慷慨捐资700多英镑和400册图书的哈佛（John Harvard，1607—1638）牧师，学院更名为哈佛学院（Harvard University）。由于马萨诸塞州居民几乎都是清教徒，所以哈佛学院并未对入读学生的宗教信仰作特殊要求。学院通常在春季举行入学笔试和口试，考试内容包括拉丁语、算术、历史、地理和英语等科目。哈佛学院的课程设置体现了欧洲传统教育的精粹，科目中的六科都源自七艺，包括文法、修辞、算术、逻辑、几何、天文。同时，学院继承了欧洲宗教教育的传统，内容上注重传授新教神学。学院沿袭欧洲大学的学位制度，设立学士学位和硕士学位。1636—1645年，哈佛学院共授予55人学士学位，18人硕士学位。[2]虽然哈佛的课程设置深受英国古典大学模式的影响，是为了"推进虔诚、礼教和学术而建立的"[3]，但不应该忽视其所培养的毕业生在就业方面的多样性（表6-1）。

1　劳伦斯·A. 克雷明. 美国教育史（一）：殖民地时期的历程（1607—1783）[M]. 周玉军，苑龙，陈少英，译. 北京：北京师范大学出版社，2003：1-5.
2　王慧敏，杨克瑞. 美国高等教育史（上）：开拓与奠基（1636—1861年）[M]. 北京：教育科学出版社，2019：114.
3　劳伦斯·A. 克雷明. 美国教育史（一）：殖民地时期的历程（1607—1783）[M]. 周玉军，苑龙，陈少英，译. 北京：北京师范大学出版社，2003：173.

表 6-1 1636—1645 年哈佛学院毕业生的就业去向

单位：人

去向	1642—1658 年	1659—1677 年	1678—1689 年	1642—1689 年总计
神职人员	76	62	42	180
医生	12	11	4	27
公职人员	13	17	12	42
教师	1	8	4	13
商人	3	6	1	10
乡村绅士	4	5	2	11
士兵、海员	0	1	4	5
跨行业者	2	3	0	5
早逝者	11	5	11	27
职业不明者	27	35	6	68
合计	149	153	86	388

资料来源：劳伦斯·A. 克雷明. 美国教育史（一）：殖民地时期的历程（1607—1783）[M]. 周玉军，苑龙，陈少英，译. 北京：北京师范大学出版社，2003：174.

　　早期，哈佛学院存在着办学经费不足和管理体制不健全两大困境。1669年，哈佛学院52.7%的经费来自政府拨款，捐赠和学费仅分别占12.1%和9.4%，严重制约了学院发展。[1] 直至1650年的宪章确定了哈佛学院的地位，由此建立了董事会与监事会并存的管理体制。董事会由校长、五位评议员和一位财务员组成，处理学校方针政策制定、教员聘任、捐赠受理等具体事务；监事会由校长、市政官员和教士组成，监督并审核批准学校董事会的决策事项。哈佛学院建立的董事会与监事会并存的二元管理体制成为此后美国大学管理制度的基本原则。

　　殖民地时期的第二所学院是位于弗吉尼亚州的威廉玛丽学院（College of William & Mary，1693），这是英国国教会最早建立于北美殖民地的高等教育机构。尽管与马萨诸塞州领导者相比，弗吉尼亚州领导者对人口的重视程度有

<hr/>

1 劳伦斯·A. 克雷明. 美国教育史：殖民地时期的历程（1607—1783）[M]. 周玉军，苑龙，陈少英，译. 北京：北京师范大学出版社，2003：171.

限，且发展高等教育的使命感不足，但在英国国教和弗吉尼亚政务会的推动下，1693年学院取得了特许状。学院最初设置了哲学院、神学院、文学院和印第安学院，其中哲学院是核心，主要传授物理、数学、逻辑学、修辞学、伦理学等知识。学生只有在哲学院完成课程后才能进入神学院学习。在行政管理上，该校与哈佛学院一样设置了董事会和监事会，但其监事会的权力更大，包括制定规章和聘任教授等。该校所在的弗吉尼亚州是美国独立运动的重要中心，其培养的很多师生都成为美国独立运动时期和建国初期的政治家、外交家。例如《独立宣言》的起草者杰斐逊（Thomas Jefferson，1743—1826）是该校的首任校长，《独立宣言》的签名者中约五分之一（12人）是该校毕业生。[1]然而，整个18世纪，由于国教会的严格宗教管控，以及法人和监事会间的职责划分过于模糊，学院缺乏学术活力且管理混乱，这些都影响了该校的发展。

由于哈佛学院的自由主义引发了保守派的不满，清教徒的公理会教士于1701年在康涅狄格州建立了一所新式的学院制学校，后于1718年命名为耶鲁学院（Yale College）。作为美洲殖民地的第三所学院，耶鲁学院有三个特点：一是该校坚持维护宗教的正统性，实施严格的宗教审查，即校长和教师必须公开承认公理会的正统教义；二是该校在行政管理上不设监事会，坚持董事会的独立领导，且允许校长进入董事会；三是该校最早表现出对自然科学的重视，1727年时就规定所有大四的学生均需要学习数学，且在自然科学教学中配置了基本的实验设备。

整个17世纪，在传播教义和培养牧师的目标驱动下，哈佛学院、威廉玛丽学院和耶鲁学院相继建成，彻底点燃了美洲殖民地的文明圣火。三所学院的发展进一步加剧了殖民地宗教的教派化。加上随着殖民地经济发展，世俗和理性得到推崇，人们愈发反对神学教条的禁锢。这些都让坚守纯正信仰的教士感受到了危机，他们在18世纪30年代发起了旨在唤起民众宗教热情的"大觉醒运动"（Great Awakening）。推动"大觉醒运动"的宗教派别纷纷通过创办学院的方式传教布道和培养宗教人员，这为殖民地高等教育的多元化发展提供了

1　王慧敏，杨克瑞. 美国高等教育史（上卷）：开拓与奠基（1636—1861年）[M]. 北京：教育科学出版社，2019：120.

契机。

此后直至美国独立战争之后的数十年间，美洲殖民地由不同的教派先后建立了五所学院：新派长老会创办了新泽西学院（College of New Jersey，1746），英国国教创办了国王学院（King's College，1754），教会复兴派浸礼会创办了罗得岛学院（College of Rhode Island，1764），荷兰革新教会创办了皇后学院（Queen's College，1766），公理会创办了达特茅斯学院（Dartmouth College，1769）。此外，还有唯一一所非教派性的学院——费城学院（College of Philadelphia，1740），其设置初衷在于回应美洲殖民地的自然环境和社会需求，而非宗主国即英国的需求，因此该校摒弃中世纪传统和宗教目的的课程规划，开设科学课程，并采用英语语言教学。

总体而言，九所学院尽管规模较小且办学水平有限，但它们共同形成了美国高等教育崛起的胎息之源。一方面，殖民地学院培养了将近5000名毕业生[1]，其中诞生了大量对美国社会影响深远的精英。例如，美国前6位总统中有5位都毕业于殖民地学院，其中美国第二任总统约翰·亚当斯（John Adams，1735—1826）和第六任总统约翰·昆西·亚当斯（John Quincy Adams，1767—1848）均毕业于哈佛学院，第三任总统杰斐逊和第五任总统门罗（James Monroe，1758—1831）毕业于威廉玛丽学院，第四任总统麦迪逊（James Madison，1751—1836）毕业于新泽西学院。殖民地学院不仅培养了大批的政治精英，也培养了各学科领域的卓越人才。如：美国潜艇之父布什内尔（David Bushnell，1740—1826）毕业于耶鲁学院，化学家拉什（Benjamin Rush，1745—1813）毕业于费城大学，政治家鲍登（James Bowdoin，1726—1790）毕业于哈佛学院，诗人弗瑞诺（Philip Morin Freneau，1752—1832）毕业于新泽西学院，等等。另一方面，殖民地学院虽由宗主国扶持成立，但在发展过程中孕育出了"反对殖民，争取独立"的思想意识，突出表现在"权利""自由"和"义务"等议题成为课程的重要内容，学生对政治领域的关注不断增长等方面。例如，1769年，罗得岛学院的首届毕业生典礼的辩论议题是"在目前的情况下英属美

1　亚瑟·科恩. 美国高等教育通史 [M]. 李子江，译. 北京：北京大学出版社，2019：45.

洲是否能贯彻其政策，并足以使之成为一个独立国家"。[1]

　　始于17世纪的欧洲移民为北美大陆点燃了文明火光，其中受过高等教育的移民者出于宗教传播、教育子女的需求将宗主国的高等教育模式移植到新大陆。这一时期美国殖民地学院的创立和发展在教育思想、管理模式、培养目标和课程设置等方面均深受英国高等教育模式的影响。在教育思想上，殖民地学院传承了宗教服务的办学理念，以传经布道和宗教人员培养为重要办学目标；在管理模式上，殖民地学院延续了欧洲大学通过特许状获得独立法人地位的传统，强调独立和自治的法律权利；在课程设置上，殖民地学院与英国牛津大学及剑桥大学一样，以古代七艺为主要学习内容，重视古典课程的学习；在教学管理上，殖民地学院效仿牛剑的学院制、学位授予制等制度，强调高等教育的教学而非研究职能。

　　尽管殖民地学院深受英国及欧洲古典大学模式的影响，但殖民地落后的经济文化条件、恶劣的生存环境均使其在办学中呈现出有别于英国高等教育模式的特征，这种差异性集中体现在办学目标与管理体制上。殖民地学院早期办学目标是传播基督教文化和培养教士。18世纪中叶，在殖民地经济社会发展和启蒙运动中理性与科学精神萌发的驱动下，世俗色彩开始注入殖民地学院的办学理念之中。例如，此时的威廉玛丽学院不再限于为宗教服务，还将培养世俗生活所需的医生和律师纳入办学目标之中。同时，殖民地学院在课程设置上开始关注科学学科。例如18世纪中叶，哈佛学院的温斯罗普（John Winthrop，1588—1649）建立了美洲殖民地第一个太阳黑子观测站和第一个实验物理实验室，并推动仪器实验在教学中的普遍运用。

　　在管理体制上，欧洲大学教授自治的传统并没有在殖民地学院得到全面传承。欧洲大学最初由学者行会组建而成，虽然其在发展过程中不断争取国王和教会的保护，但大学始终奉行自我管理模式。殖民地学院则深受立法机关和教会的干预，如哈佛学院和威廉玛丽学院都成立了由部分校外人士组成的校监会，负责学校规章制定和人员聘任。尽管耶鲁学院仅设置了董事会，但校长和

1　劳伦斯·A.克雷明.美国教育史（一）：殖民地时期的历程（1607—1783）[M].周玉军，苑龙，陈少英，译.北京：北京师范大学出版社，2003：452.

教师在其中争取管理权限的进展十分缓慢。总的来说，较之于17、18世纪的英国和欧洲高等教育模式，殖民地学院显示出宗教目的与世俗利益兼顾、外部监管与内部自治结合的特征。就此而言，美国现代高等教育模式中密切联系社会需求的实用主义导向，以及院校治理中的董事会制度在殖民地时期就初现端倪。

随着1787年美国联邦政府的建立，民主主义和实用主义的思潮涌入美国高等教育界，推动殖民地学院以课程改革打破传统古典教育模式并回应建国初期社会发展的新需求。殖民地学院的课程改革聚焦于三方面：一是增设实用性课程以促使课程体系更加贴近社会需求。例如，布朗大学（Brown University，1764）时任校长韦兰（Francis Wayland，1796—1865）认为"实用性已经成为考量美国大学存在合法性和社会认可程度的基本指标"，因此高等教育界应该既致力于对自然科学的探究，也要体现现实的关切。韦兰主张拓宽课程体系，扩大科学和技术教育，推动高等教育的大众化和实用化。[1] 二是改革课程修习方式以灵活适应多样化的受教育需求。如哈佛学院于1825年允许高年级学生根据自身学习能力决定学习进度，结合个人兴趣选修一定数量的课程，至1839年又允许一年级以上的学生以自然科学、现代外语和历史学等课程学习替代拉丁语和希腊语的课程学习。三是提升传统课程教学质量并延续自由教育的传统，提出课程体系改革在引入实用性课程以直接面向社会需求的同时，也要持续发挥自由教育在人才培养中的基础性作用。如耶鲁学院于1828年发布《耶鲁报告》，强调以古典语言为核心的传统课程体系在训练心智和培养人格方面发挥了不可替代的作用。尽管这一时期殖民地学院的课程改革在多方面因素制约下并未取得理想的改革效果，但其努力回应现实需求的改革动向引领了美国现代大学构建多样化的课程体系和灵活的课程选修方式的努力，且其对传统课程的提升也在很大程度上保留了博雅教育的传统。

二、达特茅斯学院案的意义与影响

美国内战前，除了继承与改革以殖民地学院为代表的小规模私立学院，高

---

1 王慧敏，杨克瑞.美国高等教育史（上卷）：开拓与奠基（1636—1861年）[M].北京：教育科学出版社，2019：302–305.

等教育还有另外一个重要主题，即公立大学和私立大学的体系分离。19世纪初，美国高等教育体系呈现公立大学和私立大学并行的局面，其中由殖民地学院发展而来的私立大学不仅面临以改革适应新经济社会发展需求的难题，也陷入了保持私立特性的困境。达特茅斯学院案（Dartmouth College case）对公立大学和私立大学的体系分离起到导火索作用，其判决结果为美国私立大学的发展提供了法律依据。

达特茅斯学院（Dartmouth College，1769）是清教公理会教派和新罕布什尔殖民地政府合作创办的一所印第安人学校，旨在为本地区的印第安人和贫苦人民提供教育。新罕布什尔殖民地政府主要为学院提供土地，公理会牧师利亚撒·惠洛克（Eleazar Wheelock，1711—1779）通过募集捐款的方式为学院筹得1.2万英镑的创办资金。1769年，学院获得皇家特许状并设立董事会作为最高决策机构，校长则负责日常行政管理工作。首任校长利亚撒·惠洛克凭借卓越的办学能力和积极投身教育事业的办学热情带领达特茅斯学院步入快速发展期。利亚撒去世后，他的儿子约翰·惠洛克（John Wheelock，1754—1817）继任校长。此时的学院刚刚经历战争的创伤，面临着土地纷争、资源不足、人事纠纷等一系列发展问题，惠洛克在处理上述问题的过程中与独立性不断增强的董事会矛盾激化。1814年，董事会以撤销惠洛克的教授职务，解除其校长职务为措施来夺回曾经由校长掌握的学院管理权，并显示董事会的权威。对此，惠洛克深感愤懑，并于1815年向新罕布什尔州立法机关申诉，控告学校董事会非法剥夺特许状赋予校长的行政管理权。此后，州议会对达特茅斯学院董事会行为进行调查，结果认定董事会无过错。

1816年，民主共和党候选人普鲁姆（William Plumer，1759—1850）上台后，大力推动州立大学建设。他认为州政府为达特茅斯学院发展提供了大量的资金和土地，因此有权干预学校运行，主张修改特许状以将达特茅斯学院纳入州政府管辖，改成州立大学。据此，新罕布什尔州议会颁布《更改特许状以及扩大、提高达特茅斯学院法人地位的法案》（*An Act to Amend the Charter and Enlarge and Improve the Corporation of Dartmouth College*），又称《六月法案》。该法案规定将达特茅斯学院改为达特茅斯大学，将由州和州议会指定新的9名大学董事会成员（原董事会成员共12名）；联合社会人士和政治名流组建监督委员会，其有权监督或反对大学董事会的决议等。[1]该决议引发了达特茅斯学院董事会的极度不满，他们向美国联邦最高法院提起上诉，要求对新罕布什尔州立法机关是否有权修改皇家特许状，以及修改后的特许状中州政府对学院的管控是否损害了达特茅斯学院的权益两项事务做出裁决。自此，学校董事会和新罕布什尔州立法机关对簿公堂，学校内部管理矛盾逐渐演变成为大学与州政府间的冲突。经过一年多的庭审激辩，最高法院认为，由于联邦宪法中没有规定州议会有权处置私人财产，判决州议会无权处置达特茅斯学院这一私人慈善团体，该学院所持的皇家特许状受美国宪法保护，州政府无权干涉，且认定州政府的行为损害了学院合法权益。

达特茅斯学院案的本质是多方利益主体对学校控制权的争夺和博弈，其间交织着"殖民地教育传统和法律与新生的美利坚合众国政治抱负间的冲突"[2]。该案的判决不仅确立了私人团体的办学许可权，保护了私立高等教育的权益，而且以法律形式划清了联邦政府和州政府在发展私立大学上的权限，并间接刺激州政府创办州立大学。具体而言，达特茅斯学院案在四个方面深刻地影响了美国高等教育的发展。

一是保护了高等教育机构作为独立法人的权益。该案的判决书认定尽管达特茅斯学院在目的和功能上具有公共性，但学院最初是由私人创建者启动和捐资建成的，因此基于保护私人财产权的法理基础，州议会无权干预学校事务。达特茅斯学院案使得作为公共机构的学院免受州政府的控制，保护了个人或团体建立学院的合法权益。[3]该判决将私立高等教育机构的管理权交给了特许状所规定的学校董事会，为其创设了免受政府干扰的发展环境，促进了美国私立高等教育机构的发展。达特茅斯学院案判决后，美国私立高等教育迎来兴盛时期。据统计，1776—1861年美国成立的800多所高等教育机构中绝大多数都是

1 王慧敏，杨克瑞. 美国高等教育史（上卷）：开拓与奠基（1636—1861 年）[M]. 北京：教育科学出版社，2019：199.
2 王慧敏，张斌贤，方娟娟. 对"达特茅斯学院案"的重新考察与评价[J]. 教育研究，2014（10）：119—127.
3 Trow M. In praise of weakness：Chartering, the university of the United States, and Dartmouth College[J]. Higher Education Policy，2003（16）：1—16.

私立学院。[1]

二是间接促进了州立大学的发展。随着殖民地疆域的开拓和经济发展对人才需求的增加，集中于东部城市的殖民地学院规模小、容量不足的弊端凸显，各州迫切需要创办州立大学以促进经济社会发展。达特茅斯学院案宣告州政府企图改造原有学院来创办州立大学的计划失败，迫使州政府通过新建学院的方式来直接建设州立大学。此后，田纳西州立大学、印第安纳州立大学、弗吉尼亚州立大学等州立大学先后成立。至1860年，美国已经建成66所州立大学。[2]这些州立大学摆脱了传统殖民地学院的宗教传统，表现出强烈的"入世情结"，关切经济社会发展的现实需求。这不仅为美国输送了大批实用型人才，也为美国高校提出社会服务作为大学基本职能之一奠定了基础。

三是促进美国高等教育格局的多样化。达特茅斯学院的获胜意味着不同宗教派别、办学性质和规模大小的高等教育院校的自主发展权利均在法律上得到保障，在一定程度上刺激了多样化的高等教育机构发展。在达特茅斯学院案裁决后，社会力量办学的热情高涨，技术院校、女子学院、黑人大学和教派学院逐渐兴起。

四是增进了美国高校与社会的联系。达特茅斯学院案的判决表明，即使是私立性质的大学也要为社会服务，且社会服务是大学争取发展资源的合法性根基。因此，学院在获胜后主动要求政府官员进入董事会以争取政府的经费和土地支持，而州政府则通过拨款间接干预学院发展，促使学院及时回应社会公共需求。正如美国历史学家布尔斯廷（Daniel Boorstin，1914—2004）所言，美国的高等教育方式是"美国的社群建设方式的副产品"，"美国学院既非公立，亦非私立，而是一种社会力量作用下的社群机构"，也正因如此，学院应为公民及他们的社群服务。[3]

1　强连庆. 中美日三国高等教育比较研究 [M]. 上海：复旦大学出版社，1995：22.
2　贺国庆. 德国和美国大学发达史 [M]. 北京：人民教育出版社，1998：99.
3　丹尼尔·J. 布尔斯廷. 美国人：建国的历程 [M]. 谢延光，林勇军，陆绶英，等译. 上海：上海译文出版社，2012：205，207.

三、实用主义思想对于美国高等教育的影响

实用主义思想之所以会在美国孕育而生，与其作为一个移民国家的特殊性密不可分。一方面，在新大陆筚路蓝缕的开辟过程中，早期殖民者面对荒芜的土地、落后的文化和陌生的印第安人等一系列恶劣的生存环境愈发感受到积极行动的意义；另一方面，绝大多数早期移民都是英国清教徒，他们将"永不停歇地工作"作为人生信条，这种宗教道德观逐渐转换为一种世俗的进取精神。同时，北美殖民地最大的宗主国英国诞生了以培根和洛克为代表的经验主义哲学家，他们为英国及其北美殖民地注入了重经验、重事实的民族品性，强调感性认知是知识的来源，认为只有经过经验检验和证实才能判断知识的真伪。南北战争结束后，在美国本土文化意识的觉醒过程中，追求实际行动的传统、世俗的进取精神、经验主义的价值体系共同催生了实用主义哲学。实用主义因之成为美国社会的精神支柱，也是形塑美国民族性格和价值观念的核心。此外，欧洲大陆的哲学思想也为实用主义提供了丰富的养分，如法国的实证主义、德国的新康德主义和不断走向相对主义的科学与哲学思潮。1877年，皮尔士（Charles Sanders Peirce，1839—1914）发表《信念的确定》（"The fixation of belief"）和《如何形成清晰的观点》（"How to make our ideas clear"）两篇文章，标志着实用主义哲学的诞生。此后经詹姆斯（William James，1842—1910）、杜威（John Dewey，1859—1952）等人的发展和传播，实用主义思想成为美国社会文化领域的主流哲学。具体而言，实用主义对美国高等教育产生了如下影响。

首先，实用主义中蕴含的人本主义思想要求人人皆可受教育，促进了美国高等教育的多元化和民主化。实用主义将哲学的首要价值定位为研究人的问题，改善人的生活，因此带有浓厚的人本主义色彩。席勒的人文实用主义"把社会、国家、民族和集体视为个人之间为满足自身权利而设立的契约关系和人类共同体，并服务于具体的个人，它要求把社会和文化进步的成果落到实处，即个体的人身上"[1]。关注人的问题使得美国高等教育机构成为服务公众利益的机

1　彭越.实用主义思潮的演变：从皮尔士到蒯因 [M].厦门：厦门大学出版社，1992：24–25.

构，即高等教育机构是公众实现其价值和理想的沃土，而非专属特权阶层的精英式教育机构。多元化的高等教育能满足不同人的受教育需求，促进高等教育的全民普及。

其次，实用主义主张思想的意义和真理性是由实际效用标准决定的，促使美国高校与经济社会建立密切的联系。"真理即效用"是实用主义的重要信条之一，它指"把思想或学说认为可行的拿来贡献于经验改造的那种效用"，而不是将其看作满足私人野心和权势的工具。[1]服务于现实生活和社会发展的实用主义思想渗透在教育领域即形成了与早期欧洲宗教教育的理性主义大学观相对立的实用主义大学观，后者关注教育的实际效用，强调世俗性的文化教育逐渐取代宗教教育。将现实需求、实际功用、世俗利益等因素融入美国高等教育体系是美国高等教育有别于传统欧洲高等教育最突出的特征，也是社会服务职能提出并在美国大放异彩的文化基础。对此，高等教育哲学家布鲁贝克（John Seiler Brubacher，1898—1988）在论述高等教育存在合理性时指出，高等教育的认识论和政治论哲学交替出现在美国高等教育史上，前者将闲逸的好奇精神看作追求知识的最终目的，后者强调知识对国家发展的深远影响。

再次，实用主义知识观深刻地影响了美国大学的课程设置与改革实践。实用主义知识观认为知识不仅包括以书本形式呈现的间接知识，也包括个体的直接经验，主张知识是人类在适应生活时使用的有效工具。受实用主义知识观中知识本质观的经验性和情境性，以及知识价值观的工具性和实用性的影响，美国高等教育课程呈现出明显的世俗性和经验性特征，强调课程要与生活及社会现实联系，沟通书本与经验世界，如不再囿于学科边界而是以跨学科、综合化方向建设学科，以及在教学方法上强调"做中学"。

彼时，美国社会正处于从农业社会向工业社会的转变时期，也是美利坚合众国国家统一意识和民族独立意识觉醒的时期，实用主义哲学浸润下的高等教育为经济发展和文化独立提供了知识基础。它不仅为美国从农业社会向工业社会转变中的对科学技术手段的需求提供了服务，也为美国民众思想文化水平提

1　杜威.哲学的改造[M].许嵩清，译.北京：商务印书馆，1958：85.

高以及独立民族意识养成提供了基础。

第二节　美国高等教育模式的形成与定型

一、州立大学的建立与发展

1776年，北美殖民地创建了具有独立主权的美利坚合众国，推动了美国的民族意识觉醒和民族文化萌芽。摆脱宗主国文化殖民的最有效的方式之一即创建扎根本土的教育体系。以华盛顿为首的美国前六任总统均同意以国家名义在首都建立一所由国会资助的国立大学，其中华盛顿甚至捐赠了部分遗产用于创办国立大学。然而，该设想遭到了多方反对，如州权主义者担心国家过于集权会导致教育专权，各教派势力担心国立大学会制约传统学院的发展，导致国立大学的创办计划最终未能实现。与此同时，19世纪初的美国工业革命要求高等教育摆脱宗教束缚，更加专注于经济社会发展所需的现代科学技术知识。独立国家的建立、民族文化意识的形成以及工业革命的发展共同促使新生政权将发展教育看作一项国家职责。

原先九所殖民地学院主要集中在美国东北部的少数城市。战后，美国西部和南部城市相继创办高等教育机构。弗吉尼亚大学（University of Virginia，1819）即是位于美国南部，由美国第三任总统杰斐逊推动创建的一所州立大学。杰斐逊曾在1800年写给英国化学家普里斯特利（Joseph Priestley，1733—1804）的信中阐明了在弗吉尼亚州建立一所州立大学的愿景，并详细论述了对这所大学的课程规划，如明确将宗教课程排除在外，主要教授对现实生活有实际效用的科学课程。经过近20年的争取，弗吉尼亚大学最终在州政府拨款建设下于1819年建立。该校设置了广泛的课程，允许学生在专注于特定学科的同时选修其他专业的课程，且有意将宗教课程排除在外。在管理体制上，州议会核准的视察委员会负责大学管理。尽管其时弗吉尼亚大学的实际办学效果并不尽如人意，存在教学设施缺乏、教育水平不高、师资薄弱等问题，但它的创办带动了美国其他各州的州立大学的陆续建立，它们共同绘制了美国高等教育注重实用的底色。

在西部，密西根大学（University of Michigan，1817）是最具代表性的州立大学之一。该校除了在办学目标、课程设置和招生政策等方面超越了殖民地学院的宗教狭隘性，其最大的贡献是在外部管理体制上理顺了州立大学和教派、州政府间的关系。建校之初，大学董事会拥有法人权力，董事会的成员由校长和教授或者他们中的大多数组成，校长和教授由州长任命。同时，大学每年度都要向州议会提交事务报告。然而，州政府和议会经常改组，导致大学发展政策的连续性不足，且建校法令对大学的基本定位描述不清，大学发展缓慢。1850年，密歇根州议会修改州宪法，规定密西根大学的董事会由投票选举产生，校长由董事会选举产生，从而避免了州议会对大学的直接管控，保护了州立大学必要的自主性。早期，密歇根大学的董事会中渗透了各教派的教士，导致州立大学内教派的争端不断。1852年，曾留学德国并深受德国模式影响的美国教育家、哲学家塔潘在担任密歇根大学校长期间对该校进行了"去宗教化"改革，取消了神学院，加之这一时期美国宪法将"政教分离"以法律形式确立下来，共同促使宗教力量在高等教育领域逐渐消退。

19世纪上半叶，州立大学的建立与发展开辟了美国公立高等教育发展的新方向，对美国高等教育体系完善与社会变革具有重要意义。州立大学的建立是新生的政府力量对高等教育干预的结果，标志着美国政府与大学构建了密切的关系。独立战争让美利坚合众国的建国一代认识到在国家教育系统中渗透民主原则的重要性，以及构建扎根本民族文化创建高等教育机构的必要性。建国初期，国家领导者有意识地改变殖民地时期政府在高等教育发展中权责不明的状况，认为政府应出于维护最广泛的民众利益和国家利益而承担发展高等教育的职责。在州立大学的建设过程中，州政府以提供资金、土地、税收等方式支持大学，获得了高等教育发展的部分控制权。同时，州立大学的非宗教性和世俗化的特性表征了美国高等教育的变革方向。随着民族独立意识的觉醒以及工业革命的发展，以宗教旨趣为办学目的的殖民地学院难以满足经济社会的发展需求。在这一背景下，教授实用性课程和培养实用型人才的州立大学以实用主义倾向顺应了时代前行和国家发展的方向。

二、《莫雷尔法案》与赠地学院的产生

（一）《莫雷尔法案》的提出

在州立大学的发展过程中，通过赠予土地的方式支持大学建立是联邦政府参与教育事业发展的重要手段。18 世纪末至 19 世纪末的西进运动（Westward Movement）中，为了实现对大面积土地的开垦和农作物的高效种植，美国引进欧洲先进的技术手段，在棉纺织业、煤炭业和车辆制造等方面迅速发展，尤其是钢铁工业的发展为美国改良农业工具提供了直接条件，这促使美国成为世界上最早实现农业机械化的国家之一。工农业生产技术的革新迫切需要高等教育培养专业技术人才，以及为工农业技术革新提供新知识、新技术。广袤的土地和迫切的工农业教育需求使得西部各州高等教育的发展与土地密切相关。例如，1785 年 5 月，政府颁布《1785 年土地法令》（The Land Ordinance of 1785），认为支持宗教和教育事业的地区，可以借此同时达到吸引人们买地和定居的双重目的，规定将每个西部城镇均规划为 36 个区域，其中第 16 区的土地主要用于该城镇的公立学院的发展。[1] 1787 年 7 月，《西北土地法令》（The Northwest Ordinance）第 3 条指出，"宗教、道德和知识对于一个好政府和人类的幸福来说是必不可少的，因此学校和各种教育途径永远都应被鼓励"[2]。国家捐赠土地促进高等教育发展的最初动向来源于"特纳运动"。伊利诺伊学院教授特纳（Jonathan Baldwin Turner，1805—1899）认为困扰西部开发事业的关键是农民缺少必要的知识和技能，呼吁联邦政府通过拨赠土地的方式在各州建立州立大学以服务于产业阶层，强调州立大学从地方农业生产加工和畜牧业生产的实际需求出发设计课程体系和教学制度，并向所有阶层的学生开放。

特纳实用主义和平民教育的高等教育理念与美国国会议员莫雷尔（Justin Smith Morrill，1810—1898）的思想相契合。莫雷尔认为，农业是美国的经济支柱产业，农业的发展依赖于农业技术，因此迫切需要通过教育提升农民的科学

1　王慧敏，杨克瑞. 美国高等教育史（上卷）：开拓与奠基（1636—1861 年）[M]. 北京：教育科学出版社，2019：237.

2　Greene J P. Colonies to Nation，1763-1789：A Documentary History of the American Revolution [M]. New York：Norton，1975：473.

素养和农业技术应用能力以提高农业生产效益。同时，基于特纳平民教育的思想，莫雷尔认为州立大学的高等教育应惠及一般平民子弟，以从整体上提升民众的农业技术水平。基于联邦政府此时拥有大量新增土地且土地利用率极低的现状，莫雷尔于1857年底第一次向国会提交法案，建议联邦政府以赠予公共土地的方式鼓励各州建立教授农业和机械工业的新型大学。他指出，在欧洲诸国普遍重视工农业发展的情况下，美国也应通过科学教育改进耕作方式和提高劳动生产率，否则可能会影响整体国力。同时，早在《1785年土地法令》中就已经明确了联邦政府可以出于维护公共利益的需要而干预教育事业发展，且在基础教育领域的实践已经取得了成功。1861年，南北战争爆发之际，莫雷尔第二次提出创办赠地学院的议案。考虑到此时的美国国内动荡的政治局势，议案在具体内容上做出了调整，如叛乱各州不赠与土地，赠地学院要实施军事训练等。议案被时任总统林肯（Abraham Lincoln，1809—1865）认可，认为这对于解决土地纷争、推进社会民主和发展农工高等教育具有重要价值，遂正式签署《1862莫雷尔法案》。

（二）赠地学院的广泛设置

《1862莫雷尔法案》规定赠予各州国会议员每人30000英亩土地，各州利用出售土地的收入建立一项永久性资金，用于建设至少一所农工学院，或资助在已有学院中设置农业或机械类课程，促进工农业阶层的文理教育和实用教育。该法案不仅为赠地学院的建立和发展提供了法律保障和经济基础，也规范了赠地学院的基本办学理念，包括清除课程体系中的宗教因素和浓厚的古典色彩、发展与工农业经济密切相关的课程、为工农子弟就业做好准备等。

在法案的号召下，各州纷纷创办了新式的农工学院——赠地学院。由于各州经济社会和高等教育发展现状差异较大，各州赠地学院的创办方式存在差异。赠地学院的建设方式分为新建农工学院和改造原有大学两种方式，如宾夕法尼亚州、密歇根州、马里兰州等28个州成立了单独的赠地学院，威斯康辛州、明尼苏达州、北卡莱罗纳州等15个州在已有的州立大学和私立大学中设置了新的农工教育计划。因此，有学者认为《1862莫雷尔法案》的历史意义被夸大了，实际上在此之前就已经开始了州立大学的兴办，并且在课程设置方面偏重实用领域。[1]

虽然早期赠地学院的规模扩张迅速，但其也面临诸多困境。首先，《1862莫雷尔法案》以每州议员数量决定赠地面积的做法并不合理。州议员人数是根据各州人口分配的，因此人口密集的东部地区和人口稀少的西部地区获得的赠地面积相差悬殊。其次，大部分赠地学院的农业科学尚未成熟，缺乏开展农工教育的师资、教材、设备等，导致课程设置上农业类课程严重不足。在教学方式上，广大农民对赠地学院脱离实践的农业教育缺乏信心。后期，赠地学院多采用手工训练的方式让学生参与日常农业工作，且通过耕种研究、农作物品种改良、灌溉排水等科学实验提高赠地学院在农业生产中的应用价值。最后，师资力量不足是制约赠地学院发展的重要原因。当时赠地学院的大部分教授是由古典科目转行而来的，他们本身对工农业知识的储备不足，且在缺少可供参考的书籍和范例的情况下，这些教师往往难以承担新兴科目的教学工作。

（三）《莫雷尔法案》补充法案及赠地学院的进一步发展

面对赠地学院建设中的诸多问题，莫雷尔曾于1872—1890年先后12次向美国国会提出为赠地学院直接提供财政资助的议案，议案最终于1890年被通过。《1890莫雷尔法案》规定联邦政府每年向各州提供15000美元的资助，且资助金额以每年1000美元的幅度递增，直至各州每年获得25000美元的资助为止。关于联邦政府资助金额的使用，法案也进行了详尽的规定：该资助必须用于支撑农业、机械工艺、数学、英语等科目教学事务，且只有消除种族歧视的州立大学才能获得这笔资助。对消除种族歧视做出明确规定，既是对美国《独立宣言》中"人人生而平等"思想的贯彻，保障有色人种及其子弟拥有同等接受高等教育的机会，也是为了满足经济社会快速发展的国家对劳动力资源的渴求。在法案的约束下，赠地学院将服务于各州工农业生产实际的需求视为学院存在的根基，十分注重基础理论知识的研究和应用科学技术的开发，主张将研究与应用的成果推广到生产实践中，这为大学社会服务职能的提出奠定了基础。

1　约翰·塞林.美国高等教育史（第2版）[M].孙益，林伟，刘冬青，译.北京：北京大学出版社，2014：73.

《1862莫雷尔法案》和《1890莫雷尔法案》主要关注联邦赠地和拨款如何推动高等教育发展，但并未对赠地学院如何参与社会服务做出明确规定。美国国会1887年颁布《海奇法案》（*Hatch Act of 1887*），规定联邦政府给每所赠地学院拨款以供学院建设农业试验站。农业试验站传播与农业有关的实用知识，对农业问题展开科学研究并开展农业科学应用实验，推动赠地学院直接参与社会服务。在该法案颁布后的一年内，美国38个州都建立了农业实验站，截至1893年，美国共建成农业实验站56个，后增加至66个。[1]

1914年颁布的《史密斯－利弗法案》（*Smith Lever Act of 1914*）要求赠地学院与联邦农业部合作，共同建设农业推广站，推广农业技术。法案规定，推广工作的对象包括那些未曾参加赠地学院学习的民众，推广内容包括农业知识、生产经验和实用技术。赠地学院的农业推广站在培养当地农民的农业技术本领，促进农业和家政教育发展方面产生了重要作用。

在《莫雷尔法案》及其补充法案的推动下，美国赠地学院蓬勃发展，不仅促使美国高等教育在教学内容、方式上的彻底变革，也进一步密切了高等教育与社会间的联系，为大学服务社会职能的最终成形奠定了基础。首先，赠地学院不再以神学、古典文学为教授重点，也不再强调纯粹思辨式的教学手段，而是关注与现实联系密切的农业类实用技术课程，且采用农业实验站的形式推动理论与实践的结合。其次，在这些赠地学院发展的基础上，美国各州相继在公立高等教育的基石上形成了州立高等教育系统。如加州在赠地学院加州大学的基础上，逐步形成了由10所加州大学分校、24所加州州立大学和119所社区学院构成的庞大的公立高等教育系统。[2] 最后，赠地学院关注社会需求的办学宗旨是大学社会服务职能的源头，赠地学院之一的康奈尔大学（Cornell University，1865）是社会服务职能开拓的先行者，它促使科学直接服务于农业和其他生产行业，社会服务职能的集大成者威斯康辛大学（University of Wisconsin，1848）也是一所赠地学院，其坚持大学应为所在州的经济发展和社会进步服务。

1　强连庆 . 中美日三国高等教育比较研究 [M]. 上海：复旦大学出版社，1995：26.
2　荀渊 .《1862 年赠地学院法案》的缘起及其对美国社会的影响 [J]. 全球教育展望，2013（6）：119–128.

三、威斯康辛思想与大学社会服务职能的确立

《莫雷尔法案》以及在其影响下创建的赠地学院开创了大学社会服务的职能，最终在 20 世纪初以"威斯康辛思想"（Wisconsin Idea）而闻名于世。《莫雷尔法案》的出台促成了康奈尔大学的创办者康奈尔（Ezra Cornell，1807—1874）的农业和工程实践教育理念与教育家怀特（Andrew Dickson White，1832—1918）的现代大学教育理念相互联结，继而直接推动康奈尔大学的成立（1865）。他们的办学初衷即创办"一所让任何人都能学到任何知识的大学"[1]。康奈尔大学的创办经费来源于康奈尔本人捐赠的 50 万美元和纽约州所得捐赠土地资金，这为该校奠定了坚实的经济基础。其慷慨捐赠又进一步鼓舞了其他具有教育理想的有识之士的捐赠和支持。[2]

作为该校的首任校长，怀特的高等教育思想体现出鲜明的实用色彩和社会服务的特征。一是兼顾自由教育与实用教育的办学理念，从而有效地将美国实用主义教育观纳入欧洲传统的自由教育之中；二是将宽广的课程设置与有限度的选修制度结合，强调课程之间的平等性，并开设多种职业课程；三是强调以科学研究服务于社会发展，通过全职教授制度和客座教授制度的结合，面向全世界招揽了一大批有识之士来校任教；四是建立董事会与校友会相结合的大学治理体系，加强与地方政府和社会的联系。上述思想集中体现在怀特提交给大学董事会的《关于大学管理委员会的报告》（*Report of the Committee on Organization*）之中，并在此基础上形成了"大学组织计划"，构成了"康奈尔计划"的主要内容。[3]

康奈尔计划的有效实施得益于该校多位大学校长的持续推动。怀特卸任后，该校的第二任校长亚当斯（Charles Kendall Adams，1835—1902）不仅进一步提高了入学和毕业标准，完善了课程体系，还建立了法学院，进一步推动农业试验站的发展，开办暑期学校以招收有农业研究需要的校内外人员。第三任

1　Cornell A B. "True and Firm"：Biography of Ezra Cornell, Founder of the Cornell University：A Filial Tribute[M]. New York：A. S. Barnes，1884：63.

2　Cornell A B. "True and Firm"：Biography of Ezra Cornell, Founder of the Cornell University：A Filial Tribute[M]. New York：A. S. Barnes，1884：206–207.

3　朱鹏举 . 美国康奈尔计划发展研究 [M]. 石家庄：河北教育出版社，2016：94.

校长舒尔曼（Jacob Gould Schurman，1854—1942）任职期间，美国大学正处于从以教学为核心职能转变为以研究为主要职能的高等教育机构的转变过程中。第一次世界大战更使舒尔曼深刻认识到大学以科研服务于国家的重要性。同时，舒尔曼在任职期间致力于保障学术自由，鼓励招收具有多样性的学生群体，推动建立一个自由开放的校园环境，这些措施使得康奈尔大学吸引了大批学生。康奈尔计划的成功实施不仅为该校积累了崇高的社会声誉，也以社会服务的理念开辟了美国高等教育发展的新道路。

威斯康辛大学同样旗帜鲜明地提出贯彻大学服务于社会发展的思想。在1842年建立之初，威斯康辛大学只是一所规模较小的州立大学，至《莫雷尔法案》颁布后，该校获得了大量的经费支持，在扩大规模的同时愈发强调服务于所在州经济发展的办学理念。20世纪初，范海斯（Charles Richard Van Hise，1857—1918）出任威斯康辛大学校长。范海斯在其就职演讲中即阐明，大学的首要任务是为所在州服务，且需要与州政府建立密切的联系。在任职的15年间（1903—1918），他推行了一系列卓有成效的教育改革。

威斯康辛大学通过知识传播、科学研究和专家资政三个方面参与社会服务。该校在知识传播方面的贡献主要通过大学进修部的创设得以体现。威斯康辛州是人口大州，为了提高全州人民的科学文化素养，威斯康辛大学创办了大学进修部以为缺乏正规训练的人提供知识和技术教育。1907年，范海斯聘请雷贝尔（Louis Erhart Reber，1858—1948）主持大学进修部工作，后者认为大学进修部不仅要为想要接受教育的人们提供帮助，还要为那些尚未认识到需要接受教育的人提供帮助。雷贝尔将大学进修部分为四个系进行知识传播：函授教育系提供形式多样、内容丰富的知识；辩论与公共讨论系提供关于社会治理和政治意识方面的内容，激发人们关心和参与政治事务的热情与能力；普通信息与福利系聚焦于对州的具体事务和问题进行答疑解惑；讲座教学系以主题多样的学术讲座丰富人们的文化生活。上述四个系传播的知识内容涵盖了从理论知识到实用技术、从小学课程到大专课程等与民众和社会发展密切相关的知识，使象牙塔中的知识尽可能覆盖到更广泛的人群。

科学研究方面，威斯康辛大学根据威斯康辛州的经济发展状况提供科研支持。威斯康辛州的农业结构在19世纪50年代由农作物种植业过渡到乳制品生产，对专门的畜牧业生产技术和商业管理知识的需求增加，因此威斯康辛大学的科学研究也随之转向奶牛养殖和乳品制造技术。1901年，威斯康辛大学成立农业试验协会，直接推动了威斯康辛州农业经济发展，并为广大学生提供了社会实践机会。大学在一定程度上成为其所在州的研究实验室。为了促进科学研究，威斯康辛大学继承了德国大学学术自由的办学原则。例如，该校经济学家伊利（Richard Theodore Ely，1854—1943）因在《垄断和信托》（*Monopolies and Trusts*）和《工业社会进化研究》（*Studies in the Evolution of Industrial Society*）中主张反对童工和支持工会等而招致一些人的指控，这些人认为他的举动存在蛊惑人心和挑起社会动乱的风险。对此，威斯康辛大学董事会对伊利的行为做出无错误的裁决，并鼓励其继续自由地开展学术研究活动。

此外，威斯康辛大学还将社会服务的范围拓展到资政、参政，鼓励各学科领域的专家担任政府各部门的顾问或领导。20世纪初，资本主义的发展导致社会贫富分化严重，地位不平等问题日渐突出，因此威斯康辛大学的专家学者积极参与到政府立法活动中，提出解决社会矛盾的政见。1910年，威斯康辛大学有35名专家学者直接参与到公共服务中。如政治经济系康芒斯教授（John Rogers Commons，1862—1945）不仅是新建立的产业委员会的成员，还参与了大量的产业、劳工和铁路立法的起草工作；范海斯更是身体力行，他出任了州自然保护委员会、公园委员会、森林和渔业委员会的成员。[1]

通过上述活动，旨在利用大学资源直接为社会服务的威斯康辛思想逐渐成形。"威斯康辛的服务精神是很独特的，其指向了一种服务公共事业的直觉般的存在，而在此之前我们很少有机会去真正发展这一点。"[2]这也使得大学的社会服务职能日臻完善，社会服务职能成为大学继人才培养和科学研究后的第三职能，拓展了大学职能的内涵。就此而言，大学社会服务职能在美国开花结果并非偶然，而是植根于其实用主义的民族文化和多元开放的高等教育系统。

总的来说，19世纪以后，在工业革命和资本主义发展的历史节点，联邦政

1　Howe F C. Wisconsin：An Experiment in Democracy[M]. New York：Scribner's Sons，1912：40.

2　Howe F C. Wisconsin：An Experiment in Democracy[M]. New York：Scribner's Sons，1912：41.

府审时度势地通过赠予土地、财政拨款、免息贷款等方式干预与调控高等教育发展，引导大学冲破宗教的藩篱，在实用主义文化的催化下孕育出大学的第三职能，也推动了美国高等教育的现代化进程。需要说明的是，尽管威斯康辛思想倡导的社会服务职能使得美国大学摆脱了继承于欧洲大陆的象牙塔式的大学模式，但该职能并非与科学研究职能的脱节，而是强调研究在社会服务中的全程参与。

四、市场导向的应用型学院的设置

（一）州立大学的实用性转型

美国独立战争后，大量移民涌入美洲大陆，他们成为美国经济建设的主要劳动力，也加剧了美国社会的多样性。为了对来自不同国家的"新美国人"进行教育，1820年，美国在公共税收的支持下掀起了公共教育运动，旨在为包括下层人民和有色人种在内的所有儿童提供基础教育，此后这种教育民主和公平的理念逐渐延伸至中等教育和高等教育阶段，发展公立大学的呼声渐高。其时，一些州通过改造殖民地学院、兴办州立大学的方式壮大公立高等教育力量。南北战争时期，《莫雷尔法案》的颁布进一步促进了州立大学的发展，其中48所州立大学都获得了联邦政府赠地收入的资助，并呈现出鲜明的实用性特色。这一时期的州立大学普遍确立了追求实用性的办学目标，主张开设畜牧业、兽医、农学、园艺学、植物病理学、农场管理、农业化学等应用性课程，培养实用技术型人才，并承担应用科学研究。

（二）职业导向的初级学院的兴起与发展

南北战争结束后，稳定的政治局势和不断进步的科技水平推动了美国工商业的快速发展和经济社会的深刻变革，对专业型人才的需求不断增加。与此同时，19世纪末美国社会阶层的流动方式已经由"白手起家创造美国梦"转变为通过教育实现阶层提升，个人接受教育的意愿强烈。社会和个人的教育需求与美国建国后倡导的"人人生而平等"的政治理念共同促使了高等教育民主化思潮的兴起。这一时期，美国高等教育机构注册人数激增，导致大学在教学和管理上面临巨大的压力。同时，受德国大学传播高深学问和开展科学研究的办学模式的影响，大批美国学者认为 19 世纪美国学院开展的教学仅相当于德国中等教育水平。[1] 为了切实满足民众的高等教育需求，大学初级学院应运而生，其包含四种类型：四年制大学下设的两年制初级学院；由师范学院改制而成的两年制初级学院；由公立高中延长两年教育而成立的公立初级学院；由小型四年制学院转型而来的私立初级学院。

1892 年，芝加哥大学校长哈珀率先践行了初级学院的理念。他将芝加哥大学分为"基础学院"和"大学学院"两部分，分别负责大学一、二年级和三、四年级的教学。四年后，这两部分分别改名为"初级学院"和"高级学院"。这一时期，初级学院肩负双重任务：为高中毕业生提供接受高等教育的机会和从中选择部分优秀学生继续接受大学高年级教育。同时，芝加哥大学借鉴了英国的副学士学位，形成了美国"副学士学位—学士学位—硕士学位—博士学位"四级学位制度，并且将初级学院正式纳入高等教育范畴，为其在美国大学的进一步推广打下了制度基础。1903 年，哈珀在校长年度报告中归纳了初级学院的三个优势，包括：为更多有志于高等教育的人提供了受教育机会；为学生接受高深知识的教育做好预备工作；促使一些高中延伸教学内容，提高教育水平。

1892 年，加利福尼亚大学伯克利分校（University of Carlifornia，Berkeley）将大学前两年作为高中延伸阶段并将其命名为普通文化学院。凡是要进入高年级学习的学生，必须获得普通文化学院颁发的毕业证书。与此同时，该校还积极推动高中后两年的延伸教育，促使六年制高中制度在该地区实现。1907 年，加利福尼亚州允许各公立中学在传统四年制高中的基础上再增加两年的教育。截至 1914 年，该地区共有 10 所高中延长学习年限并成功转型为初级学院。

此外，一些小型四年制学院成为大部分私立初级学院的前身。南北战争前，美国高等教育机构以小型四年制学院为主，这些机构在经费、师资和设备等方面都难以达到大学的办学要求。1940 年，40% 左右的小型四年制学院消亡

1　Brubacher J S, Rudy W. Higher Education in Transition: A History of American College and University, 1636–1976[M]. New York: Harper & Row, 1976: 254.

了，15% 转型为两年制初级学院。[1]

1909年全美仅有20所初级学院，至1922年，已有27个州创设了207所初级学院，招收学生约2万人，其中137所为私立学院，多集中在美国南部地区；至1930年，全美已有440所初级学院，在校生约2万人。[2] 在初级学院规模迅速扩大的同时，全美各州对初级学院的属性认定和办学标准等存在很大的认知差异，导致办学水平参差不齐。为了统一初级学院的办学标准和认证原则，1920年美国初级学院协会（American Association of Junior Colleges）成立。1922年，协会将初级学院界定为"一种提供严格的两年大学学院水平教学的教育机构"，但该定义在3年后又得到进一步扩充——"初级学院的课程可以包括四年制学院前两年所提供的课程，且其在课程内容及广度上应与之保持一致；初级学院可以并很有可能开设一套更适合学院所在区域的公民的、社会的、宗教的和职业的需要的课程，其课程水平应相当于高中毕业班的水平"[3]。这充分体现了初级学院的本地属性和社会回应性。

初级学院的入学者必须已完成中等学校四年课程或同等学力的课程，且其中学的主修课程应与初级学院的修习课程相关。初级学院的办学职能包括普及职能、转学预备职能、终结性职能和咨询指导职能。其中，尤以转学预备职能为主，即初级学院通过提供两年制学院教育进行大学预备教育从而扩大高等教育规模。依据上述职能，初级学院课程分为转学预备课程、专业预备课程和终结性课程：转学预备课程指为学生进入文理学院做准备的课程；专业预备课程是为学生进入专业学院做准备的课程；终结性课程是为学生从初级学院毕业后继续走上工作岗位做准备的课程，包括普通文化课程和职业课程。在学位授予标准方面，各州差异较大，副学士学位、文凭、初级学院证书、教学学科证等都被认可为毕业凭证，而南部地区部分学院则认为初级学院无学位授予权。[4]

1　Cohen A M，Brawer F B，Krisker C B. The American Community College（6th Edition）[M]. San Francisco：Jossey-Bass，2013：7.

2　Cohen A M，Brawer F B，Krisker C B.The American Community College（6th Edition）[M]. San Francisco：Jossey-Bass，2013：14–15.

3　Baker G A. A Handbook on the Community College in American：Its History，Mission，and Management[M]. New York：Greenwood Press，1994：17–18.

4　张斌贤，李子江，陈瑶. 美国高等教育史（中卷）：扩张与转型（1862—1944 年）[M]. 北京：教育科学出版社，2019：325–326.

20世纪30年代，经济大萧条的冲击使美国经济发展受到重创，但初级学院的发展呈现一派欣荣景象，其注册学生人数不降反升。究其原因，经济不景气导致大批人员失业，他们希望通过接受初级学院提供的职业教育提升就业能力。与此同时，美国为了安置二战后的大批退伍军人，在1944年颁布了《退伍军人权利法案》(*The Servicemen's Readjustment Act of 1944*)，以提供奖学金的方式鼓励退伍军人接受高等教育，这也为初级学院的发展提供了契机。20世纪50年代后，美国产业结构发生调整，在第三产业占比增加的同时，第一产业的生产方式也逐渐转向技术密集型。经济结构调整促使初级学院不再以转学服务为核心职能，而是专注于为所在社区提供各种服务，如为社区培养技术熟练的专业人员，解决社区实际问题，参与社区生活，为社区发展提供咨询服务等。社区也将初级学院视为本地区发展的标志性成果之一，积极向初级学院投资并注重教学质量的提升。

总的来说，初级学院因时而设、因势而新，从三方面促进了美国高等教育发展。

首先，初级学院推动了美国高等教育的民主化和大众化，使更多人有机会接受高等教育。初级学院收费低廉且主要分布在人口密集地区，这为经济水平较低和交通条件不便地区的学生接受高等教育提供了可能。1945年，全美初级学院的数量由最初的8所迅速增长为648所[1]，极大地满足了美国民众接受高等教育的需求。

其次，初级学院承担了高等教育的预备工作，使美国大学能集中精力进行高深知识的传播和研究生教育。德国大学之所以能专注于高深知识的探究和传播，在很大程度上是得益于其文科中学的发展，后者对大学预备生进行了系统而严格的基础知识和能力训练。受德国影响，美国初级学院也致力于为大学和学院提供基础教育，使大学和学院能从基础教育中解脱出来，成长为符合德国高等教育理念的现代大学。

最后，初级学院的发展直接促进了美国高等教育多元化，满足了社会多

1　贺国庆.西方大学改革史略 [M].石家庄：河北教育出版社，2011：217.

样化的人才需求。初级学院的设置使美国高等教育形成了"初级学院—学院—大学"三级高等教育机构，确立了"副学士—学士—硕士—博士"四级学位制度，建立了美国现代大学体系的雏形。同时，各初级学院因举办主体、办学方式、课程设置等方面的差异而形成了不同的办学形态，推动了美国高等教育的多样化。

五、研究型大学的建立

（一）约翰·霍普金斯大学的创立与影响

美国南北战争（American Civil War，1861—1865）以后，稳定的政治局势为经济建设和教育发展提供了相对安定的环境。这一时期，美国的经济结构逐渐由以农业为主转变为以工业为主，至1894年，美国的工业产值已跃居世界第一。经济的迅速发展既为高等教育的发展提供了物质基础，也对高等教育的知识生产和创新提出了更高的要求。

1874年，热心教育的霍普金斯与持有德国式高等教育理想的吉尔曼共同推动了美国第一所研究型大学——约翰·霍普金斯大学（Johns Hopkins University）的诞生。捐资者霍普金斯被看作"这个国家第一个以实际行动支持纯学术事业的人"[1]，他认为这所大学不应受宗教和政治因素干扰，而应赋予大学董事会充足的办学自主权，致力于满足社会的需要。霍普金斯的办学思想为该校奠定了突破宗教藩篱、关注现实需求、尊重知识与人才的基调。由霍普金斯亲自挑选组建的大学董事会成员，在走访国内外著名高校，听取哈佛大学校长艾略特、康奈尔大学校长怀特和密歇根大学校长安吉尔（James Rowland Angell，1869—1949）等人的意见后，勾勒出三个办学原则，即尊重知识和人才、坚持自由办学、开设研究生课程。新大学致力于实现两个目标：一是为社会培养有知识、懂技术的人才；二是尊重教授并赋予他们充分的学术自由权，鼓励其通过科学研究推动知识创新。

正是在这样的办学思想和办学目标的激励下，董事会成员在充分调研的基

---

1 Rudolph F. The American College and University：A History[M]. Athens：University of Georgia Press，1990：244

础上，聘任曾留学德国的吉尔曼为首任校长。吉尔曼希望建立一所具有美国特色的研究型大学以提供高水准的教学，他提出新大学的计划："没有任何先例可以模仿——并不打算创建一所德国大学、法国大学或是英国大学——而是集合所有可能适用于我国的经验与建议，在合适的时机创建一所美国大学，该大学应基于我们自己的教育系统，并且满足我们自己学者的需要。"[1] 吉尔曼在就职演讲中提到，大学最重要的使命是获取、保存、完善和传播知识，"学术研究将是这所大学教师和学生的指南和激励"[2]。1876年以后，在吉尔曼的带领下，约翰·霍普金斯大学进入快速发展期，拉开了美国高等教育崛起的序幕。

在约翰·霍普金斯大学创办初期，吉尔曼就多次强调，该校培养的研究生应是具备智慧和进取精神的领导人物，并且应以社会服务为己任。吉尔曼相信"大学教学和研究的成果可以直接应用于满足其所在社区的日常需求"[3]。该校借鉴德国大学的研究生教育的模式，规定获得学士学位的学生经过两年的学习可以获得研究生学位，大力发展研究生教育。直至1890年前，该校的研究生人数已远超本科生人数，且该校大部分本科生均留校从事了一定时间的研究生工作。[4] 同时，该校保留了一部分的本科生教育，将本科生课程中部分灵活、可变动的课程作为研究生课程的补充。本科生教育的保留，不仅能为研究生教育提供高质量的生源，弥补研究生教育因专业的细分和窄化而导致的知识不完整问题，而且能提升大学的社会影响力。1879—1899年，该校206名获得文学学士学位的学生中有117人留在大学进行研究生阶段的学习，其中52人获得哲学博士学位。[5]

约翰·霍普金斯大学的研究生教育中最重要的组成部分就是博士生教育。该校在19世纪70年代和80年代培养的博士生超过了同时期的耶鲁大学和哈佛

1　Hawkins H. Pioneer：A History of the Johns Hopkins University，1874–1889 [M]. Baltimore and London：Johns Hopkins University Press，1960：37.

2　Lucas C J. American Higher Education：A History[M]. New York：Martin's Press，1994：172.

3　Francesco C. Daniel Coit Gilman and the Portean Ph. D.：The Shaping of American Graduate Education [M]. Leiden：E. J. Brill，1960：93.

4　Geiger R L. To Advance Knowledge：The Growth of American Research University，1900–1940[M]. New York：Oxford University Press，1986：8.

5　张斌贤，李子江，陈瑶. 美国高等教育史（中卷）：扩张与转型（1862—1944 年）[M]. 北京：教育科学出版社，2019：147.

大学的总和，这些毕业生后续又将约翰·霍普金斯大学的精神播种进入了美国的主要大学。[1] 该校确定了博士学位授予的条件，包括：申请者须在知名大学获得学士学位两年或两年以上；申请者须完成一门主科和一门与学位论文相关的副科的学习，且上述学科必须具备宽厚的知识基础，以为研究打下坚实的基础；申请者须在大学居住一年以上；在获得其导师认可的前提下，申请者提交的学位论文要能体现其对于本学科领域的精通，体现其独立思考和科学研究的能力，且体现其具有清晰、系统地表述其研究成果的能力；学位论文须由本领域的知名学者审核，且须进行论文答辩；申请者须掌握拉丁语、法语和德语，并能够熟练运用上述语言写作；如果主业学科为语言学、历史学、哲学等学科的申请者，须证明其具备至少在一门科学分支中熟练使用现代科学研究方法的能力；除本校专家外，外校著名专家将被定期邀请参与考试与论文评审工作。[2]

除此之外，该校还继承了英国大学中奖学金制度的传统，是美国第一所实施奖学金制度的高校。约翰·霍普金斯大学的研究生奖学金涉及范围广、金额大，学校规定每位奖学金获得者不但可以获得一定数额的奖学金（相当于当时一位普通大学教师的年薪），而且可以减免部分学费。这吸引了大量生源前来求学。1926年，每1000名著名的美国科学家中就有243人是该校的毕业生。[3] 一定程度上来说，"以推进知识为目标的约翰·霍普金斯大学的成功之中，研究生奖学金制度可能比其他任何项目起到的作用都要大"[4]。

为了支撑高质量的研究生教育和科学研究，约翰·霍普金斯大学高度重视高水平师资建设。吉尔曼曾在学校年度报告中指出，高水平的师资可以成就卓越的大学，而卓越的大学可以为教师的教学和科研提供优良环境。他在走访多所名校和全面咨询教育专家的基础上形成了教师选聘的标准，包括：应在所在学术领域取得一定成就；具有独立科研的能力和全心投入科研的热情；注重学

1　Geiger R L. To Advance Knowledge：The Growth of American Research University，1900–1940[M]. New York：Oxford University Press，1986：8.

2　Francesco C. Daniel Coit Gilman and the Portean Ph. D.：The Shaping of American Graduate Education [M]. Leiden：E. J. Brill，1960：87–88.

3　陈学飞. 美国高等教育发展史 [M]. 成都：四川大学出版社，1989：72.

4　Hawkins H. Pioneer：A History of the Johns Hopkins University，1874–1889[M]. Baltimore and London：Johns Hopkins University Press，1960：79.

生研究兴趣的培养；能够摒弃宗教偏见和地方利益；等等。[1] 学校借鉴当时英国大学的客座讲授制度，聘请世界各地的客座教授来校进行教学活动和研究指导，在补充校内师资力量的同时促进了跨国界的学术交流。由此，来自美国各地和国外著名大学的学者聚集于此，通过定期开设讲座、参加博士论文答辩、举行报告会等形式进行教学和科研。在吉尔曼担任校长期间，该校共邀请了300 名客座教师，并给予教师充足的学术自由，使得他们不仅免于宗教、党派和政府的干预，而且可以自由讲授和出版个人的研究成果。该校还通过创办学术期刊、改善图书馆和实验室条件、组建学术协会等措施为科学研究和研究生教育的推进提供保障。

总的来说，约翰·霍普金斯大学鼓励科学研究和重视研究生教育的发展战略不仅为美国传统高校的改革提供了样板，同时直接影响了一批新研究型大学的建立。约翰·霍普金斯大学的建立甚至可以被看作"西半球教育历史上最具决定性的事件"[2]。哈佛大学校长艾略特曾对吉尔曼说："毫无疑问，一所大学的卓越成就会帮助其他成长中的大学。就此而言，你帮助了我们。"[3] 1887年伍斯特市富翁克拉克创建的克拉克大学（Clark University）、1891年在美国西海岸成立的斯坦福大学（Stanford University）和1890年由石油大王洛克菲勒捐资创办的芝加哥大学（University of Chicago）都是在模仿约翰·霍普金斯大学的基础上创建而成的。

（二）传统英式学院的改造

19世纪，随着德国高等教育办学思想的成熟和影响力的扩大，美国与德国间的学术交流日渐频繁。这一时期，大批留学德国的学生返回美国，他们中的部分学生日后成为美国高等教育发展的规划者和领导者。同时赴美任教的德国教师也是这一时期两国教育交流的主力军。据统计，19世纪赴美任教的德国教

---

1 贺国庆 . 西方大学改革史略 [M]. 石家庄：河北教育出版社，2011：206.

2 Geiger R L. To Advance Knowledge：The Growth of American Research University，1900–1940[M]. Oxford：Oxford University Press，1986：7.

3 Hawkins H. Pioneer：A History of the Johns Hopkins University，1874–1889[M]. Baltimore and London：Johns Hopkins University Press，1960：78.

师共300余人，其中有1/3是各自学科领域杰出的学者。[1]留德归国学生和德国赴美任教的教师一同为美国带来了先进的知识和技术，更是直接引进了德国注重科研、鼓励学术自由的办学理念。

在德国高等教育思想和模式的冲击以及约翰·霍普金斯等大学成功办学的激励下，传统英式大学争相改革，其中以哈佛大学的改革最具代表性。在校长艾略特的带领下，哈佛大学持续进行了四十多年的全面改革，改革事项不仅涉及办学条件完善、教学内容和方法革新、专业学院建设等方面，还包括学术氛围营造、管理体制改革和办学水平提高等方面。上述改革中，影响最为深远的当数课程改革、研究生教育改革和专业学院改革。

为了加强大学与社会的联系，发挥大学的社会服务功能，艾略特用近20年的时间在哈佛大学完成了全面选修制的课程改革。早在19世纪40年代，哈佛大学就开展了课程选修制，但此时的选修制仅限定于部分年级的部分课程。艾略特认为，选修课的实施不仅能让学生享受真正的学习自由，继而激发学生的学习兴趣和内在动力，而且能通过加快新知识纳入课程的速度来激发教师从事科学研究的热情，并促进教学与研究的深度融合。1878—1879年，除修辞学、作文和辩论练习外，学校相继取消了二、三、四年级的全部必修课：1885年，学校再度压缩了一年级的必修课。为配合选修课的全面实施，哈佛大学采用学分制测量学生的学习进度，并打破毕业的年限要求，以学分是否达标作为毕业的标准，从而为学生的学习自由提供了制度保障。

全面选修制的推行为大学营造了宽松自由的氛围，也为研究生教育的革新与发展奠定了基础。哈佛学院虽早在1826年即开设了学士后课程，但其课程内容缺乏深度，教学方式多囿于传统的讲授法，学术探讨和科学研究较少，并非严格意义上的更高层次的研究生教育。有感于约翰·霍普金斯大学的发展，艾略特深感本校研究生教育的不足，"哈佛的研究生教育无力地始于1870年，直至霍普金斯大学的成功，迫使我们的教师将精力更多地投入研究生教育之中，对于其他高校来说也几乎是一样的情形"[2]。1900年，哈佛大学文理研究生部更

1　贺国庆. 德国和美国大学发达史 [M]. 北京：人民教育出版社，1998：136.

2　Lucas C J. American Higher Education：A History[M]. New York：St. Martin's Press，1994：173.

名为研究生院，在部分学科开展严格的研究生教育。与此同时，艾略特重视打造一支高质量的教师队伍，先后聘任历史学家亚当斯（Henry Adams，1838—1918）、法学家霍姆斯（Oliver Wendell Holmes，1841—1935）、哲学家詹姆斯和艺术史学家诺顿（Charles Eliot Norton，1827—1908）等加盟。[1]

1876年，哈佛学院将该校的法学、神学和医学学科的教育层次提升至研究生阶段，同时新增了应用科学学院和工商管理学院等专门的研究生学院。神学院在1870年首次颁发神学学士学位，开设世俗性课程，将神学教育引入自由的学术研究领域；法学院延长学习年限至两年，且开始使用案例研究等教学方法；医学院提高了其招生和毕业标准，加强课程连贯性，并延长学习年限至三年。上述改革使哈佛大学摆脱了传统保守的英式教育的烙印，呈现出重视研究生教育、课程内容世俗化、专业教育精深化等现代大学的特征。至20世纪初，哈佛大学已经成为一所现代意义上的大学，并建立起了崇高的国际学术声誉。

在约翰·霍普金斯大学和哈佛大学的双重激励下，传统英式大学纷纷进行改革。例如，1877年约翰·普林斯顿大学校长麦克考什（James McCosh，1811—1894）创办了其所在高校的第一所研究生层次的系所，至1900年完整建制的研究生院已建成；耶鲁学院在19世纪末开始提升部分学科的教育层次，并增设专门的研究生院。由此，美国高等教育逐渐形成了一个以科学研究和研究生教育为办学主旨的研究型大学群体，其研究生教育规模迅速扩大。据统计，美国高校的硕士学位授予人数由1879—1880年的879人增长到1989—1900年的1583人，增长了近一倍；博士学位授予人数由1869—1870年的1人增长到1989—1900年的382人。[2]1930年，美国高校注册研究生已达到50000人左右，授予博士学位达2000余个。[3]

上述传统学院向研究型大学的转型过程是美国高等教育机构在突破英国高等教育模式限制、效仿德国高等教育模式的基础上融入美国本土特色的过程：古典课程主导下的传统课程体制逐渐让步于自然科学课程；选修制的推行贯彻

1　张斌贤，李子江，陈瑶. 美国高等教育史（中卷）：扩张与转型（1862—1944年）[M]. 北京：教育科学出版社，2019：178.

2　韩梦洁. 美国高等教育结构变迁机制研究 [D]. 大连：大连理工大学，2014：134.

3　亚瑟·科恩. 美国高等教育通史 [M]. 李子江，译. 北京：北京大学出版社，2019：100.

了教学自由的原则；科学研究和研究生教育成为大学的重要职能；研究生院和专业学院的建成与发展则构成了现代大学组织机构体系的重要组成部分。特别是科学研究和研究生教育职能的确立进一步引发了知识观的变革。在以前，传统大学传授未经实践检验且长期不变的固定知识，然而，伴随着科学的与怀疑的精神渗透到大学，大学愈发重视对知识的研究和创新。

1900年，美国大学协会（Association of American Universities，AAU）成立，其初衷是通过博士项目的标准化建设提升学术专业化水平和高等教育质量，并制定了三项发展目标：制定统一的博士学位授予标准，以提高博士生研究质量；解决国内外博士学位的互认问题，以促进国内外的学术交流；规范美国大学的学位标准，以提高美国高等教育的国际声誉。美国大学协会的建立既可以被视作20世纪美国研究型大学崛起的具体体现，也可以被视作一批美国一流大学对其相对于欧洲大学的独立性和平等性的宣言。[1]在美国大学协会标准的推动下，早期研究型大学愈发重视博士生培养规模、科研经费规模和科学仪器设备与图书规模等，其成员高校的教师的学术水平不断提高，奠定了研究型大学在美国科学界的领导地位，增强了美国高等教育在世界范围内的吸引力。据统计，20世纪的前20年，来美留学人数逐年增加，由1904年的2673人增加至1920年的8357人；1906年，美国1000名科学机构的研究带头人中有403人任职于研究型大学，占总数的40.3%。[2]

第三节　两次世界大战后美国高等教育模式的发展

以南北战争为分水岭，美国高等教育领域掀起了从传统学院向现代大学制度转变的学术革命。[3]南北战争前，受欧洲高等教育传统和不同教派的影响，北美殖民地学院将阐释教义和传播已有知识作为主要职责，尚未形成真正具有现代意义的大学。19世纪后期，以哈佛为代表的传统殖民地学院在本科教育的基

1　Geiger R L. To Advance Knowledge：The Growth of American Research University 1900–1940[M]. Oxford：Oxford University Press，1986：18–19.

2　沈红 . 美国研究型大学形成与发展 [M]. 武汉：华中理工大学出版社，1999：35–36.

3　Jencks C，Riesman D. The Academic Revolution [M]. New York：Doubleday，1968.

础上建立研究生院，引进具有世俗性的现代科学。同时，以约翰·霍普金斯大学为代表的一批研究型大学模仿德国高等教育模式纷纷创办，其尤为重视科学研究和研究生教育。20 世纪以后，在传统学院改革和新型研究型大学创建的基础上，以康奈尔大学和威斯康辛大学为代表的赠地学院兴起并确立了大学的社会服务职能。二战后，斯坦福大学和麻省理工学院将传统的教学、科研和决策咨询职责与促进经济社会发展的职能结合起来，形塑了更加具有美国特质的新型研究型大学，并创生了创业型大学的新型高等教育模式。

一、两次世界大战后美国高等教育的发展

科学研究对大学能力和品位的提升及其用高水平的、契合于社会实际的科研成果为社会提供服务的意识的确立，使得美国研究型大学逐步迈入社会中心成为一种必然的趋势。

二战前夕，美国联邦政府军备竞赛对于科学研究的需求与斯坦福大学谋求摆脱经济大萧条以来的财政困境的要求结合起来，共同开启了联邦政府对大学的资助之路。大学的科研资助项目主要是由建立于 1940 年的国防研究委员会（National Defense Research Committee，NDRC）负责展开的，该委员会后于 1941 年进一步发展为科学研究与发展办公室（Office of Scientific Research and Development，OSRD）。对于国家而言，其对大学的资助主要出于强化和提升美国军事与国防实力的目的；对于大学而言，则"首先是学校需要，然后才是一种爱国责任"[1]。

二战期间，联邦政府通过与大学签订合同的方式形成了新型合作关系。研究合同明确提出政府购买了整个研究而非单纯的研究结果，这极大地降低了科学不确定性带来的研究风险。[2] 战争期间，与战争相关的研究具有绝对的优先级，其中最具代表性的有四项重大国防科研项目：一是在罗切斯特大学（University of Rochester）教授杜布里奇（Lee Alvin DuBridge，1901—1994）的

1　丽贝卡·S. 洛温 . 创建冷战大学：斯坦福大学的转型 [M]. 叶赋桂，罗燕，译 . 北京：清华大学出版社，2007：54.
2　罗杰·L. 盖格 . 研究与相关知识：第二次世界大战以来的美国研究型大学 [M]. 张斌贤，孙益，王国新，译 . 石家庄：河北大学出版社，2008：5.

领导下以麻省理工学院为基地开展雷达研制，最终开发出了 150 多种不同的雷达系统[1]；二是聚集科学和工程学人才与物质资料研发原子弹，该项目前期建设几乎完全依靠三所研究型大学完成，包括尤里（Harold Urey, 1893—1981）在芝加哥大学领导的气体发散研究，劳伦斯（Ernest Lawrence, 1901—1958）在加利福尼亚大学伯克利分校进行的电磁分离和钚研究，康普顿（Arthur Holly Compton, 1892—1962）在芝加哥大学进行的武器理论和链式反应研究；三是在加州理工学院推进的固体燃料火箭研究；四是在约翰·霍普金斯大学开展的一种小型的、坚固的、备有近发无线电引信装置的雷达研制，以加速低音爆炸信管的开发。[2] 二战期间，美国研究型大学通过其卓越的科研成就，向世人展示了其通过基础科研与实际应用之间的紧密结合在服务国家安全中无可替代的作用，大学的使命与国家的命运交织在一起，高等教育发展愈发被视为国家战略的重要组成部分。

二战结束后，美国科学研究与发展局局长布什（Vannevar Bush, 1890—1974）于 1945 年向总统罗斯福提交了《科学：无尽的前沿》（*Science: The Endless Frontier*）报告，引导美国走上了"科技至上"的发展路径。该报告指明了科技在战后提高人民生活水平和创造就业机会方面的巨大潜力，并提出，大学是通过科研及其应用为国家提供服务的机构，因此支持大学的科技发展是国家的基本职责所在。具体职责包括：联邦政府加强对科研的宏观管理，并加大对研究型大学等机构的经费资助；联邦政府通过在大学内部开设联邦政府实验室等方式加强与研究型大学的合作，充分发挥后者在科研上的专长；联邦政府依托研究型大学的高素质人才和高水平实验室，重点支持基础研究攻坚克难。与此同时，美国采用重大科研项目的分配机制形成了竞争性的科研环境，引导研究型大学参与国防科技产业，主张由研究型大学附设的实验室做技术研发工作，再转交给国防承包商将技术产业化以实现其实践价值和商业价值。对于大学而言，高等教育界已经对接受联邦政府资助达成了共识，但认为虽然大

---

1 罗杰·L. 盖格. 研究与相关知识：第二次世界大战以来的美国研究型大学 [M]. 张斌贤，孙益，王国新，译. 石家庄：河北大学出版社，2008：8–10.
2 沈红. 美国研究型大学形成与发展 [M]. 武汉：华中理工大学出版社，1999：59–60.

学有责任为联邦政府服务，然而这不能是"牺牲式"的，而应以此为机遇推动大学的发展。[1]这促成了战后国家与大学共荣共生的关系。

然而，1957年苏联卫星的成功发射打破了美国的科技优越感，引起了社会的极大轰动。改革教育制度并进一步增强大学的科学研究实力成为美国对抗苏联的重要手段。仅1957—1958年，美国政府就出台了80项与教育相关的法案，其中影响最大的当数1958年的《国防教育法》（*National Defense Education Act*）。《国防教育法》的核心内容有四个方面：一是强调加强普通学校自然科学、数学和现代外语以及其他重要科目的教学，将这些作为核心教学内容，并与国防密切联系。二是加大国家对教育经费的投入力度。法令明确要求联邦政府以各种形式对各级学校提供实际援助，以保证受培训人力的质量和数量满足国防需要。例如，设立国防学习贷款，以保证有能力的研究生不因经济困难而失去接受高等教育的机会；为国防安全相关性学科设立奖学金，以确保培养大批高质量的人才，从而满足国防需要。三是增加高校科研资助，鼓励高校开展服务于国家建设的应用型研究。四是强调"天才教育"，要求通过测验、咨询等手段发现和鉴定具有卓越才能的天才儿童。为确保有才能的学生不因经济困难而被拒于高等教育的大门之外，法令要求提供专项奖学金资助这些学生进入各类高校深造。

在《国防教育法》的推动下，联邦政府对大学的财政支持逐年增长。《国防教育法》是高等教育与国家紧密联系的结合点，此后美国高等教育不仅被视为国家安全和社会繁荣的关键力量，而且成为扩大公民权利的基本手段。可以说，研究型大学"对于国家发展——无论是经济增长、国际竞争力提升还是岗位增加方面"的贡献巨大，美国的未来发展将高度依赖于研究型大学。[2]总的来说，人才培养、科学研究和社会服务三大职能的紧密联系使研究型大学在美国社会中扮演了无可替代的重要角色。

1　丽贝卡·S. 洛温 . 创建冷战大学：斯坦福大学的转型 [M]. 叶赋桂，罗燕，译 . 北京：清华大学出版社，2007：117–118.

2　The President's Council of Advisors on Science and Technology. Renewing the Promise：Research-Intensive Universities and the Nation [R/OL]. Washington D. C. 1992：Ⅷ .

二、创业型大学的产生：大学职能的继续拓展

随着美国大学社会服务职能的确立，研究型大学开始关注科学成果的实际应用。高等教育与联邦政府和产业界的联系日渐紧密。1958年，工业界在国家科学基金会的资助下召开"研究与发展及其对经济的影响"会议，承诺即使在经济萧条的环境下，工业界也不会减少工业实验室的科研经费，并尽可能地持续对大学基础研究投入经费。这是因为，"现在相比历史上任何时刻来说，基础研究都极其重要，基础研究是技术进步的起搏器"[1]。然而，20世纪80年代，由于此前的金融停滞、高等教育注册人数下滑、政府财政紧缩等，大学面临经济困境。大学不得不更为积极地与产业界展开合作，以寻求增加收入的机会。

（一）高校科技园区的兴起与发展

随着科学技术的进步，专注产品开发的实用技术越来越依赖于基础科学的进展，科学研究与实用技术的分工逐渐走向统一。最典型的案例就是20世纪初麻省理工学院（Massachusetts Institute of Technology，MIT）化学系中基础研究和应用研究的纷争。当时，该校化学系分为两派：基础研究派坚持集中精力专攻基础研究，建立了物理化学研究室；应用研究派主张技术研发与成果应用，贯彻大学与产业联合的建设路径，建立了应用化学实验室。这两种实验室指向了该校不同的发展类型，"一种是拥有面向基础科学的研究生院的科学型大学，另一种是致力于培养为企业服务的本科生的工程技术学校"[2]。虽然从长远来看，麻省理工学院的最终发展道路是巧妙地将两者融合，但在当时，这两者产生了激烈的冲突。最终，应用研究派通过将科学成果转换为生产力，获得了巨大的经济利益，并成功推动该校的化学系走向应用研究的道路。

这一时期，一些具有创业精神的研究型大学将传统的教学、科研和决策咨询职责与促进经济社会发展的职能结合起来，大学与工业界形成了更为紧密的共生关系。例如，1950年斯坦福大学与美国国防部、电子工业部共同组成了电

1　Bush V A. Science：The Endless Frontier：A Report to the President on a Program for Postwar Scientific Research [R]. Washington D. C.：National Science Foundation，1960：19.

2　亨利·埃兹科维茨. 麻省理工学院与创业科学的兴起 [M]. 王孙禺，袁本涛，等译. 北京：清华大学出版社，2007：39-42.

气工程研究的三角联盟[1]，瓦里安公司和惠普公司也是与斯坦福大学密切联系的工业公司。大学在与工业界展开合作的同时，也在其机构内部建立独立研究中心，其中不少研究中心因其卓越的成果而成为本领域研究的领导力量。如加州理工大学的喷气推进实验室（Jet Propulsion Laboratory）是空间探索领域的领军力量，加利福尼亚大学的劳伦斯·利弗莫尔国家实验室（Lawrence Livermore National Laboratory）在原子物理领域享有崇高声誉，芝加哥大学的全国民意研究中心（National Opinion Research Centre）因其研究工作的有效性而得到尊重。[2]

博克（Derek Curtis Bok，1930— ）总结出大学与企业合作的五种形式：企业家作为兼职教授参与大学的部分教学工作或企业在大学设立博士后研究项目，以工业界力量注入大学的方式加强纯学术研究与应用研究的联系；科学家个人担任企业顾问，将最新科研成果带进企业以推动企业技术革新；大学与企业共同从事专利研发与应用，一方面刺激高校科研动力，产出更多学术成果且获得更多的科研经费，另一方面，企业通过将知识转化为实用性成果而获得经济收益；大学与企业签订研究协议，为科研提供新的经费渠道；大学投资新公司以促进科研成果转化为产业技术，为高校争取更多的经济效益。[3]

部分研究型大学通过兴建科技园的形式参与经济社会建设并取得了良好的社会效益。20世纪50年代，斯坦福大学副校长特曼（Frederick Emmons Terman，1900—1982）为解决大学财务问题，决定以土地租赁的方式获得经费。1951年，学校划拨出579英亩[4]土地创建了一个集研发、生产、销售于一体的工业园——斯坦福研究园区，成功吸引了柯达公司、通用公司、洛克希德公司和惠普公司（由特曼的两位学生创立）等进驻园区。在特曼的推动下，斯坦福大学建立了以学术为基础的产业战略，强调在科学与工程系之间、大学各院系与本地科学型公司之间建立紧密联系，并且将资源集中在同时具有理论和实践

1 罗杰·L.盖格.研究与相关知识：第二次世界大战以来的美国研究型大学 [M].张斌贤，孙益，王国新，译.保定：河北大学出版社，2008：133.
2 亚瑟·科恩.美国高等教育通史 [M].李子江，译.北京：北京大学出版社，2019：262.
3 於荣，王晨.美国高等教育史（下卷）：繁荣与调整（1945—2000 年）[M].北京：教育科学出版社，2019：406.
4 约 2.3 平方千米。

潜力的关键研究领域。[1] 经过发展，斯坦福研究园区逐渐向南延伸至硅谷。硅谷不仅成为世界上最顶尖的知识经济产业基地，更是美国信息产业人才的集中地。

从硅谷的成长史和斯坦福大学的发展史看，两者之间是一种双向互动关系。互动的结果即硅谷从"绿地"蜕变为高新科技圣地，斯坦福大学则一跃成为国际顶尖大学。在两者互动的过程中，理念是引领、人才是基础、技术是关键。

首先，在理念引领上，斯坦福大学受美国实用主义文化的影响，强调科研应在满足市场和社会的需求的过程中获得价值。斯坦福大学成立了美国历史上第一个技术许可办公室（Office of Technology Licensing），并设计了完整的科技成果转化程序，为科技成果转化提供组织支持和制度保障。斯坦福大学的创新创业精神在潜移默化中形成了一种硅谷文化，其反映在硅谷的创新人才身上即强烈的创业欲望和创新精神。

其次，在人才培养上，斯坦福大学与硅谷保持了密切的联系与互动。斯坦福大学鼓励学生在高科技企业进行研究和实习，激发学生的创新创业精神，强化学生的实践能力。这些优秀的人才毕业后很多会进入硅谷工作，为产业发展提供了源源不断的人力资本。同时，学校在课程中设置了创业教育方面的课程，鼓励学生自主设计创业方案，其中优秀方案会得到硅谷内一些投资公司的风险投资或高价收购。

最后，硅谷的科技发展历经"国防技术—集成电路—个人电脑—互联网"四个技术阶段，体现出其对技术创新的持续追求。斯坦福大学为硅谷提供了理论和技术研究的场所，硅谷则为斯坦福大学提供了研究成果的转化平台，两者以此共同推动科技创新发展和人类社会进步。

值得指出的是，通过政策扶持、政府采购、设立联合实验室和研究中心、提供直接资助等方式，国家在硅谷的发展过程中也扮演了重要角色。例如，《小企业创新发展法》（*The Small Business Innovation Development Act of 1982*）

---

1 亨利·埃兹科维茨 . 麻省理工学院与创业科学的兴起 [M]. 王孙禺，袁本涛，等译 . 北京：清华大学出版社，2007：146.

规定，小型投资公司可以以低息或免税方式向美国小企业管理局借三倍于自身资产的贷款；《小企业技术转移计划》（*The Small Business Technology Transfer Program of 1992*）鼓励大学、联邦实验室或非营利研究中心与企业展开合作，将产品更高效地推向市场。

斯坦福研究园区的成功创办极大地激发了美国高校创建科技园区的热情。至20世纪80年代中期，美国有超过40所大学创办了科技园区。[1]其中，与硅谷一样享有盛名的还有麻省理工学院和哈佛大学支撑下的波士顿128号公路区的工业园，北卡莱罗纳大学、北卡莱罗纳州立大学和杜克大学共同扶持的北卡莱罗纳的科研三角园。在这些科技园区的建设中，大学是高科技成果的发源地和高科技产业的辐射中心，其自身优势决定了科技园区的主导产业及其发展方向，大学还为科技园区输送了大量优秀人才。通过与园区企业建立良性互动机制，大学得以更好地将知识和技术创新成果运用到实际生产中，建立起了大学与工业界的密切联系，构建了创业型大学的雏形。

（二）创业型大学的成形

20世纪70年代，随着计算机、电子、通信等高科技产业的迅猛发展，知识成为继土地、劳动力和资本之后的第四大生产要素，承担知识生产和传播重任的大学也愈发被视为国家经济发展的引擎。此时，美国经济发展中面临着高素质劳动力不足、技术创新动力缺失等问题。政府意识到，重振经济需要借助学术机构的力量，于是主动出台相关政策，以推动大学与产业的合作。80年代以来，美国政府陆续出台了《史蒂文森–怀德勒技术创新法》（*Stevenson-Wydler Technology Innovation Act of 1980*）及其修订补充法案《联邦技术转移法》（*Federal Technology Transfer Act of 1986*）、《拜杜法案》（*Bayh-Dole Act*，1980）等。上述法案鼓励大学技术创新，并通过产学合作推动科技成果转化。

随着美国公共开支范围的扩大，政府对高校的拨款额逐渐下降。大学为了尽可能地争取政府和社会资源，纷纷制定更为务实的发展战略，如通过新建技

1　罗杰·L. 盖格. 研究与相关知识：第二次世界大战以来的美国研究型大学 [M]. 张斌贤, 孙益, 王国新, 译. 保定：河北大学出版社, 2008；350.

术转让中心、研究中心、孵化器等方式直接参与到经济活动之中。同时，企业为了促进技术更新、提高经济生产力、加速产业结构调整，也主动回应政府政策，与大学建立伙伴关系。在"大学—企业—政府"三重动力的推动下，美国创业型大学在科技园、研究机构和衍生公司的基础上逐步发展成形。

创建于1861年的麻省理工学院即是创业型大学的典范。该校通过教学、基础研究和产业创新的有机融合，建立了"大学—产业—政府"的三螺旋关系模式。最初，该校主要关注大学与产业的关系，致力于解决雇用企业工程师担任大学教授的劳动报酬分配、学术研究成果专利权的归属和买卖等问题，并最终形成了一套可推广的解决方案。但该校逐渐意识到联邦政府的政策和资金支持对大学发展的支撑作用，开始为政府提供军事研发和技术支持，逐渐关注大学与政府间的关系。其中，大学在联邦政府资助下产出的研究成果的知识产权归属问题成为争论的焦点。

1980年《拜杜法案》规定，大学在联邦政府资助下产出的研究成果属于该大学，拓展了大学通过知识产权许可获利的空间。这在一定程度上重新定义了大学、政府和产业之间的关系，并通过鼓励大学将研究成果应用于实践，将其纳入国家创新体系之中。大学与产业、大学与政府这两对关系走向融合，形成了"产业—大学—政府"的三螺旋结构。在《拜杜法案》的推动下，大学纷纷建立技术转让办公室，该类办公室数量从1980年的25个增加至1990年的200个；专利数量从1980年的近300个增加至1995年的2000个左右。[1] 大学技术许可办公室的创立使得大学可以直接进入市场，参与经济活动，获取更多的市场主动权。以麻省理工学院为例，2016年，其财政收入为35.518亿美元，其中来自研究的收入高达17.095亿美元，占比约为48.1%。与此相比，其学费净收入为3.615亿美元，占总收入的比例仅为10%。[2] 通过知识转化所获取的巨额经费，有效刺激并推动了大学在人才培养与知识创新方面的活力与动力，并确保了大学在社会发展中的创新主体地位。

---

1 亨利·埃兹科维茨. 麻省理工学院与创业科学的兴起 [M]. 王孙禺，袁本涛，等译. 北京：清华大学出版社，2007：161.
2 MIT. 2018 MIT Facts–Financial Data[EB/OL]. http://web.mit.edu/facts/financial.html.

　　总的来说，麻省理工学院的发展得益于三种学院办学理念的滋养：聚焦应用研究的技术性学院、强调基础研究的大学，以及将研究、服务与创新融于一体并关注农业创新的赠地学院。[1] 麻省理工学院通过大学直接创办或转让专利许可的方式建成了上千家高新技术企业，并在与产业的互动中推动其自身教学与研究的高水平建设，形成了具有美国特色的创业型大学模式。

　　与传统的研究型大学相比，创业型大学在高等教育职能履行上呈现新的发展特征。在教学上，传统研究型大学受到德国高等教育模式的影响，强调教学与研究相结合，关注研究所产生的知识革新并将其融于教学之中，重视采用探究的方式进行教学；在此基础上，创业型大学将教学与社会服务中的实践相结合，要求学生在真实的生产环境中运用和检验知识。在研究上，传统研究型大学聚焦于学术知识本身的创新与增长，创业型大学则更关注基础研究和应用研究的统一，侧重科技产业的迭代升级以提升国家经济竞争力。在服务上，传统研究型大学注重向公众传播知识，为工农业生产提供技术服务，创业型大学进一步聚焦于利用科学技术资源为产业和国家发展服务。进入21世纪后，随着创业型大学的发展成熟，其在国家和区域经济社会发展中发挥着更加强大的创新辐射作用，也成为世界高等教育建设模式的新趋向。

第四节　美国高等教育模式的特点与影响

一、美国高等教育模式的特点

　　从1636年哈佛学院的创立到20世纪中后期创业型大学的崛起，美国高等教育在不到四百年的时间内，成功攀登世界高等教育之巅，开辟了全球高等教育的新时代，形成了具有应用特征的研究型大学模式。具体而言，美国高等教育模式呈现出如下五个特点。

　　一是在实用主义思潮的推动下，高等教育积极投身社会服务。

　　实用主义是美国高等教育模式最鲜明的底色。从殖民地学院的课程改革，

1　亨利·埃兹科维茨.麻省理工学院与创业科学的兴起 [M].王孙禹，袁本涛，等译.北京：清华大学出版社，2007：9.

到州立大学和赠地学院的创办，及至研究型大学和创业型大学的建立与创生，都将实用性深深镌刻在美国大学的精神气质之中。正是实用主义精神催生了社会服务这一高等教育的第三职能。《1862莫雷尔法案》的颁布为美国大学服务于社会奠定了法律基础，也直接推动了赠地学院的建成。赠地学院强调农业科学等相关产业的研究及其应用推广。这一时期，新兴应用科学、社会科学和艺术人文领域的社会效用也开始得到学者的关注，19世纪末至20世纪初，心理教育、企业管理、公共卫生学等带有应用色彩的学科在大学相继建立。威斯康辛思想旗帜鲜明地贯彻大学服务于社会发展的理念，社会服务成为大学继人才培养和科学研究之外的另一重要职能。

二战期间，大量的政府资金引导大学围绕军事领域展开研究，战后商业力量和非政府组织的介入则进一步推动了大学以知识服务社会的进程。大学日益成为社会的主要机构，形成了"大学—产业—政府"的螺旋式创新模式。其中产业是创新主体和用户，为螺旋提供动力；创业型大学通过知识创新和技术研发提供推动力；政府通过宏观调控和金融配置等方式将推动力和拉动力结合起来。[1] 在这个三螺旋创新体系中，大学与产业、政府展开跨界合作并形成了技术转移办公室、风险资本公司等二级机构，这些机构构成了该创新体系的核心。当今，高等教育具有的承担社会责任和促进公共福祉的职能已被人们广泛接受。"只要大学依赖于社会而生存，只要社会需要只有大学才能提供的教育和专家，大学就别无选择，只有尽自己的责任以满足社会需求。"[2]

二是在市场化机制的牵引下，高等教育具有较强的自我调整能力。

美国作为一个多民族移民共同组成的国家，其多元文化背景促成了自由开放的社会氛围，孕育了其自由与竞争的民族特质。这种民族特质浸润下的高等教育也呈现出明显的自由和竞争的特征。加之美国分权制的国家政体促使大学内部形成了高度自治的传统，也催化了高等教育的市场化进程。正如克拉克（Burton Clark，1955—2009）所言，"在世界上几个主要的先进国家的高等教育

---

1 亨利·埃茨科威兹. 国家创新模式：大学、产业、政府"三螺旋"创新战略 [M]. 周春彦，译. 北京：东方出版社，2014：90.

2 Bok D. Universities and the Future of America[M]. Durham：Duke University Press，1990：4–6.

系统中，美国的系统是最缺乏组织的，几乎完全是一种相互之间自由竞争的市场"[1]。"大学没有单一资助者，没有监督部门，没有国家计划，没有政府规划。它是权力分散的、独立的、不协调的和多元的，同时也是机会主义的、适应的、有创造力的和对新机会反应迅速的。"[2]美国高等教育对市场化需求的及时回应也是源于大学出于竞争资源以保障生存的需求。美国大学的经费来源主要有四个方面：个人和家庭的学费投入，联邦、州和地方政府的财政投入，社会的捐赠，以及高校的销售和服务收入。自20世纪90年代开始，美国高等教育经费来源中学费的占比逐渐超过政府财政拨款，且高校的销售和服务收入增长明显，因此高校竞相提高办学质量和声誉以吸引生源和满足政府、社会的需求。

美国高等教育市场化机制凸显为大学的人才培养和科学研究与市场的同频共振，市场以有别于政府的非强制性协调的方式推动大学自我调整以适应社会需求。"市场化的主要优点是它可以不断地刺激学院和大学，使其适应不断变化的经济和社会状况。"[3]殖民地时期，受英国古典高等教育模式的影响，学院致力于培养牧师和公职人员，教授古典语言和宗教课程。南北战争后，美国工业化和城市化进程的加快导致经济社会发展对知识和技术的需求愈发强烈，关注工农业知识技术传授的赠地学院、州立大学和侧重研究生教育与科学研究的研究型大学"破土而出"，传统英式大学（学院）则通过改革，引进实用和技术性课程并发展研究生教育。随着美国教育民主化进程的推进，接受高等教育成为广大民众的共同需求，注重职业技术培训的两年制初级学院（社区学院）随之兴起。

与此同时，科学研究在美国社会发展中显现出的巨大价值使其成为独立于教学之外的重要大学产出。科研项目分配机制、产学研合作机制等推动了科学研究市场的形成。大学凭借科研成果扮演卖方角色，资助者以科研经费为筹码扮演买方角色。为获得政府、企业等的竞争性资助，大学保持了对科研市场的

1 约翰·范德格拉夫.学术权力：七国高等教育管理体制比较[M].王承绪，等译.杭州：浙江教育出版社，2001：124.
2 弗兰克·H.T.罗德斯.创造未来：美国大学的作用[M].王晓阳，蓝劲松，等译.北京：清华大学出版社，2007：15.
3 伯顿·克拉克.高等教育新论：多学科的研究[M].王承绪，等译.杭州：浙江教育出版社，2001：92-93.

敏锐洞察力与高度适应性，并在获得经费支持的同时推动科技研发与生产实践的衔接。值得关注的是，科研市场不仅协调了美国科学研究的资源分配，也在一定程度上塑造了美国大学的内部样态[1]，表现为在巨大的经费诱惑下，排名中下端的高校也全力投入科学研究，其教学时间和精力受到科研的挤压等。

三是政府对大学实行"有限控制"和"间接管理"。

美国高等教育承袭了欧洲大学的自治传统，高等教育经费来源的多样化又进一步强化了美国大学的独立性。然而，随着高深知识和先进技术在经济社会发展和国家竞争力提升中的作用彰显，联邦政府开始通过颁布政策法规、增加经费资助和与民间组织合作等方式对高等教育进行宏观调控。

纵观美国高等教育的发展历程，联邦政府依靠政策法规进行高等教育干预的力度是逐渐增强的，由最初的非强制性的政策引导，到以政府报告形式进行谨慎干预，再到以立法形式强制干预。殖民地时期，地广人稀的居住分布格局和尚未统一的中央政权，导致教育管理权集中在地方，由地方自行颁布教育法令并开设学校。独立战争后，美利坚合众国的成立标志着统一的中央政权建立，各州随之成为教育立法的主体，但实际上教育管理权和立法权依然由地方把控。至南北战争后，联邦政府先后出台《1862莫雷尔法案》、《史密斯–休斯法》(*Smith-Hughes Act*，*1917*)等一系列支持州立大学发展的政策法规，明确了州政府在大学建设和管理中的权责。二战后，美国高等教育立法进入联邦集权化时期，美国先后颁布《退伍军人权利法案》《国防教育法》，修订《高等教育法》，发布《科学：无尽的前沿》《国家处于危机中：教育改革势在必行》等一系列报告。需要说明的是，美国高等教育政策法规常与财政拨款和资助并行，这在很大程度上避免了政府直接干预高等教育的嫌疑。美国高等教育模式由市场力量主导，政府多是通过间接调控的方式引导高等教育的发展，使其更加契合国家需求。

四是扎根美国本土，"继承与改革"和"内生与创新"两种发展模式并行。

美国在继承和学习英国和德国高等教育模式的过程中，以贯穿其中的实用

1　罗杰·盖格.大学与市场的悖论[M].郭建如，马林霞，等译.北京：北京大学出版社，2020：258.

主义精神对其进行了本土化的改造，由此形成了"继承与改革""内生与创新"两种发展模式。

"继承与改革"模式是指美国在承袭英国高等教育传统的基础上，结合其社会情境和文化基因进行高等教育改革，并最终形成适应本国社会经济需求的办学模式。早期的九所殖民地学院主要移植了英国古典大学的办学模式，在课程设置上偏向古典人文学科，培养目标关注神职人员和政府公职人员的训练等。但殖民地学院又结合本地实际进行了院校改革。聘请校外人员组成校监会或学校董事会，决定办学事务并加强学院和外部的联系即是一例。如威廉玛丽学院在创办之初即成立了由 18 名绅士组成的学校董事会，负责学校事务的决策。后期在德国高等教育模式的影响下，美国兴建了一批研究型大学，原有殖民地学院也进行了相应改革，开始重视科学研究与研究生教育（特别是博士生教育）。然而，与英国高校"为教学而教学"、德国高校"为学术而学术"不同，美国大学更加具有"务实"精神。因此，美国大学不断增强教学和研究中对社会现实问题的关切。"原先在德国可能被认为不适于作为学科内容的课程，却欣然地被作为美国大学的课程。工程、应用农业以及在尔后出现的教育等学科，都在大学里开设了。"[1]

"内生与创新"模式是指美国在高等教育内部学术发展需求和外部社会情境的共同催化下，产生的具有创新性的高等教育模式。赠地学院是美国高等教育创生的特色办学模式，联邦政府以向各州捐赠土地的方式支持各州建立农工学院，旨在提升农业技术，促进经济生产。赠地学院的发展促成了大学社会服务职能的诞生。此外，美国大学教授委员会（American Association of University Professors）在 1940 年发布《关于学术自由和终身教职的原则和声明》（"1940 Statement of principles on academic freedom and tenure"），开创了终身教职制度，明确了校方不可任意解雇获得终身教职的教授，从而有效地维护了学术自由，终身教职制度也成为美国大学的主要制度之一。

五是在学术自治的传统下，形成"多样性"的特点。

1　菲利普·G. 阿特巴赫. 比较高等教育 [M]. 符娟明，陈树清，译. 北京：文化教育出版社，1985：32.

　　"多样性"是美国高等教育的活力源泉。多样性特征的形成既源于美国多民族文化的社会环境，也归功于其学术自治传统为大学发展提供的广阔发展空间。这既能满足社会中不同利益群体广泛且多样的受教育需求，又为思想创新和学术发展提供了宽松活跃的文化氛围，有利于高等教育进一步契合社会和政府的需求。就此意义而言，美国高等教育的多样性特点是美国实用主义教育价值观和个人主义文化价值观的彰显。

　　具体而言，美国高等教育多样性不仅体现在院校类型的多样化中，更渗透在经费来源、学位结构和学生群体组成等方面。美国高等教育在适应社会发展和时代进步的需求中经过多次自我调整，形成了传统英式大学（学院）、赠地学院、州立大学、初级学院、研究型大学和创业型大学等多种高等教育机构类型。按机构经费来源和隶属或控制关系，这些学院可分为公立和私立高等教育机构，前者以公共职能部门的投入为主要经费来源，隶属于州政府或当地政府；后者的经费主要来源于非公共部门，隶属于私人或宗教团体。其中公立高等教育机构的数量占高等教育机构总数的43.8%，其在校生人数占全国在校生总数的79.1%；私立高等教育机构的数量占总数的56.2%，但其在校生人数仅占全国的20.9%。[1]美国构建了副学士、学士、硕士和博士四级学位制度，能够满足不同人群接受高等教育的需求。《卡内基高等教育机构分类》(*The Carnegie Classification of Institutions of Higher Education*)依据高等教育机构授予学位的层次及高校的特点、任务和分工，将美国高校在纵向上分为博士学位授予大学（内部依照研究活动程度细分为极高度研究活动博士大学、高度研究活动博士大学和博士/专业型大学）、硕士学位授予大学（内部依照规模细分为大规模、中等规模和小规模大学）、学士学位授予大学（包含文理学院、多学科院校）、学术/副学士学位授予大学、副学士学位授予大学（内部依照项目定位为过渡型、职业技术型、混合型大学；依照主流学生类型——传统型、非传统型、混合型大学，细分为9类）和专业高等教育机构（包括两年制学院和四

1　沈红. 美国研究型大学形成与发展 [M]. 武汉：华中理工大学出版社，1999：137.

年制学院，其授予学位中大部分集中在单一的专业领域）六大层次。[1] 在办学经费上，美国高等教育经费来源于政府财政、学生和家庭的学费、学校服务和销售收入以及社会捐赠，多样化的经费来源既能促进高等教育的办学活力，又能避免单一经费来源导致的权力垄断。对1991—1992学年美国高等教育机构各项资金来源的统计发现，来自学生和家庭的学费收入占比最高（25.7%）；州政府（25.1%）、联邦政府（12.3%）和地方政府（2.6%）的资助也构成了其经费的重要来源；除此之外，高校的销售和服务收入占比为23.3%。[2] 在学生类型上，美国作为多民族移民组建的国家，其高等教育关注不同种族、性别和宗教信仰的民众的教育需求，力求在大学中维持年龄、肤色、性别等学生群体多样性。

纵览近四百年的美国高等教育史，在实用主义的哲学理念引导下，美国形成了市场导向下的尊重学术自由和引导高等教育服务社会的鲜明特征。时至今日，美国已然成为世界高等教育中心和科技中心。

二、美国高等教育模式的影响

在继承了欧洲大学传统的基础上，美国在教学与科研之外创造性地发展了社会服务的职能，同时使传统大学向上发展至研究生院，向下延伸至初级学院，形成了不同阶段和不同类型高等教育机构并行的格局。尤其是二战后，一批美国研究型大学在知识传播与生产、科学研究与应用以及社会服务等方面都居于全球前列，助推美国在战后成为世界科学中心。随着美国政治经济影响力的增强，其高等教育模式成为其他国家及其高校效仿的榜样，对世界各国产生了巨大影响。在众多国家中，英国和日本对美国高等教育模式的学习与借鉴最为深刻。

（一）美国高等教育模式对英国的影响

英国和美国有着深厚的民族渊源和相近的文化背景，且美国高等教育建立在传统英国高等教育模式的基础之上。18世纪中期以后，美国与英国高等教育

1　Carnegie Classification of Institutions of Higher Education [EB/OL]. https：//carnegieclassifications.acenet.edu/carnegie−classification/classification−methodology/basic−classification/.

2　National Center for Education Statistics. Digest of Education Statistics 1994[R/OL]. U. S. Department of Education. Washington D. C. 1994：324. https：//nces.ed.gov/pubs94/94115.pdf.

又同时受到法国和德国高等教育模式的影响。一脉相承的发展轨迹使得英国更容易理解与接受美国高等教育的办学理念和举措。

二战期间，美国大学的科技研发力量为战争的胜利做出了突出的贡献。英国对此的解释由最初聚焦于美国的技术水平，逐渐转向对其科技研发模式和高等教育模式的关注。1945年，以珀西（Eustace Percy，1887—1958）为首的特别委员会发布了《珀西报告》，指出英国战后科技人才数量短缺且质量有待提高，应强化大学与工业界的联系。这一报告引起了英国民众的广泛关注，社会就大学的学术功能和职业功能展开了辩论，开始研究美国如何将教育和培训结合起来以满足工业发展需要。美国将高等教育作为社会发展动力站的理念不可避免地影响了英国人对其高等教育功能的反思，后者开始关注大学的实用性和功利性。1957年，英国新建了10所高级技术学院，这些学院不再以传统绅士教育为宗旨，其中大部分学生攻读科学学科。

20世纪60年代，罗宾斯委员会受英国政府委托，专门派团队前往美国调研，并在借鉴其高等教育发展经验的基础上发布了《罗宾斯报告》。报告指出，高等教育的目标不应再囿于传教士、法官、律师和医生的培养，而是传授工作技能、发展智力、增进学识、传递文化和公民准则。这一注重高等教育职业价值的宣言是英国高等教育从传统模式走向现代模式、从精英化走向大众化的转折点。

美国高等教育模式的优越性也吸引了英国最古老的两所大学——牛津大学和剑桥大学的关注，其在办学方向、教学方法和课程设置方面相继进行调整和改革。最突出的改变是两所大学都开始不同程度地走出象牙塔，相继走上与工商业联合的道路以回应社会需求并有意识地模仿美国将知识转化为生产力的做法。最典型的案例即大学科技园区的创办。1967年，在斯坦福大学科技园区的启发下，剑桥大学成立了研究大学与高科技工业间关系的专门小组，鼓励在剑桥市内及其周边发展高科技工业并建议成立大学科技园。1969年，《莫特报告》（*Mott Report*）提出大学应转变对于产业发展的态度，重视学界与产业界的合作。这直接推动了1970年剑桥大学三一学院（Trinity College）在其财务主管布拉德菲尔德（John Bradfield，1867—1943）的引导下规划出土地并最终建成剑桥科技园（Cambridge Science Park）[1]。剑桥大学还成立了沃尔夫森产业联络办公室（Wolfson Industrial Liaison Office）等机构，其目的在于向工业界提供大学科研成果并寻求技术转化，为大学教师提供市场分析与知识产权等法律服务，从而加强大学与产业的联系。由此，在剑桥地区形成了被称为"剑桥现象"（Cambridge phenomenon）的技术密集型产业集聚。同时，剑桥大学通过邀请产业界人士到学校开办讲座和授课、鼓励大学教师为产业界提供咨询服务、接受产业界委托的科研任务等方式加强大学与市场的联系。牛津大学也加强了应用性研究和技术开发，并在积极开展技术转让的同时创办高科技公司。不过，以牛津大学和剑桥大学为代表的英国大学在学习和接受美国高等教育的社会服务理念的同时，始终与社会保持一定的距离，在回应现实和坚守传统之间寻求平衡。

（二）美国高等教育模式对日本的影响

二战结束后的1945—1951年，日本被美国主导的"盟军总司令部"（General Headquarters of the Allied Forces）占领，其教育发展深受美国教育理念和政策的影响。1945年，美国在日本设立盟军总部公民信息和教育局（Civil Information and Education Section），推行美国对日本的民主化教育改革。1946年，美国教育使节团出访日本并确定了对日本教育改革的主线，即通过教育改革清除极端民族主义和军国主义意识形态，建立推进民主的教育体系。此后，日本先后出台《教育基本法》《学校教育法》《国立学校设置法》等系列法案，其中涉及高等教育模式的主要改革内容如下。

一是将所有高等教育机构统一为四年制大学，保证国民平等的受教育机会。战前日本存在多种类型和多种层次的高等教育机构，其间等级分明、缺乏民主。为此，日本改造单科大学，使其与旧制专门学校、旧制高中和大学预科等机构合并升格为四年制综合性大学，并将帝国大学改组为国立综合大学。

二是仿照美国州立大学，要求每府县设立一所国立大学。1948年美国编

---

1 Caselli G，Cosh A，Tyler P. The Cambridge Phenomenon：an Innovation System Built on Public Private Partnership[EB/OL]. Innovation & Impact，2021.https：//iai.digital/2021/the-cambridge-phenomenon-an-innovation-system-built-on-public-private-partnership/.

制的《日本国立大学编成之原则》（ *Principles of Programming at the National University of Japan* ），要求各都道府县至少设立一所国立综合大学。日本各府县将本地区内旧制公立高等教育机构合并扩充为一所国立大学，这既通过地方分权削弱了中央集权，也为更多人提供了接受高等教育的机会，并加强了大学与所在地区的社会联系。

三是引入通识教育理念，完善大学课程体系。二战前，日本大学中的课程存在高度专门化现象，学生缺少普通教育的课程，且研究生阶段不设置课程，学生在导师指导下通过个人化的研究获得学位。二战后，在美国的影响下，日本在新制大学内开设通识教育课程和教养学部。

四是引进美国式高等教育机构认证制度，以保障高等教育质量。为了促进日本大学的自由化，使大学间形成相互竞争的关系，日本引进了美国高等教育机构认证制度。同时，为了尽可能削弱中央政府的高等教育管控权，1947年，日本模仿美国成立了大学基准协会，并先后制定了大学设置和研究生院设置的基准条件等。

五是放宽对私立高等教育的管控，一定程度上鼓励私立大学的发展。1949年，日本制定了《私立学校法》，规定一旦私立高等教育机构设立，其仅需向文部省提供资料用作备案，而实际运行方面不再受文部省干涉。这为日本私立高等教育的大规模发展提供了可能，也为高等教育大众化奠定了基础。

1950年，美国发布对日本教育民主化改革的进展评估报告，宣称在过去的四年里美国对日本的教育改革成效显著，不仅将极端民族主义和军国主义清理出了教育系统，而且初步建成了民主化的教育体系。

总的来说，在美国民主主义思想的影响下，战后日本无论是中央文部省还是地方教育行政组织都依据法规政策推进高等教育改革，而法规政策通常都是在综合考量国民意志的基础上制定的，这体现了教育民主化进程的深化。以法规政策推动高等教育发展的做法直接促使文部省与地方教委间的关系由战前的管制与服从的关系转变为法律上的指导与协作的关系。由此，战后的日本在消除极端民族主义和军国主义意识形态的同时，形成了高等教育理念上的自由与民主以及教育行政上的法治主义。

本章小结

美国高等教育是借鉴欧洲大学传统并结合本土实际改造而来的产物。17 世纪北美殖民地学院的建立深受其宗主国英国的影响，继承了英国古典大学的宗教性和保守性，以传教布道和培养宗教人员为办学目标，将自然科学知识排除在大学之外。随着殖民地学院的本土化改造，其于 18 世纪开始走上世俗化的道路，为美国高等教育模式的建立奠定了根基。独立战争后，美国处于本土民族文化孕育和自我意识觉醒时期，逐渐形成了以世俗的进取精神、经验主义的价值体系为主要特征的实用主义哲学。在实用主义理念的引导下，美国各州纷纷兴办侧重实用型人才培养的州立大学，其世俗化的办学目标和民主化的办学原则表征了美国高等教育发展的新方向。19 世纪中后期，《1862 莫雷尔法案》的出台为赠地学院的出现和发展提供了法律保障和经济基础。以康奈尔大学、威斯康辛大学等为代表的赠地学院强调应培养工农业发展所需的人才并开展工农业生产与管理的相关研究，以服务于本区域的经济建设和社会发展。由此，社会服务成为高等教育的主要职能。

南北战争后，美国诞生了本土第一所研究型大学——约翰·霍普金斯大学。这所新大学以研究生教育和科学研究为己任，但不同于德国大学强调纯粹研究的传统，该校更加关注通过科研服务社会，满足美国科技进步和经济发展的需要。以此为代表的美国式研究型大学呈现出对科研成果转化与应用的高度重视。二战期间，美国研究型大学在雷达、原子弹、固体燃料火箭等领域的研发中的突出贡献与由此显示出的巨大潜能，推动高等教育成为国家战略发展的关键。二战后，研究型大学与产业界的联系不断密切。以斯坦福大学和麻省理工学院为代表的部分高校将传统的教学、科研和决策咨询职责与促进经济社会发展的职能结合起来，在科技园、研究机构和衍生公司的基础上形成创业型大学。创业型大学的出现不仅深化了美国大学的社会服务职能，而且推动形成了以多元主体共同参与且以问题解决为目标的知识生产模式。秉持实用取向开展社会服务的大学助力美国成功问鼎世界科技中心，这又进一步提升了美国的高等教育中心模式的世界影响力。世界一流大学的面貌呈现出"以学生为中心、以知识为基础、以教育为中心、以研究为推动力"[1]的鲜明特征。

英国、法国、德国和美国的高等教育模式都曾经或者正在世界舞台中发挥着重要作用，其理念与实践的演变见证了大学职能与活动从最初的知识保存与知识传播，到知识的生产，再到知识的资本化的转变过程。这些转变涵盖了不同时期、不同国家的高等教育目标及大学所扮演的学术角色、社会角色和经济角色的认知与期望。然而，无论历经何种变化，无论形成何种模式，这一世界上最为古老的制度之一——大学，都将持续存在，持续以扩宽知识的边界、推动文明的进步、增进人类的福祉为目标，因为大学"代表着未来和过去；代表着没有投票权的后代，和未曾拥有过的传统……代表着伟大的抽象，代表着永恒对抗权宜；代表着进化的渴望对抗当下的贪婪；代表着知识的正直，代表着人性的光辉，代表着从商业主义中拯救出的工业和从专业主义中拯救出的科学……代表着在喧嚣的战役中被忘却的东西，代表着在莽撞的日常生活中被搁置的价值，代表着我们应该却从未思考的目标，代表着我们不愿面对的现实和我们缺乏勇气去提出的问题"[2]。

---

1 弗兰克·H. T. 罗德斯. 创造未来：美国大学的作用 [M]. 王晓阳，蓝劲松，等译. 北京：清华大学出版社，2007：26.

2 John W. Gardner. No Easy Victories[M]. New York：Harper & Row，1968：90.

？ 思考问题

1. 美国高等教育模式的主要特点是什么？

2. 上述特点是如何形成的？

📖 阅读书目

1. 王慧敏，杨克瑞 . 美国高等教育史（上卷）：开拓与奠基（1636—1861 年）[M]. 北京：教育科学出版社，2019.

2. 张斌贤，李子江，陈瑶 . 美国高等教育史（中卷）：扩张与转型（1862—1944 年）[M]. 北京：教育科学出版社，2019.

3. 张斌贤，於荣，王晨 . 美国高等教育史（下卷）：繁荣与调整（1945—2000 年）[M]. 北京：教育科学出版社，2019.

4. 亚瑟·科恩 . 美国高等教育通史 [M]. 李子江，译 . 北京：北京大学出版社，2019.

5. 约翰·塞林 . 美国高等教育史（第 2 版）[M]. 孙益，林伟，刘冬青，译 . 北京：北京大学出版社，2014.

6. 罗杰·L. 盖格 . 研究与相关知识：第二次世界大战以来的美国研究型大学 [M]. 张斌贤，孙益，王国新，译 . 保定：河北大学出版社，2008.

7. 亨利·埃兹科维茨 . 麻省理工学院与创业科学的兴起 [M]. 王孙禺，袁本涛，译 . 北京：清华大学出版社，2007.

Part 3

第三部分

高等教育史

大学模式的演进与变革

第七章

日本高等教育模式的形成与变革

日本是亚洲国家中唯一在20世纪前期即实现现代化的国家。日本的现代化始于1868年的明治维新。通过学习与引进欧美国家的现代化发展模式，明治政府提出了富国强兵、文明开化和殖产兴业的国家战略。在日本国家现代化发展战略中，教育始终被置于极其重要的位置。培养国家现代化所必需的领导人才及专业技术人才的高等教育在其中起到了突出的作用。一定意义而言，在近现代世界各国的现代化进程中，日本是最重视教育，并将教育的作用发挥至极致的国家之一。

第一节　近代日本高等教育的萌芽与初步发展

一、日本教育现代化的发展基础

自近代以降，日本国力的繁荣强大虽然主要归因于明治政府强力的政治统治与稳定的外部国际环境，但不能忽视江户时代（1603—1868）教育的大发展为日本现代化进程奠定的强大的智力基础。江户时代，日本结束了长期的战乱，进入了近300年的社会承平期。由于社会经济的发展和江户（东京）、大阪等中心城市的兴盛，这一时期日本的文化教育也取得了长足的发展，形成了相对成熟稳定的教育体系与层次类型结构。

在中央层面，德川幕府面向家臣子弟设置了20多所直属学校，培养辅佐幕政的官吏和实务人才。其中最重要的是1630年设立的昌平坂学问所。该校是幕府儒学教育的最高学府，主要讲授经义、史学诗文等儒学典籍。1853年"黑船来航事件"[1]以后，昌平坂学问所为应对形势变化，对课程进行改革，将学科分为经科、中国史科、日本史科和刑政史科。另外，面对来自欧美的挑战，幕府还先后设置了开成所（洋学，1863）、医学所（西医，1863）、英语传习所（1858）等，培养洋务实用人才。

江户时代，幕府在日本全国设置了近270个藩国，以奖赏有功之臣，并强化对地方的管控。各藩国为培养本藩藩政所需的人才，一般设置藩校，招收本藩武士子弟。藩校内容以四书五经等儒学经典为主，同时教授武艺。

除官办的幕府直属学校及藩校外，一些官学的教师及知名学者往往在私宅兴办私塾，专门教授某一方面的学问。私塾教授的内容因教师的特长或兴趣而异，分汉学（侧重中国儒学）、国学（侧重以日本上古文献诠释日本古道）、兰学（侧重西洋技艺）等。与官学仅限武士子弟入学不同，私塾的招生门槛较低，但由于授课内容较为专业化，具备一定知识基础的学子方能入学。江户时代只有武士阶层能够接受较好的教育，因此私塾的求学者也多为武士子弟。

这一时期面向平民开设的教育机构主要是寺子屋。寺子屋的经营者及教师主要是农、工、商等阶层的平民百姓，也有部分武士和僧侣。寺子屋主要教授日常生活必需的读写算等基础知识，也讲授浅显的儒学伦理。

到1867年，日本的教育已具备相当水准与规模。其中幕府直属学校21所、私塾1528所、藩校219所、寺子屋10299所。1853—1867年，共有113万人进入各级各类学校学习。[2]由于传统学校教育的发展，日本成年男性的识字率高达30%，从而为明治时期日本教育的现代化打下了良好的基础。1872年的《学制》颁布以后，幕府直属的开成所和医学所等合并为东京大学（1877），这是当时唯一的高等教育机构；各地的藩校大多改造成本地的中学或专门学校，寺子屋等往往直接改造成近代小学，部分教学水准较高的私塾则成为近代私立大学的先驱。这为日本教育现代化的发展奠定了一个较高的起点。

1　黑船来航事件：1853年，美国东印度舰队司令佩里（Matthew Calbraith Perry，1794—1858）率四艘军舰闯入东京湾，迫使幕府与其签订不平等的《日美亲善条约》，强迫日本结束闭关锁国的政策，向欧美列强开放口岸。由于美军军舰均为铁制，外形呈黑色，当时的日本人称其为"黑船"。"黑船来航事件"激化了日本国内的各种社会矛盾，最终导致了幕府的垮台，从而拉开了明治维新的序幕。
2　臧佩红.日本近现代教育史[M].北京：世界知识出版社，2010：7.

二、近代日本高等教育体制的形成

1853年，美国东印度舰队在海军准将佩里的统领下闯入东京湾，以炮舰威胁强迫德川幕府签订不平等条约，日本持续200多年的锁国体制受到严重冲击。1868年，明治维新爆发，明治天皇发布皇政复古大号令，延续265年的德川幕府体制正式宣告结束，日本由此进入了新的时代。

1871年，明治政府实施废藩置县政策，建立了强有力的中央集权政府，其中设置文部省作为最高教育行政管理机构，统管全国教育事业。

1872年9月5日，文部省正式颁布《学制》，这是日本近代史上第一部教育法令。《学制》全文共109章，分"大中小学区""学校""教员""学生及考试""海外留学生规则""学费"等六部分。1873年3月和4月，明治政府又相继颁布《学制二编海外留学生规则神官僧侣学校之事》、《学制追加贷费生规则》、《学制二编追加》（有关外国语、兽医、商业、农业、工业、矿山、诸艺、理学、医学、法学等专门学校的规定）。此外，明治政府在学制公布的前一天，以太政官布告的形式发布"学制布告"，阐述新的教育理念和教育方针。这些文件系统地构建了日本近代学校教育起步阶段的制度框架。

《学制》的核心在于对日本学校教育体制的明确规范。明治维新以前，日本实施松散的分权式教育管理，中央直属学校由幕府直接管辖，藩校与乡校由各藩统辖，寺子屋与私塾则基本由民间自主管理。为迅速全面建立近代学校教育体制，《学制》的第一条即明确规定"全国学政由文部省统辖"，以强化中央集权的教育行政管理体制。

明治政府以中央政府的强力管控为特征的教育体制主要通过学区制得以实现。根据《学制》的要求，全国分为8个大学区，每个大学区设立1所大学；每个大学区分为32个中学区，每个中学区设1所中学；每个中学区分为210个小学区，每个小学区设1所小学。中学区以下的划分由地方官吏根据当地的土地面积、人口疏密等确定。每个大学区内设1所督学局，管理学区内各级学校事务，负责检查并讨论修改教则等。大学区下的每个中学区设10多名学区管理人，每人负责20—30个小学区，其职责是检查学区内学龄儿童入学状况、监督教学经费使用等。学区管理人员由地方官吏从本地有声望的人士中挑选，报文部省审核批准。《学制》的内容与核心要素深受法国的影响。法国教育模式具有很强的中央集权性质，这对于受到西方文化刺激而被迫变革并决心推进自上而下改革的后进国家日本而言是理想且自然的选择。[1]

《学制》的目标有二：一是以文明开化为目标，全面普及近代学校教育制度，实现"国民人人皆学"的理念——对应这一目标的举措是全力推进初等教育的全面义务化；二是配合富国强兵政策的实施，突出对高层次科学技术人才及政经领袖的培养，这一任务主要由高等教育承担。《学制》将高等教育分为专门学校和大学两类。大学是教授高深学问的场所，分为理学、法学、医学等科，合格的毕业生可被授予学士称号；专门学校是传授高级专业知识与技能的场所，包括法学校、农学校、工学校等。从其内容看，从事基础教学的大学与从事专业教育的专门学校的双轨制，也是对法国高等教育模式的直接借鉴与引进。

根据《学制》的规定，文部省于1877年将旧幕府时代所设之东京开成学校与东京医学校这两所高等教育机构合并，创办了东京大学，下设法、理、文、医四个学科，这是日本第一所国立的高等教育机构。在明治维新之初政府财力有限的背景下，东京大学仍然得到了文部省的全力支持，东京大学及其医学部所获的年度经费补助在文部省经费总支出中分别占据第三、第四位，仅次于文部省行政经费及府县小学补助金。[2] 不过总体而言，由于师资有限、文部省经费不足等，其规模与办学质量相比日本同期的专门学校并无较大的优势。

同一时期，由于国家现代化的需要，日本内阁各个部门也相继设立了直属其下的培养相关领域技术官僚的专门学校，这些学校包括直属工部省的工部大学校（1877）、司法省法学校（1872）、农商务省驹场农学校（1877）和东京山林学校（1882）等。这些学校实行专业对口管理，直接面向现实需求，其学科设置不仅具有较高的专业性，还具有较强的应用性和针对性。例如，工部大学校设预科、专门科及实地科，学制各为2年，总计6年。其中，预科第一学年

1　永井道雄.近代化と教育 [M].東京：東京大学出版会，1969：74.
2　臧佩红.日本近现代教育史 [M].北京：世界知识出版社，2010：36.

的课程包括英语、数学、理科、日语、制图及理科实验；第二学年除上述课程之外，增加化学及实验实习。学生须通过预科的最终考试方能升入专门科，即分专业进行专业学习。专门科按专业设置，包括土木学、机械工学、造船学、电气工学、造家学（建筑）、应用化学、矿山学、冶金学等8个学科。专门科学习完成后即可进入实地科，即实习阶段。科目包括矿山测量、工程现场实习、实地野外作业等，主要在当时日本最新式的国营工矿企业实习。从课程设置及教学安排看，工部大学校的工程教育主要具有以下特点：一是比较重视基础教育，土木、机械等主要学科均开设了高等数学、高等物理等专业基础课，说明该校工程教育的目的并非培养一般的技术人才，而是具有较高学术素养的技术精英。二是各科的课程设置中测量、制图以及实验等实用性科目占了较大比重，反映出该校的工程教育是以应用型技术人才培养为导向的。学术素养与应用能力正是明治前期政府对技术官僚提出的最基本的素质要求。总体而言，工部大学校等专门学校代表了明治早期日本高等教育的最高水准。

然而，《学制》所构想的法国模式的中央集权式的学校管理体系计划由政府一举设立53760所小学、256所中学以及8所大学，这是明治维新之初，百废待举之时日本政府的财力所远远无法承受的。由于财力不足，《学制》所设想的庞大计划直到明治后期（20世纪第一个十年）也未能完成。直至1902年，日本仅设置了2所大学、222所中学和27076所中学。[1]《学制》施行期间，为了推行强制义务教育而不增加政府的财力负担，政府规定学校经费主要取自民间，由此加重了平民百姓的负担，激起了民间的普遍反对，不少地区甚至发生了民众捣毁学校的"毁学暴动"。因此，到19世纪70年代末，明治政府不得不放弃《学制》的实施，不过这一时期建立的东京大学以及各类国立专门学校得以保留，成为日本高等教育进一步发展的基础。

三、《教育令》时期私立高等教育的兴起

由于《学制》所构想的法国模式的中央集权式的学校管理体系囿于明治政府的财力而受到挫折，1879年，明治政府正式废除1872年颁布的《学制》，

1　吴光辉. 转型与建构：日本高等教育近代化研究 [M]. 北京：世界知识出版社，2007：116.

颁布《教育令》，取消学区制度，改为采用美国式的强调地方分权的教育管理体制。

在《教育令》的颁布和实施过程中，1873—1878年担任文部省学监的美国人默里（David Murray）发挥了重要作用。1877年，默里在建校不久的东京大学发表演讲，强调教育无法通过全国划一性的体系进行规划，必须因地制宜，适应地方实情。1878年，默里向文部大辅田中不二麿提交《学监考案日本教育法》，强调改革统一的教育行政，实现教育权向地方转让。这一主张成为《教育令》的核心思想。[1]

《教育令》首先强调中央政府对全国教育事务的统一管辖权与监督权，规定："全国教育事务皆归文部卿统摄，故学校、幼稚园、书籍馆等无论公立私立之别，皆在文部卿监督之内。"[2]这表明国家对教育行政依然具有最终决定权。不过对于地方的基础教育，《教育令》强调要引进美国的地方分权方式，由各町村等基层行政区划选举其学务委员会，根据本地民众的自由意志自主对学校进行设置与监督。

《教育令》的关注重点是基础教育，对高等教育并未过多涉及，只是针对东京大学已设法学、理学、文学和医学等四个学科的特点，强调所谓大学乃"教授法学、理学、医学、文学等专门诸科之场所"，从国家法制的立场进一步确认东京大学的合法性。同时，撤销学区制度，使得东京大学成为唯一的大学，由文部省直接管理。

《教育令》的基本精神是效法美国的功利主义和自由主义，因此也被称为"自由教育令"，其施行期间正是以争取议会选举为口号的自由民权运动的高潮期。明治维新以后，明治政府内部围绕国家现代化政策的具体实施不断出现对立主张，最终于1877年爆发内战。由于战场集中于日本西南部的九州地区，且叛乱一方主力为九州南部的萨摩藩（今鹿儿岛县），因此史称西南战争。西南战争被明治中央政府迅速平息后，失势的各方政治力量于1878年前后又发起

1　吴光辉.转型与建构：日本高等教育近代化研究 [M].北京：世界知识出版社，2007：117–118.
2　教育令（明治十二年九月二十九日太政官布告第40号）。转引自：文部省.学制百年史/资料编 [EB/OL].
https://www.mext.go.jp/b_menu/hakusho/html/others/detail/1317966.htm.

了以开设国会、制定宪法、确立地方自治为口号的自由民权运动，旨在重新分配政治权力。自由民权运动期间，由于在野势力的舆论攻势，社会对政治、法律等议题的关注度空前高涨。为迎合青年学习法律、政治等社会科学的需求，1880年前后，东京出现了设置私立法政类高等教育机构的热潮。

这一时期出现的私立高等教育机构先后有明治法律学校（1881年创办，后改名为明治大学）、日本大学（1882年创办）、东京法学社（1880年创办，后改名为法政大学）、东京专门学校（1881年创办，后改名为早稻田大学）、英吉利法律学校（1885年创办，后改名为中央大学）。同时，江户时代即盛行的不少私塾是由知名学者创办的，且具有较高水平，如绪方洪庵的兰学私塾"适塾"[1]，以改革汉学教育闻名的广濑淡窗创办的咸宜园[2]等。因此，1868年明治维新之后，有少量从事西学学习的私塾得以保存并成功转型为新式学校，如福泽谕吉（1835—1901）创办于1858年的庆应义塾（后改名为庆应大学）。上述六所高校合称东京六大私校，成为日本近代私立高等教育的起源。

自由民权运动期间出现的私立高等教育机构，其最初学科主要为法律和政治学科，在文部省的法令和统计上基本定位为专门学校。不过这些学校从创始之初即以英美私立大学为办学模板，体现出挑战国立大学的雄心。以东京专门学校为例，该校创校时的校则第一条即明确"本校以设政治经济学科、法律学科以及物理学科为目的，同时兼设英语学科"，强调其是一所综合性的高等教育机构。该学校创校时的7名教师均为东京大学法学部和文学部的毕业生（上述两学部1882年度的毕业生仅12人）。这在一定程度上表明，有望成为国家精英的人才正逐渐流向私立学校。这对明治政府和东京大学形成了巨大的冲击。[3]

四、《学校令》与日本近代高等教育模式的定型

《教育令》的自由化倾向引起了明治政府的警觉。1881年，明治政府正式

1　绪方洪庵（1810—1863），医生、兰学者。适塾又名适适斋塾，是其在大阪开设的西学私塾，培养了福泽谕吉等一批明治时期的启蒙精英。

2　广濑淡窗（1782—1856），儒学者、汉诗人。咸宜园是其于1805年在丰后国日田郡（现大分县日田市）创办的全寮制私塾。

3　天野郁夫.大学的诞生 [M].黄丹青，窦心浩，译.南京：南京大学出版社，2011：48-49.

废除《教育令》，颁布《改正教育令》，明确政府对教育的干涉权。

《改正教育令》实施的目的之一是压制自由民权运动所带动的思想上的自由放任倾向，因此政府干预教育的意识始终贯穿于该法规之中。《改正教育令》强调无论公私立学校，其创办和入学资格一律由中央政府决定。同时还取消了《教育令》所规定的地方学务委员选举制，规定町村等基层的学务委员由地方政府直接任命，从而强化了政府对教育的控制。另外，相比《教育令》所规定的"学校是指小学校、中学校、大学校、师范学校、专门学校、其他各种学校"，《改正教育令》则具体规定"学校是指小学校、中学校、大学校、师范学校、专门学校、农学校、商业学校、职工学校、其他各种学校"[1]，体现出文部省力图统一全国学务管理，对工部大学校（工部省）、法学校（司法省）、农学校（北海道开拓使）等其他由政府部门设置的高等专业教育机构进行统一管辖的倾向。不过这一设想由于各政府部门的抵制，直至1885年才最终实现。《改正教育令》确立了近代日本强化国家对教育管理与干预的倾向，为最终确立近代日本国家主义的教育体制奠定了基础。

1885年，明治政府正式确立以德国为蓝本的国家主义的立宪君主制，废除此前的太政大臣、参议、各省卿的太政官制，实施由总理大臣下辖各省大臣的内阁制度，伊藤博文（1841—1909）成为首位内阁总理大臣，森有礼（1847—1879）受其推荐成为首位文部大臣。森有礼出身于萨摩藩的武士之家，早年即醉心洋学，1865年曾赴伦敦大学学院留学，专攻数、理、化等自然科学。1868年回国后又于1870年赴美出任驻美公使，这期间曾专程调查过美国等国的教育制度。多年的海外经历使其形成了系统的教育改革理念与方案。1873年回国后，森有礼即与福泽谕吉等人发起创建明六社[2]，并自任社长，积极宣传西方启蒙思想，反对传统观念，对明治日本的教育改革产生了巨大的影响，因此被后世推

1　教育令改正（明治十三年十二月二十八日太政官布告第 59 号）。转引自：文部省 . 学制百年史 / 资料编 [EB/OL]. https://www.mext.go.jp/b_menu/hakusho/html/others/detail/1317967.htm.
2　明六社：日本明治初期新型知识分子组成的具有启蒙性质的思想团体。明六社创建于 1873 年，因这一年是明治六年，故名。森有礼为首任社长，中心会员有福泽谕吉、西周、津田真道、加藤弘之、中村正直、神田孝平等。

崇为"明治六大教育家"[1]之一 和"日本现代教育之父"。在森有礼主持文部省期间，文部省相继颁布了《帝国大学令》《师范学校令》《中学校令》《小学校令》等系列法令，统称《学校令》，正式确立了近代日本的学校教育体系。

明治前期，日本在学习欧美教育体制时尚处于一种无序摸索的状态，对法国及英美等国教育模式均有引进与实践探索。但19世纪80年代以后，其目标逐渐明确。1883年时任文部卿的福冈孝弟（1835—1919）即建议东京大学重视学习德国，要求其停止英语教学，改用日语为教学用语，采用德国原版教材，重点学习德国语言和德国学术。[2]引进并学习德国教育制度，既与该时期日本政治体制全盘学习德国体制有关，也与德国教育体制特别是研究型大学在当时世界范围内享有的崇高声誉有直接关系。森有礼改革的核心即模仿德国的教育制度，将英才教育与大众教育予以严格的区分。森有礼认为，近代的大学是"学问的场所"，培养的是国家的管理者；而大众教育则是"教育或者熏陶的场所"，培养的是帝国所需要的善良臣民。[3]

《帝国大学令》是学校令中有关大学的法令，全文共14条内容，细致规定了帝国大学的使命、内部组织与管理、教师身份与待遇等内容。它的特点有二：一是国家主义。与1872年《学制》规定"大学是教授高深学问的场所"不同，《帝国大学令》明确规定高等教育的培养目标是"应国家需要，以教授学术技艺及考究其蕴奥为目的的教育机构"[4]，突出强调了大学与服务国家战略之间的关系，明确将大学限定为帝国大学，即只有国立综合性高等教育机构才能被认定为大学，从而确立了国家对高等教育体系的绝对控制权。《帝国大学令》颁布后，东京大学与其他各政府部门下属的专门学校合并成立帝国大学，成为日本的最高学府。在1899年京都帝国大学成立之前，其也是唯一受国家认可的大学。另外，1900年前后，文部省将此前作为后期中等教育机构的高等学校改制为大学预科，通过延长高等教育学制以提升高等教育质量，由此强化了帝国

---

1 明治六大教育家一般认为是：新岛襄（第一个获得欧美学位的日本人，创办日本第一所基督教大学——同志社大学）、福泽谕吉（近代启蒙思想家、庆应大学创立者）、大木乔任（1871年任文部卿，主持制定1872年学制）、森有礼（首任文部大臣，主持创建了日本近代学校教育体制）、近藤真琴（启蒙思想家）、中村正直（启蒙思想家）。
2 吴光辉. 转型与建构：日本高等教育近代化研究 [M]. 北京：世界知识出版社，2007：211-212.
3 吴光辉. 转型与建构：日本高等教育近代化研究 [M]. 北京：世界知识出版社，2007：126.
4 转引自：文部省. 学制百年史 [EB/OL]. https://www.mext.go.jp/b_menu/hakusho/html/others/detail/1318050.htm.

大学精英教育机构的形象。

二是功利主义。虽然帝国大学参照了德国研究型大学，但与后者在重视学术研究及专业人员培养方面有所区别，日本帝国大学更加重视培养国家现代化所需要的技术官僚。明治政府于1879年曾规定东京大学法科毕业生无须考试，可直接获得律师资格。同年颁布的《文官考试试补及见习规则》规定，东京大学文科、法科毕业生无须考试即可成为高等官僚的候补。《帝国大学令》更特别规定，帝国大学总长"兼任法科大学长之职务"，实质上是为了加强与监控帝国大学的国家官僚培养的使命职责，这反映出后发国家高等教育现代化模式的特征。

除了帝国大学，19世纪90年代，文部省还先后出台《专门学校令》《实业学校令》，在帝国大学之下规范了各层次技术人员与技术官僚的培养细则，由此形成了以帝国大学为金字塔尖的日本近代高等教育结构。

五、第一次世界大战后日本高等教育的扩张

由于帝国大学以技术官僚培养为主要目标，故政府严格限制其规模扩张。1886年东京帝国大学成立，至第一次世界大战期间，日本仅先后增设了京都帝国大学（1897）、东北帝国大学（1907）、九州帝国大学（1911）3所帝国大学。

1897年6月，京都帝国大学成立。至1914年，该校先后设立理工科大学（下设土木工程学、机械工程学、数学、物理学、基础化学、制造化学、电气工程学、采矿冶金学等8个学科）、文科大学（1906）、工科大学（1914）。1907年6月，东北帝国大学设立，建校之初，札幌农学校被改为其农科大学，并先后增设理科大学（1911）和医科大学（1915）。1910年12月，九州帝国大学成立，建校后设置了工科大学（1911）和医科大学（1911）。另外，原帝国大学在京都帝国大学设立后改名为东京帝国大学。这一时期，东京帝国大学也积极扩充学科，增设各类专业，尤其是理工科专业。1907年9月，其理科大学的地质学科细分为地质学科和矿物学科；第二年，法科大学的政治学科细分为政治学科和经济学科；1909年，除了新增设商业学科外，工科大学中的采矿冶金学科分设为独立的采矿学科和冶金学科，同时在农科大学中增设水产学科。从这一时期

帝国大学的学科专业设置动态看，理工等直接服务于国民经济的学科专业是其发展重点。

随着明治时期义务教育的普及，非义务教育阶段的普通中学校的升学率大幅上升。至1920年，小学毕业的男生有10%升入中学[1]，教育水准的普遍提高带来了对更高层次教育的更大需求。在此背景下，1918年，日本帝国议会颁布《大学令》，放宽大学设置门槛，允许私人机构设立大学，以满足国民对高等教育的需求。同时，文部省也将不少国立专门学校升格成大学，扩大专业人才培养，适应国家经济发展的需要。1918—1929年，除了原有的4所帝国大学，日本新增设了1所帝国大学（北海道帝国大学，1918年成立）、10所国立大学、5所地方公立大学及24所私立大学。[2]

1918年12月颁布的《大学令》规定，大学的类别可分为帝国大学、官立（国立）单科大学、公立大学和私立大学。官立单科大学由文部省设置并直接管理，公立大学由各地方府县政府设立，私立大学由具备一定财力的财团法人设置；大学内部结构分为法学、医学、工学、文学、理学、农学、经济学及商学等各个学部，并可在多学部的大学中设置统合各专业研究生教育的研究生院。《大学令》的颁布，使得普通大学的立法程序合法化，标志着高等教育体制的进一步完善。该法令颁布后，以该法令为依据，各类大学相继设置。

一是官立单科大学。1920年4月，东京高等商业学校改组为东京商科大学，成为日本近代最早的官立单科大学。1922年3月，文部省在新潟和冈山等设置两所医科大学；1923年3月，文部省再次在千叶、金泽、长崎等地设置3所医科大学；1929年4月，文部省又设置东京工业大学、大阪工业大学、神户商业大学和熊本医科大学。整个20世纪20年代，文部省共设置了10所官立单科大学。

二是公立大学。1919年11月，大阪府立的大阪医科大学成立，成为根据《大学令》设置的第一所公立大学。此后各府县相继设立了爱知医科大学（1939年成为名古屋帝国大学医学部）、京都府立医科大学、熊本县立医科大学（1929年被改组为官立大学）。1928年1月，日本政府修改《大学令》，允许市一级行

1　佐藤尚子.日中比较教育史[M].横浜：春风社，2002：96.
2　吴光辉.转型与建构：日本高等教育近代化研究[M].北京：世界知识出版社，2007：180.

政单位设置公立大学。根据该法，大阪市于1928年3月设立大阪商科大学，成为近代日本最早的市立大学。整个20世纪20年代，日本各地方政府共设置了5所地方公立大学。

三是私立大学。1920年2月，日本政府根据《大学令》的相关规定，批准庆应义塾和早稻田学校升格为大学，这是近代日本根据法令正式批准认可的最早的私立大学。整个20世纪20年代，日本共增设了24所私立大学。

从第一次世界大战以后日本高等教育的扩张状况看，地方公立和私立大学的设置集中于东京、大阪、名古屋等中心城市。上述城市财力雄厚，办学经费充裕，人口集聚，生源供给充裕，同时产业集中，就业渠道通畅。国立大学的设置则较为均衡。除中心城市外，九州、北陆、本州岛西部地区等均设置了国立大学，反映出政府对高等教育布局有较为合理的整体规划。

另外，帝国大学也根据新的形势进行了相应的改革。1919年2月，政府修订《帝国大学令》，将帝国大学的性质明确为官立综合性大学，其内部的分科大学改名为学部，并设置研究生院。这一时期，一方面增设了新的帝国大学，如北海道帝国大学（1918）、大阪帝国大学（1931）、名古屋帝国大学（1935）；另一方面，原有帝国大学的学科有所扩充。1919年4月，东京帝国大学的经济学科从法学部中独立，成为经济学部；同年5月，京都帝国大学也新设了经济学部。

20世纪30—40年代，随着日本中等教育规模的扩大，日本的高等教育得到进一步发展。1938年日本有各类高等教育机构45所，至1945年，这一数字略增至48所。不过，高等教育作为精英教育机构的特色始终鲜明。

明治维新以后，由于合理的顶层设计以及严密的执行机制，包括高等教育在内的日本国家现代化进程取得了较为显著的进步，日本形成了机构分工明确、定位合理的高等教育体系。不过，日本在1890年以明治天皇的名义颁布《教育敕语》，作为其教育发展的核心理念。《教育敕语》的内容充满国家主义、军国主义色彩，其核心是强调在推进物质层面的国家现代化的同时，国民精神及各级各类学校的道德教育层面必须强化克忠克孝、仁爱信义、皇权一系、维护国体、恭俭律己的封建道德，灌输皇室利益高于一切的思想，以维护天皇制国体。《教育敕语》在昭和时期被明确为学校庆典时必须全员朗读的文件，被绝对化与神圣化，成为军国主义的教典，从而导致日本的各级各类学校在20世纪20年代成为日本军国主义和对外侵略扩张的工具，不仅给亚洲各国带来了巨大的灾难，日本社会及其高等教育自身也受到了毁灭性的打击。

第二节　近代日本高等教育模式的结构特点与发展路径

一、二元双层式的日本近代高等教育体系的结构特点

近代日本高等教育在发展过程中，基于国家战略与社会发展的不同需求，逐渐形成了国立和私立两大系统，其中国立系统中又可分成培养技术官僚的帝国大学和培养中坚技术人才的专门学校两个不同的层次。高等教育体系中的不同子系统，对应社会的不同需求，构成了近代日本高等教育的二元双层模式。

（一）帝国大学的垄断优势

帝国大学是二战前日本国立的综合性大学。1886年颁布的《帝国大学令》将日本当时唯一的一所大学东京大学改名为帝国大学，突出其"国家的大学"的定位，由此凸显了其在日本近代学制体系中的特殊地位。

首先，帝国大学的特殊地位体现在其定位与特权上。

帝国大学是日本近代教育发展初期唯一的综合性高等教育机构，是日本名副其实的最高学府。在1918年的《大学令》颁布之前，除了帝国大学，所有其他类型的高等教育机构无论是法律地位还是实际的职能定位都只是单科性的应用型高等教育机构。在资源配置方面，帝国大学实施"分科大学—学科—讲座"的三层构造中，井然有序地配置着众多的学科和专业领域。这种体系只有帝国大学才被允许，或者说只有在国家的巨额投资下才有可能持续。

除了作为精英教育机构，帝国大学同时也是唯一一所带有研究功能的高等教育机构。《帝国大学令》规定，帝国大学是应国家之需要，以教授学术技艺及考究其蕴奥的教育机构。帝国大学由大学院（研究生院）和分科大学（学部）构成，大学院是考究学术技艺蕴奥之所，分科大学是教授学术技艺理论及其

应用之所。这实际上意味着帝国大学承担着知识创新与高层次精英人才培养的使命。在1918年的《大学令》颁布之前，帝国大学独占着学位授予权，同时也是日本国内各种学会和学术杂志的创设母体。作为日本的最高学府，帝国大学大量聘请外籍教师直接任教，大量采用原版教材，以此体现其学术的权威性。

帝国大学的特殊性还体现在其师资的精英化配置及对日本学术事业的全面垄断上。帝国大学的基层学术组织是讲座，其模式完全借鉴德国研究型大学。讲座与具体的各个专业学术领域一一对应，被配置到讲座的正教授集团负责各专业领域的教育和研究工作，维系体系的运转并不断扩大再生产。帝国大学的教授是近代日本高等教育形成期的精英集团。帝国大学初建时，6个分科大学共有66名教授，其中59人为海外留学生，他们在欧美知名大学学习，回到日本后成为日本近代各个专业学术领域的创始人与引路者，开创了帝国大学长期引领日本学术界的历史。就此意义而言，帝国大学是日本近代学术领域的垄断体。

帝国大学的学术精英垄断特点决定了它的数量与分布受到国家的严格控制。1885年的东京帝国大学即整合了当时日本最优秀的各类教育机构，包括文部省管辖的东京大学和其他政府部门直属的教育机构。此后直到1897年才在京都设置了第二所帝国大学。20世纪初陆续在仙台、札幌、福冈等地设置新的帝国大学；20世纪30年代，大阪和名古屋等中部城市增设了帝国大学，加上同期在朝鲜及中国台湾设置的京城帝国大学（今首尔大学）和台北帝国大学（今台湾大学），到1945年，在当时日本的统治范围内共设置了9所帝国大学。从地理分布看，除了首都东京的东京帝国大学，关西地区的京都和大阪、中部的名古屋、九州地区（福冈）、东北地区（仙台）以及北海道（札幌）等都设置了帝国大学，从而保证了日本全国各个地区基本覆盖了高等教育网络，确保了国家统治下高等教育布局发展的均衡。

其次，帝国大学的精英化与特殊性体现在其严格的学制体系上。

帝国大学学制包括本科和预科各3年。本科侧重专业教育，预科则以通识教育和基础教育为主。由于近代日本以欧美为师，帝国大学预科阶段的学生需要同时学习英语、法语、德语等外语，为直接学习欧美最前沿的知识奠定基础。

1894年6月，文部省制定颁布了《高等学校令》。由于帝国大学数量有限，日本政府力图模仿欧美的学院制度来扩大高等教育规模。因此，政府将以往的高等中学校从中等教育体系中独立出来，使之成为既实施高等专业教育也教授大学预科的高等教育机构。1900年，文部省对大学预科的学科规程进行了规范，明确高等学校主要是实施帝国大学预备教育的场所，重点是教授学生接受大学各个专门学科教育所必需的基础知识。由此高等学校成为中学毕业生进入帝国大学深造的必经且唯一的通道。到20世纪第一个十年（明治末期），文部省在全日本共设置8所按序列编号的高等学校，以与帝国大学匹配（到1945年，另增设24所高等学校，按所在地区命名），其中第一和第三高等学校分别设于东京和京都。

高等学校学制3年，招收5年制普通中学毕业生。20世纪第一个十年前后，高等学校的录取率基本在28%以下。[1] 高等学校课程以英语、法语、德语及通识课程、专业基础课程为主，以为学生升入帝国大学进行专业深造做准备。帝国大学及与其匹配的数字序列的高等学校构成了近代日本高等教育的金字塔尖。

最后，帝国大学的精英化与特殊性不仅体现在其学术与办学质量的高水准，更体现为通过毕业生的社会地位特权所带来的精英垄断体制。

帝国大学虽然在体制上借鉴了德国研究型大学，实行讲座制和分科大学（学部）的管理模式，采用多科性的综合大学模式，但帝国大学的首要任务是培养技术官僚。从职业出路而言，帝国大学的毕业生居于整个日本社会体制的顶端，是各种国家资格、国家考试的特权垄断体。在近代日本，帝国大学是国家的大学，它的毕业生是国家高级官僚和行业精英的主要供给源。二战以前的日本国家公务员选拔与录用规则规定，其报考门槛为公立中学或政府认可的私立中学毕业生，考试合格后需要2—3年的见习期才能被正式任用。但对于帝国

1　竹内洋.学历贵族の栄光と挫折 [M].東京：中央公論新社，1999：100.

大学法科与文科毕业生，规则规定其享有免试直接进入见习期的特权。此外，法科大学毕业生之于司法考试，医科大学毕业生之于医师资格考试，文科理科大学毕业生之于中学教师资格考试，都享有免试的特权。[1]相比其他学校系统的毕业生，帝国大学的各科毕业生在行业系统占有绝对的地位，拥有极大的上升空间。

虽然二战以前的帝国大学始终保持着垄断性的精英教育机构特色，但随着其自身规模的不断扩张，帝国大学在培养定位与教学内容方面也做出过一些调整，其中最引人注目的是京都帝国大学的改革。

京都帝国大学是日本在各地设置的帝国大学中最具创新特色的。京都帝国大学的历史可追溯至1869年创立的舍密局。1870年，它与化学所（1870）、理学所（1870）合并，改称开成所，1894年再次更名为第三高等学校。京都帝国大学创办于甲午战争之后日本对军事重化工业技术人才需求急速高涨的时代背景下，因此其建校之初即以理工学科建设为重心。1897年，第三高等学校工学部升格成立理工科大学，下设土木工学科与机械工学科，1898年增设数学、物理学、纯正化学、制造化学、电子工学、采矿冶金等学科；1899年增设医科大学和法科大学；1906年增设文科大学，下设哲学科、史学科与文学科，初步具备了综合大学的建制规模。[2]

京都帝国大学创立的另一个动因是挑战东京帝国大学的办学模式。京都帝国大学在创立之初即明确"其并非东京帝国大学的分校，而是一所完全独立的大学，有其固有的生存方式和独特的资质"，相比东京帝国大学以培养实用型人才为特长，京都帝国大学倾向于培养学者型人才。[3]这一定位使京都帝国大学在学科设置、教学管理与教学方式上均体现出创新意识。在学科设置上，京都帝国大学将理工科合并设置成理工科分科大学，而非像其他帝国大学那样将理科和工科分设。在教学管理上，有别于东京帝国大学的学年制，京都采取了新的科目制。东京帝国大学的学年制明确规定了各学科的学习年限（医科、法

1 天野郁夫.大学的诞生 [M].黄丹青，窦心浩，译.南京：南京大学出版社，2011：62–64.
2 吴光辉.转型与建构：日本高等教育近代化研究 [M].北京：世界知识出版社，2007：173.
3 天野郁夫.大学的诞生 [M].黄丹青，窦心浩，译.南京：南京大学出版社，2011：253–254.

科为4年，其他学科为3年），并且将必修科目分配至各学年中。如果学生在各学年年末的考试中无法全科通过，则不能升级。连续两年不能升级，则将做退学处理。在学年制体制下，学生即使只有一两门科目不合格，也必须投入大量时间和精力在下一学年重修已经合格的全部科目。而京都帝国大学的科目制则要求学生按科目登记学习，考试后只需重修不及格的科目，学生因此有时间和精力学习新的科目。学习年限也被放宽至3—6年，只要在规定年限内所有科目都能获得通过，任何时候均可申请毕业答辩。由此最大限度地保障了学生的学习自由，激发了学生学习的主动性与积极性。[1] 京都帝国大学最大的革新体现在教学方式上。1899年增设的法科大学为了挑战既有的帝国大学法科教育中"教师课堂灌输，学生课后默记笔记"的教学方式，大胆引进德国研究型大学的研讨班方式，以启发学生的研究精神以及调动学生的知识运用能力。配合这一教学方式的改革，京都帝国大学创设了"论文测试制度"，规定学生必须参加一门讨论课，时间为一年以上，以此作为毕业的资格条件之一。学校同时要求，学生在讨论课结束后须提交相关主题的研究论文，而教授必须每学年开设讨论课，以此强化大学的研究导向。[2]

京都帝国大学的改革使其成为20世纪日本最主要的基础学科研究基地。相比东京帝国大学毕业生在政界、商界及人文社科领域的杰出表现，京都帝国大学的毕业生则主要在学术界，尤其是数学、物理、化学等自然科学的研究领域成就卓著。

（二）专门学校的实用人才培养

帝国大学侧重培养学术精英和行业领袖，但随着日本工业化、近代化的发展，学习西方学术技艺和培养从事实际工作的专门人才需求高涨，仅靠帝国大学这样培养成本极高的精英教育机构远远满足不了需求。专业技术人才的培养工作主要由专门学校来承担。就规模而言，专门学校实质上是二战以前日本高等教育的主体（表7-1）。

1　天野郁夫. 大学的诞生 [M]. 黄丹青，窦心浩，译. 南京：南京大学出版社，2011：254–255.
2　天野郁夫. 大学的诞生 [M]. 黄丹青，窦心浩，译. 南京：南京大学出版社，2011：257.

表 7-1　1885—1914 年日本高等教育机构的在校生人数

单位：人

年份	帝国大学	高等学校	专门学校	实业专门学校	高等师范学校	合计
1885	1720	964	8291	529	287	11791
1890	1312	4536	9513	818	162	16341
1900	3240	5684	13400	1472	803	24599
1910	7239	6341	26244	6275	1599	47698
1914	9611	6276	30422	7505	1781	55595

注：实业专门学校、高等师范学校在法律地位上归属于专门学校类别。
资料来源：黄福涛.外国高等教育史[M].北京：北京大学出版社，2021：144.

专门学校最初是按照法国模式建立的大学校，目的是为国家现代化建设培养一线的技术官僚与专业技术人才。在19世纪70年代初的《学制》时期，文部省对专门学校的政策并不明确，仅规定其是由外国教师传授高深学问的场所，几乎等同于教师培养机构。[1]直到1879年的《教育令》时期才明确，大学是传授多科专门知识的场所，而专门学校是传授单科专门知识的场所，将两者从学科类型上进行了区分。由于政策的模糊，19世纪70年代的专业人才培养由相关的政府职能部门而非文部省主导。在农业教育方面，1875年6月，北海道开拓使临时学校（1872年5月设立）改为札幌学校，1876年9月又改为札幌农学校；1874年4月，内务省劝业寮内设立讲授德国农学的农事修学场，1877年10月改称驹场农学校（1886年改组为东京帝国大学农科大学）。在工业教育方面，1873年，工部省工部寮正式开课，1877年改名工部大学校。在法律教育方面，1872年，司法省法学校正式设立（1885年并入东京帝国大学法科大学）。这些学校实行专业对口管理，直接面向现实需求，不仅具有应用性、针对性，而且具有较强的专业性。由于师资、经费等有政府职能部门的支持，专门学校毕业生大多进入对应的政府职能部门工作，其教学水准与毕业生的社会地位远高于同期的东京大学。例如，工部大学校即因学制完备、课程体系合理、毕业生质量较高，被视为代表明治前期日本高等教育的最高水准的学府。

1　天野郁夫.高等教育的日本模式[M].陈武元，译.北京：教育科学出版社，2006：16.

　　1885年帝国大学令颁布后，原有的各政府部门主办的专门学校，如工部大学校、驹场农学校、司法省法学校等相继被并入帝国大学，分别成为帝国大学的工科、农科和法科的主要组成部分。不过，对未并入帝国大学的东京工业学校、东京商业学校等，新的法令并未明确其办学定位和发展方向。

　　甲午战争以后，随着工业化的不断发展，日本对专业技术人才培养的关注空前高涨。从1893年的第5次帝国议会到1896年的第10次帝国议会，教育问题的主要讨论焦点是实业教育。[1] 在这一背景下，注重实业的专业教育得到急速发展（表7-2）。

　　1903年，文部省制定颁布《专门学校令》，明确规定，专门学校是帝国大学之下培养应用型中坚技术人才的高等教育机构，学制3年，主要招收5年制普通中学校毕业生。与帝国大学在教学内容方式上有所不同，专门学校为单科性的，如师范、商业、工业等，其教师主要由帝国大学的毕业生担任，教材采用翻译的日文教材。在服务区域上，相比帝国大学的毕业生面向全日本就业和服务，专门学校的定位主要是区域性的，其学校设置的地理位置也采用东日本和西日本对称设置的方式。如在高等师范学校方面，东京高等师范学校负责东日本地区中学教师及小学校长的供给，设在广岛的广岛高等师范学校负责西日本地区中学教师及小学校长的供给；高等商业学校分别设在东京和神户，高等工业学校则分别设在东京和大阪。另外，1903年，文部省颁布《实业学校令》，区别于培养中坚技术人才的专门学校，专门设置学制3年的实业学校系统，招收高等小学校毕业生，培养服务本地的一线技术人才与基层技术官僚，由此完善了国立学校系统的体系结构。作为承担国家现代化发展重要职责工具的帝国大学及专门学校，其学科主要侧重理工农科等领域。日俄战争前后，日本工业进入起飞阶段，产业界从进一步推动产业发展的视角，越来越热衷于发挥政府和私人的积极性来扩充高等教育规模，专业学校由此得到快速发展，从1903年的28所增至1918年的59所。

---

1 臧佩红.日本近现代教育史[M].北京：世界知识出版社，2010：156.

表 7-2　明治时期创建的主要的国立专门学校

序号	学校	建校年份	变迁过程
1	东京高等工业学校	1881	1881 年以东京职工学校之名建校，1890 年改名东京工业学校，1901 年改为东京高等工业学校，1929 年升格为东京工业大学
2	大阪高等工业学校	1896	1896 年以大阪工业学校名义建校，1903 年改为大阪高等工业学校，1929 年升格为大阪工业大学，1933 年整体并入大阪大学，改为其下的工学部
3	东京高等商业学校	1875	1875 年以东京府所属的商法讲习所名义建校，1884 年改为农商务省直属东京商业学校，1885 年由文部省接管，1887 年改为东京高等商业学校，1929 年升格为东京商科大学，1949 年改组为一桥大学
4	神户高等商业学校	1902	1902 年建校，1929 年升格为神户商科大学，1949 年改组为神户大学
5	东京外国语学校	1897	1897 年，以高等商业学校附属外国语学校的名义建校，1899 年改为独立设置，1949 年改组为东京外国语大学
6	东京高等师范学校	1872	1872 年以东京师范学校名义建校，1886 年改为东京高等师范学校，1929 年升格为东京文理科大学，1949 年改组为东京教育大学，1973 年再度改组为筑波大学
7	广岛高等师范学校	1875	1875 年以广岛县立师范学校名义建校，1902 年改为广岛高等师范学校，1929 年升格为广岛文理科大学，1949 年改为广岛大学
8	东京女子高等师范学校	1874	1874 年以女子师范学校名义在东京建校，1890 年改为东京女子高等师范学校，1949 年改组为御茶水女子大学
9	奈良女子高等师范学校	1908	1908 年以奈良女子高等师范学校名义建校，1949 年改组为奈良女子大学

　　除数量的增长外，专门学校与帝国大学的层次定位也在20世纪初逐步明确。仅以工程领域为例，就1900年东京帝国大学工科大学和东京高等工业学校学生的就业状况看，工科大学的毕业生集中于铁路、矿山及造船等军工及国家战略支柱行业，上述三领域就业者占比高达60.6%。相反，东京工业学校的毕业生中进入上述三个领域者仅占28.8%，其余大部分主要供职于纺织、机械等

民生行业。与以技术理论训练为主的工科大学培养的技术人员不同，东京工业学校的毕业生更加重视实践，因此他们成为这一时期民间工业企业的核心技术力量。另外，1898年11月15日的《工业杂志》也详细区分了两类学校之毕业生的社会地位差异。根据报道，当时日本的技术人员阶层可分为技师、技手、职工长、职工等。工科大学毕业或有工学士学位者可直接出任技师，承担工程项目的技术设计；东京工业学校毕业生一般出任技手，其秉承技师的设计意图，负责工艺流程中的技术监督；地方工业学校或徒弟学校毕业生或出任职工长，或直接作为技工负责具体的技术操作。

帝国大学培养顶层管理者，专门学校培养中间管理者，培养定位差异也决定了两类学校地位上的等级差别。

（三）私立大学的点缀补充

幕府末期至明治维新初期，日本曾出现一大批洋学私塾，但在近代学制冲击下，这些私塾大部分停办或改制为公办学校，只有极少数，如维新思想家福泽谕吉于1858年创办的兰学私塾得以保存。1868年，兰学私塾改名庆应义塾，1875年，该校聘请美籍教师，模仿西方学制建立真正的近代教育机构，成为日本代表性的私立大学之一。

大规模的私立大学办学热潮兴起于1880年前后。1874年，在明治政府内部权斗失势的板垣退助（1837—1919）等提出"民选议院设立建议书"，由此在全日本掀起了以开设国会、制定宪法为号召的自由民权运动。在此期间，由于社会对政治法律类人才的需求高涨，在东京出现了所谓六大私立名校。其中比较知名的除了庆应大学，还有1882年创立的东京专门学校（今早稻田大学）等。

早期的私立大学的办学理念多与其创办者个人的政治信念、社会改革动机有直接关系。福泽谕吉是明治初期著名的启蒙思想家。其《劝学篇》认为近代化的关键是"人民皆立志学问，知事物之理，赴文明之风"。他强调此处的学问是来自西方的实用之学，而非流于空谈的虚学儒学。庆应义塾的办学理念完全体现了他的实学主义思想。其教学大量采用欧美原版教材，学生直接阅读，辅以教师讲解。庆应义塾初期课程偏重中学程度，1890年开设大学部，设置文学、理财（经济学）、法学三科，聘请3名美国学者担任主讲教师，同时招聘5名帝国大学毕业生担任讲师。

东京专门学校的创立者大隈重信（1838—1922）原为明治政府高官，1881年被解除文部相之职后抱着强烈的政治动机创办该校，旨在培养具备"国民之意不可能总是与政府一致"之信念的精英人才。[1] 在这一理念指导下，东京专门学校以政治经济学、法律学科为主，辅之以包括史学和汉文学课程的文学科。1902年，东京专门学校改称早稻田大学。1903年，早稻田大学开设商学科，进一步适应社会发展的需要，培养近代日本企业的经营管理者。1907年，早稻田大学试图创立理工科和医科，并为此举行了盛大的募捐活动，于1909年正式开办理工科。

私立大学的扩张得益于中等教育的大发展。因国立大学规模限制，普通国民子弟渴望接受高等教育但无法入学。这使私立大学办学模式更注重市场导向，学科体系偏重文科，学校大多聚集于东京、大阪等大城市。与模仿德国研究型大学的国立学校不同，私立大学由于兴起于自由民权运动时期，其机制模式更多地借鉴英美的理事会管理模式，在整个日本高等教育系统中主要作为国立学校的补充，承担满足国民升学需求的职能。

私立大学的经费主要依赖学费，这使其学科建设更注重社会需求。与之相比，早稻田更注重传统文科建设。法学、政治经济学和文学等传统学科在校生规模至1915年仍占全校学生总数的43%。不过新增的商学专业发展迅猛，在校生占比从1905年的15%增至1915年的33%。另外，理工学部因为设置了机械、矿业、电气、土木、建筑、制造化学等应用学科，总体在校生规模也达到全校学生的15%。私立大学在发展过程中通过实用课程吸收了大批学生，体现了与社会需求的适应性。[2]

私立大学的法律及社会地位在日本长期受到压制。虽然庆应义塾在1890年即设置大学部，开始实施高等教育，东京专门学校在1902年也改称早稻田大学，但私立大学在法律层面长期得不到相应的对待。《帝国大学令》规定，大

1　永井道雄. 日本の大学 [M]. 東京：中央公論社，1991：39.
2　吴光辉. 转型与建构：日本高等教育近代化研究 [M]. 北京：世界知识出版社，2007：208–209.

学是三个学科以上的多科性的高等教育机构，且必须为国立，这使得私立大学在法律地位上仅等同于国立的专门学校。直到1918年的《大学令》颁布以后，私立大学才获得了大学的法律身份。1920年，根据《大学令》，早稻田大学和庆应义塾被法规性确立为私立大学。但在国家行政体系中，私立大学毕业生的进入机会有限，其上升空间也远不如帝国大学及专门学校的毕业生。1903年出版的《庆应义塾毕业生名录》中的1087名毕业生，进入政府机构工作的仅占4%，进入民间企业就业和从事家族产业的分别占了45%和31%。[1]就此意义而言，私立大学成为日本近代化发展后民间企业的主要人才供给源。

二、自上而下的日本近代高等教育体系的发展路径

日本近代高等教育以国立学校系统作为主体，其形成过程具有以下特征。

首先，日本的近代高等教育是一种多层的结构模式，呈"帝国大学—专门学校—实业学校"三层结构特征。其中，实业学校侧重一线专业人才培养，主要服务本地产业发展；专门学校注重培养中坚的专业技术人才，为国家及大工业区域产业发展需求服务的特征鲜明；帝国大学更重视学理教育，主要培养政府部门的技术官僚及国家战略性支柱行业的技术人才。该体系中的高等教育机构彼此职责分工明确，很好地适应了近代化发展中不同行业与产业类别、不同职能部门的需要。高等教育层次结构模式的分化一方面是近代产业结构自身层次化发展的影响；另一方面，分层次培养不同类型技术人才也是一种有效节约资源和成本，充分满足社会特定时期对人才的多方位需求并有效协调社会经济发展的人才培养模式。

其次，日本近代高等教育结构模式的形成是一个自上而下的渐进过程。这种层次结构并不是同时形成的，而是在日本近代化发展过程中自上而下逐步扩散而成的。日本高等教育体系的形成从培养国家技术官僚以及高级专业技术人才为目标的帝国大学起步，在19世纪90年代和20世纪以后逐步延伸到培养中坚的专业技术人才的专门学校和培养一线的专业技术人才的实业学校。这与日本的现代化步伐正相一致：近代日本的兴起与发展是从国家战略支柱行业的国

1　天野郁夫.大学的诞生 [M].黄丹青，窦心浩，译.南京：南京大学出版社，2011：208.

有企业起步，逐渐发展到以轻工业为主的地方企业及大型的民间重化工业，是由国家主导的自上而下的过程。就此而言，高等教育层次结构的渐进过程一方面是日本近代产业结构演进的直接反映；另一方面，这实际上也与近代以来日本金字塔形的社会结构及教育结构模式的形成和发展有着密切的关联。

最后，日本的近代高等教育是一种与日本产业结构模式紧密结合、互动发展的模式。日本的高等教育兴起于日本现代化的起步阶段，并随着日本近代产业的规模扩大及产业结构的高度发展而不断扩大与完善其为国家近代化发展服务的使命。日本高等教育与其近代化发展紧密互动的特点有二。一是各种类型层次高等教育机构的学科设置及人才培养导向紧密对应产业化发展结构中的不同层次类型的需要。日本在产业化发展过程中出现了产业类别向特定区域集中的趋势，并在20世纪初形成了六大产业区域。这是日本现代化发展中产业体系完善与专业分化水平提升的具体表现。与此相对应，日本的高等教育也在20世纪初基本形成了三层结构模式，并且分别在此阶段突出了"国家型""区域型"及"地方型"学校的服务职能，分别对应国家支柱性产业发展战略需要、大工业区域产业结构发展需要及所在地产业发展需要。二是高等教育机构设置，特别是专门学校、实业学校的设置与所在地产业结构互动关系密切。自明治维新以来，应用型专业教育机构的学科设置基本对应所在地的产业结构，有效地强化了其服务工业经济发展的职能。

第三节　二战后日本高等教育的改革与发展

日本在第二次世界大战的战败对其自明治维新以来的国家体制产生了巨大的冲击。战后，日本成为以美国为首的西方集团的一员。继明治维新以后，日本的国家体制和社会体制开始了新一轮全面调整与变革，高等教育也迎来了新的变革与发展时期。

一、战后初期新制大学改革及其结果

以二战的战败为契机，明治维新时期确立的日本现代教育体制与体系结构

发生了根本性的变化。为了全面肃清教育领域中的军国主义、国家主义思想，在美国的主导下，日本进行了彻底的教育改革。

由于战前日本的高等教育仅限于少量的帝国大学及官立、私立大学，数量有限，整个学制体系呈现极端的金字塔形，国民中能接受高等教育的仅限于少数精英阶层，被认为是日本等级化体制形成的社会基础。为了改变这一局面，在美国的推动下，日本高等教育改革的主要方向是增加大学数量，扩大国民接受高等教育的机会。

1946年应驻日美军最高统帅麦克阿瑟（Douglas MacArthur，1880—1964）的邀请，美国教育使节团访问日本。该使节团由22名成员组成，包括学校校长、大学教授及教育行政官员。使节团在系统考察日本教育体制后发表了《美国教育使节团报告书》，指出重建日本教育的基本原则是在自由主义、民主主义的政治体制下，承认个人的价值和尊严，最大限度地发展个人能力。报告书在涉及高等教育时指出，战后日本高等教育的根本目标是实现高等教育的民主化，扩大高等教育机会，即"高等教育不应是少数人的机会，而应是多数人的机会"[1]。

据此，1947年3月，日本制定了《教育基本法》和《学校教育法》，这成为主导战后日本教育发展的根本大法。《教育基本法》的基本思想是彻底否定战前日本国家主义的教育理念，强调个人的尊严及教育机会的平等。《学校教育法》则依据《教育基本法》的基本原则对学校教育制度进行具体的设计。时任文部大臣的高桥诚一郎（1884—1982）在1947年3月众议院会上陈述《学校教育法》提案理由时指出，"以往的学制，国民学校初等科6年毕业后，一是升入国民学校高等科或青年学校，二是经中等学校或专门学校，两个体系截然区别，前者占国民学校初等科毕业生的75%，这些人即使有能力，也几乎没有接受高等教育的机会"，基于此，文部省《学校教育法》提案理由的第一条即为"基于教育机会均等的考虑"。[2]贯彻机会均等原则的途径之一是建立六三三四单轨制的学校制度，即简化学制，将原来的国民学校、青年学校、中学、高等

1　小林一也. 资料日本工业教育史 [M]. 東京：実教出版，2001：416–418.
2　神田修，等. 史料日本の教育 [M]. 東京：学阳书房，1986：158.

女学校、实业学校、师范学校、专门学校、高等学校、大学等复杂多样的学制
简单化，根据人的身心发育阶段，原则上实行六三三四的小学、中学、高中、
大学学制。[1]

就高等教育而言，《学校教育法》的意义在于：一是实现高等教育体系的
单一化，简化战前多类型、多规格的高等机构，统一将其整合为四年制的大
学；二是力行教育机会均等，扩大高等教育的受众范围。[2]《学校教育法》第5
章"大学"（第52—70条）对大学的目的、组织机构、学制年限、入学资格、
教职员等做了具体规定。为进一步落实《学校教育法》有关高等教育改革的
理念，1947年7月，日本成立了大学基准协会，第二年制定颁布了《大学设置
基准》，对四年制新制大学的设施设备、教师资格、学生毕业条件等做了明确
的要求。1948年1月成立了大学设置委员会，颁布了"国立大学设置11原则"；
第二年5月，颁布《国立学校设置法》，"新制大学改革"正式启动。

文部省的新制大学改革主要通过三个层面进行：一是合理布局，根据一府
县至少须设一所国立大学的原则，在全国各府县均设置一所以上的国立大学，
以加强大学与区域经济社会的联系。新设的国立大学以各地原有的各类高等
教育机构、实业教育机构为基础扩充而成。二是推动旧制高等教育的改造，文
部省在《学校教育法》中明确规定，所有高等教育机构统一定名为大学，以此
缩短国民在社会心理上与大学间的距离，此前的帝国大学、单科大学、高等学
校、大学预科、专门学校、实业学校、师范学校等10余种教育机构被统一改编
成四年制的新制大学。其中，帝国大学改组为国立综合大学；旧制大学改组为
四年制新制大学；专门学校中规模较大者或单独升格为新制大学，或成为新制
大学的一个学部；旧制国立高等学校则被改组为各府县新制大学的一个学部。
三是调整私立大学政策，将私立大学政策由战前的"严格控制"调整为"振兴
私学"，放松私立大学的审批流程与标准，鼓励私立大学的兴办。

新制大学改革的目的主要是在高等教育领域推行教育民主化，消除高等教
育中的院校等级落差，其中的重点有二：一是确保高等教育的机会均等。相比

1　神田修，等.史料日本の教育 [M].東京：学阳書房，1986：159.
2　史朝.现代日本高等教育发展机制研究 [M].武汉：华中理工大学出版社，1997：21.

战前的帝国大学只面向少数精英人士，战后大学的招生范围大幅扩大。1946年2月的《大学入学者选拔纲要》规定允许女子及专门学校毕业生报考。尤其是针对女性接受高等教育，1948年3月文部省批准设立的首批12所公私立大学中，便有5所女子大学。1948年颁布的"国立大学设置11原则"规定在关东（东京）及关西（奈良）各设立一所国立女子大学。另外，《学校教育法》规定大学学制一律为四年，从而消除了大学间的差别，避免了由于高等教育机构分类而造成的国民受教育机会的不均等。通过新制大学改革，日本的大学数量得到空前发展，到1955年，4年制大学数量已从1949年新制大学改革前的48所猛增至228所，增加了4.75倍，高等教育受众人口由此得到壮大。[1] 二是强化高等教育内容的通识化原则。战前的高等教育为了培养满足经济发展需要的人才而偏重职业技术教育。1946年的《美国教育使节团报告书》指出，日本高等教育机构的课程中，学生接受通识教育的时间太少，其专业化过早、过窄，过多地着力于专业教育。1948年的"国立大学设置11原则"规定各新制大学必须设置教养学部，在学生开始专业教育之前进行为期2年的通识教育。1949年5月，东京大学在全日本大学中率先开设教养学部。[2]

战后改革初期的日本大学普遍受到美国哈佛大学通识教育模式的影响，强调以均衡和综合为导向的基础教育。不过，在学习美国模式的同时，以东京工业大学为首的一批工科院校根据工科教育的特点及日本的国情进行了相应的修改。例如，东京工业大学提出了"专业志向型"的基础教育模式。具体表现为，在工科大学的通识教育科目中，将有关自然科学系列的学分用"基础教育科目"的学分代替，以加强大学工程教育的基础训练。这一尝试在1956年的《大学设置基准》中得到法制化的体现。文部省将此解释为通识教育与专业教育调整的一种方法，"在以专业技能为主的大学学部设置基础教育时，可将通识教育科目学分的一部分转换为基础教育科目"[3]。由此可以看出，战后的新制大学改革虽然是在美国主导下推进的，但在实施过程中并非完全照搬美国模式。

1　文部省编《学制百年史》资料编 "教育统计：明治六年以降教育累年统计" 第20表 "大学" [EB/OL].
http://www.mext.go.jp/b_menu/hakusho/html/hpbz198102/hpbz198102_2_187.html.
2　臧佩红. 日本近现代教育史 [M]. 北京：世界知识出版社，2010：274.
1　臧佩红. 日本近现代教育史 [M]. 北京：世界知识出版社，2010：37.

以后发追赶为导向的日本高等教育，其优先的职能是服务国家现代化建设，通识教育让位于专业教育即突出反映了这一特点。

二、经济起飞期高等教育类型结构的变化

新制大学改革后，日本高等教育不仅在类型与结构体系上有所调整，而且在回应社会及经济变革要求的过程中也出现了重要变化。

在新制大学改革过程中，除了升格为4年制大学的学校，还有大约50所学校没有被批准升格为大学。它们主要是私立的专门学校，其师资、设施等尚未达到大学设置基准。为了将这些学校也纳入新学制体系，文部省采取了便宜之计：引进美国社区学院模式，设置了2年制的短期大学。

短期大学最初在1947年的《学校教育法》中只是作为临时性教育组织存在，其初始目标是在高中教育基础上实施2年的侧重实际职业的大学教育。但1950年正式创设以后，短期大学迅速演变为以女生为主的大学（表7-3）。这与战后日本社会及高等教育的变革形势有直接关系。

表 7-3　1950—1959 年短期大学学生性别构成

单位：人

项目	1950年	1951年	1952年	1953年	1954年	1955年	1956年	1957年	1958年	1959年
男生数	8222	19690	27999	31863	35248	35120	31915	28138	26082	26075
女生数	5617	15251	23464	30388	35801	40905	43431	43447	43739	47947
合计	13839	34941	51463	62251	71049	76025	75346	71585	69821	74022

资料来源：学校基本调查历年数据汇总[EB/OL].[2023-05-01].https：//www.e-stat.go.jp/stat-search/files?page=1&toukei=00400001&tstat=000001011528.

一方面，战后的民主化、自由化政策导向与社会风向鼓励女性接受高等教育；另一方面，社会及职场传统观念根深蒂固，对接受过高等教育的女性存有偏见，结婚后的职场女性依然不得不大批地回归家庭。因此，从性价比角度，相比4年制的大学，女性接受2年制的短期大学更有学历上的吸引力。由于女生逐渐成为短期大学生源的主流，短期大学的课程、专业也开始大量迎合女性的需求。因此，教养型的文学语言专业，以及学前教育、家政教育、护理、文

秘等应用型专业成为短期大学的学科主体，这又进一步增强了短期大学对女性的吸引力（表7-4）。至20世纪50年代末，女生已占短期大学学生总数的2/3以上。

表 7-4　20 世纪 50 年代短期大学学科规模结构

单位：人

学科	1950 年	1951 年	1952 年	1953 年	1954 年	1955 年	1956 年	1957 年	1958 年	1959 年
文学	3305	7476	10027	11521	12435	13443	13333	14805	13630	14212
法政商经	5014	11988	17847	20107	21725	21466	18029	15467	14653	14511
理学	100	179	208	218	201	174	191	159	164	185
工学	1511	3561	4632	5955	7390	7314	7373	7319	7659	8166
农学	207	483	715	942	1187	1355	1383	1320	1234	1266
护理					87	174	263	441	453	454
家政	3254	8829	13793	18377	21950	25325	26898	24703	24844	27584
体育	99	281	458	684	885	1041	1754	1921	1610	1501
师范	71	184	360	668	767	819	1471	3643	3681	4081
艺术	83	565	1032	1189	1394	1563	1406	1807	1893	2062
其他	195	1387	2391	2577	3023	3351	3245			
合计	13839	34933	51463	62238	71044	76025	75346	71585	69821	74022

资料来源：学校基本调查历年数据汇总[EB/OL].[2023-05-01].https：//www.e-stat.go.jp/stat-search/files?page=1&toukei=00400001&tstat=000001011528.

　　该状况促使政府于1964年修改《学校教育法》，删除了有关短期大学为临时性教育组织的表述，使其成为日本高等教育体系中的一种特色机构类型。1975年4月，文部省制定颁布了《短期大学设置基准》，具体规定了短期大学的设置要求、学科与学生规模等，从而在高等教育大众化阶段有效规范了短期大学的发展。至1984年，短期大学数量增至536所，比1950年（149所）增长了2.6倍；在校人数约38.18万人，比1950年（1.5万人）约增长24倍。2019年，全日本短期大学共有328所，其中地方公立大学17所，私立311所，在校生总人数为109120人。21世纪20年代，日本进入高等教育普及化阶段，相当数量的2年制短期大学升格为4年制大学，短期大学总体数量及在校生规模均有一定程度的回落。

由于短期大学的女性化和战前专科类型学校的取消，日本在60年代经济高速增长期存在一线技术人员严重不足的情况。1961年4月，文部省基于弥补技术人员的严重不足、及早确立中坚技术人员培养的制度体系等理由，向第38届国会提交《学校教育法改正案》。该法于同年6月获得通过并正式实施。1962年，高等专门学校正式开始设置。与短期大学专业设置偏向女性、以文科为主不同，高等专门学校重点招收男生，注重培养一线技术人员，专业设置以工科为主，以满足产业界的需求。

高等专门学校的定位是"传授高度的专业知识，培养从事职业工作所需的必要能力的高等教育机构"，招生对象为初中毕业生，学制年限为5年。学科主要包括机械、电气、化工、土木、建筑及冶金等，其目标是培养具备工业基础知识及技术，能够在专业领域发挥创造性才能的技术人员。

20世纪60年代初正逢日本经济的高速起飞期，工业化的急速发展对工程技术人才产生强烈的需求，因此各地政府纷纷游说文部省在本地设置国立的高等专门学校。在文部省的积极推进下，国立的高等专门学校在很短的时间内即遍及全日本。1962—1964年，全日本各府县共设置36所高等专门学校，1965年又新设7所国立学校、4所公立学校及6所私立高等专门学校。[1] 到1969年，高等专门学校已有54所国立学校、4所地方公立学校及7所私立学校，每年毕业生达1万人左右，很大程度上满足了产业界对技术人才的需求。[2] 截至2016年，全日本共有高等专门学校57所，其中国立学校51所，地方公立学校和私立学校各3所，在校生总人数达54553人。

高等专门学校体制实现了与大学的有效衔接。这与战前大学和高等专门学校体制完全隔绝的状况有明显区别。这实际上是为了保证毕业生有更多的学习机会及学习自由。具体而言，高等专门学校与大学的衔接主要包括两条途径：一是高专毕业生被认定为具备大学二年级学生水平，在毕业后可直接编入大学

1　小林一也.资料日本工业教育史 [M].東京：实教出版，2001：509.

2　小林一也.资料日本工业教育史 [M].東京：实教出版，2001：319.

工学部的三年级；二是在丰桥及长冈两地分别创设了技术科学大学，实施以实践及技术开发为主的研究生层次的高等工程教育，接受高等专科学校毕业生及同等学力者的深造。[1]

技术科学大学于1976年分别在新潟县的长冈和爱知县的丰桥创设，主要招收工业高等专门学校毕业生和具有同等以上技术及学历的人士入学。技术科学大学的创设为发展日本的高等职业技术教育开辟了一条新的途径，它为工业高中及工业高专毕业生继续深造提供了学制上的保障，从而在巩固和发展初等、中等工程教育等方面发挥了积极的作用。

从表7-5可以看出，高等专门学校学生规模虽仅占各类高等教育机构学生总数的6%—7%，但以技术人员培养为主。与之相比，短期大学以女子教育及人文社会学科为主，短期大学中人文社会学科学生占学生总数的75.1%，工科学生仅占11.3%，约9200人。[2] 由此，从20世纪40年代后期至60年代，日本高等教育通过改革形成了新的体系，即除了作为高等教育主体的4年制大学，还通过短期大学和高等专门学校分别回应社会及产业界的不同需求。

表7-5　各类高等教育机构所占比例的演变

单位：%

类别	年度										
	1960	1961	1962	1963	1964	1965	1966	1967	1968	1969	1970
大学	46.7	46.3	44.5	43.2	43.05	42.8	42.6	42.2	41.7	41.56	41.5
短期大学	53.3	53.7	52.2	51.4	50.15	49.9	50.8	51.6	51.7	51.86	52.0
高等专门学校			3.3	5.4	6.8	7.3	6.6	6.2	6.6	6.58	6.5
总计	100.0	100.0	100.0	100.0	100.0	100.0	100.0	100.0	100.0	100.0	100.0

资料来源：全国教育调查研究协会.战后30年学校教育统计总览[R].1980：6-7.

战后日本大学类型结构的另一重要变化是研究生院的普遍设置，这意味着高等教育层次结构的高度化发展。

1　文部省.产業教育九十年史[M].東京：東洋館，1974：320.
2　全国教育調査研究協会.战後30年学校教育统计总览[R].1980：60-61.

日本的研究生（大学院）教育制度最早起源于1886年的《帝国大学令》，其中关于研究生教育的规定是：帝国大学由研究生院和分科大学（学院）组成，研究生院作为独立的实体负责研究学科技艺之奥蕴，分科大学传授学术技艺之理论与应用，分科大学毕业生可进入研究生院深造。1918年颁布的《大学令》对此有所调整，规定在学部内设立研究科，拥有数个研究科则可设置研究生院进行联络与协调，由此降低了研究生教育的地位，抑制了研究生教育的规模。从1886年创立至20世纪20年代中期，日本研究生人数始终在1000人以下徘徊，20世纪30年代中期在籍研究生数一度高达2600人，但至1945年前后再度回落到2000人以下。

在新制大学改革期间，大学基准协会于1949年制定了《研究生院基准》，规定延续战前的研究生教育组织即"大学院"，但将其细分成博士和硕士两级。1950年，四所私立大学首先尝试设置研究生院，但研究科均集中在人文社科领域，均为硕士课程。1953年，随着新制大学第一批本科生毕业，国立大学陆续开始设置研究生院。

虽然经过了新制大学改革，在法律上所有大学均具有平等的地位，但国立大学研究生院的设置集中于旧帝国大学与极少数的旧官立大学（1918年《大学令》颁布后由国立高等专门学校升格而成）。其中，在7所旧帝国大学和2所旧官立单科大学中，所有学科均设置博士课程，研究实力与人才培养的层次明显凌驾于其他大学。另有2所旧官立综合大学在部分学科设立了硕士和博士课程，也具有一定的实力。新制大学改革后设立的其余59所国立大学均无研究生教育。从整体情况看，到20世纪50年代末日本国立大学的构造基本可分成由旧帝国大学为主构成的以研究为导向的完全博士型大学，以及以教学为主的本科大学的两层构造。进而言之，二战以前日本高等教育的结构体系可以看作以培养精英的帝国大学和面向普通民众的应用型专门学校的二元两层构造。从20世纪50年代末日本国立大学研究生院的设置情况看，二战以前的高等教育构造延续到战后，并演变成博士研究型大学和教学型大学的新的二元构造（表7-6）。

表 7-6　20 世纪 50 年代末日本国立大学研究生院的设置情况

单位：个

大学类型	无研究生学位点	大部分专业设硕士点 / 部分专业设博士点	全学科设置博士点
旧帝国大学			7
旧官立大学（综合）	6	2	
新制大学（综合）	30		
旧官立大学（单科）	2		2
新制大学（单科）	21		
合计	59	2	9

资料来源：文部省《学校基本调查 / 高等教育（1959 年度）》。

三、理工科扩招政策的实施与高等教育大众化的发展

　　随着工业化的发展，日本社会对科学技术人员的需求急剧增加。从 20 世纪 50 年代中期起，产业界内部盛行文科教育过剩论，加大加快理工科高等教育发展的呼声十分强烈。日本主要的经济团体，如日经联（日本经营者团体联盟）、经团联（日本经济团体联合会）等多次发表教育改革提案，要求大力发展理工科教育，适应大规模设备投资的需要。

　　经济产业界的观点主要集中在三个方面：一是要求文部省尽快出台扩充理工科的政策；二是高等教育有责任为社会经济发展提供人力支持；三是重视高等教育对经济发展的促进作用。具体提案内容包括：重点发展电气、机械、化学等学科，满足重工业、化学工业等行业和部门对人才的急迫需求；压缩文科专业学生数量，增加理工科专业学生招生数；改进教育内容，设置必要的单科性大学，增设研究生院，提高理工科专业学生的质量；加强产业界和大学的联系；等等。其中最具代表性的是 1956 年 11 月经团联发表的《回应新时代需要的技术教育的意见》。该意见认为，苏联及英美等已相继制订了科学技术人才培养计划，日本则明显落后，必须紧急扩充理工科大学，启动系统培养科

学技术人才的计划。[1] 这份意见充分表明了产业界对理工科技术人员的旺盛需求，以及对高等教育界不能充分满足该需求的不满情绪。对此，中央教育审议会在1957年发表建议书《科学技术教育振兴对策》，强调要确立明确的产业政策，据此制订科学技术人员培养的年度计划。理工科扩招政策正是在此背景下出台的。

理工科扩招政策共有前后两期。第一期始于1957年11月。日本内阁根据该时期制定的国家发展战略《新长期5年计划》，提出了高等教育领域的《科学技术者养成扩充计划》。根据该方案的预测，到1962年日本预计将缺少8000名左右的科学技术工作者，为此，日本应在1958—1960年的3年间紧急扩招8000名理工科学生，以填补缺口。[2]

1960年12月，《科学技术者养成扩充计划》行将结束之际，池田勇人（1899—1965）内阁编制《国民所得倍增计划》，提出1960—1970年实现日本国民收入翻番的计划，对战后日本经济与社会的发展产生了重大影响。该计划的第2部第3章"提高人的能力和科学技术的振兴"，提出了科学技术的振兴、理工科学生的增加以及现存大学的系、学科构成的再讨论，由此进一步完善了扩充理工科政策的框架，并迫使文部省再次制订新的理工科扩充计划。

1960年12月的科学技术咨询会议提出了"日本十年后振兴科学技术基本方策的总体目标"，认为增加理工科学生数的目标主要有三个方面：一是增加理工科学生数；二是通过新技能训练，补充大约160万名新技术者；三是再度培训技术人员，预计达到180万人。日本政府预计，即使实现上述目标，在倍增计划实施期间（1960—1970年）大约还缺少17万名科学技术人才，该数字是以文部省根据产业发展的需求与预计的理工学科毕业生供给数的情况而得出的结论。[3] 为解决这一问题，文部省制订了以1961年为起始的7年计划，计划在此期间增招理工科学生1.6万人，以满足产业界对科学技术人才培养的迫切需求。

1　小林一也. 资料日本工业教育史 [M]. 东京：实教出版，2001：480–485.

2　文部省. 产业教育九十年史 [M]. 东京：东洋馆，1974：316.

3　文部省. 科学技术白书 [M]. 东京：大藏省印书局，1962：81.

尽管如此，产业界人士认为，根据这个计划，新增的理工学科大学毕业生人数仍旧远远不能满足产业迅速发展的需要。因此，有关人士提出了更为强烈的扩招要求，呼吁继续增加计划数。1961年3月，科学技术厅提出了"关于培养科学技术人才的劝告"，质疑文部省响应"日本十年后振兴科学技术基本方策的总体目标"所制定的方略，认为文部省计划扩招的理工科学生数值目标过低，距离产业界要求甚远。故此，科学技术厅要求文部省修订扩招计划。为了促使文部省及早并培养更多的科学技术人才，1961年5月，科学技术厅厅长池田正之辅向文部大臣荒木万寿夫提交了《关于培养技术人才的声明》。该声明批判了文部省的理工科扩大政策，指出文部省的计划"可能对经济发展构成重大的阻碍"，要求文部省必须制订更大幅度的增员计划。同时，池田正之辅还强调了发展私立大学的必要性。[1]

在科学技术厅及有关人士的大力推动下，日本政府修改了原有计划，明确从1961—1964年的4年间先增加2万名理工科学生招生名额（实际提前到1963年度即完成）（表7-7）。

表7-7 1961—1966年度大学理工科学生扩招计划

单位：人

项目	年度合计	大学	高等专门学校
1961年	3220	2610	
1962年	11500	8110	1930
1963年	6293	3808	2220
1961—1963年小计	21013	14528	4150
1964年	3847	2487	1600
1965年	5219	3879	1040
1966年	7177	5927	480
1961—1966年总计	37256	26821	7270

资料来源：伊藤彰浩. 高等教育大拡張の政策展開："理工系拡充策"と"急増対策"[EB/OL].http://ci.nii.ac.jp/naid/110007039774.

---

1 伊藤彰浩. 高等教育大拡張の政策展開："理工系拡充策"と"急増対策"[EB/OL]. http://ci.nii.ac.jp/naid/110007039774.

与20世纪50年代末的扩招有所区别，在20世纪60年代初的理工科扩招过程中，文部省同时放宽了大学设置基准，对大学设施设备基准做了弹性化规定。对于暂时未达到大学专业设置标准的申请者，文部省要求其以4年为限，以每年25%的改善率完善设施设备为条件，先期发放大学设置许可，由此使得私立大学的理工学部得到急速扩张。

日本政府考虑到增募计划完成后，累计培养人数仍然可能存在不足的状况，于1964年通过新设系和学科，扩充国立大学与私立大学的招生数，增加了约3800人；1965年又通过大学生急增政策，实行学生定员增募计划，再增加约5000人。由此，理工科学生数在1961—1965年增加了约3万人，是1960年理工科学生数的2倍左右。通过扩招以及新设理工类学科，1961—1969年的10年间，大学理工科毕业生数达到40万人，至1970年达到了当初的预计目标。[1]

理工科扩招政策的实施使大学理工科人才的数量和质量都有较大增长。根据《文部省年报》的统计，1961年大学理工科学生只有28737人。但到了1964年即增加到42187人，到1973年更是达到80619人。[2] 从表7-8可以看出，整个20世纪60年代，理工科特别是工科学生在全体大学生中所占比例稳步提高。工科学生从1960年的15.4%提升至1970年的21.1%，成为仅次于社会科学（在20世纪60年代的高等教育大众化过程中通过私立大学的大发展得以维持较高比例）的主要学科。

表7-8　20世纪60—70年代大学学科比例的演变

单位：%

学科类别	年度										
	1960	1961	1962	1963	1964	1965	1966	1967	1968	1969	1970
人文	15.4	15.5	15.4	15.3	15.4	15.5	16.1	16.6	13.3	13.3	12.7
社科	41.1	41.1	41.1	41.5	41.2	41.0	40.8	40.2	42.2	41.9	41.8
理学	2.7	2.7	2.7	2.8	2.9	3.0	3.0	3.0	3.2	3.1	3.1
工学	15.4	16.2	17.1	18.3	19.0	19.5	19.5	20.0	20.0	20.7	21.1

1　文部省. 産業教育九十年史 [M]. 東京：東洋館，1974：316—317.
2　文部省調査局統計課. 文部省年報 [M]. 第89集（1961年度），第92集（1964年度），第101集（1973年度）.

续表

学科类别	年度										
	1960	1961	1962	1963	1964	1965	1966	1967	1968	1969	1970
其他	25.4	24.5	23.7	22.1	21.5	21.0	20.6	20.2	21.3	21.0	21.3
总计	100.0	100.0	100.0	100.0	100.0	100.0	100.0	100.0	100.0	100.0	100.0

资料来源：全国教育調查研究協会.戦後 30 年学校教育統計総覧 [R]. 1980：72–73.

从理工科大学毕业生的雇用情况来看，1952年大学毕业生中作为技术人才被企业雇用的比例仅占9%。但在其后日本的高速经济增长期，随着理工科扩大政策的实施，大学毕业生作为技术人员被企业录用的比率持续上升，从1955年的13%上升到了1971年的25%。这意味着毕业生中的1/4是作为技术人才被企业雇用的，这对当时日本的产业发展、经济增长和国民素质提高起了十分重要的作用。

同时，理工科扩招政策的实施对同期兴起的日本高等教育的大众化也产生了积极影响。理工科是高等教育的重要组成部分，理工科的扩充，必然促进日本高等教育规模的扩张，为日本高等教育的全面发展奠定良好的基础。

比较1959年和1969年高等教育的入学人数，4年制大学的学生数从15.5万人增加到32.9万人，其中，国立大学学生数增长了13.5%，私立大学学生数大幅增长了250%。短期大学的学生数从3.8万人增加到12.8万人，其中国立公立短期大学增长了144%，而私立短期大学的增长率更是高达384%。高等教育的毛入学率由此从1960年的10.3%增长到1970年的23.6%，至1975年则达到37.5%。从这10年间4年制大学的学生数来看，文科专业的人数增长了257%，法律和经济等社科专业的人数增长了217%，理工科人数增长了317%，农科人数增长了184%，医科人数增长了174%，教育学科人数增长了132%，虽然其他学科也在迅速增长，但理工科学生的增幅最为明显。学生数的增加带动了各级各类高等教育机构数的迅速增长。1960—1970年的10年间，高等专门学校从1962年创建起到1970年共兴建62所；短期大学从1960年的280所增至1970年的479所，增长了0.7倍；四年制大学从245所增至382所，增长了0.56倍。[1] 这充

1　陈丽萍.日本理工科扩充政策的史学考察 [J]. 湖南师范大学社会科学学报，2007（5）：126–130.

分反映了扩大理工科规模对于推动高等教育迅速发展的积极作用。

理工科扩大政策的出台为日本经济增长和产业发展提供了大量的技术人才资源，促进了日本经济的发展和社会繁荣，随之带动了高等教育的规模扩大与快速发展，由此为日本高等教育的全面发展和日后确立"科学技术立国"战略打下了基础。

四、20世纪80年代以后高等教育的深入改革

20世纪70—80年代，日本经济结束了高速增长期，进入了停滞阶段。在寻找新的经济发展动力的过程中，"科学技术立国"取代"贸易立国"成为新的国家发展战略。由此，在知识创新和高层次人才培养方面，日本政府和日本社会对大学提出了更高的要求。如何更好地适应经济社会发展的需要，成为日本高等教育体制改革的新动力。

1973年，文部省将东京教育大学（前身为东京高等师范学校）迁至筑波市，改名筑波大学。随着校名的变更，该校的学科体制、管理模式也进行了较大规模的调整。文部省希望通过筑波大学的改革，探索新的大学模式。

筑波大学对传统大学的改革主要体现在教学研究组织的设计原则与管理机制上。明治维新以来，日本大学的组织结构是按学部—讲座形式编组的。即使在战后这一结构也未曾改变。筑波大学首次抛弃了学部—讲座这一传统组织结构，代之以学系和学群这种全新的教学研究组织。改革后，筑波大学下设6个学群和26个学系，具体构成如表7-9所示。

表7-9　筑波大学学群设置状况

学群	学类	专业领域
第一学群（基础学群）	人文	哲学、史学、考古学、民俗学、语言学
	社会	社会学、法学、政治学、经济学
	自然	数学、物理学、化学、地球科学
第二学群（文化 / 生物学群）	比较文化	比较文学、比较地域文化学、现代思想
	人类	心理学、教育学、身心障碍学
	生物	生物学
	农林	农学、林学

续表

学群	学类	专业领域
第三学群（经营／工学群）	社会工学	经营科学、社会系统论、都市地区计划
	信息	信息处理、管理科学
	基础工学	物性、电子、应力、物质、能源
体育专门学群		个人项目、集体项目、武道
艺术专门学群		美术、设计、构成
医学专门学群		

　　设立学群与学系遵照的是教学组织与研究组织分离的原则，以利于教师按照学科建设的逻辑协调开展教学与研究活动。学群是教学组织，学系为研究组织。本科生分属于各个学群，教师属于各个学系。各学系教师按所承担的课程分别参与有关学群的教学工作。

　　在管理机制方面，筑波大学完全体现了文部省的政策意图，不设教授会，设立多位副校长，协助校长分管教学、研究、医院和学生事务等。改革大学评议会，将其由过去的大学决策机构降格为校长的咨询机构。在教师录用、升职等问题上，由以主管人事的副校长为首的人事委员会做最终决定，学群与学系只有建议权。这同传统日本国立大学侧重中层权力的管理模式相去甚远，体现了权力集中于学校一级的基本原则，由此强化了校长群体的职能权限。筑波大学的改革为21世纪日本国立大学法人化的全面实施做了先行尝试。

　　20世纪80年代中期，日本政府先后设置了临时教育审议会和大学审议会，以推动全面的高等教育改革，改革包含以下举措。

　　一是强调要大力充实和改革研究生教育。自20世纪60年代日本实现高等教育大众化以后，出现了大学总体质量下降的倾向。特别是在高层次人才培养方面，日本与欧美诸国相比差距明显。据1987年的统计，日本的大学规模在西方国家中仅次于美国，但是每1000人中研究生的比例，日本仅为1.4人，而美英法分别为7.7人、5.5人和3.6人。另外，本科生和研究生的比例，日本为7.1%，而美英法分别为16.6%、20.9%和18.3%，差距非常明显。[1] 因此，强化大学的

1　远藤克弥.新教育事典[M].东京：勉诚出版社，2002：260.

研究功能、提高研究生教育地位、扩大研究生教育规模成为日本高等教育改革的主要方向。大学审议会明确提出了研究生规模十年翻番的目标，即从1991年起，用10年时间实现研究生数量增加一倍，赶上欧美发达国家的水平。为此，需要推进研究生教育体制的弹性化，扩大招生对象，不仅培养优秀的学术研究人才，更应该培养大量高素质的高级专业技术人才，以适应专业化社会分工的需要。

二是进一步强化大学的研究职能，积极开展具有世界顶尖水平的教学与科研，以培养国际级的优秀人才。为此，日本从1991年起实施研究生院重点化政策，2002年开始实施重点教学研究据点（center of excellence，COE）计划。研究生院重点化，指的是将国立大学教师的人事管理从学部（本科学院）移至大学院研究科（研究生院），由此促使研究生院实体化的政策。1991年东京大学首先对法学、政治学研究科进行重点化改组，具体框架如下：原来设于学部的讲座一律移入研究生院，研究生院成为独立的教育、研究一体化组织；学部只作为承担学士课程的教育专门组织，其教学任务由研究生院派出的教师承担；教师的人事关系、科研经费分配从原来由学部改为由研究生院主导。[1]此后，一些名牌的国立大学也相继开始推行类似的改革。2000年1月，文部省发表大学院重点化方针，选择东京大学、京都大学、九州大学、大阪大学、北海道大学、东北大学、名古屋大学等7所旧帝国大学以及东京工业大学、筑波大学、广岛大学、神户大学、一桥大学等5所旧官立大学为重点大学，将全校教师的人事隶属关系从以本科教育为主的学部调整至研究生院。被确定为重点的12所大学即是以研究生教育为重心的研究型大学，其主要职能为研究生教育及培养高级专业人才。日本政府对这12所大学给予重点投资，在每年国家预算的基础上再增加25%预算额的投入。实施研究生院重点化政策后，文部省分配的国家科研经费中，这12所大学占了全部经费的35.27%，而其他全部830所国公私立大学只占64.73%。[2]到2000年底，上述12所大学的所有学科均完成了研究生院

1　清水一彦. 平成の大学改革 [M]. 東京：協同出版，1999：194–195.
2　中华人民共和国教育部国际合作与交流司. 国外高等教育调研报告 [M]. 北京：首都师范大学出版社，2001：130–131.

重点化调整。COE计划通过确立重点学科，强化研究型大学的体制。从2002年起，文部科学省[1]分10个学科领域在全国高校遴选一批高水平学科，在短期内集中并重点分配科研经费、设备费等资源，以支持形成一批高水平教学科研基地。COE计划将发展研究型大学的范围限制在少数老牌大学上，以此确保资源的重点分配。COE计划为期5年，期满后文科省持续推出全球COE计划、卓越研究生院计划等，对高水平学科持续保持投入力度。通过研究生院重点化政策及多项COE计划的实施，日本大学开始从传统的学部（教学）中心主义向研究优先主义转变。

三是全面改革大学管理体制，提升大学的管理效率。2004年，日本经过近10年的博弈最终启动了国立大学法人化改革。国立大学法人化改革的表面目的是改革文科省直属机构的国立大学为具有独立经营权的国立大学法人，以提高大学的自主性，激发其活力。改革的重点是大学校级管理架构。首先是强化了以校长为核心的校级管理机构的权威性，提高大学运行管理的效率。《国立大学法人法》规定，大学理事会是大学的最高决策机构，大学设置经营委员会和教学科研委员会负责相关事务的具体执行，校长为三个委员会的委员长。此前的最高决策机构大学教授会仅剩校长选举这一职责，由此突出了大学校长在大学管理与决策中的核心地位。其次是强化了文科省对大学的控制。《国立大学法人法》规定负责大学预决算及运行战略的经营委员会的成员，必须有一半以上来自校外。大学设置监事，由文科省直接任命。大学发展规划及实施情况必须定期向文科省汇报，文科省根据实施的绩效予以相应的拨款。总之，虽然国立大学法人化改革赋予大学具有独立资格的法人地位，在名义上加大了大学的自主权，但是在实质上，文科省通过对中期目标的考核和增加理事、监事以及经营协会中校外委员的比例等方式，强化了对大学的控制力度及其在大学发展战略上的主导性。由此，文科省可以根据国家发展战略的需要采取有效的手段，更快更有效地创建具有国际水平的大学。

世纪之交的日本高等教育改革是日本明治维新以来的第三次高等教育改

1　2001年1月，文部省与原科学技术厅合并，改组为文部科学省，成为日本教育、文化及科学技术事务管理的最高行政职能部门，简称文科省。

革。改革的目的是以美国高等教育为蓝本，以市场为导向，更好地强化大学的自主性与活力。与二战以后的日本大学改革相比，这次改革的动力主要来自日本国内经济社会发展的要求。目前，该改革还在推进之中，不过该改革并未触动日本近代以来的高等教育结构体系，反而在"强化日本教育科技国际竞争力"的口号下，不断将资源向传统的精英高等教育机构倾斜，由此进一步强化了院校之间原有的等级结构。这一定程度上说明，高等教育结构体系一旦形成即具有自身强大的原动力和路径依赖。

第四节　二战后日本高等教育的结构特点

二战后日本新制大学的改革，其本意在于赋予所有的高等教育机构以平等的地位，从而扩大高等教育的入学规模，改变高等教育的受众范围，最终破除作为军国主义统治支柱之一的高等教育的金字塔形构造。但就实际结果而言，这一政策意愿并未得到体现。

一、国立大学系统的层次结构变化

国立大学系统是1949年新制大学改革的重点。通过对4年制大学的扩增和改造，战前的帝国大学、专门学校以及地方性的实业学校等均在法律上取得了平等的地位。与此同时，高等教育需要有更高层次的发展，即发展研究生教育。然而，大学研究生院的设置使得战前设立的旧帝国大学等传统国立大学在研究生教育及科研发展上拉大了与新制地方国立大学的差距，彼此之间的职能分工日益明确，从而形成了新的更具等级性的结构。

（一）国立综合研究型大学的形成

二战以后，"帝国大学"之名被取消。原有的7所旧帝国大学与其他新建大学一样，改称"大学"，在法律地位上几无差异。不过相比新建大学，旧帝国大学改建的大学，其学科设置较为齐全，基本包含了文、理、法、工、农、医、药、经济和教育等大类。1950年日本恢复研究生教育，在学部（大类学科）层面设置研究科。上述7所旧帝国大学改制的大学在所有学科领域均设置了博士学位点。除了上述7所大学，另有2所旧国立单科大学［东京工业大学、东京教育大学（今筑波大学）］也在所有学科领域设置了博士点（表7-6）。这些学校办学历史悠久、学科齐全、师资实力雄厚，被视为"国立综合研究型大学"，其职能特点是重视科研和高层次研究人才的培育，其内部学术组织保持明治以来德国模式的传统，沿用讲座制。

从20世纪60年代到21世纪初，日本的主要科研项目及几乎全部的诺贝尔奖科学家都由国立综合研究型大学承担或产出，文部省的科研经费和重点建设基地等资源也倾斜式地投向这些高校。2001年文部省指定的12所重点研究型大学包括全部7所帝国大学和5所旧的国立专门学校。2010年的全球COE项目中的11所高校，除了庆应和早稻田2所私立大学，其余均为国立综合性研究型大学。悠久的历史传统和极高的知名度保证了这些高校持续居于日本高等教育体系的顶端。

（二）地方国立大学的层次结构分化

根据新制大学设置要求，日本在全部47个一级行政区划"都道府县"均设置了国立大学。由于各地教育水平不一，除了拥有原帝国大学及高水平专门学校的地区，大部分县的国立大学均由所属地区的各类实业学校、师范学校合并而成。相比国立综合研究型大学，新成立的地方国立大学的学科并不完整，主要是文理学院、师范学院以及根据本地产业特色设置的工学院或农学院，师资力量、学科设置等也较为薄弱。另外，与综合研究型大学注重研究、内部组织采用讲座制不同，地方国立大学由于是在美国主导下设置的，其内部基层学术组织采用美国式的学科制。由于其基础来自原有地方的实业学校、师范学校，地方国立大学普遍注重服务地方经济，培养应用型人才。与国立综合研究型大学相比，地方国立大学的学生主要来源于本地，其就业区域主要集中于所在地区及周边区域。虽然在战后社会经济及高等教育的发展中，这些新设大学各方面的实力得到发展，但在科研及高层次人才培养方面，其与综合研究型大学的差距不断拉大。在2003年以后，日本为了提升大学科研实力而实施了COE计划，但该计划主要面向综合研究型大学；针对地方国立大学，文科省实施的是注重教学和应用型人才培养的特色大学支援项目。综合研究型大学与地方国立大学的职能定位延续了战前帝国大学与专门学校、实业学校分立的格局。

不过，地方国立大学内部的结构体系及其等级地位并非一成不变。1955年以后，地方国立大学大幅扩充或新设理工科学部，一定程度上影响了其办学水平及在高等教育机构体系中的等级地位。

表7-10　20世纪70年代日本国立大学研究生院的设置情况

单位：个

大学类型	本科学部型	不完全硕士型	完全硕士型	不完全硕士型/部分博士型	完全硕士型/部分博士型	完全博士型
旧帝国大学						7
旧官立大学（综合）		5		3		
新制大学（综合）	6	23		1		
旧官立大学（单科）			2			2
新制大学（单科）	11		13			
合计	17	28	15	4		9

资料来源：文部省.1970年度学校基本调查报告书/高等教育[EB/OL].https://www.e-stat.go.jp/stat-search/files?page=6&toukei=00400001&tstat=000001011528.

从表7-10可看出，在20世纪60年代的高等教育大众化阶段，旧官立大学（由专门学校发展而来）的地方国立大学与新制大学（二战以后完全新建）的地方国立大学的研究生教育发展引人注目。与20世纪50年代末相比，设有研究生院的旧官立综合大学从2所增至8所，占旧官立综合大学的100%[1]；新制大学从无研究生院猛增至有37所大学设有研究生院，占全部54所新制大学的68.5%。但是，在上述新增的研究生院中，除4所大学以外，其余均限定为硕士课程。根据文部省1974年颁布的修订版《研究生院设置基准》，硕士型研究生以培养高级专业技术人员为主，学术研究人员的培养主要由博士课程承担。从文部省的上述政策变化可以推知在高等教育大众化阶段增设的硕士型研究生院主要是为了适应社会对高层次专业技术人才的需求，而非着眼于强化大学的研

1　官立：国立之意。官立大学原为日本在1945年以前设立的单科国立大学，以区别于综合性的帝国大学。20世纪40年代末，部分学校发展成综合性大学。

究功能。因此，此前根据研究功能分布状况确认的国立大学的两层构造虽历经高等教育大众化进程，但并未发生实质性的变化。

20世纪60年代，日本国立大学研究生教育发展集中在旧帝国大学的博士课程以及旧官立大学和新制大学的硕士课程上。日本政府在20世纪60年代高度经济增长时期提出了理工科立国政策，旧官立大学和新制大学理工科硕士课程的设置完全是为了响应日本政府的上述国策，主要偏重理工科领域，其目的在于培养高级专业技术人才。总之，虽然日本国立大学的研究生教育在60年代有所发展，但是50年代所形成的以旧帝国大学为中心的研究主导的完全博士型大学和以本科教学为主的学部型大学的两层构造并没有发生实质变化。

20世纪90年代以后，学部型大学群类进一步分化，形成了"研究型大学（以旧帝国大学为主）—教学研究型大学（以旧官立大学为主）—教学型大学（以新制大学为主）"的三级构造（表7-11）。在上述大学构造分化过程中，传统历史因素有着重要的影响，且其影响在战后整个高等教育的发展过程中有进一步加剧的趋势。

表 7-11　1990 年的国立大学研究生院设置情况

单位：个

大学类型	本科学部型	不完全硕士型	完全硕士型	不完全硕士型 /部分博士型	完全硕士型 /部分博士型	完全博士型
旧帝国大学						7
旧官立大学（综合）				1	6	
新制大学（综合）		21	3	5	2	
旧官立大学（单科）					2	2
新制大学（单科）	1		15			8
合计	1	21	18	6	10	18

资料来源：文部省.1990年度学校基本调查报告书/高等教育[EB/OL].https：//www.e-stat.go.jp/stat-search/files?page=6&toukei=00400001&tstat=000001011528.

国立大学层次结构的进一步分化从研究生教育的规模中也可看出。表7-12是国立大学研究生与本科生的招生规模对比。虽然20世纪60—70年代的高等教育大众化推动了日本国立大学研究生教育的全面普及，但院校之间的差异非常明显。旧帝国大学的研究生规模在20世纪70年代即接近其本科生规模的一半，遥遥领先于其他类别的高校，并且在此后的30年间不断拉大该校与其他高校的差距。特别是在研究生院重点化政策实施后，其规模几乎与本科生招生规模持平（2000年），充分表明以旧帝国大学为基础的国立综合性研究型大学已经完全实现了以研究生教学和科研为导向的发展目标，稳固了其在日本高等教育体系结构中的金字塔尖地位。同时，由战前旧官立大学发展而来的地方国立高校与完全新建于二战以后的地方高校之间产生了新的分化。从20世纪70年代至21世纪初，无论是综合性院校还是单科性院校，其研究生与本科生之比的数值差距不断拉大。综合大学方面，两者之间的数值差从1970年的0.04、1990年的0.08，扩大到2000年的0.13；单科大学方面，两者之间的数值差从1970年的0.24、1990年的0.26，扩大到2000年的0.40。这表明由旧官立大学发展而来的地方国立大学和二战以后新建的地方国立大学在研究生教育的发展上差距日趋明显，各自的分工定位日益明确。

表7-12　1970年、1990年、2000年日本国立大学研究生与本科生之比

学校类型	1970年	1990年	2000年
旧帝国大学	0.48	0.52	0.92
旧官立大学（综合）	0.12	0.19	0.36
新制大学（综合）	0.08	0.11	0.23
旧官立大学（单科）	0.33	0.42	0.74
新制大学（单科）	0.09	0.16	0.25
合计	0.14	0.19	0.34

资料来源：文部省.1970年、1990年、2000年度学校基本调查报告书/高等教育[EB/OL].https：//www.e-stat.go.jp/stat-search/files?page=6&toukei=00400001&tstat=000001011528.

　　日本的高等教育实行国家主导的行政管理体制。研究生院的设置与扩大必须经过文部省的审核与许可。理所当然，国立大学在教学研究功能上的分化也反映了文部省的高等教育政策：将科研和学术研究人才的培养人为地限制在少数历史悠久的重点大学，以期人、财、物的投入能产生最大效益。这一政策的最直接表现就是2001年文科省（2001年以后改名文部科学省，简称文科省）发布的尖端30校计划及在研究生院重点化政策实施过程中明确宣布12所传统名

校为重点研究型大学。这12所重点研究型大学包括东京大学、京都大学、九州大学、大阪大学、北海道大学、东北大学、名古屋大学等全部7所旧帝国大学以及东京工业大学、筑波大学、广岛大学、神户大学、一桥大学等5所由高等专门学校演变而来的旧官立大学。

明治维新以来的日本国立高等教育的体系结构是一种国家主导形成的帝国大学和专门学校的双层等级结构。这种等级结构在二战以后的新制大学改革中不仅未瓦解，反而随着社会经济形势的变化，形成了由旧帝国大学发展而来的"综合研究型大学—由官立大学发展而来的教学研究型大学—二战以后新建的教学型的地方国立大学"三层结构体系。日本国立大学在教学研究功能上的分化一定程度上表明，后发国家的研究型大学的发展可以采取跨越式发展战略，以快速高效地达成目标。一方面，政府突出投入重点，针对少数重点大学，实行倾斜式扶持政策，以最小的投入获取最大的效益。另一方面，由于传统历史因素对大学研究功能的强弱有较大影响，研究型大学的发展对象可侧重从传统名校中确定，以合理利用现有学科资源，提高投资使用效率。

二、私立大学体系的层次结构变化

（一）巨型私立大学的出现

战后文部省对大学设置的宽松政策有力地促进了私立大学的发展。二战以前，文部省对私立大学的设置采取严格的限制政策。虽然《大学令》颁布以后，政府一定程度地放宽了设置门槛，但除早稻田、庆应等少数名校以外，大部分私立学校被定位在专门学校的层次。新制大学改革以后，大学升格的门槛被大幅降低。1948年时的200所私立专门学校中，没能升格为大学而停办的仅12所，另有58所以女子高等学校为母体设立的规模较小的女子专门学校被作为临时性措施转制成两年制的短期大学。大多数私立学校虽然在升格认证时被附带了若干限制性条件，但基本毫无障碍地升格成新制大学。在设置认可时采用的是新的《大学设置基准》，其本质上是大学质量保障的底线标准，但由于文部省监督行政的弱化（这也是战后教育民主化的重要目的之一），其反而发挥了"最高标准"的功能。由于实质性的设置基准的降低，战后日本大学的新设及学部的增设与扩充变得较为容易，从而提供了促使高等教育数量规模急剧扩大成为可能的制度框架。[1]

1955年国立大学在校生数占高等教育在校生人数的31%，但经过高等教育大众化，到20世纪70年代初，这一比例下降到17%[2]，私立大学开始成为高等教育的主要载体（表7-13）。

表7-13　战后日本高等教育机构的数量变化

单位：所

年度	大学				短期大学			
	国立	地方公立	私立	合计	国立	地方公立	私立	合计
1950	70	26	105	201		17	132	149
1955	72	34	122	228	17	43	204	264
1960	72	33	140	245	27	39	214	280
1965	73	35	209	317	28	40	301	369
1970	75	33	274	382	22	43	414	479
1972	75	33	290	398	24	44	423	491

资料来源：天野郁夫.高等教育的日本模式[M].陈武元，译.北京：教育科学出版社，2006：138.

新制大学改革到1955年基本告一段落。此时私立大学总数是105所，几乎都是由战前的大学、专门学校转制而来。多数新设的私立大学虽然对高等教育在全日本的区域分散与地域均衡产生了一定的作用，但这一时期的私立大学82%是文科单科类大学，43%是女子大学，因此接收学生的能力有限[3]，对增加大学在校生人数的作用并不明显。

20世纪60—70年代是日本实现高等教育大众化发展的时期。1960年，日本4年制大学共计245所，其中私立大学140所。1975年全日本大学数达到420所，其中私立大学305所。同期，日本大学升学率从10%猛增至38%，4年制大学的学生数从10万人猛增至1965年的100万人。[4]私立大学成为高等教育实现大

1　天野郁夫.高等教育的日本模式[M].陈武元，译.北京：教育科学出版社，2006：138.

2　天野郁夫.高等教育的日本模式[M].陈武元，译.北京：教育科学出版社，2006：137.

3　天野郁夫.高等教育的日本模式[M].陈武元，译.北京：教育科学出版社，2006：141.

4　永井道雄.日本の大学[M].東京：中央公論社，1991：55.

众化的主要载体。虽然私立大学数量庞大，成为日本高等教育的主体，但其设施、师资、经费等与国立研究型大学差距巨大，继续居于日本高等教育金字塔的底端。

不过私立大学中也产生了类似国立大学的层次分化。在20世纪60年代末，日本共有28所学生规模在万人以上的大学，除了东京和京都两所国立大学外，其余26所都是私立大学。这些私立大学虽然不到私立大学总数的10%，但学生数占了私立大学学生总数的52%以上。由于生源吸收能力强大，这些私立大学被称为巨型私立大学。

巨型私立大学主要是由战前创办的历史悠久的私立大学演变而来，聚集于东京、大阪等大城市，学科主要是人文社会学科，不过在60年代高等教育大众化过程中，这些学校也逐渐扩充与完善了学科建制。从表7-14可以看出，相当数量的私立大学在1960—1970年增设了理学、工学或理工学部，成为私立大学中的综合性大学。

表 7-14　巨型私立大学的学部（学科）设置状况

校名	文	社科	其他文科	法	经济	商	经营	工	其他	理工类	教养综合	医药
早稻田大学	○		○教	○	○政经	○		○理工				
日本大学	○		○艺	○	○			○	○理工	○生工	○	○牙
庆应大学	○			○	○	△		○				○
中央大学	○			○	○	○		○理工				
明治大学	○			○	○	○		○			○	
法政大学	○	○		○	○		△	○				
关西大学	○	○		○	○	○		△				

续表

校名	文	社科	其他文科	法	经济	商	经营	工	其他	理工类	教养综合	医药
立命馆大学	○	◎产社		○	○		◎	○理工				
同志社大学	◎		○神	○	○	○		○				
专修大学	○			○	□	□	◎					
东洋大学	○	△		△	○		◎	◎				
国学院大学	○			◎	○							
关西学院大学	○	△		○	○	○				◎		
青山学院大学	○			△	○		◎	◎				
明治学院大学	○	◎		◎	○							
立教大学	○	△		△	○					○		
驹泽大学	○		○佛	◎	○		◎					
龙谷大学	○			◎	◎		◎					
神奈川大学			◎外	□	□			○	◎二工			
国士馆大学	◎		△体	◎	◎政经			◎				
近畿大学				○	○商经			△	○理工	◎二工	◎	◎
东京理科大学								◎	◎理工	○理		△

续表

校名	文	社科	其他文科	法	经济	商	经营	工	其他	理工类	教养综合	医药
东海大学	○	◎养	◎体		◎政经			○	◎二工	○理	◎海	
大阪工业大学								○				
福冈大学		◎人文	◎体	△	△	○		◎		◎理		△
名城大学				□		□		○理工			○	△

注：○为 1952 年前设置的学科；△为 1953—1960 年设置的学科；□为 1952 年前设置，之后独立设置的学科；◎为 1960—1970 年设置的学科。产社，产业社会学部；教，教育学部；二工，第二工学部；生工，生产工学部；神，神学部；佛，佛学部；外，外语学部；体，体育学部；养，教养学部；海，海洋学部；艺，艺术学部；政经，政治经济学部；乐，音乐学部；商经，商学经营学部；人文，人文学部。

资料来源：天野郁夫.高等教育的日本模式[M].陈武元，译.北京：教育科学出版社，2006：143.

巨型私立大学基本是在明治前期即已建校的传统名校，二战以前已经具有一定的社会知名度，并完成了准综合性的学科设置，因此在私立大学中占据了等级结构的最上层。这些学校在1946—1950年吸收了私立大学在校生增加部分的97%，在1950—1955年吸收了增加部分45%的学生，不仅成为私立大学体系中的支柱，也成为日本高等教育体系中的数量主体（表7-15）。

表7-15 巨型私立大学在校生数的增长率

校 名	增长率 /%					1970 年在校生数 / 万人
	1935—1946 年	1946—1955 年	1955—1960 年	1960—1965 年	1965—1970 年	
早稻田大学	169 ○	108	129	123	105	4.0
日本大学	113 ○	158	120	198	141	7.3
庆应大学	139 ○	105	185	119	104	2.4
中央大学	160 ○	254	141	117	113	3.3
明治大学	148	372 ○	89	107	96	3.2
法政大学	203	145 ○	162	132	112	2.9
关西大学	97	287 ○	137	113	123	2.4

续表

校 名	增长率 /%					1970 年在校生数 / 万人
	1935—1946 年	1946—1955 年	1955—1960 年	1960—1965 年	1965—1970 年	
立命馆大学	307	148 ○	119	134	121	2.1
同志社大学	241	254 ○	121	133	115	2.0
专修大学	139	?	?	213	132	1.5
东洋大学	235	176	198 ○	262	149	2.0
国学院大学	87	337	144 ○	180	123	1.3
关西学院大学	233	199	168 ○	129	109	1.2
青山学院大学	112	404	101	148	178 ○	1.3
明治学院大学	315	142	147	185	149 ○	1.2
立教大学	212	142	192	117	115 ○	1.1
驹泽大学	204	105	135	262	181 ○	1.0
龙谷大学	129	75	99	375	247 ○	1.0
神奈川大学	194	181	108	173	158 ○	1.4
国士馆大学	?	?	?	869	194 ○	1.1
近畿大学	434	102	142	136	272 ○	1.9
东京理科大学	133	149	100	242	155 ○	1.3
东海大学	?	?	?	417	214 ○	2.0
大阪工业大学	—	165	178	148	138 ○	1.0
福冈大学	—	281	237	178	188 ○	1.8
名城大学	—	—	131	158	186 ○	1.6
私立大学整体	203	145	129	164	158	—

注："○"表示该时期在校人数超过万人。"?"表示数据不详，"—"表示无数据。

资料来源：天野郁夫. 高等教育的日本模式[M]. 陈武元，译. 北京：教育科学出版社，2006：145.

（二）特色型小型地方私立大学

20世纪90年代初，日本的高中入学率高达99%，由于文部省进一步放宽大学设置基准，日本掀起了新一波的私立大学设置热潮，日本由此进入了高等教育普及化阶段。这一时期，日本新设的私立大学集中在地方中小城市，由于市场饱和、适龄生源下降，新设大学主要以市场化为导向，设置新兴学科，如信息科学、国际文化与贸易、护理保健等，学校规模普遍较小，生源以留学生及超龄学生为主（表7-16）。

表 7-16　20 世纪 80 年代至 21 世纪 20 年代日本私立大学本科的发展

项目	1980 年	1990 年	2000 年	2010 年	2020 年	2022 年
大学总数 / 所	446	507	649	778	795	807
私立大学数 / 所	319	372	478	597	615	620
私立大学数占比 /%	71.5	73.4	73.7	76.7	77.4	76.8
大学在校生数 / 人	1781320	2043124	2471755	2887414	2915605	2930963
私立大学在校生数 / 人	1357708	1522150	1907062	2119843	2158145	2171692
私立大学在校生数占比 /%	76.2	74.5	77.2	73.4	74.0	74.1

资料来源：文部科学省.学校基本调查[EB/OL].https：//www.e-stat.go.jp/stat-search/files?tstat=000001011528.

根据文科省2022年的统计，当年全日本共有620所私立大学，全部在校生数2171692人，校均在校生数3502人。其中巨型大学聚集的东京圈（含神奈川、千叶、琦玉等县）、名古屋所在爱知县、京阪神地区（京都、大阪、神户）等8个都府县共有私立大学360所，在校生数1649091人，校均在校生数4581人。其余35个县共有私立大学260所，在校生数522601人，每校平均仅2010人。其中富山县有3所私立大学，全部在校生仅1147人；高知县有2所私立大学，在校生数740人；鸟取县有1所私立大学，在校生数337人。上述3县私立大学在校生每校平均不足400人。这些大学规模小，师资薄弱，办学资源匮乏，在日本高等教育体系中居于末端。

由此，通过高等教育的大众化与普及化，私立大学体系中也出现了如国立大学一样的等级层次的进一步分化。

本章小结

日本是后发型高等教育模式的典型代表。所谓后发型就是以赶超发达先进国家作为目标的现代化类型，国家主导、重点倾斜式发展往往是后发型模式的特点。一方面，日本现代高等教育起步于借鉴与引进同时代西方大学中心模式。法国模式、美国模式以及德国模式的高等教育都曾在日本高等教育发展历程中留下深刻的痕迹。另一方面，高等教育的现代化是日本实现国家现代化，赶超欧美列强的重要途径和工具。这使日本近现代高等教育的机构类型和体系结构较之欧美自然形成与发展的高等教育现代化模式有着截然不同的特色。具体体现为：一是由国家主导、自上而下、层次鲜明地引进与确立现代高等教育体系的发展路径；二是集中有限资源，倾斜式重点发展国立高等教育机构的发展战略。

由于资源的有限与集中使用，日本高等教育结构呈高度的等级性，不同层级的学校在职能定位、财政基础以及教学科研水平方面存在天壤之别，由此造成社会地位的巨大差别。一方面，国家的关注与投入发挥了决定性的作用，国立学校由于服务国家战略，得到国家的支持，在社会地位与发展态势上凌驾于私立学校。另一方面，历史传统对大学的社会地位也有重要影响。二战以前创办的历史悠久的学校在高等教育不同层级中都可以占据优势地位，如帝国大学在国立大学体系中的地位，巨型私立大学在私立大学中的地位等。高等教育体系的形成与社会体制、国情文化有着密不可分的关系，一旦稳定就会形成自身强大的生命力，通过不断的自我调整以维持自身体系的稳定性和合法性。二战以后的日本高等教育改革，不但没有解决二战以前日本高等教育的等级化弊端，反而进一步细化了各个类别以及类别内部的层次等级，其原因即在于此。

思考问题

1. 日本高等教育现代化的特点是什么？

2. 日本高等教育现代化的问题是什么？

阅读书目

1. 胡建华. 战后日本大学史 [M]. 南京：南京师范大学出版社，2001.

2. 吴光辉. 转型与建构：日本高等教育近代化研究 [M]. 北京：世界知识出版社，2007.

3. 佐藤尚子，大林正昭. 中日近现代教育比较研究 [M]. 于逢春，汪辉，译. 长春：吉林大学出版社，2005.

4. 天野郁夫. 高等教育的日本模式 [M]. 陈武元，译. 北京：教育科学出版社，2006.

5. 天野郁夫. 大学的诞生 [M]. 黄丹青，窦心浩，译. 南京：南京大学出版社，2011.

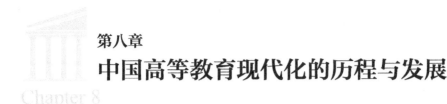

第八章
中国高等教育现代化的历程与发展

Chapter 8

第一节　中国近代高等教育体制的演变与发展

一、日本模式影响下近代高等教育学制体系的形成

大学是中国古有的用语。不过中国近现代真正意义上的大学是效仿西方而形成的。两次鸦片战争的失败使清廷朝野上下越来越多的人意识到与欧美列强在军事装备等技术层面的巨大差距。为了达到"师夷长技以制夷"的目的，清政府于1862年在北京设立京师同文馆，以培养翻译人才。此后洋务派官僚在各地陆续设置了上海广方言馆、福州船政学堂等，这些学堂课程引进西方近代科学技术，将西学纳入官方认可的教育体系之中。不过洋务运动时期所建的学堂大多属于专业教育范畴，侧重培育翻译、军事及技术人才，其职能也主要是应对外来冲击，为传统教育提供适当的辅助与补充，并未涉及根本性的学制变革。

19世纪80年代以后，随着洋务运动的推进及与欧美等国直接交流的深入，部分开明士绅开始感受到近代高等教育制度的威力。尤其是甲午战争中清政府惨败于近邻小国日本，对举国上下产生了巨大的冲击。借鉴明治维新，兴办新式学堂，拯救国难，成为朝野各方的共识。义和团运动与八国联军的入侵，更使得包括教育制度在内的全系统革新成为20世纪初清政府必须面对和迫切需要解决的问题。

1901年，在内外部力量的推动下，清政府实施新政，开始全盘革新教育体制。1902年，清政府颁布由管学大臣张百熙（1847—1907）等制定的《钦定学堂章程》（壬寅学制），这是中国近代教育史上第一个学制章程。

壬寅学制将整个学校系统分成三段七级。第一阶段为初等教育，包括4年制的蒙养院（幼儿园，招收3—7岁幼儿）、5年制的初等小学堂、4年制的高等小学堂以及与高等小学堂平行的简易实业学堂。第二阶段为5年制的中等教育，由中学堂、师范学堂、中等实业学堂等构成。第三阶段为高等教育，包括高等学堂与大学预科（3年）、大学堂（3—4年）、大学院以及与高等学堂平行的仕学馆（招收京官的速成教育机构，附设于京师大学堂）、高等实业学堂、师范馆等。壬寅学制制定时，科举制尚未被废止，为了保持新旧教育间的平衡与稳定，章程特别规定对高小、中学、师范、高等学堂和大学堂的毕业生，分别授予附生、贡生、举人、进士等出身，同时，对于科举出身的人，也可以分别送入高等小学、中学、高等学堂和仕学馆学习西学，以此确保新式学校教育与旧式科举考试之间的衔接。这反映出壬寅学制的传统性与过渡性。

壬寅学制由于制定时间较为急促，存在较多不足，加上清廷内部的权力倾轧，实际未能付诸实施即草草宣布废止。1904年，张百熙、张之洞（1837—1909）等人又在壬寅学制基础上进一步修订完善，由清廷正式颁布施行了《奏定学堂章程》，即癸卯学制。

癸卯学制保持了壬寅学制的三段七级学制系统，只是将大学院改名通儒院，学制4年，另外将初等小学堂规定为义务教育。

在普通学校教育主系统之外，癸卯学制设置了师范学堂与实业学堂两个系列。其中师范学堂分为初级和优级两个层级。初级师范相当于普通中学程度，招收高小毕业生，培养小学堂教员；优级师范相当于高等学堂（大学预科），招收初级师范学堂和中学堂毕业生，培养初级师范学堂和普通中学堂教员。实业学堂分初等、中等、高等，分别相当于高小、中学堂及高等学堂（大学预科）程度。从上述内容看，该系列明显是借鉴了日本《学校令》的学制体系。

《奏定学堂章程》中的《学务纲要》是学制的纲领性文件，集中反映了制定章程的宗旨。《学务纲要》提出，所有学堂应"以端正趋向、造就通才为宗旨"，"高等学堂、大学堂意在讲求国政民事，各种专门之学，为国家储养任用之人才。通儒院，意在研究专门精深之义蕴，俾能自悟新理，自创新法，为全国学业力求进步之方"。对于学堂的科目设置，《学务纲要》规定，"除京师大学堂、各省城官设之高等学堂外，余均宜注重普通实业两途。其私设学堂，概不准讲习政治法律专科，以防空谈妄论之流弊"。[1] 注重应用性的实科，而对现代社会科学百般防范的学科设置，反映了清廷在引进西方近代教育制度的过程中对新的思想意识的恐惧。

1904年11月，清政府又在癸卯学制的基础上，制定颁布了《奏定大学堂章程》和《奏定高等学堂章程》，对高等学堂和大学堂等高等教育机构的办学宗旨、学科设置、教学内容等做了详细规定。高等学堂以"教大学预备科为宗旨，以各学皆有专长为成效"，以3年为期，"定各省城设置一所"。大学堂"为教授各科学理法，俾将来可施诸实用之所"，其办学宗旨明记为"谨遵谕旨，端正趋向，造就通才"。[2] 大学堂下设经学科、政法科、文学科、医科、格致科、农科、工科和商科等8个分科大学。除了政法科及医科的修业年限为4年，其余各科的修业年限均为3年。大学堂的入学条件为高等学堂或大学预科毕业。很明显，这一体制实质上是以当时的日本高等普通教育中帝国大学—高等学校两级模式为蓝本而设计的。关于这一点，《奏定大学堂章程》做了明确的说明："日本国大学止文、法、医、格致、农、工六门，其商学即以政法学科内之上法统之，不立专门。又文科大学内有汉学科，分经学专修、史学专修、文学专修三类。又有宗教学，附入文科大学之哲学科国文学科、汉学科、史学科内。今中国特立经学一门，又特立商科一门，故为八门。"[3] 此外，大学堂开设的课程也有不少是直接借鉴日本的，并使用了日本大学的教科书。如政法科大学的政治学门开设的18门课程中，有13门规定要使用日本大学的教科书。值得一提的是，《奏定大学堂章程》在中国近代高等教育史上首次对大学的课程设置及每门课的教学时间、周教学时间等做了具体规定。如格致科算学门的科目规定：主课有微分积分、几何学、代数学、算学演习、力学、函数论、部分微分方程论、代数及整数论等8门。其中，微分积分在第一年开讲，每周6课时；几何学三年内都要开设，周课时分别为4课时、2课时和2课时；补助课为理论物理学初步、理论物理学演习、物理学实验等，体现出中国近代

1　张百熙.张百熙集 [M].谭成耕，李龙如，校点.长沙：岳麓书社，2008：40，49.
2　舒新城.中国近代教育史资料（中册）[M].北京：人民教育出版社，1981：572.
3　舒新城.中国近代教育史资料（中册）[M].北京：人民教育出版社，1981：573.

大学发展从一开始就带有较强的中央集权管理的特征。《奏定学堂章程》的颁布标志着中国近代高等教育开始从洋务运动时期的零星摸索朝制度化、体系化方向发展。

　　1911年辛亥革命爆发，第二年1月中华民国临时政府在南京成立，著名教育家蔡元培（1868—1940）出任教育总长。同年9月，教育部制定并颁布了新的学制（壬子学制）。此后至1913年底，教育部又陆续制定颁布了《小学校令》《中学校令》《师范学校令》《专门学校令》和《大学令》等一系列法令。这些法令与1912年公布的壬子学制合称壬子癸丑学制。

　　壬子癸丑学制规定，学校教育分为初等、中等及高等三个阶段。初等教育为7年，其中包括4年制的初等小学校和3年制的高等小学校。初等小学校为义务教育；中等教育为4年，类型分为中学、师范学校及实业学校。高等教育分为三个阶段，机构类别包括大学、专门学校、高等师范学校。大学的修业年限为预科3年，本科3—4年，大学之上还设有无年限限制的大学院。

　　1912年10月，教育部公布了《大学令》，对大学的组织、教师、学制等做了具体的规定。大学可设文、理、法、商、医、农、工等7科，以文科与理科为中心。冠名大学者必须设有文理两科或文科加上法科与商科中的1科，理科加上医农工3科中的1科。各科下设讲座，教授为讲座负责人。大学内设校长1人，各科设学长1人，大学的教师由教授和副教授组成，必要情况下可以聘请讲师。大学内还设立以校长为议长的评议会，各科设立以学长为议长的教授会等。此外，教育部还于1913年1月制定了《大学规程》，共6章30条，对大学、大学预科和大学院的学科科目、修业年限以及入学资格等做了更为细致且明确的规定。《大学规程》依据《大学令》将大学分为文、理、法、商、农、工、医等7科，每科下设学门及科目。各科目授课时间及学生应选修之科目，由校长审定并呈报教育总长。预科分为三部：第一部为有志入大学文法商科学习的学生开设；第二部为有志入大学理工农及医科药学门的学生开设；第三部为有志入医科医学门的学生开设。另外，《大学规程》仿日本学制，改清末的通儒院为大学院，规定"大学院为大学教授与学生极深研究之所"，完善了大学的层次结构。

民国时期，高等教育类型更为丰富。1912年10月，北京政府教育部颁布《专门学校令》12条，加强对专门学校的建设与管理。《专门学校令》规定，"专门学校以教授高等学术、养成专门人才为宗旨"，其种类包括法政专门学校、医学专门学校、药学专门学校、农业专门学校、工业专门学校、商业专门学校、美术专门学校、音乐专门学校、商船专门学校和外国语专门学校等。无论公立还是私立，专门学校的设置与变更均须经教育总长认可。

民国时期制定的壬子癸丑学制相比清末的癸卯学制具有如下新的变化。一是缩短了学制，由原来的21年学校教育期调整为17—18年，不过大学学制保持稳定，仍为6—7年，包括预科3年、本科3—4年以及年限不定的大学院。二是淡化封建色彩，突出近代特色。废除按学校等级给予毕业生科举出身资格的办法，废除大学中尊孔读经方面的课程，取消了学堂的称呼，一律改称学校，在高等教育领域，大学堂改称大学，通儒院改名大学院。三是在高等教育阶段取消了高等学堂的独立建制，规定大学预科必须附设于大学之中，以保证大学生源质量。四是设置从大学到大学院以及与大学平行的专门学校，使得高等教育的层次体系更为清晰明确。不过总体而言，两者在模仿与借鉴日本学制方面高度相通。壬子癸丑学制中关于大学内部组织分为学科与讲座，学制采用3年预科、3年本科及没有年限限制的大学院等，都直接来自日本帝国大学的学制。此外，有关大学目的的阐述——"大学以教授高深学问，养成硕学闳才，应国家需要为宗旨"[1]，也直接来源于1886年《帝国大学令》中的"帝国大学以适应国家需要，传授学术技艺，研究深奥学问为目的"。

清末民初在学制方面主要借鉴日本模式的原因是多重的。首先，日本作为后发国家，学习西方并取得了相当大的成功，这对同样急于推行近代化的中国产生了强烈的吸引力。其次，中日之间地理位置相近，文化相通，尤其是当时的主政者如张之洞等普遍认为，西学繁杂，而日本已经删节酌改，学习日本，可以避免或最大限度地减弱办"洋务"所引发的思想革命，即所谓的"中学为体，西学为用"。张之洞在其《劝学篇》一书中就大力倡导留学日本："出洋

---

1 舒新城.中国近代教育史资料（中册）[M].北京：人民教育出版社，1981：640.

一年，胜于读西书五年"；"入外国学堂一年，胜于中国学堂三年"；"至游学之国，西洋不如东洋"。[1] 由于这些因素的叠加，在19世纪末20世纪初，出现了大批学子赴日留学的盛况。清政府向日本官派留学生，最早始于1896年。当时驻日公使裕庚（？—1905）出于使馆工作需要，从国内选拔了唐宝锷等13名学生赴日本留学，并请东京高等师范学校校长嘉纳治五郎（1860—1938）负责他们的教育。1898年戊戌变法期间，清政府正式下令各省督抚选派学生赴日留学。地方上首先是湖广总督张之洞派遣官费留日学生20余人赴日本学习陆军。接着北洋大臣、南洋大臣以及浙江求是书院等也纷纷派出留日学生。至1899年，留日的中国学生已有100多人，1901年增加到280余人，1902年为500多人，1903年为1300多人，1904年达2400多人。1905—1906年，由于清政府废除科举制度和日本在日俄战争中获胜等因素影响，留学日本达到高潮，人数猛增到8000多人。1907年以后，由于日本政府对中国留日学生的种种限制和歧视政策，引起留日学生的愤慨，同时也由于清政府学部颁布留学规定，限制留日学生的资格，停止派遣速成科留学生，留日热开始降温。但1908—1909年留日学生仍有5000多人。留日学生在日学习的热门专业主要为师范、法政及陆军等。这些毕业生成为近代学制形成之初新式学堂教师及管理者的主要来源，从而使学习与引进日本学制成为中国近代学制起步阶段自然且必然的选择。

二、美国模式影响下近代高等教育学制体系的演变

1912年壬子学制之后，学制改革仍然是当时社会关注的焦点之一。1915年，江浙教育界联合发起成立全国教育联合会，定期组织全国性的年会以研究与推进全国范围的教育改革方案。1921年，在第7次全国教育联合会年会上通过了《学制系统案》，第二年该方案得到教育部的批准正式得以实施，即所谓的壬戌学制。

壬戌学制的核心是改革此前的多轨制的学制系统，统一成单轨制的六三三学制，即初等教育6年，初级中等教育3年，高级中等教育3年，这一学制的实施标志着中国近代学制由日本模式向美国模式的过渡。出现这一变化的原因是

---

1 张之洞. 劝学篇 [M]. 上海：上海书店出版社，2002：38-39.

多重的。一方面有政治方面的因素，自日本提出"二十一条"以后，中国社会普遍对其侵华野心产生警觉。另一方面，自美国在20世纪初推出庚款留学以后，赴美留学取代赴日留学，美国成为中国精英海外求学的主要目的地。大批学成归国的学子如陶行知（1891—1946）、胡适（1891—1962）、郭秉文（1880—1969）在20世纪第一个十年末期归国，成为中国教育界和知识界的领袖人物，美国教育家杜威（John Dewey，1859—1952）、孟禄（Paul Monroe，1869—1947）等也在此时访华，进一步加速了中国近代学制向美国模式的转型。

壬戌学制的重心在基础教育领域，有关高等教育的规定相对简单[1]：

——大学设数科或一科均可，单设一科者称某科大学（如医科大学、法科大学、林科大学等）。

——大学修业年限四至六年，各科可根据内容的简繁，在此限度内斟酌决定，但医科大学、法科大学修业年限至少五年，师范大学修业年限四年。

——因学科及地方的特殊，可以设立专门学院，招收高中毕业生，修业年限三年。

——大学和专门学院都可以附设专修科，修业年限不等。

——为补充初级中学师资的不足，可以设置二年制的师范专修科，附设在大学的教育科或师范大学里。

——大学院为大学毕业生及具有同等程度者进行研究之所，年限不定。

与壬子癸丑学制相比，壬戌学制取消了大学预科，规定高中毕业可直升大学本科，这明显是受到美国学制的影响。

壬戌学制颁布后，1924年2月，教育部又正式废除《大学令》与《大学规程》，重新制定《国立大学校条例》20条。对于高等教育，该条例主要做了如

1　中央教育科学研究所教育史研究室. 中华民国教育法规选编（1912—1949）[M]. 南京：江苏教育出版社，1990：44-45.

下规定[1]：

——国立大学校以教授高深学术，养成硕学闳材，应国家需要为宗旨。

——国立大学校分文、理、法、医、农、工、商等科。国立大学校得设数科或单设一科。各科分设各学系。

——国立大学校招收高级中学毕业生，或具有同等资格者。修业年限四至六年。学生修业完毕，试验及格者，授以毕业证，称某科学士。

——国立大学校设大学院，大学毕业生及具有同等程度者入之，研究有成绩者，给予学位。

——国立大学校应设各种专修科及学校推广部。

——国立大学校设校长一人，由教育总长聘任。设正教授、副教授，由校长聘任，并得延聘讲师。

——国立大学校设董事会，审议学校计划、预算、决算及其他重要事项。

——国立大学各科、各系及大学院各设主任一人，由正教授或教授兼任之，各科、各系及大学院各设教授会，以本科、本学系、大学院正教授、副教授组成，规划本单位课程及教学。

——在高级中学未普遍设置以前，国立大学校得暂设预科，招收旧制中学及初级中学毕业生，其修业年限：在四年制毕业者二年，在三年制毕业者三年。

——私立大学校参照本条例办理。

在日本模式学制向美国模式学制的转型中，表现最为显著的是教师教育及高等师范教育领域。日本模式的教师教育认为教师不仅需要传授知识，更重要的是需要塑造学生的品性与人格，这与当时日本军国主义的国家体制注重塑造忠于天皇的臣民教育理念密切相关。在日本学制模式下，教师教育作为一种特

---

1 曲士培.中国大学教育发展史[M].北京：北京大学出版社，2006：276-277.

殊的教育，需要在特定的场所，即师范学校进行，以强化教师独特的专业技能与人格气质。高等师范学校是教师教育的最高阶段，侧重培养中学师资，属于高等教育。与此不同，美国模式的教师教育认为教师的职责在于知识的传授，综合大学的培养环境有利于涵养教师丰富的学识。两种理念决定了不同的教师教育模式。清末民初的学制以日本为蓝本，教师教育也直接沿用日本的师范教育模式。清末学制设置的优级师范，在1914年前后被分别改造为六大高等师范学校：北京高等师范学校、南京高等师范学校、广州高等师范学校、沈阳高等师范学校、武昌高等师范学校、成都高等师范学校。1920年前后，由于美国学制模式的影响，高等师范学校面临着维持日本模式升格为师范大学抑或转型为美国模式改造成综合大学的教育学科的选择。最终，除了北京高等师范学校升格为北京师范大学，其余5所高等师范学校均改造成为综合性大学，即"高师改大"运动。

北京高等师范学校前身是1902年创立的京师大学堂师范馆，这是中国近代高等师范教育之始。1908年改称京师优级师范学堂，独立设校。1912年改名北京高等师范学校，1923年更名为北京师范大学，成为中国历史上的第一所师范大学。此后几经波折，最终于1929年重新独立设置，定名国立北平师范大学。

广东高等师范学校前身为1905年创立的两广速成师范馆，1906年改为两广优级师范学堂，设文学、史舆、数理化、博物四科，学制四年。1912年改为国立广东高等师范学校，设文史、英语、数理化、博物四部（后增设社会科学部）。金曾澄（1879—1957）、邹鲁（1885—1954）等先后出任校长。1924年，在孙中山的指示下，国立广东高等师范学校与广东公立法科大学、广东公立农业专门学校等合并组成国立广东大学。国立广东高等师范学校原各学部，改为国立广东大学的文、理两科。

沈阳高等师范学校创建于1918年5月。学校下设国文部、史地部、英语部、数学部、理化部、博物部，以及国文、图画、教育专修科等。1921年初，时任奉天教育厅厅长谢荫昌（1877—1928）向时任东三省巡阅使张作霖（1875—1928）建议：欲使东北富强，不受外人侵略，必须兴办大学教育，培养各方面人才。1922年春，东北大学筹备委员会成立，以沈阳高等师范学校为基础开办理、工两科，以奉天文学专门学校为基础开办文、法两科。1923年4月，东北大学正式宣告成立。

　　成都高等师范学校创建于1916年。1902年新政时期，原四川中西学堂、尊经书院和锦江书院合并成立四川通省大学堂，因清廷规定除京师大学堂外，各省一律称"高等学堂"，于是年底改名为"四川省城高等学堂"。辛亥革命后，四川高等学堂改名为四川官立高等学校。1916年，四川官立高等学校将师生及一切经费、校产、图书、设备，转入四川高等师范学校，同时改名为国立成都高等师范学校。成为当时六大高等师范学校之一。据民国教育部1918年统计，成都高等师范学校专任教师和在校学生人数，仅次于北京高等师范学校，名列第二，全年经费数名列第四。1926年，成都高等师范学校一分为二，原四川官立高等学校部分重建为国立成都大学，由张澜（1872—1955）任校长，原四川高等师范学校部分改建为国立成都师范大学。1931年11月9日，国立成都大学、国立成都师范大学和创建于1927年的公立四川大学三校合并，由教育部定名为国立四川大学，成为当时中国国内13所国立大学之一。

　　武昌高等师范学校建于1913年，是中国近代第二所高等师范学校。首批招收预科生124名。学制为预科1年、本科3年。1922年9月，学校将原来所设的国文史地部、数学理化部、博物地学部等改为8个系，同时废除学年制，采用学分制；实施男女同校，建立旁听生制等新政，在国内教育界引起较大反响。1923年6月，武昌高师评议会及主任会议决定：国立武昌高等师范学校改名为国立武昌师范大学。1924年2月，北洋政府教育部批准更名，任命张继煦（1876—1955）为校长。1924年9月，按照教育部的命令，国立武昌师范大学又改名为国立武昌大学。

　　在高等师范学校转型过程中，南京高等师范学校的案例最为典型。该校前身是1906年创建的两江师范学堂，1914年改为南京高等师范学校。受美国哥伦比亚大学毕业生郭秉文、陶行知等的影响，南京高等师范学校成为学习美国学制的先锋，1923年该校改造成综合性的东南大学，成为同期与北京大学齐名的南方名校。1928年国民党定都南京以后，该校改为中央大学，成为20世纪30—40年代国内学科最为齐全的大学之一，1949年以后，更名为南京大学。20世纪

20年代的"高师改大"运动中各地高等师范学校的发展方向选择，反映出20世纪20年代以后中国近代高等教育学制体系从日本模式向美国模式的转型。

三、法国和德国模式在近代中国高等教育体系中的实验

（一）法国模式的大学院和大学区改革

除日本模式向美国模式的学制整体转型外，南京国民政府在1927年成立后曾进行过一次效法法国高等教育模式的尝试。这一改革的核心是在中央政府层面设立大学院以替代教育部，而在地方则设立大学区，取代民国以来中央政府设教育部、各省设教育厅的教育行政制度。

北洋政府时期，政局不稳，政权多次更迭，教育行政及教育政策也多次调整或中断，极大地影响了教育事业的发展。1926年7月，广州国民政府发动北伐战争，至1927年初基本控制了长江中下游地区。1927年4月，蒋介石在南京建立国民政府，此后逐步统一了国民党内部各派别，建立了国民党的一党专政。

1927年6月，南京国民政府任命蔡元培为大学院院长，7月公布了《中华民国大学组织法》。法令规定，大学院为全国最高学术教育机关，直属国民政府，管理全国学术和教育行政事宜。大学院设院长1人，综理本院事务，并监督所属职员及所辖学术教育机构；置副院长1人，辅助院长管理院务；置参事2—4人，负责拟定本主管之法律命令事项；置秘书长1人，管理秘书处一切事务；置秘书4—6人，佐理处务。设大学委员会，由大学院长、国立大学校长及聘请的专门学者等5—9人组成，为全国最高的教育学术审议机构。大学院内设高等教育、普通教育、社会教育、文化事业、总务、秘书等6处。其中高等教育处掌理大学、专门学校、留学、各种学术团体及学位考试。另设中央研究院主管学术研究工作。

国民政府于中央教育行政实施大学院制的同时，于省级教育行政则实行大学区制。1927年6月，蔡元培等制定《大学区组织条例》，经多轮修改后由国民政府于1928年正式公布。条例规定全国各地按教育、经济、交通等状况划分为若干个大学区，每区设大学1所，大学设校长1人，负责大学区内一切学术和

教育行政事务。大学区的最高审议机构是评议会，具体教育事务由其下设的高等教育处、普通教育处、扩充教育处等负责。

大学院与大学区制度实施后，南京国民政府在其实际统治区设立了4所中山大学，分别位于广州、武汉、杭州、南京。除了承担高等教育机构职能，大学同时承担教育行政机构职能，管理辖区内的中小学及各类学校，这一体制与法国拿破仑时期的帝国大学制的理念高度相近。

大学院与大学区制实行的一个重要原因是蔡元培等人的教育独立化的理念。蔡元培，浙江绍兴人，中国近代著名的教育家、政治活动家。蔡元培原为清末进士出身，曾任翰林院编修。戊戌政变以后转向新式教育改革和反清革命活动，20世纪初先后创办中国教育会及光复会，并出任会长。其间曾于1907年赴德国莱比锡大学研修心理学、哲学、美学等，深受德国古典哲学影响。中华民国成立后，蔡元培历任南京临时政府教育总长、北京大学校长、南京国民政府大学院院长、监察院院长、中央研究院院长等要职，在近代中国教育学术界及社会上享有巨大的声望与影响力。蔡元培深受德国古典大学理念的影响。这一理念主张大学应追求终极真理，不应受政党与宗教的把持，以避免受政治与世俗干扰。蔡元培于1922年3月在《新教育》杂志上发表《教育独立议》，强调教育必须是超然的，应该远离功利的党派政策与保守的宗教，而要保持这种超然的地位，必须"分全国为若干大学区，每区立一大学；凡中等以上各种专门学术，都可以设在大学里面，一区以内的中小学校教育，与学校以外的社会教育……与其他成年教育、盲哑教育等等，都由大学办理。……大学的事务，都由大学教授所组织的教育委员会主持。……教育部，专办理高等教育会议所议决事务之有关系于中央政府者，及其他全国教育统计与报告等事，不得干涉各大学区事务。教育总长必经高等教育会议承认，不受政党内阁更迭的影响"[1]。

蔡元培上述教育独立、保持超然的基本思想最初是源自德国古典大学的理念，不过在具体建设过程中，他直接参照的制度范本则是法国拿破仑时代的帝国大学与学区制。拿破仑设计帝国大学及学区制度，其目的本是强化中央集

1　高平叔.蔡元培教育论集[M].长沙：湖南教育出版社，1987：335.

权的教育体制，培养忠诚于拿破仑的臣民。在这一体制下，帝国大学总长及学区督学均由拿破仑直接任命，并对拿破仑直接负责。不过也因此，法国教育系统在拿破仑之下并不与其他行政机构及宗教发生横向关系，保持了相对的独立性。由此对强烈主张教育独立于世俗政治与宗教的蔡元培产生了一定的吸引力，这是他在1927年实际负责南京国民政府教育行政事务时积极借鉴法国高等教育管理模式，推进大学院和大学区制的主要原因。

但现实中，大学区制实施之时，正是南京国民政府北伐胜利，强化国民党在全国的统治，提出"以党治国"的口号，强调"军政统一""思想统一"之时。而此时要求"经费独立，立法独立，人事独立"的大学院就显得不合时宜，与国民党训政党治的精神格格不入。因而"中央党部和各级党部均不予支持"。其实就是一般群众与学生也不能理解。当时就有一名北洋学生发表文章说："现在是统一的政府，一切权力都应当集中中央，谁都承认的，而此时忽有大学区之划分，偏要把教育权分成零碎的，割据的，这就是系统吗？"北洋大学学生在发表反对大学区宣言时，认为大学区"不但有背世界的潮流，亦且违党化教育的原则"。[1]可见"教育独立化"在当时社会得不到各方的支持，这是大学院制度失败的根本原因。

在制度层面，大学校长兼管学区内的中小学教育，也容易引起各级各类学校之间资源分配的不均，造成大学区内基层学校的反对。而最先反对大学区的是中央大学区所辖的中等学校。1928年6月，中央大学区中等学校联合会发表宣言，以大学区忽略中等教育为由，呈请国民政府设法变更。呈文还列举了大学区制试行一年后，易受政潮牵涉、经费分配不公、行政效率降低、影响学风、酿成学阀把持势力等五点弊端，在各地教育界得到普遍响应。

国民党二次北伐攻克北京后，1928年9月国民政府通过了《北平大学区组织大纲》，规定以北平政治分会所辖的北平、天津、河北、热河为北平大学区，原有9所国立大学统一合并为北平大学，由李石曾（1881—1973）任校长。此举激起大学区内各高校学生的普遍反对，其中尤以北京大学学生的反应最为激

1　北洋大学学生反对大学区制 [N]. 大公报，1928-11-16（5）.

烈，他们誓死反对变更校名。蔡元培对改变北大校名一事也持异议，后因其意见未得国民政府认可而辞去大学院院长一职。鉴于推行北平大学区遇到的反对声浪，国民政府于1928年10月改大学院为教育部，1929年7月又明令北平、浙江两大学区于当年暑期停止，中央大学区于当年年底停止，正式结束了法国高等教育模式在中国的实验。

（二）德国研究型大学理念在近代中国的实验

除了上述国家层面的学制模式改革，在学校层面，德国的研究型大学模式在多所名校得到过试验与推广。

清末民初的中国大学制度是以日本模式为蓝本建立起来的，其主要特征之一是在大学内设立法、医、农、工、商等应用学科的同时，在大学之外还设有法、医、农、工、商等各类高等专科学校。整个高等教育体系受国家近代化理念的影响，有鲜明的应用导向。在大学内部组织建设方面，以北京大学为例，按照《大学法》的规定由三个层次即大学、科、门组成。全校设有文、理、法、商、工5科，科下再设门，如理科内设有物理学门、化学门，法科内设有政治学门、法律学门等。

1917年，蔡元培执掌北京大学后，开始推行德国研究型大学模式改革。蔡元培曾长期游学欧洲，其"对于大学的观念深深无疑义的是受了19世纪初建立柏林大学的冯波德（今译洪堡）和柏林大学那时代若干大学者的影响"（罗家伦语）。早在民国初年出任教育总长时，其主导的教育部即提出，大学办学的宗旨为"以教授高深学术，养成硕学闳才，应国家需要为宗旨"，而另设专门学校，"不与大学相衔接"，"使并无大学志愿者贸焉入学"，主张将追求纯粹学理研究的大学与实际应用导向的专门学校严格予以区分。1917年出任北京大学校长时，蔡元培在就职演说中进一步区分了两者的定位与职能。他认为，学生选择专门学校而有具体的职业倾向是"势所必然"。但如果选择的是大学，则应当把对学问的追求而不是职业的准备放在最重要位置，"大学者，研究高深学问者也"，即大学应该是追求终极真理的学术殿堂，而不是高级官僚的养成之

1　陈洪捷. 德国古典大学观及其对中国大学的影响 [M]. 北京：北京大学出版社，2002：150.

所。对于求学者而言，"果欲达其做官发财之目的，则北京不少专门学校，入法科者尽可肄业法律学堂，入商科者亦可投考商业学校，又何必来此大学"。这里，蔡元培显然受到德国古典大学理念的影响，明确认为"谋生型学生"不属于大学。[1]基于此，蔡元培明确提出，学与术应该分离，大学为追求终极真理的场所，应该以文理等基础学科的教学与研究为重，而摈弃应用性学科，以不受世俗风潮影响。蔡元培认为，虽然大学的法、医、农、工、商科与法、医、农、工、商专科学校在学历层次上有所区别，但课程设置大同小异，两者之间存在着重复办学的问题。要解决这一问题，应该学习德国的大学制度，在大学与高等专科学校设置不同的学科。而大学中的法、医、农、工、商等应用学科应该从综合大学中分离出去，成立独立的大学。

根据蔡元培的上述理念，1919年北京大学实施"废门改系"的改革，将大学的校、科、门三个层级改成校、系两级体制，扩大文科和理科，将其他科从北京大学中分离出去，如工科并入北洋大学，商科停办等，使北京大学成为文理科大学。改革后的北京大学设立了数学、物理、化学、地质、哲学、中文、英文、法文、德文、俄文、史学、经济、政治、法律等14个系，突出了以文理基础学科为重的建设导向，同时也体现了加强大学研究学理能力的意识。蔡元培明确指出，"科学的研究固是本校的主旨"。对于学生来说，大学"不是灌输固定知识的机关，而是研究学理的机关。所以大学的学生并不是熬资格，也不是硬记教员的讲义，是在教员的指导之下自由地研究学问的"。对于教师而言，也不是"注水入瓶，注满就完事"，而是求在学问上很有研究的兴趣，且能够在教学中"引起学生的研究兴趣"。[2]

蔡元培重视大学研究职能的办学理念明显受到德国研究型大学理念的影响，其重视文理基础学科的思想，也成为民国时期国立综合性大学的普遍共识。如竺可桢（1890—1974）在担任浙江大学校长期间，即大力发展文理基础学科，重视对学生的基础学理的教育，规定一年级学生必须文理通修。他在1946年7月教育部召开的一次会议上，明确主张将通才教育写入大学组织法第

1 刘少雪.中国大学教育史 [M].太原：山西教育出版社，2007：58.
2 刘少雪.中国大学教育史 [M].太原：山西教育出版社，2007：62.

一条。他认为，像浙江大学这样的综合大学所培养的应该是"完人""通才"，而不是只懂一点技术的专才。一般的专才可由高等工业学校和农业学校以及大学内设置的专修班来培养。[1] 此外，梅贻琦（1889—1962）在出任清华大学校长期间也有类似的主张和政策。梅贻琦认为，大学四年的学制年限限制使其根本不可能取得"通专并重"效用。他主张，大学阶段的直接目标就是培养通才，重点培养学生具有自然、社会与人文三方面的知识，而"不贵乎有专技之长"，大学不应该也不可能承担为社会直接培养"专才"的任务，专才的培养应该由其他教育机构，如专科学校等来承担。基于中国传统儒家的教育思想，梅贻琦借用《大学》的表述，认为大学教育的核心"在明明德，在新民，在止于至善"。而通才教育即在于能够给学生提供知类通达的训练，非如此，便不能完成化民易俗、改造人类社会的"新民"任务。[2]

蔡元培等人的通才教育思想的背后既有近代西方古典大学教育理念的影响，也有根植于中国古代儒家培养士子的教育思想的传承。这一思想对近代中国大学的基础学科的建设以及通识教育的实施产生了积极的作用，但在国难深重的近代中国，大学也未能对社会经济的发展及国家现代化建设产生更为直接有效的影响与推进作用。

四、20世纪30年代以后高等教育的改革与发展

20世纪30年代以后，高等教育大规模的模式借鉴与学制改革在名义上暂告终止。南京国民政府时期，一方面，通过实施党化教育、设立训导长等，加强政府对大学的控制；另一方面，出台了一系列学校法规（表8-1），完善了高等教育的制度建设。这些措施使民国时期的高等教育得到一定的发展。

表8-1　国民政府颁布的部分高等教育法规

序号	法规名称	颁布时间
1	《大学教师资格条例》	1927年9月
2	《专科学校组织法》	1929年7月

1　曲士培.中国大学教育发展史 [M].北京：北京大学出版社，2006：409–410.
2　黄延复.梅贻琦教育思想研究 [M].沈阳：辽宁教育出版社，1994：155–156，165–166.

续表

序号	法规名称	颁布时间
3	《专科学校规程》	1929 年 8 月
4	《大学组织法》	1929 年 7 月
5	《大学规程》	1929 年 8 月
6	《专科学校规程》	1929 年 8 月
7	《修正专科学校规程》	1931 年 3 月
8	《三民主义教育实施原则》	1931 年 9 月
9	《大学研究所暂行组织规程》	1934 年 5 月
10	《学位授予法》	1934 年 4 月
11	《大学及独立学院教员聘任待遇暂行规程》	1940 年 8 月
12	《大学及独立学院教员资格暂行规程》	1940 年 10 月
13	《大学法》	1947 年 12 月

南京国民政府时期，教育部出台的一系列法令法规使政府对全国高等教育的管理越来越规范，专业及课程建设标准越来越统一。

在高等教育机构类型方面，根据《大学组织法》和《大学规程》的规定，高等教育机构可分为大学、独立学院和专科学校等三类。具体而言，大学分文、理、法、教育、农、工、商、医等8个学院，须具备3个学院以上且包含理学院或农、工、医学院之一者方可称为大学；不满3个学院者只能称为独立学院。修业年限除医学院为5年外，其余均为4年。大学各学院得附设专修科。专科学校分为工、农、商、医、艺术、音乐、体育等，修业年限为2—3年。规定大学设置必须包含理工农医类学科中的一种，体现了国民政府重视实用性学科的高等教育发展战略。这对扭转近代中国大学以文科为主的学科结构起到了一定作用。据统计，1930年全国文科类大学学生占在校生总数的74.5%，其中法政科学生占37.2%，理工农医类仅占25.5%，且理工两科学生分别仅占9.3%和8.9%。到1937年，大学文科学生数为15227人，理工科学生数则增至15200

人，两大类人数基本持平。[1]

在办学条件方面，《大学规程》和《专科学校规程》明确了大学的办学经费及基本办学设施的要求，即每一所新办大学，需要30万元以上的开办费；每年扩充的设备费需要占经常费的15%以上（表8-2）。

表 8-2　大学各学院或独立学院各科开办费及每年经常费标准

单位：万元

院别或科别	开办费	每年经常费
文学院或文科	10	3
理学院或理科	20	15
法学院或法科	10	8
教育学院或教育科	10	8
农学院或农科	15	15
工学院或工科	30	20
商学院或商科	10	8
医学院或医科	20	15

资料来源：中央教育科学研究所教育史研究室.中华民国教育法规选编（1912—1949）[M].南京：江苏教育出版社，1990：408.

在校务及人事管理方面，针对20世纪20年代的国立大学如东南大学等在校长产生程序上出现过的学校与政府之间的冲突情况，《大学组织法》明确规定，国立的大学、独立学院及专科学校的校长任命权在国民政府教育部，其他省立、市立学校，由省市政府请教育部聘任，强化了政府对大学的控制权及校务管理的干预力度。在师资管理方面，《大学教师资格条例》明确规定，教师分为教授、副教授、讲师和助教四等，调整了北洋政府于1917年颁布的《修正大学令》中"大学设正教授、教授、助教授，遇必要时得延聘讲师"的规定。同时对大学教师产生程序也予以规范，"大学之评议会为审查教员资格之机关，审查时由中央教育行政机关派代表一人列席"，然后由中央教育行政机关认可

1　刘少雪.中国大学教育史 [M].太原：山西教育出版社，2007：99.

并发给证书。这一规定规范了日渐壮大的国立大学的教师队伍，确保了国立大学教师的基本素质。[1]

在课程设置方面，《大学规程》第8条规定，大学及独立学院各科课程除党义、国文、体育、军事训练及第一、二外国文为共同必修科目外，须为未分系之一、二年级学生设置基本科目。另外，《大学规程》第9条规定，大学各学院各科课程采用学分制，但学生每学年所修学分须有限制，不得提早毕业。1931年1月，教育部公布《学分制划一办法》，通令各校一律采用学年兼学分制，并规定大学学生应修学分的最低标准。除医学院外，其余专业四年内须修满132学分始准毕业。其学分计算标准亦有规定：凡须课外自修之科目，以每周上课一小时满一学期者为一学分；实习及无须课外自修之科目，以两小时为一学分。[2]

国民政府在20世纪30年代的一系列法令政策，加强了政府对各类大学的宏观管理，从制度上规范了大学的学科设置、院系标准及人事管理程序，一定程度保证了大学基本的办学质量，使中国高等教育进入了相对稳定的发展期。

1937年全民族抗战的爆发改变了中国高等教育的发展轨迹，日本发动的侵略战争给中国高等教育造成了巨大的人力及物力损失。截至1939年12月底，全国公立专科以上的77所高校总损失达9045余万元，相当于1936年全国108所专科以上高校全年经费3927.5万余元的两倍以上，中国高校近40年积累的并不厚实的仪器设备及珍贵图书大批损毁于日军的轰炸与炮火之中。全国专科以上高校教师从7560人降至5657人，降幅达25%；学生从战前的41922人降至31188人，减少了26%。[3]

为了抵抗日本帝国主义的侵略，东部沿海的各高校陆续西迁，组成了著名的西南联大和西北联大等，确保了中国高等教育的薪火传承。

至1949年，全国共有国立大学31所，私立大学25所，各类独立学院79所，专科学校75所，其中全面抗战时期诞生的有73所。不过大学在地域分布上严重失衡，其在东部沿海地区和中心城市集聚的态势依然十分突出：上海、四

1 刘少雪.中国大学教育史 [M].太原：山西教育出版社，2007：100-101.
2 曲士培.中国大学教育发展史 [M].北京：北京大学出版社，2006：287.
3 刘少雪.中国大学教育史 [M].太原：山西教育出版社，2007：145-147.

川（含重庆）、广东、北平、江苏、南京等六省（市）的高校总数为111所，占52.9%，而处于边远地区的新疆、云南、贵州、甘肃、广西等五省份却仅有17所（表8-3）。

表8-3　抗战期间中国专科以上高校发展情况

学年	学校		教师		职员		在校生		毕业生	
	数量/所	增长率/%	数量/人	增长率/%	数量/人	增长率/%	数量/人	增长率/%	数量/人	增长率/%
1936	108		7560		4290		41922		9154	
1937	91	−15.7	7057	1.3	2966	−30.9	31118	−25.6	5137	−43.9
1938	97	6.6	6079	−20.6	3222	8.6	36180	16	5085	−1
1939	101	4.1	6514	7.2	4170	29.4	44422	22.8	5622	10.6
1940	113	11.9	7598	16.6	5230	25.4	52376	17.9	7710	37.1
1941	129	14.2	8666	14.1	6503	24.3	59457	13.5	8035	4.2
1942	132	2.3	9421	8.7	7192	10.6	64097	7.8	9056	12.7
1943	133	0.8	10536	11.8	7064	−1.8	73669	14.9	10514	16.1
1944	145	9	11201	6.3	7414	5	78909	7.1	12078	14.9
1945	141	−2.8	11183	−0.2	7257	−2.1	83498	5.8	14463	19.7

资料来源：教育部教育年鉴编纂委员会.第二次中国教育年鉴（第二编）[M].上海：商务印书馆，1948：37-38.

五、1949年以后中国高等教育的改革与发展

1949年10月，中华人民共和国成立。高等教育由此迎来了新的转型与发展时期。早在中华人民共和国成立前夕的1949年9月，中国人民政治协商会议通过《共同纲领》，规定中华人民共和国的文化教育为新民主主义的，即民族的、科学的、大众的文化教育。人民政府的文化教育工作，应以提高人民文化水平，培养国家建设人才，肃清封建的、买办的、法西斯主义的思想，发展为人民服务的思想为主要任务。中华人民共和国的教育方法为理论与实际一致。人

民政府应有计划、有步骤地改革旧的教育制度、教育内容和教学方法。这是新中国发展教育事业的基本原则。[1]

新中国的高等教育是在接受和改造旧的高等教育的基础上发展起来的。中国共产党在解放战争不断胜利，陆续接管大城市的过程中，对国民党政府遗留的高等学校采取"维持现状，立即开学"和"坚决改造，逐步实现"的方针，废除旧的体制，改造课程体系，结合对师生的爱国主义及马克思列宁主义的思想政治教育，确立了中国共产党对学校的主导地位。对于教会大学，按照政务院于抗美援朝战争中颁布的《关于处理接受美国津贴的文化教育机构及宗教团体的方针的决定》，于1951年底前全部由政府出面接管。

新中国成立后，基于当时的国际政治形势，为了早日实现工业化、现代化，国家确定了向苏联一边倒的方针，高等教育学习与引进苏联模式成为自然且必要的选择。1949年12月，教育部在北京召开第一次全国教育工作会议，明确了"以老解放区新教育为基础，吸收旧教育有用经验，借助苏联经验"的具体方针。1950年，政府先后创办了中国人民大学和改建了哈尔滨工业大学作为高等教育学习苏联模式的试点，以培养宏观经济管理干部和工业建设技术干部。

为了全面引进苏联模式，在第一个五年计划启动之际，国家还对原有的高等学校进行了大规模的院系调整。调整的方针是"以培养工业建设干部和师资为重点，发展专门学校和专科学校，整顿和加强综合性大学"；"专门学院和专门学校又分多科性和单科性两种，它的任务是根据国家需要，培养各种专门的高级技术人才。综合性大学的任务主要是培养科学研究人才和中等学校、高等学校的师资"。[2]根据上述方针，从1952年下半年开始，国家对东北、华北、华东等地区的高等学校进行了大规模的院系调整。1953年以后，又对中南、西南及西北地区的高等学校进行了院系及专业的调整。调整后的全国高校共有181所，其中综合性大学14所、工业院校38所、师范院校33所、农林院校29所、医药院校29所、财经院校6所、政法院校4所、语文院校8所、艺术院校15所、

---

1 金铁宽.中华人民共和国教育大事记 [M].济南：山东教育出版社，1995：3.
2 曲士培.中国大学教育发展史 [M].北京：北京大学出版社，2006：431.

体育院校1所。

在院系专业调整完成之后，根据"高等教育建设必须符合社会主义建设和国防建设的需要，必须和国民经济的发展计划相配合，学院的配置分布应避免过分集中，学校的发展规模一般不宜过大；高等工业院校逐步和工业基地相结合"[1]的原则，高等教育部制定了《1955—1957年高等工业学校院系、专业调整、新建学校及迁校方案（草案）》，对高校专业设置尤其是地理位置布局再次进行调整。通过此轮调整，东部沿海地区的部分高校及专业西迁至中西部内陆地区，长春、哈尔滨、西安、兰州、成都、武汉、长沙等内地城市的高等院校得到一定程度的扩充。

通过院系调整，中国高等教育形成了较为系统完整的专业结构，以适应国家大规模的工业化建设。到1957年，全国共设置高校229所，设置专业323种，其中工科183种、理科21种、农科16种、林科5种、医科4种、师范21种、财经13种、体育1种、艺术11种。

院系调整以后，学校数虽然有所缩减，但学校的规模普遍扩大，学生数得以大幅增加，学校的专业结构及地理布局也更趋合理，使得高等教育基本能满足国家现代化建设的需求。新中国的国家现代化建设所取得的巨大成就与20世纪50年代初院系调整以后所形成的高等教育体制有着直接的关联。不过，调整中也存在一些问题。例如，过多强调单科性学院的独立设置，对一些有较强文理学科基础的综合性大学调整幅度过大等举措，形成了文、理、工分家的局面，不利于学科的综合发展；过于重视工科专业的发展，对人文、政法、财经等专业有一定程度的忽视。同时，苏联模式过度注重计划性，对师生教学科研的自主性与积极性都有严重的抑制，进而影响学校办学水平的提升。因此，从1958年起，中国高校开始反思苏联模式的问题，认识到专业建设上"既不能如英美的专业宽大无边，又不能如苏联的面窄"，开始注重结合中国的国情，强调"要创造自己的经验"。[2]最终在20世纪80年代以后开启了全面系统的大规模体制改革和探索中国特色世界一流大学建设的道路。

1　董宝良.中国近现代高等教育史[M].武汉：华中科技大学出版社，2007：277.
2　汪辉.浙江大学史料：第三卷（上）[M].杭州：浙江大学出版社，2024：25-26.

第二节　近代中国本土高等教育的机构类型与结构特点

近代中国的高等教育是在国家主导下起步并发展的。作为后发型的高等教育，国立大学是中国近代高等教育的主体。与此同时，随着社会经济的发展，本土的私立高等教育也获得一定的发展空间。不过，由于中国近代国家发展的艰难，私立大学始终处于不稳定与低迷的发展状态。

一、近代中国的国立大学

（一）清末的国立大学建设

1.中国近代最早的国立大学：北洋大学堂

中国最早的国立大学始建于19世纪末。1895年10月，天津海关道盛宣怀（1844—1916）向清廷提出设立培养技术人才的学堂的建议，得到光绪皇帝御批，随后由盛宣怀出任督办，成立了天津北洋西学学堂，次年改名为"北洋学堂"，这是中国近代第一所以学堂命名的高等学校。1903年更名为北洋大学堂。

盛宣怀是晚清重臣李鸿章办理洋务的得力助手，因此其创办的北洋大学堂是以培养服务洋务活动的高级技术人才为首要目标的。北洋大学堂专业设置的主导思想是直接面向应用，围绕天津洋务产业的人才之需开设了矿冶、土木、机械和律例（法律）等4个学门（系），形成了以工科为主，应用型社会科学为辅的专业格局。[1]

北洋大学堂的创办在中国近代高等教育史上具有开创性意义。该校创办之际，近代学制尚未颁布施行，因此中国还未形成系统的基础教育体系。为了避免办成第二个京师同文馆，盛宣怀坚持语言学习只能作为工具服务于专业技术的原则，断然否决将首批60名学生分班学习德、法、日三国外语的建议，坚持外语课程只开设英语一门的思路，以防"误会使此堂仅学文字，不知内有分类专门工夫"[2]。为了能够完全达到欧美高等教育的标准，盛宣怀在创校之初，即聘请美国教育家丁家立（Tenney Charles Daniel，1857—1930）担任总教习，仿

1　何睦.象牙塔与摩登都市：近代天津的大学成长与城市发展 [M].北京：社会科学出版社，2021：29.
2　董宝良.中国近现代高等教育史 [M].武汉：华中科技大学出版社，2007：35.

照美国的大学模式，全面系统地学习西学。其学制分为头等及二等学堂两级。头等学堂为大学本科，二等学堂为预科，学制各为四年。头等学堂课程分基础课和专业课。基础课有20余门课程，专业课分5个专业——工程学、电学、矿务学、机器学、律例学，共30余门课程。二等学堂主要招收13—15岁学生入学，课程有英文、数学、朗读、各国史鉴、地舆学、格物、平面量地法等20余门。除汉文课和部分外语课外，其余所有功课都由外籍教习担任；教科书使用外文原版，用外语授课；学生实验所用的各种器具、设施都从美国进口。由于北洋大学堂的教学计划、课程编排、讲授内容与方法、教科书以及教员配备等直接参照美国名牌大学标准，其毕业生"程度已可与美国哈佛耶鲁等大学相比肩，故北洋毕业生自第一届起，已可径行进入美国各大学研究院"[1]。北洋大学堂成为后来其他各地兴办新式大学的模板。中华民国成立后的1913年，北洋大学堂改名为国立北洋大学，1951年正式更名为天津大学。

2. 第一所中央直属的国立大学：京师大学堂

1898年，在戊戌变法的最高潮中，光绪皇帝批准在北京创办京师大学堂，这是中国第一所由中央政府建立的综合性大学。成立之初的京师大学堂是全国最高学府，同时又继承了国子监的权限，行使国家最高教育行政机关的职能，统辖各省学堂。这两项职能在梁启超代为起草的《奏拟京师大学堂章程》中有明确表述："京师大学堂为各省之表率，万国所瞻仰"，同时"各省近多设立学堂，然其章程功课皆未尽善，且体例不能划一，声气不能相通。今京师既设大学堂，则各省学堂皆当归大学堂统辖"。[2]因此，胡适曾说"北京大学是历代的太学的正式继承者"[3]，从中可以看出中国近代高等教育在起步之初，于新旧教育体制的夹缝中不断妥协与平衡。

《奏拟京师大学堂章程》是北京大学的第一个章程，也是中国近代高等教育最早的学制纲要，章程略取日本学规，参以本国情形，强调"夫中学体也，西学用也"的办学方针，认为"二者相需，缺一不可，体用不备，安能成才"[4]，

1　何睦. 象牙塔与摩登都市：近代天津的大学成长与城市发展 [M]. 北京：社会科学出版社，2021：31.

2　朱有瓛. 中国近代学制史料（第1辑下册）[M]. 上海：华东师范大学出版社，1986：656–657.

3　胡适. 北京大学五十周年 [M]// 季蒙，谢泳. 胡适论教育. 合肥：安徽教育出版社，2006：25.

4　朱有瓛. 中国近代学制史料（第1辑下册）[M]. 上海：华东师范大学出版社，1986：656–657.

反映了其中西合璧的办学理念。

京师大学堂创立之初，分普通学科和专门学科两类。普通学科为全体学生必修课，包括经学、理学、掌故、诸子、初等算学、格致、政治、地理、文学、体操等10科；专门学科由学生任选其中一门或两门，包括高等算学、格致、政治、地理、农矿、工程、商学、兵学、卫生学等科。同时设中学和西学总教习，分别由内阁学士许景澄（1845—1900）和美国传教士丁韪良（William Alexander Parsons Martin，1827—1916）担任。1902年增设速成、预备两科。速成科分仕学、师范两馆，其中仕学馆招收举人、进士出身的京官学习西学；预备科分政科及艺科。同时创办于1862年洋务运动期间的京师同文馆也在此时并入大学堂。1903年起增设进士馆、译学馆及医学实业馆。1908年5月，京师大学堂优级师范科改名为京师优级师范学堂（1923年更名为北京师范大学）独立设校。

1910年京师大学堂开办分科大学，共开办经科、法政科、文科、格致科、农科、工科、商科等七科，设十三学门，分别是：诗经、周礼、春秋左传（经科）；中国文学、中国史学（文科）；政治、法律（法政科）；银行保险（商科）；农学（农科）；地质、化学（格致科）；土木、矿冶（工科）。至此，一个近代意义上的综合性大学已初具规模。

清末学制主要是直接学习日本学制，京师大学堂因此聘请了为数不少的日本教习。例如，西文正教习是东京帝国大学教授服部宇之吉（1867—1939），算学、物理教习是太田达人，动物、生物教习是桑野久任，植物、矿物学教习是矢部吉桢，另外，历史、东文（日语）、化学、图画等教习也聘请了日本教师。京师大学堂同时聘有英、俄、德、法等国教习，不过他们主要负责教授各国语言。初创时期的京师大学堂的外籍教师来源反映出中国近代高等教育早期受到日本的影响。

中华民国成立后，1912年5月4日，京师大学堂改名为北京大学，启蒙思想家、翻译家严复（1854—1921）出任北京大学第一任校长。此后蔡元培接任北京大学校长时期，除了前述学科建制的改革，还在大学管理及课程方面进行了改革尝试。在校务管理方面，蔡元培在学校层面设立评议会，评议会的成员从各科学长及全体教授中选出，每5名教授产生1名评议员。评议员的任期为1年，校长任评议会议长，评议会的任务是制定大学规程及有关条例，决定学科的设立与撤销，审查教师的职称与学生的成绩，提出大学预算。在设立评议会的同时，北京大学还成立了行政会议，其成员由各专门委员会的委员长、教务长和总务长构成，校长兼任议长，与评议会相同，不具有教授资格的人，不能成为行政会议的成员。评议会所决定的事项，由行政会议指导，下设的各专门委员会负责实施。当时北京大学设立的专门委员会有庶务、组织、预算、出版、器械、图书、教师聘任、会计监察、入学考试、新生指导等。这改变了此前政府对大学事务的随意干涉，强化了教授治校的倾向。在课程设置方面，1919年北京大学引入选修课制度，改变了此前所有课程均为必修课的局面，规定本科生毕业的学分标准为80分，必修课与选修课各占一半，以此提高学生学习的自主性。本科生的修业年限也由改革前的预科3年、本科3年，改为预科2年、本科4年，强化了学生的学业管理。上述改革举措将北京大学建成了一所真正意义上的现代大学。

3. 清末其他国立高等教育机构

清末的国立大学中，除北洋大学堂与京师大学堂外，还有1902年创办的山西大学堂。1902年初，山西巡抚岑春煊（1861—1933）遵朝廷谕旨，将太原原设之旧式书院令德堂[1]改设为山西大学堂。委派山西候补道姚文栋为首任督办（校长），高燮曾为总教习，谷如墉为副总教习，以太原文瀛湖南乡试贡院作为临时校址，接收晋阳书院和令德堂学生，正式开学。由此山西大学堂正式成立。同年4月，英国传教士李提摩太（Timothy Richard，1845—1919）建议，愿将其用英国归还的庚款所设立的山西中西学堂并入山西大学堂，经岑春煊奏准于同年6月将其并入。合并后的山西大学堂分为两个部分：山西大学堂原来部分改为"中学专斋"，总理为谷如墉，总教习为高燮曾；中西学堂改为"西学专斋"，总理为李提摩太，总教习为敦崇礼（Moir Duncan，1861—1906）。初办时两斋各招学生200人。

1　令德堂：1883年由山西巡抚张之洞设立，与晋阳书院同为当时太原两所最高学府。

中学专斋初办时，设有高等科和三年制预科，教学内容和教学方法基本承袭了令德堂旧制，所上课程分经、史、政、艺四科。西学专斋初办时只设有预科，教习多为外籍人，教学内容和方法基本上与英国学校相同。开设的课程一般是近代学科，有英语、数学、文学、法律、物理、化学、采矿、格致、西洋史、世界史、体操、图画等，并开有物理和化学实验课。为解决西斋教材不足的问题，李提摩太等还曾于1902—1908年在上海开设了山西大学堂高译书院，此为中国第一所大学译书院，翻译出版了各种高等、中等和师范学校教材和名著，对引进和传播西方先进科技知识和学术思想起到了重要作用。后来，经过一定发展，西斋于1906年开办了法律、矿学和格致三个专门科，1908年又开办了工程科。1906年，首批西斋预科、中斋中等科学生毕业。除部分毕业生被选派留学外，其余升入高等科。1911年，西斋收归中方办学，两斋不再分设办学。1912年辛亥革命后，山西大学堂改名山西大学校。

清末新政时期，朝廷颁布了"改书院兴学校谕"（1901年）和"废科举兴学校谕"（1905年）。根据《钦定学堂章程》规定，各地在省会城市通过改造旧式书院设置了一批高等教育机构，据不完全统计大约有20所[1]，并统一以大学堂命名。但此后的《奏定学堂章程》规定，大学堂至少需要设置三科才能成立。因此除京师、山西、北洋三校外，其余学校随后均按章程规定改为高等学堂，直到辛亥革命时，全国总共也只有以上3所国立大学。另外，随着1905年科举制度的废止，进入新式高等教育机构成为传统士子改变自身命运的主要途径。1907年，全国高等学堂和大学堂入学人数已达1.4万人；1908年增至1.9万人；至1909年，入学人数更达到2.1万人，发展速度惊人。

（二）民国时期国立大学的发展

随着社会经济的发展以及大批海外学子的学成归国，民国时期新建了一批国立高校，其中比较典型的有清华大学和东南大学。

清华大学前身是清末设立的留美预备学校。1908年，美国为了扩大在华影响力，退还部分庚子赔款，中美双方经协商，将退还的赔款用于筹办留美预备

---

1 刘少雪.中国大学教育史 [M].太原：山西教育出版社，2007：18.

学校。1909年7月，清政府外务部、学部共同设立游美学务处，附设游美肄业馆，地点设在清华园，专门办理派遣学生赴美留学事宜。1911年4月，游美肄业馆改名为清华学堂，第二年更名为清华学校。

最初设想中，游美肄业馆只做留美学生的甄选和派遣。学生赴美前留馆接受半年至一年的品学考察与语文训练。1911年改成清华学堂后成为真正的以留美培训为主的普通学校。学校生员定额500人，分中等及高等两科，学制各4年。其中，高等科注重专门教育，以美国大学及专门学堂为标准，中等科为高等科之预备，侧重基础教育。所有课程分通修（识）和专修（业）两类，均采用学分制。中等科必须修满72学分才能毕业升入高等科一年级，高等科必须修满140学分才准予毕业。高等科毕业生最后两年平均成绩在80分以上才有机会被派往美国留学。

由于清华学校办学受美国影响极深，为实现国家学术与教育独立，1916年，清华学校提出筹办大学的计划，"纯以在国内造就今日需用之人材为目的，不为出洋游学之预备"。但由于各方面的矛盾冲突，这一设想未能实现。[1]1921年，在壬戌学制改革的背景下，清华学制由四四制调整为三三二制，即中等科3年，高等科3年，初级大学3年。翌年又改为四三一制，同时停招中等科学生。1925年，随着中等科的结束，清华正式开办大学部和研究院国学门，招收大学部和研究院第一届新生。高等科旧生则继续保留旧制，直至1929年全部毕业留学美国为止。

清华学校大学部设置之初，在时任教务长张彭春（1892—1957）主持下尝试不设系改革，全部课程分普通和专门两个阶段。普通课程为就业或升学的试探性教育，为期2—3年，着重综合观察，以便学生掌握一定的中国历史文化知识和世界现状，并辅导其未来就业或专门研究之方向。为了完成这一阶段课程，学生有三个出路：一为通过特别考试升入学校"专门"课程；二由学校颁发成绩证书，转学他校；三为外出就业，一听其便。专门课程为期两年，计划1927年起开办。专门课程的目的是训练学生从事未来职业或学术专精的能力。

1　苏云峰.从清华学堂到清华大学（1911—1929）：近代中国高等教育研究[M].北京：生活·读书·新知三联书店，2001：21-22.

其分为六组：一为西洋文学组，下分英、法、德文三门；二为社会经济组，下分社会学、经济学和商业三门；三为生物学组，下分植物学、动物学和普通生物学三门；四为教育心理及哲学组，下分教育学、心理学和哲学三门；五为物理数学组，下分物理、数学两门；六为政治学组。专门科毕业后，可参加清华留美公费考试。[1]

大学部开学半年后，由于学生认为考入清华不能保证毕业，且普通科课程强调一般知识和就业，减少了留美机会，因此普遍反对这项改革。1926年，清华评议会和教授会表决废除了不分系计划，在大学本部设国文、西洋文学、历史、政治、经济、教育心理、物理、化学、生物、农学及工程等11个学系，其中文理基础学科学系有8个。同时采用美国大学流行的办法规定，学生第一年不分系科，一律实施通才教育，第二年后进入专业学习。新任教务长梅贻琦表示："清华大学学程为期四年，其第一年专用于文字工具之预备，自然科学与社会科学之普通训练；其目的在使学生勿囿于一途，而得旁涉他门，以见知识之为物，原系综合连贯的。"[2]

另外，在1925年，清华大学设立研究院，作为成立大学院之预备。由于研究院尽其始终仅设国学科，世间也称"国学研究院"。开办研究院旨在研究"中国固有文化"，采用现代社会科学研究方法和中国古典文献的"二重互证法"，使中国文化与西方文化相沟通。研究院招收大学毕业生及同等学力之学生，以培养各级学校国学教师及终身从事学术研究之人才。研究院实行导师制，聘请梁启超（1873—1929）、王国维（1877—1927）、陈寅恪（1890—1969）、赵元任（1892—1982）等任导师，规定教授担任指导的学科范围由各教授自定，不受学校或其他上级主管的约束，以发挥教授个人平生治学之心得。学员依自己之能力和志趣，选择指导教授和研究题目。学生研究一年并完成论文1篇，经导师核准即可毕业。毕业证书由校长及全体导师签名盖章。第二年起准许成绩优良者继续研究一两年，每年毕业一次，照发毕业证书，但不授予学位。国

1　苏云峰.从清华学堂到清华大学（1911—1929）：近代中国高等教育研究 [M].北京：生活·读书·新知三联书店，2001：156.
2　苏云峰.从清华学堂到清华大学（1911—1929）：近代中国高等教育研究 [M].北京：生活·读书·新知三联书店，2001：178—179.

学研究院虽仅存在4年，所招学生也仅74人，但大部分学生成为20世纪国内文史研究的大家。

1928年，国民党北伐成功以后，清华学校更名为国立清华大学，由教育部、外交部共管。1929年5月，南京国民政府决定，国立清华大学专属教育部管辖。至1937年，该校已发展为一所拥有文、理、法、工4个学院16个学系的国内顶尖的综合性大学。

20年代另一所崛起的国立大学是设在南京的东南大学。东南大学前身是1914年设立的南京高等师范学校。1920年，经美国哥伦比亚大学毕业生郭秉文（1880—1969）提议，北洋政府在原南京高等师范学校各专修科的基础上创办国立东南大学。郭秉文早年在哥伦比亚大学获得教育学博士，对美国教师教育体制有较深的了解。1919年回国接任南京高等师范学校校长以后，开始逐步对南京高等师范学校的学科结构及教学模式进行改革。郭秉文认为，师范教育要获得大的发展，必须"寓师范于大学"，"师范学院应办在大学之内，教师的来源不必局限于学院"。[1]这是其积极推动南京高等师范学校向东南大学转型的学理基础。他认为，高等师范的职责是培养中学师资，这就要求高等师范的学生必须具有扎实的基础知识和较强的研究能力。为此，他把南京高等师范学校的国文部改成国文史地部，数理部改成数学理化部。1920年上述两部又被再度合并改成文理科，下设国文系、英文系、哲学系、历史系、数学系、物理系、化学系和地学系。这一改革使南京高等师范学校的文理科成为学校最重要的学科，学科设置明显突破了师范的界限，为南京高等师范学校向东南大学的过渡转型打下坚实基础。[2]

东南大学创办之后，积极引进美国大学模式。一是设立大学董事会作为学校最高权力机构，除教育部代表及校长外，聘请社会各界知名人士15人，负责管理校务，决定学校大政方针，以此推进大学自治。蔡元培北大改革以后，依托评议会及教授会实施教授治校成为当时国内大学的主流。东南大学成立伊始，大学筹备委员会认为，该校正在创设之际，所需社会之赞助量大且急迫。

1　朱一雄.东南大学校史研究（专刊第1辑）[M].南京：东南大学出版社，1989：52.
2　刘少雪.中国大学教育史[M].太原：山西教育出版社，2007：69.

因此应借鉴欧美国家经验，设立校董会以争取社会赞助。[1]东南大学成立后首先制定校董会章程，将学校行政事务的决定权集中于校董会，具体包括：议决学校的大政方针；审核学校的预算决算；推选校长并由教育当局审核批准；议决学校科系之增加或变更；保管私人所捐之财产。与此相比，评议会最初只是议事机构，职能仅笼统规定为"议决全校之重大事项"。1926年郭秉文去职后修订的《东南大学组织大纲》中，虽然将评议会的职能进行了扩充，但权限仅限于学术事务，包括：议决本校教育方针；关于经济之建议事项；重要之建筑及设备；系科增设废止与变更；关于校内其他重要事项。评议会的组成包括校长、各科主任、各系代表、行政各部代表、附中附小代表等。另外，东南大学设有教授会，其职责集中于教学科研事务，包括：指导全校教学工作；议处全校教务上之公共事项；建议系科之增设与废止或变更于评议会；赠与名誉学位之议决；规定学生成绩之标准；等等。东南大学校董会的尝试及1926年以后评议会的恢复反映出近代以来中国高等教育探索的艰辛。二是引进美国大学选科制与学分制，开设必修及选修课，鼓励学生除主修专业外跨专业辅修。三是大力引进留美学生，构建科研与教学一体的师资队伍。司徒雷登（1876—1962）曾激赏郭秉文为南京高等师范学校及东南大学所组建的师资队伍，说他"延揽了50位留学生，每一位都精通他自己所教的学科"[2]。这些学者中不少人在南京高等师范学校及东南大学创建了一批新兴学科，如竺可桢1920年在南京高等师范学校创办了国内第一个地学系，1921年秉志（1886—1965）在南京高等师范学校创办了生物系，1922年王琎（1888—1969）在东南大学创办了化学系。此外，在茅以升（1896—1989）、陈鹤琴（1892—1982）、陶行知（1891—1946）等人的努力下，东南大学在工学和教育学等学科领域成为国内学术研究的重镇。当时有北大教授如此评价东南大学的师资队伍："其所设文史地部、数理化部、教育专修科、农商业专修科，皆极整齐，尤以所延教授，皆一时英秀，故校誉鹊起。"[3]

1　朱斐.东南大学史（1902—1949）[M].南京：东南大学出版社，1991：99.

2　司徒雷登.在华五十年：司徒雷登回忆录[M].程宗家，译.北京：北京出版社，1982：96.

3　刘少雪.中国大学教育史[M].太原：山西教育出版社，2007：70.

东南大学和清华大学在20世纪20年代的崛起，是中国近代高等教育从日本模式向美国模式转型的折射。1927年，国民党北伐成功以后，东南大学与其他多所公立学校合组成第四中山大学，1928年更名为中央大学，1949年改名为南京大学。

国民党统治时期，国立大学得到重视与发展。其间虽然经历了8年的全面抗战，大多数国立高校相继西迁，但其中仍然崛起了浙江大学等一批新的国立大学。至1949年，当时的中国共有31所国立大学。虽然在数量上不占优势，但在办学规模及办学水准，尤其是文理基础学科领域，国立大学成为民国高等教育的中坚主体。

二、民国时期私立大学的低迷

（一）民国时期私立大学的发展概况

中国近代本土的私立高等教育机构兴起于19世纪末。甲午战败以后，民间兴起举办新学拯救国难的热潮。1897年，时任铁路督办大臣的盛宣怀在上海创立南洋公学。该校办学经费除部分由政府资助外，其余采用商民（即招商局、电报局）捐助的形式。学校内设师范院、外院（小学）、中院（中学）和上院（大学），采用分层设学的方案，成为我国最早兼有师范、小学、中学和大学的完整教育体制的学校。1912年，学校收归国有，改隶北洋政府交通部，更名为交通部上海工业专门学校。1921年，交通部将所属的上海、北京及唐山的3所高校统一更名为交通大学，学校定名为交通大学上海学校，成为今上海交通大学和西安交通大学的前身。

中华民国建立后，私人兴办大学在法律层面的限制被彻底放宽。1912年10月，北洋政府教育部公布《大学令》，准许私人开设大学。同年11月出台的《公立私立专门学校规程》确立了公、私立高等教育机构法律地位上的平等，但其规定私立高等教育机构设置须经教育部派员视察后，分别优劣以定立案之准驳，绝不稍事姑息的原则。1929年，南京国民政府颁布的《大学组织法》规定：大学分为国立、省立、市立、私立四种，"由私人或私法人设立者，为私立大学"。上述"大学之设立变更及停办须经教育部核准"，进一步明确了私立大学在国家高等教育体系中的地位。南京国民政府1933年颁布的《私立学校规程》规定："私立学校及其财产不得收归公有"，只有学校停办，校董会失去存在时，主管教育机关才有权处置财产。1935年，政府颁布的《学位授予法》规定："凡曾在公立或立案之私立大学或独立学院修业期满，考试合格，并经教育部复核无异者，由大学或独立学院授予学士学位。"[1]上述法律层面的规范与明确为中国本土的私立大学在20世纪前期的发展提供了一定的保障。

现代意义的私立大学兴起于20世纪第一个十年。民国元年（1912）颁布的新学制取消了清末学制中的高等学堂，代之为大学预科，并规定其必须附设于大学本科之下，不能单独设立。清末各省所设之高等学堂多被降格，改为省立中学，全国公立高等教育机构因此大幅减少。另一方面，经过清末近10年的兴学，各省一批中学生陆续毕业。和清末相比，民初的高等教育机构减少了，而希望和有条件接受高等教育的人数大幅增加。加之民国肇始，百废待兴，社会上各行各业急需一批高层次的人才。在这种背景下，私立大学发展迎来了难得的黄金时期。[2]至1917年，经教育部审核后冠以"大学"之名的私立大学已有7所之多，包括中国大学、朝阳大学、中华大学、明德大学、民国大学、大同大学、武昌中华大学等。不过由于建设周期较短，这些学校"或仅设预科别科，或仅设专门部"[3]，发展极为不成熟。除了大学，20世纪第一个十年，高等专门教育也有较大发展。民国初年，由于开放国会选举，使得"国人喜谈政治，组政党，风尚所及，遂使私立学校多趋于法政"[4]。这一时期，仅在教育部备案的私立法政专门学校即达19所之多。1917年，教育部颁布《修正大学令》，规定凡设一科者，亦可称为大学。1924年的《国立大学校条例》延续了这一规定。这一规定放宽了设立大学的门槛，对私立高等教育机构的设置及升格起了极大的推动作用。至1925年，经教育部批准立案的私立大学增至13所，另有14所为教育部同意试办的。这一时期出现的著名的私立大学有复旦大学、南开大学、厦

1 中央教育科学研究所教育史研究室.中华民国教育法规选编（1912—1949）[M].南京：江苏教育出版社，1990：424–425.
2 李秉谦.中国私立大学史鉴（第2卷）：勃兴（1912—1927）[M].西安：陕西师范大学出版总社，2016：4.
3 朱有瓛.中国近代学制史料（第3辑下册）[M].上海：华东师范大学出版社，1992：19.
4 教育部教育年鉴编纂委员会.第二次中国教育年鉴（第二编）[M].上海：商务印书馆，1948.

门大学等。

复旦大学的前身是清末设立的复旦公学。1905年，由于与法国天主教教会负责方发生纠纷，原震旦大学部分师生离校创办复旦公学，由马相伯（1840—1939）出任校长。依照清末学制，学校定位为高等学堂。至1911年止，共毕业4届高等正科生57人。1912年原教务长李登辉（1873—1947）接任校长，改高等正科为大学预科，分文理两类，学制3年，并附设中学部。1917年该校开始办理大学本科，改名私立复旦大学，设文、理、商三科及预科和中学部。1923年在理科内设立土木工程系，包括道路、桥梁、建筑等专业。同年在郭任远（1898—1970）的建议下，在理科内设立了国内第一个心理学专业。1929年复旦大学进行系科改组，增设市政、法律、新闻、教育系。此时复旦全校共有17个系，分属文、理、法、商等4个学院，成为沪上乃至全国有影响力的私立大学。全面抗战期间，学校内迁至重庆，由于财务困难，1942年由私立改为国立。

1919年，南洋侨商陈嘉庚（1874—1961）等发起成立厦门大学，聘请南洋教育家林文庆（1869—1957）出任校长。初期仅设师范和商学两部。师范部下设哲学教育科、文史地科、数理化科和博物科等4个学科，哲学教育科内设哲学门、教育学门、心理学门，文史地科内设国文学门、英文学门、德文学门、法文学门、史学门和地理学门，数理化科内设数学门、物理学门和化学门，博物科内设动物学门、植物学门、生理学门和矿物学门；商学部下设银行科、商业组织科和内外贸易科等。此后陆续增设工学、法学、医药等学科，至1930年，全校共设有文、理、法、商、教育等5个学院21个系，其中1926年设置的国学研究院是国内继北大国学门、清华大学国学院之后的第三个国学研究机构，由校长林文庆任院长，林语堂（1895—1976）任总秘书，沈兼士（1887—1947）任研究主任，汇聚鲁迅（1881—1936）、林语堂、沈兼士、顾颉刚（1893—1980）、张星烺（1889—1951）、孙伏园（1894—1966）等中外著名学者，被当时媒体称为大有"北大南移"之势。不过20世纪30年代以后，由于学校财务危机，系科逐渐缩减为文、理、商等3个学院9个系。1937年经学校申请，由私立改为国立。

南开大学源于南开学校。1904年，张伯苓（1876—1951）和严修（1860—1929）在天津创办私立南开中学堂。1912年，随着学校各项事业的发展，学校改称私立南开学校。1919年，南开学校开设大学部，初设文、理、商三科，招收学生96人。1921年，增设矿科（1926年停办）。1927年，成立社会经济研究委员会（后改称经济研究所）和满蒙研究会（后改称东北研究会）。经济研究所侧重实地调查和以物价指数为主的经济统计工作，其出版的《经济周刊》《南开指数年刊》等为国内外学术界所借重。1929年改科为院，设有文学院、理学院、商学院及医预科，共13个系。1931年，商学院与文学院经济系及社会经济研究委员会合并成立经济学院；创办化学工程系和电机工程系，附属于理学院。1932年，设立应用化学研究所。

早期的南开大学作为私立大学，其经费除政府少许补贴和学费及校产收入外，基本依赖于基金团体和私人捐赠。本着"贵精不贵多，重质不重量"的原则以及投资所限，学校规模一直较小，1937年在校学生仅429人。1937年全面抗战爆发，校园遭到日军轰炸，损失惨重。学校南迁长沙，并与国立北京大学、国立清华大学合并组成著名的西南联大。1946年学校迁回天津后改为国立。

（二）民国时期私立大学的办学特点

民国时期，特别是南京国民政府时期，由于法制的完善及管理的规范，私立高等教育有了一定的发展。1929年颁布的《大学组织法》和《专科学校组织法》针对私立高校的盲目设立进行了整顿，对不符合条件者分别改为独立学院或专科学校。由此使私立高等教育在规范的基础上有了一定的发展空间。即使历经抗战烽火，私立高等教育在绝对数量方面，无论是学校数还是学生数都有一定的增长，至1949年前后，私立高等教育基本保持了全国高等教育的三分之一左右的规模。

从表8-4、表8-5可以看出，私立高校的发展是极不稳定的。北洋政府时期，私立高等教育处于初创期，规模较小，办学层次不高，多为专科或预科。南京国民政府时期，由于法制的规范，私立高校的数量有稳步的增长。至1937年前后，私立高校无论在机构数量还是学生数量方面均占全国高校的

50%左右，达到顶峰。全面抗战爆发以后，私立高校虽然绝对数量有所增长，但在全国高等教育中所占比重呈快速下滑趋势，发展势头远不如国立和地方公立高校。至国民党败亡前夕，私立高校数和在校生数在全国占比均为30%左右。

表8-4 民国时期私立高等教育发展统计

年份	私立高等教育机构总数 / 所				公私立大学总数 / 所	私立高校占比 /%
	总数	大学	学院	专科		
1912	36	2		34	115	31.3
1913	35	2		33	114	30.7
1914	28	4		24	102	27.4
1915	34	7		27	104	32.7
1916	28	7		21	86	32.6
1917		7				
1918	27	6		21	86	31.4
1919		7				
1920	24	7		17	84	28.6
1921		8				
1922		9				
1923		10				
1924		11				
1925	29	13		16	105	27.6
1926		14				
1927		18				
1928		21				
1929						
1930						
1931	47	19	18	10		
1932	46	19	19	8	103	44.7
1933	51	20	22	9	108	47.2

续表

年份	私立高等教育机构总数 / 所				公私立大学总数 / 所	私立高校占比 /%
	总数	大学	学院	专科		
1934	51	20	22	9	110	46.4
1935	53	20	24	9	108	49.1
1936	53	20	22	11	108	49.1
1937	47	18	20	9	91	51.6
1938	47	18	20	9	97	48.5
1939	45	18	19	8	101	44.6
1940	51	18	21	12	113	45.1
1941	52	18	20	14	129	40.3
1942	51	18	19	14	132	38.6
1943	50	18	19	13	133	37.6
1944	54	18	20	16	145	37.2
1945	54	16	22	16	141	38.3
1946	64	22	24	18	185	34.6
1947	66	23	24	19		
1948	70	24	24	22		
1949	75	25	27	23		

资料来源：董宝良.中国近现代高等教育史[M].武汉：华中科技大学出版社，2007：170-171.

表 8-5　1936—1946 全国私立高校学生发展情况

年份	私立学生数 / 人	公私立学生总数 / 人	私立学生占比 /%
1936	20664	41922	49.3
1937	12880	31188	41.3
1938	15546	36180	43.0
1939	17910	44422	40.3
1940	22034	52376	42.1
1941	24742	59457	41.6

年份	私立学生数 / 人	公私立学生总数 / 人	私立学生占比 /%
1942	22223	64097	34.7
1943	24624	73669	33.4
1944	25919	78909	32.8
1945	27816	83498	33.3
1946	40581	129336	31.4

资料来源：教育部教育年鉴编纂委员会.第二次中国教育年鉴（第二编）[M].上海：商务印书馆，1948.

　　私立高校发展的下滑与其财政运营方式有很大关系。国立大学在成立之初，其由政府提供充裕的开办费和经费。与此相比，私立大学的经费来源主要有三种模式：一是以国省库款补助为主要来源，是一种以官助学的模式，以南开大学为代表。南开学校在20世纪第一个十年曾持续获得北洋政府直隶巡按使朱经田（1860—1923）下拨的常年补助费5000银圆，这是其有信心开办大学部的主要动力。[1]此后由于严修、张伯苓的个人努力，学校持续获得袁世凯（1859—1916）、徐世昌（1855—1939）、黎元洪（1864—1928）、张学良（1901—2001）等政界要人相当数额的捐款。特别是1926—1929年，通过张伯苓与孟禄等中华教育文化基金会[2]董事会成员的互动，学校先后获得基金会拨付的资助金10.5万元，甚至高于北京大学所获资助的7万元。二是以学费为主要来源，采取以学养学的模式，大夏大学、光华大学、复旦大学、朝阳大学等政商资源匮乏的私立大学多采用这种模式。三是以产养学，依托企业的拨款为生，代表是厦门大学。除厦门大学在开办之初出于陈嘉庚的个人原因有充裕经费外，其他私立大学大多没有现实可见的经费支持。即使是拥有较多社会资源的南开大学，其在建校之初的筹款目标是"拟以十一万元作开办第一年经常、临时筹费，又九万作后二年之临时费。其经常费拟第二年三万元，第三年六万

1　金国.权力让渡与资源获取：变革时代的南开大学政府与社会（1919—1946）[M].天津：天津人民出版社，2021：33.

2　中华教育文化基金会是20世纪20年代用美国退还的庚子赔款建立起来的一个民间文教机构。基金会董事会由中美双方共同组成。中方成员大多为当时中国科技与文教界的杰出人物。该会的主要任务是负责保管、分配和使用美国退还的庚子赔款，用于投资发展中国的科技与文教事业。

元，第四年八万元；四年以后即以八万元为定数，而拟募集一百三十万元……
则每年经常费即可不成问题矣"。但实际上，筹款计划并不顺利，仅"募集洋
八万五千余，聊敷开办之用"，另有经常费四千余元，离预想的目标相距甚远
（表8-6）。[1]经费的窘迫时常困扰张伯苓，使他不得不以让渡办学自主权为代
价，与现实政治不断妥协。大部分依靠学生学费运营的私立大学，其生存基础
更为脆弱。根据1923年中国教育改进社的相关统计，私立高校每生平均支出
114.38元（银圆），而国立、省立及教会学校每生平均支出金额分别为593.68元、
207.40元、1108.88元，"私立大学经费之困难较国立大学者尤甚"。[2]

表8-5　1919—1930年南开大学经费收支

单位：元（银圆）

年份	收入	支出	结余
1919	85800	61779	24021
1920	24471	33558	−9087
1921	96526	75777	20749
1922	84493	85713	−1220
1923	92734	134735	−42001
1924	138715	141278	−2563
1925	125981	148111	−22130
1926	160690	159754	936
1927	107580	167548	−59968
1928	177049	202125	−25076
1929	220226	240521	−20295
1930	250237	241922	8315

资料来源：周邦道.第一次中国教育年鉴（丙编·教育概况）[M].上海：开明书店，1934：102–105.

由于私立大学的运行经费高度依赖学生学费，这使其与侧重文理基础学
科建设的国立大学不同，其学科建制导向具有高度的市场意识，偏向建设门槛

1　王文俊，梁吉生，杨珣，等.南开大学校史资料选（1919—1949）[M].天津：南开大学出版社，1989：2.
2　金国.权力让渡与资源获取：变革时代的南开大学政府与社会（1919—1946）[M].天津：天津人民出版社，
2021：36.

低、社会需求大的商科等。不过由于中国社会经济与教育环境的不发达，私立大学的创办并非如日本那样存在国立大学无法满足的需求空间，更多的是基于创办者个人的教育救国的理念，这难以充分有效地支撑私立大学的发展。上述几所知名的私立大学在全面抗战期间纷纷主动改为国立，实质上即反映了私立大学在其时生存空间的有限与存续的艰难。

另外，经费的不稳定也严重制约了私立高校的办学质量。南开大学在1923年发布的《现行组织》中将系作为一级行政机构，置于科下，规定"每科分若干系，设主任一人，商同该科主任办理以下事项：计划及研究该学系学程之进行；规划该系预算；推荐该系教员；筹划该系教科上之设备"[1]。但在实际办学过程中，系并不是稳定的教学行政实体，往往要视延聘教授的情况而定。课程的开设也同样取决于教授的聘请情况。1928年教育部在视察厦门大学后也发现同样的问题，"该校既定课程，实施常多变更，于学业进度不无影响"[2]。私立高校普遍存在因人设课、设系的现象，明显反映出中国近代私立高校办学的不规范，但也与其经费来源不稳定有着直接的关联。

另外，私立大学一般集中于经济文化相对发达的东部沿海地区。根据1949年的统计，当年全部75所私立高校中，设于上海的有21所，北平有7所，广东有10所，设于上述三省市的私立高校占了全国私立高校的一半左右。[3]如果不是全面抗战时期包括私立高校在内的高校大迁移，高等教育的分布将更不均衡。

作为后发国家，近代中国本土的高等教育体系也形成了与日本相似的国立大学与私立大学的双层结构。国立大学体现政府的现代化政策意图，获得国家的资源倾斜，在高等教育体系结构中居于优先的位置。私立大学作为国立大学的补充，更多的是从社会和市场获取发展资源。由于中国近代国家整体发展的不稳定与曲折，私立大学的发展空间受到严重抑制，发展水平较为有限，在高等教育体系中居于底部的位置。

1　王文俊，梁吉生，杨珣，等. 南开大学校史资料选（1919—1949）[M]. 天津：南开大学出版社，1989：119–120.
2　黄宗实，郑文贞. 厦门大学校史资料（第1辑）：1923—1937[M]. 厦门：厦门大学出版社，1987：91.
3　董宝良. 中国近现代高等教育史[M]. 武汉：华中科技大学出版社，2007：173.

第三节　近代中国教会大学的兴盛

教会大学是19世纪以后欧美教会组织在中国创办的高等教育机构。依托西方列强在近代中国的治外法权的保护及强大的政治经济力量扶持，教会大学在近代中国教育体系中占据了独特的重要地位。教会学校本身是西方教会传教的重要的辅助工具，不过在传播西方先进的科学文化知识，推动中国教育现代化方面也发挥了一定的积极作用。

一、教会大学在近代中国的发展概况

（一）教会大学在中国的兴起

中国境内的教会学校最早可追溯到1839年设在澳门的马礼逊学堂。1818年，新教传教士马礼逊（Robert Morrison，1782—1834）在马六甲设立以华人子女教育为目的的英华书院。马礼逊去世后，1839年英美教会以他的名义在澳门创办学校以传播基督教。学校采用中英双语教育。首批学生6名，包括著名的启蒙教育家容闳（1828—1912）。鸦片战争后随着通商口岸的增加，宁波、上海等地也先后设立了一些教会学校。1844年，英国女传教士爱尔德赛（Mary Ann Aldersey，1797—1868）在宁波设立近代中国第一所以女子教育为目的的女塾；第二年，美国长老会在宁波设立崇信义塾；1850年，天主教会在上海创办徐汇公学。至1860年《北京条约》签订前，中国境内教会学校已达50所，学生约1000人。到1875年，中国境内已有教会学校347所，在校学生总数达到5917人。在整个19世纪中期，教会教育虽然在数量上有较大发展，不过整体办学层次不高，教学内容以宗教课程为主，兼及自然科学及世俗文化知识等，基本局限于初等教育阶段，中学教育仅占教会学校总数的7%。[1]1877年5月，第一届基督教传教士大会在上海召开，成立了解决教会学校教科书问题的"学校教科书委员会"，负责统一编辑、审定、出版教会学校的教科书。此后，教会学校得到快速发展，至1890年第二届基督教传教士大会时，教会学校数增加了2倍，在校生达到16836人，学校教科书委员会也在这次会议上改名为中华教育

1　董宝良.中国近现代高等教育史[M].武汉：华中科技大学出版社，2007：76-77.

会，成为中国教会学校的全国性组织。

在此背景下，发展教会高等教育也被提上日程。19世纪80—90年代，在原有教会中小学的基础上，出现了一批以书院命名的教会学校，如南京的汇文书院（1888）、武昌的博文书院（1885）、上海的中西书院（1882）和河北的潞河书院（1889）等。这些书院规模较小，但都仿照美国的学院创建，成为日后中国教会大学的前身。教会兴办高水平教会学校的初始目的主要是培养高级传教士或宗教领袖，最终谋求基督教在中国的发展。

进入20世纪以后，由于清政府的政策调整，对教会学校设限的放宽，教会教育得到较大发展。原有的教会书院大多在20世纪10—20年代改名为大学。如育英书院改名之江大学（1914）；汇文书院改名金陵大学（1910）；圣约翰书院改名圣约翰大学（1905）；中西书院改名苏州东吴大学（1901）；潞河书院改名汇文大学（1916），后再改名燕京大学（1928）。此外还新设了一批教会大学，如南京的金陵女子大学（1913）、上海的震旦大学（1903）和北京的辅仁大学（1925）等。

（二）中国近代著名的教会大学

19世纪末至20世纪初发展起来的知名教会大学介绍如下。

之江大学：1845年，美国长老会（Presbyterian Church）在宁波设置崇信义塾。1867年该校迁至杭州并改名育英书院，1910年改组为之江大学，设文、理、商、建筑四科。

圣约翰大学：1879年，美国圣公会（the Episcopal Church）合并在上海的培雅学堂（1865年设立）和度恩学堂（1866年设立），成立圣约翰书院。1890年开始设立大学部。1906年正式设立圣约翰大学，设神、文、理、医、工等学院。

齐鲁大学：1864年美国长老会在山东设立蒙养学堂，1872年取"以文会友"之意改名文会馆。1902年，长老会与英国浸礼会达成协议，决定将山东境内教会所办的多所学堂合并成立山东基督教共合大学。文会馆与浸礼会在1866年设于山东青州的广德书院首先合组为广文大学，作为山东基督教共合大学的文理学院，此后将其他合并的学堂陆续改建为神学院和医学院。1917年该校迁至济南，1931年改名为齐鲁大学。

金陵大学：1888年，美国基督教会在南京设立汇文书院。1907年，南京基督教书院与益智书院合并为宏育书院。1910年，南京汇文书院与宏育书院合并，改称金陵大学堂，设宗教、医学和文科等专业。金陵大学设董事会，本部设于美国纽约。1911年纽约州立大学董事会给金陵大学堂颁发特别许可证，同意该校在纽约教育局立案，正式承认其为完全大学，享"泰西凡大学应享之权利"。金陵大学的毕业文凭由纽约大学校董会签发，毕业生可持此文凭不经考试直升国外有关大学研究院深造。[1] 1915年该校改名为金陵大学校。

东吴大学：1871年，美国监理会[2]（the Methodist Episcopal Church，South）在苏州设置存养书院，后改称博习书院。1881年，美国监理会在上海设立中西书院。1901年，两校合并为东吴大学，先后在苏州设文、理学院，在上海设法学院。

燕京大学：1888年，美国美以美会（the Methodist Episcopal Church）在北京设立汇文书院；1893年，美国公理会在通州设立潞河书院。1916年，两校合并为北京大学；1919年司徒雷登接任校长后改名燕京大学，设文、理、法3个学院18个学系；1934年增设研究院，另设宗教学院及附属学校。燕京大学是教会在中国创办的最有代表性的教会大学，其课程设置、教学方法及规章制度等均对近代中国高等教育的发展产生了一定的影响。

北平协和医学院：1906年，英国伦敦会成立北京协和医学院。此后又有英美等5个教会加入。1915年，美国洛克菲勒基金会驻华医社接办并改组学校，将其正式改名为北平协和医学院。

华中大学：1871年，美国圣公会主教文氏在湖北武昌设立文氏学堂，后改为文华书院。1900年改名文华大学。1924年，该校与武昌博文书院、汉口博习书院合并，改为华中大学。

岭南大学：1888年，美国长老会在广州设立格致书院，首批招生30人。

1　李秉谦.中国私立大学史鉴（第1卷）：萌芽（1840—1911）[M].西安：陕西师范大学出版总社，2016：143–144.
2　1844年，因对蓄奴问题产生分歧，美国基督新教的卫斯理宗发生分裂，其南部教会更名为 the Methodist Episcopal Church，South，进入中国后以监理会名义活动。在北方的教会则保持原名 the Methodist Episcopal Church，进入中国后以美以美会名义活动。1939年，两者重新合并组成卫理公会（the United Methodist Church）。

1903年学校改名岭南学堂。1918年，岭南学校发展出整套大学课程，学校改名岭南大学，当年授予3名修毕规定课程的毕业生以学位证书。同时，美国的哈佛大学、耶鲁大学、哥伦比亚大学和加拿大的多伦多大学等15所北美著名大学开始接受岭南毕业生入读其研究生院，显示学校的办学质量得到社会认可。此后，学校陆续设置文、理、农、工、商、医等学院，成为华南地区有一定影响力的教会大学。

金陵女子大学：1913年由美国浸礼会、监理会、美以美会、长老会、基督会等在南京联合筹办，1915年正式开学，定名金陵女子大学。初期仅设文、理两科，文科下设心理学和英国历史，理科下设化学和数学。1924年起开始分科设系，文科设英语、历史、社会和体育等4系，理科设数理、化学、生物和医学预科等4系。此后陆续增设音乐、宗教和中文等系。至1927年，共有7个文科系、4个理科系，形成较为完整的学科建制。另外，1925年以后，学校开始实施主辅修制，学生可根据自身的爱好或特长任选一个主修系和一个辅修系。当年度辅修专业即增加教育学、心理学及卫生等课程。在选课上讲究文理交叉，要求学生跨大类选读一定学分的课程，尽可能拓展学生的知识面。1930年，该校在南京国民政府教育部正式备案，改名为金陵女子文理学院。

震旦大学：震旦大学的前身是马相伯1902年创办的震旦学院。1905年，法国天主教会接管学校。1908年，学校改制，参照欧洲大陆学制，将原有的4年制预科本科学制延长为6年制，设文、理两科，并计划授予毕业生学士学位，由此走上正式大学办学的轨道。1912年，孔明道（Jeseph de Lapparent，1862—1953）出任院长，仿法国大学体制，改称震旦大学院，并作为天主教大学在罗马教廷立案登记。同年震旦首届文、理科学生毕业，中华民国教育部请马相伯代行监考，6月30日举行毕业典礼，授予首批12名学生学士学位。1914年，震旦本科被分成三科：法政文学科（3年）、算术工学科（3年）、博物医药科（4年）。另设2年制工程特科，招算术工学科毕业生，从而奠定了震旦大学医、法、理工三学院的基础。授课均用法语。学生来源多为徐汇公学（今上海市徐汇中学）以及各地天主教会所办学校之毕业生。1914年，震旦大学开办研究生教育，授予的学位种类包括法学博士、法学硕士、医学博士、工程师学位、文学硕士、理学硕士等法文证书，皆由法国驻华公使署派员"副署"，成为中国第一所开展研究生教育并授予博士和硕士学位的学校。震旦大学与法国天主教会有密切关系，由此震旦大学被法国被视为"在华之法国大学"。从1913年开始，法国外交部与教育部每年固定向震旦大学提供各种经费，仅1919年就一次拨给约60万法郎。南京国民政府时期，教会学校的本土化加速。1932年12月，民国政府教育部批准震旦大学立案，注册校名为"私立震旦大学"。学校下设法学院（法律学系、政治经济学系）、理工学院（化学系、生物学系、数理学系、土木工程学系、电机工程学系、化学工程学系）、医学院（普通医学系、牙医学系）3个学院。

二、近代中国教会大学的办学特点及其发展演变

（一）近代中国教会大学的办学特点

教会大学本是欧美传教士出于传播福音的目的而设置的，其早期课程设置与教学内容普遍模仿欧美各教派的课程、教学方法与组织结构。不过随着其在中国办学规模的扩大，其专业设置与课程结构也参照与引进欧美近代大学的标准，对中国近现代高等教育产生了一定的积极影响。

第一，教会大学在课程设置与教学方法上重视引进与传播现代科学知识。

早在明末清初，西方传教士在中国传教过程中发现，介绍西方的自然科学知识有利于吸引部分中国知识分子，对扩大教会的影响有积极的意义。19世纪以后的来华传教士普遍受到欧美当时的一种观念影响，认为科学和数学对培养逻辑思维极为重要，实验室的科学探索是发展逻辑思维的最佳方法之一。因此，教会学校普遍将西方最新的自然科学知识引入课程之中。登州文会馆开设的6年制数学课程有：代数、几何和圆锥曲线、三角和测量法、测量与航海、解析几何和数学物理学、微积分、天文学等。除了对数学教学有很高的要求，将其和中文、宗教等并列为每年必开的必修课，教会学校还普遍开设了两年的物理课和一年的化学课。教会学校相关人士认为，数学课程的学习"可以使摇摆不定的心智稳定下来并形成专心的习惯"，"培养中国人所缺乏的推理与分析能力"。在实验教学方面，1898—1899年，圣约翰大学建立了一座科学楼，这

是教会大学为自然科学教学建立的第一座专用设施。杭州的育英书院虽然设备有限，但也克服重重困难，于1899年在物理教学中引入了实验法。到19世纪末20世纪初，不少教会学校已拥有足够的教学设备，使教师在上化学及物理课程时能够进行大部分基本实验。[1]课程与教学方法的借鉴欧美近代教育，使得教会学校在中国近代传播西学方面发挥了引领先导的作用。

第二，培养重心不局限于传教士，也重视与中国社会现代化发展相关的专业化人才培养。

教会学校早期的一个主要功能是培养在华传教的教士。但19世纪末随着教会大学入学人数的增加，教会无法为每一个毕业生提供参加教会工作的机会。由此教会大学的培养定位、专业设置开始加速朝职业化、专业化方向发展。1881年10月，圣约翰大学首先招收英语学科学生，采用英语进行教学。由于英语具有商业价值，其对通商口岸的中国人特别是从事洋务活动的人士产生了强烈的吸引力，大多数教会学校迅速将英语课程列为大学的主要课程，并将其作为吸引生源的宣传工具。大学的招生对象逐渐从与教会有关的贫寒子弟转向中心商业城市中上层子弟。进入20世纪，教会大学调整专业方向，更加注重与社会现代化相关的职业化、专业化人才培养。如金陵大学在1914年创设农科，采用半工半读的方式培养实用人才；1915年增设林科，并吸收北洋政府农商部下属的林业学院和青岛大学林科的部分师资；1916年，农林两科合并成立农林科，成为中国近代四年制大学农科的肇始；1930年，金陵大学农林科改名农学院，下设农艺学、乡村教育、森林学、农业经济学、园艺学、植物学、蚕桑学7个系及农业专修科和农村推广部，推动了中国近代高等教育的发展。燕京大学在20世纪20年代，除了广泛开设自然科学和社会科学专业，还为学生就业准备开设了相当的职业类课程，如速记、劳动调查等；1924年燕京大学开设新闻科，并从美国最著名的密苏里大学新闻学院聘请师资，由于该系为中国近代较早设置的新闻专业，办学质量稳定，声名远播，毕业出路有保证，报考者蜂拥而至，以至于该校创办者司徒雷登引以为傲，"有一度中国的新闻机构派至

1　董宝良.中国近现代高等教育史[M].武汉：华中科技大学出版社，2007：83-84.

世界各重要首都的代表几乎都是我们燕京大学新闻系的毕业生，在中国各报馆任职的我校毕业生也毫无愧色"[1]。另外，从20世纪20年代开始，凡设有社会学系或农业专业的在华教会大学都将教学与研究的重点投向中国农村。其中最具代表性的是燕京大学。该校长期得到美国普林斯顿大学及洛克菲勒基金会的资助，从1928年起组织学生开展农村调查和农村平民教育活动；至1934年，其社会学系中开设了农村社会学、农村教育、农村合作、农村改良运动之比较等课程。中国现代社会学和人类学的奠基者，如吴文藻、雷洁琼和费孝通等人，几乎都在该系工作或学习过。

教会大学的专业重心的调整使其得以在中国社会转型过程中培养现代化建设所需的各行各业的专业人才，由此持续保持其对高等教育乃至整体社会的影响力，巩固了其在中国高等教育体系中的地位。

第三，引进西方大学管理模式，重视大学治理体制建设。

一方面，教会大学由于教会管理办学，在制度上与同时代中国的公私立大学有所不同。在管理体制上，教会大学较为注意借鉴和移植西方大学模式。其管理体制一般由设在国外的托事部、学校董事会和校务机构组成。虽然层级机构较多，但分工明确，各司其职，校务管理效率较高。不少教会大学还借鉴近代欧洲大学的自治传统，鼓励师生参与学校管理。如之江大学设立教授会，实行少数服从多数的原则，对校务进行决策和监督，经选举进入教授会的成员享有同等的发言权和表决权。一些教会大学还吸收学生代表担任学校专门机构或社团的负责人。师生参与校务管理体现了大学自治的原则，相比传统的中国大学管理模式具有一定的先进性和开放性。

另一方面，教会大学在20世纪初受治外法权的保护，其管理机制也体现了损害中国教育主权的一面。教会大学中由美国教会所办的大学数量较多，它们不仅仿照美国的大学模式办学，而且在美国的州教育行政机关登记注册，这些大学的毕业生可直接升入美国大学的研究生院。如1906年，圣约翰大学依照哥伦比亚大学模式重组以后，在纽约州登记注册；同样，金陵大学也于1911年在

---

1 司徒雷登.在华五十年：司徒雷登回忆录 [M].程宗家，译.北京：北京出版社，1982：96.

纽约州登记。法国天主教会所办的震旦大学则以法国大学为蓝本，考试制度学习法国大学模式，每周一次考试，满分20分，11分以上及格；从预科2年级起，除中文课外其余课程均采用法语授课。教会大学在中国的顺利发展与其拥有教会雄厚的财力支持密切相关。1919年，14所美国教会大学联合成立中华基督教大学联合会，注册学生总计2000余人，年度经费合计122.2万元，而当时北京大学、东南大学等5所国立大学经费总计也仅149.22万元，两者几乎持平。由于经费的充裕，尤其是得到美英等国高水平大学的支持，教会大学的办学资源与水准相对起步阶段的中国大学而言具有一定优势。

（二）教会大学管辖体制的演变

教会大学独立于中国教育体系之外，形成了独特的高等教育类型与模式。

1906年8月，清政府学部给各省督抚下达的有关教会学校的咨文中明确："至外国人在内地设立学堂，奏定章程并无允许之文；除已设各学堂暂听设立，无庸立案外，嗣后如有外人呈请在内地开设学堂者，亦均无庸立案。所有学生概不用奖励。"[1]清朝末年，基于教会学校治外法权的特殊地位，清政府认为无法有效对其进行管理，因此主动放弃管控权，从政策上承认其作为国家教育体系外的特殊教育类型。不过也正由于教会学校所拥有的体系外特权，政府对其采取不予承认的态度。由此，部分教会人士产生向中国政府注册，为其毕业生争取平等发展机会的想法。1906年，英国伦敦教会在设立协和医学堂和协和医院时即通过其公使向清政府外务部及学部提出立案申请。不过大部分教会人士担心寻求政府承认会限制学校的自由，并使学校世俗化，对向中国政府注册申请的态度并不积极。1910年，在北美国外传教士大会上，又有人提出教会高等教育在中国的地位问题，芝加哥大学神学教授巴顿（Ernest D. Burton，1856—1925）认为，外国教育专家应积极参与中国的教育活动，但中国的教育最终要由中国人自己掌握，基督教会所提供的教育应该渗透基督教精神，但不能因此把教育作为传教的工具，教会学校应成为政府的伙伴。[2]杜威访华期间也多次告

1　朱有瓛.中国近代学制史料（第4辑）[M].上海：华东师范大学出版社，1993：1065.
2　史静寰.狄考文与司徒雷登：西方新教传教士在华教育活动研究[M].珠海：珠海出版社，1999：123.

诚教会人士，教会学校在中国近代教育史"最初的刺激和启发的工作已基本完成了，如今的问题是一个系统发展的问题"，"传教士应该要么放弃教育事业，专心传教；要么完全投身于发展教育事业，而不是把它作为传教的手段"。[1]

20世纪以后，中国政府强化了对教会学校的控制与管理。早在1912年，民国政府教育部即派员考察日本对教会大学的管理政策，初步确定了通过注册立案，将欧美教会全盘控制的教会大学纳入中国大学系统予以规范和管控的方针。1917年5月，教育部首次发布敦促教会大学向政府注册立案的通告，要求提交与国内私立大学备案相似的关于办学目的、学科、职员及学生名册、经费及维持方法等材料，通过认定考核后"学校毕业得视其成绩，予以相当之待遇"[2]。1920年，教育部再发通告，要求教会大学按照《大学令》《专门学校令》以及大学专门学校各项规程办法注册立案。不过这些要求并未得到教会大学的积极回应。

教会学校由于是外国教会所办，校长一般由外籍传教士担任，宗教为学校的必修课，学生被强制要求参加宗教礼拜等活动。五四运动以后，这往往被视为帝国主义文化侵略的象征。因此，在20世纪20年代，出现了以教会学校必须向中国政府机关登记注册，必须限制外国人在华办学等为号召的收回教育权运动。

1919年的五四运动、1922年的非基督教运动及1924年的收回教育权运动意味着中国民众的国家主权意识和民族认同感已大为提高。同时，20世纪20年代大批留学生回国参与本土大学建设，使中国高等教育的办学层次与办学质量有了明显的质的提升，这给曾经以传播西方科学技术及社会科学知识为其专有优势的教会大学系统以巨大的冲击。教会大学已经无法在其已成形的独立系统中封闭发展。在非基督教运动及收回教育权运动的推动下，1925年11月26日，北洋政府发布教育部布告第16号，对外国人设立学校问题作了如下的规定[3]：

1　王立诚.美国文化渗透与近代中国教育：沪江大学的历史 [M].上海：复旦大学出版社，2001：134.
2　朱有瓛.中国近代学制史料（第4辑）[M].上海：华东师范大学出版社，1993：782.
3　曲士培.中国大学教育发展史 [M].北京：北京大学出版社，2006：237.

一、凡外人捐资设立各等学校，遵照教育部所颁布之各等学校法令规程办理者，得依照教育部所颁关于请求认可此各项规则，向教育部行政长官请求认可。

二、学校名称上应冠以私立字样。

三、学校之校长须为中国人，如校长原籍外国人者，须以中国人充任副校长。

四、学校设有董事会者，中国人应占董事名额之过半数。

五、学校不得以传播宗教为宗旨。

六、学校课程需遵照固定标准，不得以宗教科目列入必修课。

这些规定从办学宗旨、学校性质、组织管理和课程设置等方面对教会大学进行了明确的规范与导向，从而使教会大学得以被纳入由中国政府统一管理的大学组织体系。

1926年10月公布的《私立学校规程》用法律的形式进一步强化了对教会大学的管理，规定凡私立或私法团设立之学校即为私立学校，尤其强调外国人设立及教会设立之学校均属于此范畴，从而明确了中国境内教会大学的属性与办学性质。同时，《私立学校规程》修改了1925年第16号布告，明确私立学校须受教育行政机关的监督及指导，私立学校不得以外国人为校长，如有特别情形，得另聘外国人为顾问；私立学校一律不得以宗教科目为必修课，亦不得在课内做宗教宣传；私立学校如有宗教仪式，不得强迫学生参加。上述内容通过强烈而精准的措辞明确了教会大学不再是享有治外法权的特殊机构，而要转型为与国内其他私立大学同样的纯粹教育机构，这进一步推动了教会大学的本土化。

除了来自外部的压力，出于提升教会大学影响力的目的，教会内部也存在着本土化、学术化的动力。1921年，中华基督教大学联合会邀请芝加哥大学教授巴顿等人组成巴顿教育调查团访华。巴顿教育调查团在实地调查中也越来越感受到中国国内日益高涨的民族主义情绪对教会势力的冲击，认为教会学校已经无法回避公办学校的课程与标准，因此提出教会学校必须"更有效率，更加基督教化，更加中国化"的方针，强调教会大学办学要由数量扩张改为质量提升，应该控制规模、加强校际合作、提高教学质量、开展学术研究，以巩固教会学校在华的竞争力和影响力。这一方针的转变极大地促进了教会大学的发展。受此影响，1925年的中华基督教教育会董事会年会上通过了"关于教会学校注册立案的议决案"，要求基督教学校速向地方政府或中央政府注册立案，强调教会大学的注册能够保证毕业生获得国家法律规定的各项权利，对学校而言则能够扩大其在普通中国国民中的影响力。由此，从20世纪20年代中期开始，教会大学陆续向中国政府申请办学资质，同时根据中国法律的相关规定，调整学校的学科、课程及组织管理。在教会大学中开始出现了中国人担任校长的情况。不过由于学校经费主要依赖教会的支持，教会大学由外国人实质控制的局面并未得到根本的改变。1950年抗美援朝战争爆发以后，在华教会大学才得以真正收归国有，并在1952年的院系调整中得到改造与合并。

本章小结

中国高等教育的现代化起步于引进与学习西方大学模式，并在整个中国近代化的过程中逐步形成与发展，这与日本极为相似。但由于中国近代国家现代化发展的水平整体滞后于日本，中国高等教育的发展成效及其特点也迥异于日本。

第一，作为后发国家，中国高等教育的近代学制体系是直接从西方引进的，不过在整个发展过程中经历了多次的模式调整与转型：从日本模式到美国模式，中间穿插着短暂的法国模式和局部的德国模式。整个学制体系始终未能稳定，这是中国高等教育近代化收效缓慢的重要原因。

第二，从大学的类型及区域分布看，国立大学是中国近代高等教育的核心主体。国立大学的建设往往是后发国家实现国家现代化发展战略的重要工具，这使其能够充分享有国家资源，从而居于高等教育体系的金字塔尖。但与日本不同的是，中国的高等教育体系较为单一。国立大学中最受关注的是偏重文理科的综合性大学，类似日本专门学校的独立学院发展极为薄弱，其中综合性大学内部又以文科和法科为主，理工科大学仅北洋大学及交通大学等寥寥数校，与社会经济发展需求十分不匹配。这与当时中国政治不统一、经济不发达的国内局势密切相关，这也是中国于1952年引进苏联模式，推进院系全面调整的主要原因之一。在区域分布方面，著名国立大学集中于平津及江浙沪等东部沿海地区，区域分布十分不均衡，缺乏类似日本这样系统性、整体性的规划布局。大学类型与区域分布的失衡格局和中国近代国家治理能力的薄弱有直接的关系，也导致中国近代高等教育发展的曲折性。

第三，私立大学发展艰难。后发国家中私立大学主要是作为国立大学的补充而存在，一般居于高等教育金字塔体系的底端。然而，日本的私立大学是在日本义务教育普及以及中等教育发展到一定阶段后，政府扩大高等教育规模的政策影响下发展起来的，它主要对应并解决国立高等教育资源有限、民众接受高等教育的需求强烈的情况，这使其发展具有一定的社会基础。相较而言，在1949年以前，中国的基础教育始终未能得到充分发展，高等教育的市场需求有限。因此，大部分私立大学的创办主要出于创办者个人的教育救国的理念，不少私立大学最终被收归国有。这实质上反映了中国近代高等教育发展的社会基础薄弱与市场需求有限。

第四，教会大学成为中国近代高等教育的重要组成部分。教会大学的办学起步早于本土大学，且其办学规模与办学质量都不弱于国立大学，在专业教育、女子教育等方面，教会大学都对中国近代高等教育的发展产生了积极影响。不过，教会大学是在中国国土上由欧美教会主导的学校系统，它的存在与一定程度的成功实质上也是近代中国社会发展滞后、国家主权受到侵害的缩影。

❓ 思考问题

1. 中国引进与发展近代高等教育的特征是什么？

2. 同样是后发型模式，中国近代高等教育的发展与日本有何差异？

📖 阅读书目

1. 熊明安. 中国高等教育史 [M]. 重庆：重庆出版社，1983.

2. 大塚丰. 现代中国高等教育的形成 [M]. 黄福涛，译. 北京：北京师范大学出版社，1998.

3. 金以林. 近代中国大学研究（1895—1949）[M]. 北京：中央文献出版社，2000.

4. 胡建华. 现代中国大学制度的原点：50 年代初期的大学改革 [M]. 南京：南京师范大学出版社，2001.

5. 陈红捷. 德国古典大学观及其对中国大学的影响 [M]. 北京：北京大学出版社，2002.

6. 许美德. 中国大学（1895—1995）：一个文化冲突的世纪 [M]. 北京：教育科学出版社，2000.

7. 郑登云. 中国高等教育史 [M]. 上海：华东师范大学出版社，1994.

8. 李均. 中国高等教育研究史 [M]. 广州：广东高等教育出版社，2005.

終 章

一、世界高等教育中心转移的规律与动力

自诞生于中世纪的欧洲始，大学作为高等教育体系中的核心主体，即发挥引领全球高等教育发展的关键作用。16世纪至17世纪以后，不同地区先后形成了特定时期占据优势的高等教育模式与高等教育中心，并通过不同高等教育体系间的模仿互鉴与竞争创新不断发展。

英国是近代民族国家意识觉醒得较早的国家之一，也是最早建立具有本国特色的大学模式的国家。英国大学的发展始于中世纪诞生的牛津大学与剑桥大学。这两所古典大学的早期发展几乎完全沿袭了中世纪大学的传统。15—16世纪，人文主义精神的传播和宗教改革共同促使以古典语言和古典文学为代表的人文教育课程在英国大学的兴起，推动了绅士教育思想的成形。绅士教育传承古典自由教育思想，不以实用专业人才为培养目标，而重在对人的综合素质的培养。至17世纪，英国古典大学模式的核心特征业已形成，即大学的职能限定于教学，专注于通过自由教育内容和人文学科培养具有高尚德行、健康体魄、优雅举止和古典主义素养的国家统治阶级即绅士。绅士教育模式对欧洲的社会精英产生了深远的影响，这一影响随着英国国家实力的输出和殖民过程而得以广泛传播，促使17世纪中叶英国作为世界科学中心的地位日益凸显。

尽管18世纪后经由绅士教育发展而来的博雅教育理念试图将自然科学纳入大学的知识体系，但其对职业技能的轻视以及大学对科学研究的摒弃都导致古典大学培养的人才难以应对工业革命后英国经济社会飞速发展所带来的各种挑战。当文化和教育无法为经济发展提供引擎时，英国逐渐丧失了其世界科学中心的地位。总体而言，17世纪的英国古典大学基本延续了中世纪大学的教学职

能，其注重绅士培养的博雅教育理念则是对古希腊以来自由教育思想的延续和传承，强调的是"纯粹"的教学功能。

与英国相比，法国高等教育体现了较强的应用导向。法国虽然是中世纪大学的发源地之一，但中世纪大学排斥自然科学知识和专业教育的倾向使高等教育严重滞后于经济社会发展，并导致其在中世纪晚期的衰落。伴随着法国王权专制的兴起与技术官僚体制的建立，国家对内巩固王权、对外霸权扩张的需求促使了一批新型的高等专科学校的出现。这种从事专业教育的应用型教育机构注重新兴近代学科如军事、工程、农业、医学等，并在法国大革命时期以及拿破仑帝国时期得以延续发展，后统称为大学校。大学校打破了中世纪大学立足于整体的知识观和英国古典大学浓厚的人文主义知识观与理性主义价值观，在知识分化的基础上瞄准特定的专业领域，着力培养国家所需的专门人才。同时，法国高等教育延续了传统大学以教学为主的功能，不过改"纯粹"为"应用"导向，研究职能则由政府支持下的专职科研机构承担，一定程度上推动了科学研究的组织化和体制化。这种政府垄断教育、大学与大学校并行、教学与科研分化、强调应用型人才培养的高等教育模式成为法国高等教育的核心特征，助推法国成为新的世界科学中心。

然而，法国大学模式过于注重应用人才培养而忽视知识创新的弊端使其在19世纪中期时逐渐丧失了科技领先地位。正值此时，经18世纪哈勒大学和哥廷根大学的先期改革，以19世纪初柏林大学创建为标杆的德国大学模式以追求高深知识和纯粹科学为根本使命，将科学研究纳入大学的基本职能，使大学成为真正的科学探索机构。通过科学研究职能的确立，教学自由原则的形成，研讨班、研究所、实验室等制度的推行，德国大学适应了19世纪科学研究专门化和科学家专业化的趋势，为近代知识体系的分工奠定了基础，提高了大学在知识生产中的地位，继而促使德国跃升为19世纪世界科学中心。及至第一次世界大战前夕，强调教育与科研相结合和学术自由的德国研究型大学模式已成为全球高等教育的典范。

不过德国大学模式对科学的追求是以纯粹知识和纯粹学理的探究为旨趣，这一定程度上导致了理论研究与实践应用的分离，使得20世纪以后德国大学模式的光环渐退。与此同时，以南北战争为转折点，美国大学在借鉴模仿欧洲的基础上走上了具有本土特色的大学模式的构建之路。一批效仿德国高等教育模式兴起的美国研究型大学在强调科学研究的同时，又反对德国大学强调纯理论研究和排斥实用知识的做法，致力于开展更契合社会需求的应用型科学研究和人才培养以服务于美国社会。在《莫雷尔法案》及相关法案的推动下，州立大学以赠地学院的形式焕发新的生机，并形成了具有美国特色的康奈尔计划和威斯康辛思想，将社会服务理念引入大学基本职能。大学服务社会的理念集中体现了美国自由、实用与民主的精神，以其充分的活力和适应性成为世界范围内新的主流模式。

至二战期间，美国研究型大学通过参与雷达、原子弹、固体燃料火箭等重大国防科研项目，展示了其在服务国家安全中无可替代的卓越作用，也使得大学的使命与国家的命运更加深刻地交织在一起。其后，美国确立了"科技至上"的发展路径，科学研究步入"大科学"时代。以斯坦福大学为代表的一些具有创业精神的美国研究型大学将传统的教学、科研和决策咨询职责与促进经济社会发展的职能结合起来，在科技园、研究机构和衍生公司的基础上形成创业型大学。创业型大学在高等教育职能履行上呈现新的特色：一是将教学与社会服务结合，强调在实践中运用知识和培养能力；二是结合基础研究和应用研究，主张研究服务于科技产业的升级换代以提升经济生产力；三是社会服务进一步聚焦于市场需求，利用科学技术推动经济社会发展。总的来说，在实用主义和民主主义思想引领下，美国大学继承并发展了传统欧洲大学教学与科研职能，并进一步创新了社会服务的大学职能，重新塑造了大学、国家和市场间的良性互动关系。随着美国综合国力和国际影响力的持续提升，其大学模式成为各国高校效仿的榜样。

总体而言，英国是17世纪的世界高等教育中心，其古典大学模式下大学职能被限定为不以实用为追求目标的"纯粹"的教学。法国是18世纪的世界高等教育中心，其应用型大学模式下大学职能转为以实用为追求目标的"应用"的教学。德国是19世纪的世界高等教育中心，其研究型大学模式下大学的主要职能在于不以实用为目标追求的"纯粹"的科研。美国是20世纪至今的世界高等教育中心，其研究型大学和创业型大学模式下大学的主要职能演变为以实用为目标追求的"应用"的科研。就此而言，大学的职能演变遵循着从教学到科研，从"纯粹"到"应用"的轨迹。这实质上也是世界一流大学的发展趋势。

从17世纪至20世纪世界高等教育中心的演变可以看出，世界高等教育中心的形成与发展存在以下两个规律。

其一，成为世界高等教育中心需要以强大的国力为基础。科学技术与文化教育的发展离不开稳定的政治环境与强大的经济实力。近代以来所形成的四个世界高等教育中心无不是同时代国际政治经济实力强大的国家。17世纪的英国通过工业革命积累了强大的国力并构建了庞大的"日不落"帝国，使得英国高等教育模式能够在其海外殖民地推行，形成了广泛的世界性影响。18世纪的法国与19世纪的德国分别是当时欧洲大陆最强大的国家，这为其高等教育的发展及国际影响力的产生创造了条件。同样，美国是20世纪以来世界范围内政治、经济、军事及科学技术等全方位领先的超级大国，这为美国发展高等教育并在全球推广其模式提供了极大的便利。概言之，国力的提升与国家的发展是世界高等教育中心形成的前提条件。

其二，除了政治经济及社会因素外，世界高等教育中心的形成与世界一流大学的发展归根结底取决于高等教育的内在要素。从高等教育自身的发展动因看，近代以来的四大世界高等教育中心之所以能够形成，在于其准确地把握了高等教育的发展趋势，在大学职能方面积极创新，从而引领了高等教育新的发展方向。这正是本书试图展现的高等教育发展的脉络：从"纯粹"的教学和人才培养，到"应用"的教学和人才培养，再到"纯粹"的科学研究，及至"应用"的科学研究。由此可以看出，每一种新的大学模式都是在旧的大学模式的基础上，通过对大学职能的创新发展，成为引领世界高等教育发展的中心模式。大学职能的创新既是世界高等教育中心形成的关键因素，也是当今建设世界一流大学所必须重视的核心问题。

二、后发国家引进现代大学模式的特点

作为一种制度的大学创生于中世纪的欧洲。借助欧洲在全球政治、经济、文化等全方位的强势地位，欧洲的大学模式也在美洲、亚洲乃至非洲等区域的现代化进程中被相继引进与借鉴模仿，最终席卷全球。后发国家和地区在引进处于中心地位的大学模式，迈向现代国家建设的过程中，其路径与实施方式有何特点？

首先，以中日两个东亚国家为例，其国家现代化之路始于遭遇到强势的西方文明的冲击。为了应对这一冲击，两国的现代化起步于学习与引进西方的政治、经济、文化模式。在进入近代社会之前，中日两国已经形成了较为完善成熟的传统高等教育系统，如中国有官办的国子监和私立书院系统，日本则是藩校和私塾体系。但两国的现代意义上的大学不是在传统高等教育体系的基础上发展起来的，而是通过派遣留学生和引进外籍教师，直接参照与学习同时代世界高等教育中心国的大学体制、学科与学术结构体系而兴建起来的。这是后发国家建设现代大学体制的第一个特点。

其次，由于非欧美国家的现代大学建设是在面临西方列强的冲击与威胁，为了实现救亡图存，建设现代国家的宏大目标之下兴起的，这使其发展具有鲜明的国家规划与人为干预的特点。换言之，非欧美国家的现代大学建设并非其内部社会文化自然发展的衍生物，而是承载着快速培养国家现代化建设急需的精英人才的功利性目标。因此，由国家主导，集中国力构建以国立大学为主体的高等教育体系，快速推进赶超式、跨越式发展就成为非欧美的后发国家高等教育发展的自然且必然的选择。这是后发国家建设现代大学体制的第二个特点。

最后，不同国家现代化建设的内外部环境直接影响到其大学建设的成效。明治维新的成功使日本崛起成为世界列强之一，这保证了日本政府有充裕的资源去规划和布局高等教育体系。同时，国内社会经济的稳步发展和基础教育的普及也为日本的私立高等教育提供了一定的成长空间。与之相比，1949年以前的中国始终处于内忧外患之中，高等教育也因此持续受到时局与战争的冲击，

大学缺乏稳定的发展空间。中国近代高等教育虽然与日本起步时间相近，但成效差别巨大，这与近代中国整体国力的衰落以及现代化建设的滞后有直接关系。这也从一个侧面说明，高等教育发展虽然有其自身的内部规律，但其上层建筑的社会属性意味着它的发展更离不开外部环境的支撑。

三、21 世纪高等教育的发展趋势

高等教育的发展永无止境，其既坚守、继承大学的历史传统，又深深嵌入在宏观的社会系统中，随着社会历史的变迁不断调整，这是高等教育中心不断发展演化的重要原因。面向21世纪，全球高等教育呈现了新的发展趋势。

（一）大学与社会的协同衔接日趋紧密

自中世纪以来，大学始终以象牙塔的超然形象存在。20世纪之前，大学和市场、企业之间的界限泾渭分明，大学的职能重心限定于致力生产和更新具有学术价值的知识，商品生产所需的技术转化的责任通常由市场承担。进入20世纪，大学的发展经历了从象牙塔思维到与产业密切合作的发展历程。以美国为主的新型大学迅速超越老牌的德国传统研究型大学和英国古典大学，以此为起点，掀起了世界各国大学教育体制和思想观念的改革。在这一发展历程中，"公众不认可大学的科技成果转化，学术界排斥产业界所秉持的市场逻辑"逐渐演变为：政府和社会普遍将大学视为创新的原动力，并以立法的形式将大学的产学研合作纳入国家创新体系，推动大学成为科技创新和知识经济发展的主体。

高等教育规模的不断扩张，使其越来越离不开社会的支持与支撑，服务社会、回馈社会也因此成为高等教育无法回避的使命与进一步发展的动力。大学的三大核心职能（人才培养、知识创新与社会服务）之间的边界日趋模糊，协同衔接不断深化。在知识经济时代，创新驱动成为各国谋求国际竞争优势的核心战略，大学除了坚守学术发展的自身规则，还需要更加紧密地契合社会发展，更好地服务经济社会发展需要，以知识服务与知识转化为标志的创业型大学由此成为大学新的拓展方向。创业型大学能够充分利用国家与区域经济社会发展过程中出现的新机遇，在组织特性上做出实质性的转变，通过职能拓展和组织创新，将学术资源转化为学术资本，并利用学术资本带来的发展资源，实现新一轮更高层次的发展。

（二）全球高等教育的一体化趋势不断加深

全球经济的一体化推动了全球范围内人力、物力、信息的交换与移动。跨国境的师生流动成为各国高等教育发展的普遍现象，跨国教育既是高等教育中心国吸取后发国家经费与补充人才资源的有效手段，也是后发国家吸收高等教育中心国优质教育资源的重要方式。

现代大学起源于欧洲中世纪大学。其时，欧洲各地的大学在学科建制、教学内容、教师资质、学生毕业条件乃至内部管理体制方面都形成了高度的同一性，由此建立起全欧范围的大学共同体，推动了知识者的自由流动与学术观点的自由交流。16世纪以后，随着民族国家的兴起，大学逐渐成为国家意志与国家力量的附属物，其国际化特色衰退，国别与区域特色凸显。17世纪始，英国、法国、德国和美国的高等教育模式向世界其他地区辐射并产生了不同程度的影响，大学中心模式的形成与转移轨迹推动了高等教育中心—边缘格局的形成。

20世纪以后，全球经济一体化的发展推动大学之间的交流日趋频繁，特别是在面对人类社会及高等教育发展的共同挑战以及激烈的国际竞争时，大学在学科建设、学术研究、人才培养等方面的目标与任务日益显示出趋同倾向。各国大学彼此借鉴学习各自的办学模式、课程体系、评价机制等，由此推进了教育资源的跨国流动，并使得大学教育活动在理论上扩展至全球。

跨界文化性成为大学国际化教育的显著特征，大至海外分校的建立，小到国际学生的跨国流动，国际化的教育活动都离不开人员、课程、资金等教育资源显性或隐性的跨国境和跨文化流动。如何通过提升大学国际化能力来吸引和集聚国际教育资源，实现国际教育资源在国内的有效配置与利用，进而获得最优质的教育产出，是各国大学发展进程中需要解决的核心问题。另外，相比传统教育的非营利公益性，国际教育资源的逐利性流动催生了大学国际化教育

的营利性特征。美国国际教育协会（Institute of International Education）发布的
《2017年门户开放报告》显示，仅2017年，留学美国的海外学生就为美国带来
了390亿美元的巨额经济收入。巨大的经济利益加剧了各国对留学生等国际教
育资源的争夺。因此，如何在全球范围内更高效地树立品牌形象和良好声誉，
提升对国际资源的吸引力，显得尤为关键。

21世纪兴起的世界大学排行榜无疑成为一个有力的媒介和平台。世界大学
排名在帮助各大学了解自身和其他院校声誉及实力的同时，也使得在排名中表
现良好的大学在国际竞争中更容易受到关注从而获取优质教育资源。各国政府
相继推出助力本国大学提升国际排名的相关政策。如俄罗斯政府于2012年推出
"5-100"计划，明确提出力争在2020年至少有5所俄罗斯高校进入泰晤士世界
大学排名（The Times Higher Education World University Rankings）、QS世界大学
排名（QS World University Rankings）、软科世界大学学术排名（ShanghaiRanking's
Academic Ranking of World Universities）等知名大学排行榜的前100位，以增强
俄罗斯高等教育的全球竞争力。不仅如此，世界大学排行榜一定程度上构建了
全球大学统一的质量评价标准，为区域内乃至全球大学在课程、资质等方面的
互认创造了条件，大大推进了全球高等教育的一体化进程。

作为20世纪世界高等教育中心的美国，其优质的教育资源及巨大的影响
力使之成为20世纪以后世界高等教育国际化的中心。美国政府和社会自20世
纪初起即高度重视跨国教育对提升其国际影响力与文化软实力的效用。20世纪
初实施的对华庚款留学政策即是其中影响力较为深远的一个项目。成立于1900
年的美国大学协会（Association of American University）把强化国际教育事务参
与及扩大全球教育交流合作明确列为协会的六大使命之一。成立于1918年的
美国教育理事会（American Council on Education）也专门设有国际化与全球参
与中心（Center for Internationalization and Global Engagement），代表大学参与
国会有关促进大学国际化议题的讨论与决策过程。1919年，美国国务院等机构
联合赞助成立了旨在推进全球高等教育机构之间密切联络的美国国际教育协会
（Institute of International Education）。通过这一系列努力，至二战结束时止，赴

美留学的各国留学生已达2.6万余人。[1]美国国会在1946年及20世纪50—60年代陆续制定了《双边教育和文化交流法》《高等教育法》和《国际教育法》等政策法案，进一步完善了推动美国高等教育国际化的顶层设计体系。至1991年冷战结束，赴美留学的海外学生猛增至40万人，不仅给美国带来了巨额的经济利益，其中的人力、智力资源更是有效支持了美国高等教育的发展。就此而言，"国际化是美国研究型大学傲视群雄的关键，（联邦）国际化政策的推进则是美国高等教育国际化发展的动力源"[2]。

然而，高等教育国际化进程的加深也在一定程度上加剧了大学间的同质化竞争。如何在交流、碰撞、冲突与融合中寻求与本土适切的教育观念、办学形式和评价标准，如何在高等教育全球一体化潮流中保持本土的独特性与民族性，成为高等教育发展的焦点。

从世界高等教育中心的演变发展规律看，兼顾国际化与本土化发展的平衡始终是建设世界高等教育中心的关键之一。纵观历史，大学是在各民族国家特有的社会文化环境下生存与发展的，其与国家、民族之间的命运共同体纽带在知识经济时代更趋紧密。美国大学在19世纪后期的发展阶段以当时世界高等教育中心的德国研究型大学为模板，通过"走出去""请进来"的方式，完成大学的飞跃式发展。但美国大学并非全盘照搬德国模式，而是结合本国国情做出了本土化改革。例如，以相对重视学术民主的学科制对德国大学强调权威绝对管理的讲座制做了调整与修改，从而形成了美国特色的一流大学管理体制。因此，在一流大学的建设中，关注世界高等教育中心国的成功经验固然能够通过对标而明确发展方向，但还需结合本土国情，立足于本民族文化传统，才能创建具有本国特色的一流大学发展模式，并推动世界高等教育中心向新的阶段发展演变。

（三）高等教育越来越成为人的发展不可或缺的工具

1972年联合国教科文组织发表的《富尔报告》（*The Faure Report*）首次提

---

1 赵富春，倪亚红 . 美国大学国际化教育发展钩沉与启示 [J]. 江苏高教，2018（3）：90–94.

2 Marginson S. Dynamics of national and global competition in higher education[J]. Higher Education，2006（1）：1–39.

出终身教育的理念。近50年来，高等教育入学人口占学龄人口比例在北美、欧洲及东亚地区突破或接近50%，表明上述地区已从高等教育大众化阶段进入普及化阶段，高等教育不再是少数精英垄断的优质教育资源，而成为面向全体民众、对于每个个体的发展而言都不可或缺的必须的教育阶段。高等教育的生源结构、管理模式、学习方式等由此发生深刻变化，探索及创建与之匹配的有效的终身学习模式成为21世纪世界高等教育改革和发展的重要趋势。

高等教育从精英化走向大众化乃至普及化阶段的突破首先发生在美国。20世纪30年代，工农业的迅速发展及中等教育的普及成为美国高等教育大众化的主要动力，美国毛入学率从1930年的9.6%激增至1940年的15%，正式跨入了大众化阶段。二战结束以后，美国高等教育规模在一系列重要法规的推动下进一步扩张。1944年美国国会颁布的《退伍军人权利法案》规定，联邦政府将对服役90天以上的退伍士兵提供各种优惠的补偿措施，其中包括接受免费的教育及技术训练的机会。这极大地激发了退伍军人的入学意愿，1945—1956年，美国高等教育规模几乎扩大了一倍。1958年，在苏联人造卫星抢先发射上天的刺激下，艾森豪威尔政府颁布了《国防教育法》，将高等教育的发展视作关系国家安危乃至生死存亡的一个关键性因素，强调推进教育改革，提升教育质量，以此培养高质量的人才，尤其是国防尖端科技人才。《国防教育法》的颁布不仅推动了美国高等教育尤其是美国研究型大学的进一步成熟，也加速了以培养学术精英为导向的高等教育大众化进程。1964年的《民权法案》颁布以后，在教育民主化运动的推动之下，美国大力发展以职业教育为主的社区学院，其他高校也积极采取开放式入学政策，为女性、少数族裔、贫困家庭子弟进入高校提供更多的机会。这些措施都推动了美国高等教育规模的进一步扩大，至1970年，美国高等教育毛入学率达到56.1%，这意味着美国正式进入高等教育普及化阶段。

在美国高等教育发展的刺激下，欧洲及东亚地区的高等教育也得到快速的发展。英国于1963年发布《罗宾斯报告》（*The Robbins Report*），明确主张高等教育应为所有在能力和成绩方面合格的并有意愿的学生提供进入高等教育的机会。这标志着英国高等教育大众化进程的开始。此后，英国政府通过采取双轨制的高等教育发展策略，制定规模发展目标，缩小入学机会差别等，促进高等教育规模扩张。至1973年，英国高等教育毛入学率达到18%，相比1963年提高近1倍，正式进入了高等教育大众化阶段。20世纪70—80年代，英国除采取鼓励民间办学、放宽入学条件等措施以外，还通过大力发展函授教育、远程教育及服务地方经济的多科技术学院等模式，推动本国高等教育继续发展。1987年，英国的高等教育白皮书《高等教育：迎接挑战》明确强调，高等教育必须更为有效地服务经济发展。这表明英国高等教育已接受了美国高等教育的市场化理念，开始从象牙塔走向社会的中心。至1995年，英国高等教育毛入学率已达49.5%，开始跨入高等教育普及化阶段。在日本，20世纪60年代受经济高速增长及教育投资理论的影响，高等教育毛入学率从1960年的9.45%一举猛增至1975年的24.69%，顺利实现高等教育从精英阶段到大众化阶段的过渡，大学结构从单一的四年制大学变成以四年制大学为主体，短期大学、高等专门学校相辅相成的多层次结构体系，有效适应了国家战略和社会发展的需要。80年代中后期，在新一轮高等教育改革的浪潮中，日本高等教育规模保持平稳增长。1990年，其高等教育毛入学率达到54%，正式进入高等教育普及化阶段。进入21世纪，日本高等教育的规模继续扩张，2000年，其高等教育毛入学率为71%，至2020年，这一比例已高达83%。高等教育大众化及普及化从美国向欧洲、亚洲地区的扩散，实质上也反映出高等教育中心对周边国家的辐射与影响。

各国高等教育从精英化走向大众化最后步入普及化的历程存在两个主要特点。从办学层次看，各国发展重点不仅是传统的四年制普通本科教育，其扩张主体是以社会需求为导向，服务地方经济建设，有较强职业教育性质的专科技术教育。如美国以服务地方经济文化发展的两年制初级学院和培养专业技术人员为主的社区学院，英国以服务地方经济为主的多科技术学院，日本以满足市场需求为导向的短期大学及高等专门学校。从办学类型看，对应办学层次的专科技术教育，以及非全日制的开放大学、函授大学、自学考试等新型高等教育办学模式不断涌现，使得高等教育的形式类型更趋多样，在促进人的发展与社会变革方面发挥了更加重要的作用。

（四）世界高等教育格局开始发生变化，强势崛起的中国高等教育正成为引领世界高等教育发展格局的新力量

21世纪的前20年，以欧美为主导的传统世界高等教育格局开始改变，集中表现在区域高等教育规模的位次和占比已经发生了结构性的变化。

1980—2020年，世界高等教育规模从5000万人增加到2.4亿人，40年间增加了3.8倍；2000—2020年，世界高等教育规模从1亿人增加到2.4亿人，更是远超1980—2000年的增速。从毛入学率看，世界高等教育毛入学率从2000年的19.1%增长到2020年的40.2%，增长了1.1倍。这表明，全球高等教育的规模扩张速度不断加快。

与此同时，全国高等教育的分布结构也发生了显著的位移。2000—2020年，北美和欧洲高等教育占世界高等教育规模的比重从40%下降到21%，同期东亚和东南亚地区的比重从24%上升到33%，开始成为全球高等教育在学规模最大的区域。其中，中国高等教育在20世纪末的大规模扩张引人注目。1999年前，中国高等教育毛入学率不足15%，还处于精英教育阶段；2002年，毛入学率超过15%，进入了大众化阶段；2012年，毛入学率上升为30%；2019年，毛入学率已达到51.6%，正式进入高等教育普及化阶段，实现了中国高等教育的历史性跨越。1980—2020年，中国高等教育在校生规模从114.4万人增加到4183万人，40年间增加了近36倍，是世界平均速度的9.5倍。从占比来看，1980年中国高等教育仅占世界高等教育总规模的2.3%，2020年占比已经提升至17.4%，40年间提高了6.6倍。从绝对数量看，中国已成为世界高等教育大国。

需要指出的是，高等教育普及化并非简单地表现为规模、数量的增加，更为重要的是高等教育的形态、性质、内涵、标准、作用等方面都会产生一系列质性变化。20世纪90年代以后，中国政府先后实施"211工程"、"985工程"、"双一流"计划等世界一流大学建设计划，在外延扩大、内涵发展的基础上，中国高等教育开始步入高质量发展阶段，由世界高等教育大国向世界高等教育强国发展。

根据软科世界大学学术排名的统计，2003年世界大学学术排名启动之时，

中国大陆地区仅有9所大学进入世界前500强大学之列，最高排名位居200位之后。至2023年，中国大学（含港澳台地区）中已有100所大学进入世界大学前500强，其中11所高校进入前100强，这在一定程度上意味着中国高校已经开始具有可以抗衡美国大学（前500强127所，前100强38所）的实力[1]，中国开始成为世界高等教育第一梯队国家。另外，2022年ARWU世界一流学科排名中，中国大陆地区的大学在54个学科中有14个学科排名第一，有114个学科进入前10名，排名第一和进入前10名的学科数仅次于美国，排名前50名、前100名的学科数也仅次于美国。这些变化都表明，美国高等教育水平的绝对中心地位开始发生动摇，以中国为首的亚洲地区开始成为世界高等教育的重要中心之一，而且这种向东亚发展的势头还在继续强化。按照世界高等教育中心的转移将带来世界科技中心的转移，世界科技中心的转移将带来世界经济中心的转移的历史轨迹，21世纪世界高等教育发展或将迎来"亚洲时代"乃至"中国时代"。

---

1 2023世界大学学术排名 [EB/OL].https：//www.shanghairanking.cn/rankings/arwu/2023.

Anderson R.British Universities : Past and Present[M]. London : Bloomsbury Continuum, 2006.

Anonymous. The History of Paris from the Earliest Period to the Present–Day Volume 2[M]. Paris : Arkose Press, 2015.

Baker G A. A Handbook on the Community College in American : Its History, Mission, and Management[M]. New York : Greenwood Press, 1994.

Barnard H C. Education and the French Revolution[M]. London : Cambridge University Press, 1969.

Ben–David J. The rise and decline of France as a scientific centre[J]. Minerva, 1970, 8(1): 160–179.

Bernal J. The Social Function of Science[M]. Cambridge : The MIT Press, 1967.

Bok D. Universities and the Future of America[M]. Durham : Duke University Press, 1990.

Boyer E. College : The Undergraduate Experience in American[M]. New York : Harper & Row, 1987.

Boyer J. The University of Chicago : A History[M]. Chicago : The University of Chicago Press, 2015.

Brubacher J S, Rudy W. Higher Education in Transition : A History of American College and University, 1636–1976[M]. New York : Harper & Row, 1976.

Brubacher J S, Rudy W. Higher Education in Transition : An American History, 1636–1956[M]. NewYork and Evanston : Harper & Brothers, 1958.

Bush V A. Science : The Endless Frontier : A Report to the President on a Program for Postwar Scientific Research[R]. Washington D. C. : National Science Foundation, 1960.

Charles E M. A History of the University of Oxford[M]. New York : Barnes & Noble, 1968.

Cobban A B. The Medieval University : Their Development and Organization[M]. London : Methuen, 1975.

Cobban A B. The Medival English University : Oxford and Cambridge to c.1500[M]. Aldershot : Scolar Press, 1988.

Cohen A M, Brawer F B, Krisker C B. The American Community College (6th Edition) [M]. San Francisco : Jossey-Bass, 2013.

Cornell A B. "True and Firm" : Biography of Ezra Cornell, Founder of the Cornell University : A Filial Tribute[M]. New York : A. S. Barnes, 1884.

Diehl C. Innocents abroad : American students in German universities, 1810–1870[J]. History of Education Quarterly, 1976, 16 (3): 321–341.

Donald L F. The first royal visitation of the English universities, 1535[J]. English Historical Review, 1991, 106 (421): 861–888.

Elyot T. The Boke Named the Governour[M]. London : J. M. Dent & Company, 1531.

Encyclopedia Britannica, 11th Ed. Vol XVI[M]. Cambridge : Cambridge University Press, 1910.

Francesco C. Daniel Coit Gilman and the Portean Ph. D. : The Shaping of American Graduate Education[M]. Leiden : E. J. Brill, 1960.

Furet F. L'Ecole Polytechnique : 1794–1914[M]. Paris : Presses de la Fondation nationale des sciences politiques, 1980.

Geiger R L. To Advance Knowledge : The Growth of American Research University, 1900–1940[M]. Oxford : Oxford University Press, 1986.

Greene J P. Colonies to Nation, 1763–1789 : A Documentary History of the

American Revolution[M]. New York : Norton, 1975.

Hawkins H. Pioneer : A History of the Johns Hopkins University, 1874–1889[M]. Baltimore and London : Johns Hopkins University Press, 1960.

Herivel J W. Aspects of French theoretical physics in the nineteenth century[J]. The British Journal of the History of Science, 1966, 3 (2): 109–132.

Hermans J M M, Nelissen M. Charters of Foundation and Early Documents of the Universities of the Coimbra Group (2nd Edition) [M]. Leuven : Leuven University Press, 2005.

Howe F C. Wisconsin : An Experiment in Democracy[M]. New York : Scribner's Sons, 1912.

Jencks C, Riesman D. The Academic Revolution[M]. New York : Doubleday, 1968.

John M. "Of Education."[M]//Milton on Education : The Tractate of Education with Supplementary Extracts from Other Writings of Milton. New Haven : Yale University Press, 1928.

John W G. No Easy Victories.Edited by Helen Rowan[M]. New York : Harper & Row, 1968.

Jones D R. The Origins of Civil Universities : Manchester, Leeds and Liverpool[M]. London : Routledge, 1988.

Joseph N M. French Education Since Napoleon[M]. Syracuse : Syracuse University Press, 1978.

Kerr C. The Uses of the University[M]. Cambridge : Harvard University Press, 1963.

Kibre P. The Nations in the Mediavel Universities[M]. Cambridge : Mediavel Academy of America, 1948.

Knox V. Liberal Education : Or, a Practical Treatise on the Methods of Acquiring Useful and Polite Learning[M]. London : Charles Dilly, 1785.

Kramer S N. History Begins at Sumer[M]. Philadelphia : University of Pennsylvania

Press, 1981.

Lawrence S. The University in Society : Europe, Scotland, and the United States from the 16th to the 20th Century (Volume II)[M]. Princeton:Princeton University Press, 2019.

Leedhan–Green E. A Concise History of the University of Cambridge[M]. Cambridge : Cambridge University Press, 1996.

Levine A. Handbook on Undergraduate Curriculum[M]. San Francisco : Jossey–Bass, 1978.

Lucas C J. American Higher Education : A History[M]. New York : St. Martin's Press, 1994.

Marginson S. Dynamics of national and global competition in higher education[J]. Higher Education, 2006 (1): 1–39.

McClelland C E. State, Society, and University in Germany 1700–1914[M]. Cambridge : Cambridge University Press, 1980.

Ministère de l'éducation nationale, France. Education in France[M]. Washington : Government Printing Office, 1881.

North J, Harte N. The World of UCL, 1828–2004[M]. London : UCL Press, 2004.

Packard A S. The substance of two reports of the faculty of Amherst College, to the Board of Trustees, with the doings of the Board thereon[J]. North American Review, 1829, 28 (63): 294–311.

Palmer R R. The School of the French Revolution : A Documentary Analysis of the College of Louis–le–Grand and Its Director, Jean–Francois Champagne, 1762–1814[M]. Princeton : Princeton University Press, 1975.

Pomper P, Elphick R, Vann R T. World History : Ideologies, Sttuctures, and Identities[M]. Cambridge : Blackwell Publishers Inc., 1998.

Potter R E. Stream of American Education[M]. New York : American Book Company, 1967.

Rashdall H. The Universities of Europe in the Middle Ages[M]. Cambridge：Cambridge University Press，2010.

Rashdall H. The University of Europe in the Middle Ages，Vol. I[M]. Oxford：Oxford University Press，1936.

Ridder-Symoens H. A History of the University in Europe：Vol. 1[M]. Cambridge：Cambridge University Press，1992.

Rudolph F. The American College and University：A History[M]. Athens：University of Georgia Press，1990.

Rudoph F. The American College and University[M]. New York：Vintage Books，1962.

Sanderso M. The Universities in the Nineteenth Century[M]. London：Routledge & Kegan Paul，1975.

Scriba C J. The autobiography of John Wallis，F. R. S.[J]. Notes and Records of the Royal Society of London，1970，25（1）：17-46.

Simons R C. The American Colonies：From Settlement to Independence[M]. New York：W. W. Norton & Company，1981.

Smith R N. The Harvard Century[M]. New York：Simon and Schuster，Inc.，1986.

Stone L. Social mobility in England，1500-1700[J]. Past & Present，1966，33（1）：16-55.

Stone L. The Educational Revolution in England，1560-1640[J]. Past & Present，1964，28（1）：41-80.

Tapper T，Palfreyman D. Oxford and the Decline of the Collegiate Tradition[M]. London：Woburn Press，2000.

Thiers A. Histoire de la Révolution française（Volume 10）[M]. Bruxelles：Adolphe Wahlen，1836.

Thwing C F. The American and the German University：One Hundred Years of History[M]. London：Macmillan，1928.

Tilley A A. Modern France：A Companion to French Studies[M]. Cambridge：Cambridge University Press，1922.

Trow M. In praise of weakness：Chartering，the university of the United States，and Dartmouth College[J]. Higher Education Policy，2003（16）：1–16.

阿伦·布洛克. 西方人文主义传统 [M]. 董乐山，译.北京：生活·读书·新知三联书店，1997.

阿什比. 科技发达时代的大学教育 [M].滕大春，滕大生，译.北京：人民教育出版社，1983.

埃里希·卡勒尔. 德意志人 [M].黄正柏，邢来顺，袁正清，等译. 北京：商务印书馆，1999.

艾伦·B.科班. 中世纪大学：发展与组织 [M].周常明，王晓宇，译. 济南：山东教育出版社，2013.

安迪·格林.教育与国家形成：英、法、美教育体系起源之比较 [M].王春华，等译.北京：教育科学出版社，2004.

本–戴维. 科学家在社会中的角色 [M]. 赵佳苓，译.成都：四川人民出版社，1988.

彼得·贝格拉.威廉·冯·洪堡传 [M].袁杰，译.北京：商务印书馆，1994.

波特.新编剑桥世界近代史（第1卷）[M].中国社会科学院世界历史研究所，组译.北京：中国社会科学出版社，1999.

伯顿·克拉克. 高等教育新论：多学科的研究 [M].王承绪，等译. 杭州：浙江教育出版社，2001.

伯顿·克拉克. 探究的场所：现代大学的科研和研究生教育 [M]. 王承绪，译.杭州：浙江教育出版社，2001.

伯顿·克拉克. 建立创业型大学：组织上转型的途径 [M]. 王承绪，译. 北京：人民教育出版社，2003.

查尔斯·霍默·哈斯金斯. 12世纪的文艺复兴 [M].夏继果，译. 上海：上海人民出版社，2005.

查尔斯·霍默·哈斯金斯. 大学的兴起 [M]. 梅义征，译. 上海：上海三联书店，2007.

陈洪捷. 德国古典大学观及其对中国大学的影响 [M]. 北京：北京大学出版社，2002.

陈洪捷. 德国古典大学观及其对中国的影响 [M]. 北京：北京大学出版社，2006.

陈丽萍. 日本理工科扩充政策的史学考察 [J]. 湖南师范大学社会科学学报，2007（5）：126-130.

陈学飞. 美国高等教育发展史 [M]. 重庆：四川大学出版社，1989.

陈学恂. 中国近代教育史教学参考资料（上册）[M]. 北京：人民教育出版社，1986.

陈志强. 拜占庭文明 [M]. 北京：北京师范大学出版社，2018.

陈志强. 拜占庭学研究 [M]. 北京：人民出版社，2001.

丹尼尔·J. 布尔斯廷. 美国人：建国的历程 [M]. 谢延光，等译. 上海：上海译文出版社，2012.

董宝良. 中国近现代高等教育史 [M]. 武汉：华中科技大学出版社，2007.

杜美. 德国文化史 [M]. 北京：北京大学出版社，1990.

杜威. 哲学的改造 [M]. 许嵩清，译. 北京：商务印书馆，1958.

范德格拉夫. 学术权力：七国高等教育管理体制比较 [M]. 王承绪，张维平，徐辉，等译. 杭州：浙江教育出版社，2001.

方在庆，朱崇开，孙烈，等. 科技革命与德国现代化 [M]. 济南：山东教育出版社，2017.

菲利普·G. 阿特巴赫. 比较高等教育 [M]. 符娟明，陈树清，译. 北京：文化教育出版社，1985.

费希特，等. 大学的理念与构想 [M]. 梅根悟，译. 东京：明治图书出版株式会社，1970.

费希特. 对德意志民族的演讲 [M]. 梁志学，沈真，李理，译. 北京：商务印书馆，2010.

弗·鲍尔生.德国教育史[M].滕大春,滕大生,译.北京:人民教育出版社,1986.

弗兰克·H. T. 罗德斯.创造未来:美国大学的作用[M].王晓阳,蓝劲松,等译.北京:清华大学出版社,2007.

佛罗斯特.西方教育的历史和哲学基础[M].吴元训,等译.北京:华夏出版社,1987.

高平叔.蔡元培教育论集[M].长沙:湖南教育出版社,1987.

葛怀恩.古罗马的教育:从西塞罗到昆体良[M].黄汉林,译.北京:华夏出版社,2015.

古德温.新编剑桥世界近代史(第8卷):美国革命与法国革命(1763—1793年)[M].中国社会科学院世界历史研究所,组译.北京:中国社会科学出版社,2018.

H. S. 赖斯.康德政治著作选[M].金威,译.北京:中国政法大学出版社,2013.

哈佛委员会.哈佛通识教育红皮书[M].李曼丽,译.北京:北京大学出版社,2010.

海斯汀·拉斯达尔.中世纪的欧洲大学:大学的起源[M].崔延强,邓磊,译.重庆:重庆大学出版社,2011.

韩梦洁.美国高等教育结构变迁机制研究[D].大连:大连理工大学,2014.

何睦.象牙塔与摩登都市:近代天津的大学成长与城市发展[M].北京:社会科学出版社,2021.

贺国庆,等.欧洲中世纪大学[M].北京:人民教育出版社,2009.

贺国庆,王保星,朱文富,等.外国高等教育史[M].北京:人民教育出版社,2006.

贺国庆,于洪波,朱文富.外国教育史[M].北京:高等教育出版社,2009.

贺国庆.德国和美国大学发达史[M].北京:人民教育出版社,1998.

贺国庆.西方大学改革史略[M].保定:河北教育出版社,2011.

亨利·埃茨科威兹.国家创新模式:大学、产业、政府"三螺旋"创新战

略 [M].周春彦，译.北京：东方出版社，2014.

亨利·埃兹科维茨.麻省理工学院与创业科学的兴起 [M].王孙禹，袁本涛，等译.北京：清华大学出版社，2007.

亨利·罗索夫斯基.美国校园文化：学生·教授·管理 [M].谢宗仙，周灵芝，马宝兰，译.济南：山东教育出版社，1996.

横尾壮英.ヨーロッパ大学都市への旅：学历文明の夜明け [M].东京：リクルート出版部，1985.

横尾壮英.大学の誕生と変貌：ヨーロッパの大学史断章 [M].东京：东信堂，1999.

胡适.北京大学五十周年 [M]//季蒙，谢泳.胡适论教育.合肥：安徽教育出版社，2006.

黄福涛.法国近代高等教育模式的演变与特征 [J].厦门大学学报（哲学社会科学版），1996（4）：68–85.

黄福涛.欧洲高等教育近代化：法、英德近代高等教育制度的形成 [M].厦门：厦门大学出版社，1998.

黄福涛.外国高等教育史 [M].上海：上海教育出版社，2003.

黄建如.发达国家高等教育体系变革比较研究 [M].广州：广东高等教育出版社，2011.

黄延复.梅贻琦教育思想研究 [M].沈阳：辽宁教育出版社，1994.

黄宗实，郑文贞.厦门大学校史资料（第1辑）：1923—1937[M].厦门：厦门大学出版社，1987.

教育部教育年鉴编纂委员会.第二次中国教育年鉴（第二编）[M].上海：商务印书馆，1948.

金国.权力让渡与资源获取：变革时代的南开大学政府与社会（1919—1946）[M].天津：天津人民出版社，2021.

金铁宽.中华人民共和国教育大事记 [M].济南：山东教育出版社，1995.

科南特.科南特教育论著选 [M].陈友松，等译.北京：人民教育出版社，1988.

克拉克·克尔. 大学的功用 [M]. 陈学飞，等译. 南昌：江西教育出版社，1993.

克劳利. 新编剑桥世界近代史（第9卷）：动乱年代的战争与和平（1793—1830年）[M]. 中国社会科学院历史研究所，组译. 北京：中国社会科学出版社，1992.

克利斯特勒. 意大利文艺复兴时期八个哲学家 [M]. 姚鹏，陶建平，译. 上海：上海译文出版社，1987.

孔德. 孔德早期政治著作选 [M]. 北京：中国政法大学出版社，2003.

孔多塞. 人类精神进步史表纲要 [M]. 何兆武，何冰，译. 北京：生活·读书·新知三联书店，1998.

拉斯基. 思想的阐释 [M]. 张振成，王亦兵，译. 贵阳：贵州人民出版社，2001.

劳伦斯·A. 克雷明. 美国教育史（一）：殖民地时期的历程（1607—1783）[M]. 周玉军，苑龙，陈少英，译. 北京：北京师范大学出版社，2003.

李秉谦. 中国私立大学史鉴（第1卷）：萌芽（1840—1911）[M]. 西安：陕西师范大学出版总社，2016.

李秉谦. 中国私立大学史鉴（第2卷）：勃兴（1912—1927）[M]. 西安：陕西师范大学出版总社，2016.

李海峰，祝晓香. 古代西亚苏美尔人的学校教育 [J]. 阿拉伯世界，2003（6）：40-42.

李军. 中国高等教育研究史 [M]. 广州：广东高等教育出版社，2005.

李立坚. 试论古代埃及教育的发展及其特征 [J]. 太原教育学院学报，2002（4）：40-44.

李猛. 在研究与教育之间：美国研究型大学兴起的本科学院问题 [J]. 北京大学教育评论，2017（4）：2-22.

李艳玲. 西欧中世纪的大学与社会 [M]. 北京：东方出版社，2020.

丽贝卡·S. 洛温. 创建冷战大学：斯坦福大学的转型 [M]. 叶赋桂，罗燕，译. 北京：清华大学出版社，2007.

林玉体. 美国教育思想史 [M]. 北京：九州出版社，2006.

刘少雪. 中国大学教育史 [M]. 太原：山西教育出版社，2007.

刘文明. 全球史概论 [M]. 北京：北京大学出版社，2021.

刘益东，高璐，李斌. 科技革命与英国现代化 [M]. 济南：山东教育出版社，2017.

刘兆宇. 19世纪英格兰高等教育变革研究 [M]. 北京：中国科学技术大学出版社，2008.

罗杰·L. 盖格. 研究与相关知识：第二次世界大战以来的美国研究型大学 [M]. 张斌贤，孙益，王国新，译. 保定：河北大学出版社，2008.

罗杰·盖格. 大学与市场的悖论 [M]. 郭建如，马林霞，等译. 北京：北京大学出版社，2020.

马克斯·韦伯. 韦伯论大学 [M]. 孙传钊，译. 南京：江苏人民出版社，2006.

曼弗雷德·盖耶尔. 洪堡兄弟：时代的双星 [M]. 赵蕾莲，译. 哈尔滨：黑龙江教育出版社，2016.

默顿·凯勒，菲利斯·凯勒. 哈佛走向现代：美国大学的崛起 [M]. 史静寰，钟周，赵琳，译. 北京：清华大学出版社，2007.

欧内斯特·L. 博耶. 关于美国教育改革的演讲（1979—1995）[M]. 涂艳国，方彤，译. 北京：教育科学出版社，2002.

彭越. 实用主义思潮的演变：从皮尔士到蒯因 [M]. 厦门：厦门大学出版社，1992.

强连庆. 中美日三国高等教育比较研究 [M]. 上海：复旦大学出版社，1995.

清水一彦. 平成の大学改革 [M]. 東京：协同出版社，1999.

曲士培. 中国大学教育发展史 [M]. 北京：北京大学出版社，2006.

R. 弗里曼·伯茨. 西方教育文化史 [M]. 王凤玉，译. 济南：山东教育出版社，2013.

冉奥博，王蒲生. 英国皇家学会早期历史及其传统形成 [J]. 自然辩证法研究，2018（6）：75-79.

日本世界教育史研究会. 六国技术教育史 [M]. 李永连，赵秀琴，等译. 北京：教育科学出版社，1984.

神田修，等. 史料日本の教育 [M]. 東京：学阳書房，1986.

沈红. 美国研究型大学形成与发展 [M]. 武汉：华中理工大学出版社，1999.

史朝. 现代日本高等教育发展机制研究 [M]. 武汉：华中理工大学出版社，1997.

史静寰. 狄考文与司徒雷登：西方新教传教士在华教育活动研究 [M]. 珠海：珠海出版社，1999.

舒新城. 中国近代教育史资料（中册）[M]. 北京：人民教育出版社，1981.

司徒雷登. 在华五十年：司徒雷登回忆录 [M]. 程宗家，译. 北京：北京出版社，1982.

斯蒂芬·伯特曼. 古代美索不达米亚社会生活 [M]. 秋叶，译. 北京：商务印书馆，2016.

宋文红. 欧洲中世纪大学的演进 [M]. 北京：商务印书馆，2010.

苏云峰. 从清华学堂到清华大学（1911—1929）：近代中国高等教育研究 [M]. 北京：生活·读书·新知三联书店，2001.

孙诒让. 周礼正义 [M]. 北京：中华书局，2015.

汤普森. 历史著作史（下卷，第三分册）[M]. 孙秉莹，译. 北京：商务印书馆，1992.

汤浅光朝. 解说科学文化史年表 [M]. 张利华，译. 北京：科学普及出版社，1984.

天野郁夫. 大学的诞生 [M]. 黄丹青，竎心浩，译. 南京：南京大学出版社，2011.

涂尔干. 教育思想的演进 [M]. 李康，译. 北京：商务印书馆，2019.

托克维尔. 旧制度与大革命 [M]. 冯棠，译. 北京：商务印书馆，2019.

瓦尔特·吕埃格. 欧洲大学史（第3卷）：19世纪和20世纪早期的大学（1800—1945）[M]. 张斌贤，杨克瑞，林薇，等译. 保定：河北大学出版社，2014.

王保星. 美国现代高等教育制度的确立 [M]. 石家庄：河北教育出版社，

2005.

王承绪. 伦敦大学 [M]. 长沙：湖南教育出版社，1995.

王承绪. 英国教育 [M]. 长沙：湖南教育出版社，2000.

王慧敏，杨克瑞. 美国高等教育史（上）：开拓与奠基（1636—1861 年）[M].
北京：教育科学出版社，2019.

王慧敏，张斌贤，方娟娟. 对"达特茅斯学院案"的重新考察与评价 [J]. 教
育研究，2014（10）：119–127.

王立诚. 美国文化渗透与近代中国教育：沪江大学的历史 [M]. 上海：复旦
大学出版社，2001.

王素，袁桂林. 埃及教育 [M]. 长春：吉林教育出版社，2000.

王文俊，梁吉生，杨珣，等. 南开大学校史资料选（1919—1949）[M]. 天津：
南开大学出版社，1989.

王晓文，王树恩. "三大中心"转移与"汤浅现象"的终结 [J]. 科学管理研
究，2007（4）：36–38.

王义高，肖甦. 苏联教育 70 年成败 [M]. 北京：北京师范大学出版社，1999.

王长纯. 印度教育 [M]. 长春：吉林教育出版社，2000.

王子悦. 英国中世纪大学早期发展研究 [M]. 北京：中国社会科学出版社，
2017.

威尔·杜兰. 世界文明史：信仰的时代（下）[M]. 幼狮文化公司，译. 北京：
东方出版社，1998.

威廉·博伊德，埃德蒙·金. 西方教育史 [M]. 任宝祥，吴元训，译. 北京：
人民教育出版社，1985.

威廉·洪堡. 论柏林高等学术机构的内部和外部组织 [M] // 陈洪捷. 德国古
典大学观及其对中国的影响. 北京：北京大学出版社，2006.

威廉·洪堡. 论国家的作用 [M]. 窦凯滨，译. 武汉：华中科技大学出版社，
2016.

文部省. 産業教育九十年史 [M]. 東京：東洋館，1974.

文部省. 科学技術白書 [M]. 東京：大藏省印書局，1962.

吴光辉.转型与建构：日本高等教育近代化研究[M].北京：世界知识出版社，2007.

希尔德·德·里德-西蒙斯.欧洲大学史（第1卷）：中世纪大学[M].张斌贤等译.保定：河北大学出版社，2007.

希尔德·德·里德-西蒙斯.欧洲大学史（第2卷）：近代早期的欧洲大学（1500—1800）[M].贺国庆，王保星，屈书杰，等译.保定：河北大学出版社，2008.

小林一也.資料日本工業教育史[M].東京：実教出版，2001.

欣斯利.新编剑桥世界近代史：物质进步与世界范围的问题（1870—1898年）[M].中国社会科学院世界历史研究所，组译.北京：中国社会科学出版社，1999.

荀渊.《1862年赠地学院法案》的缘起及其对美国社会的影响[J].全球教育展望，2013（6）：119-128.

雅各布·布克哈特.意大利文艺复兴时期的文化[M].何新，译.北京：商务印书馆，1979.

雅克·韦尔热.中世纪大学[M].王晓辉，译.上海：上海人民出版社，2007.

亚瑟·科恩.美国高等教育通史[M].李子江，译.北京：北京大学出版社，2019.

杨庆余.法兰西科学院：欧洲近代科学建制的典范[J].自然辩证法研究，2008，（6）：81-87.

姚大志，孙承晟.科技革命与法国现代化[M].济南：山东教育出版社，2017.

易红郡.英国教育的文化阐释[M].上海：华东师范大学出版社，2009.

殷企平.英国高等科技教育[M].杭州：杭州大学出版社，1995.

永井道雄.近代化と教育[M].東京：東京大学出版会，1969.

永井道雄.日本の大学[M].東京：中央公論社，1991.

杰根·恩德斯.转变中的讲座制：德国大学教师的聘任、晋升与水准保持[M]//菲利普·阿特巴赫.变革中的学术职业：比较的视角.别敦荣，主译.青岛：中国海洋大学出版社，2006：19-37.

於荣，王晨. 美国高等教育史（下卷）：繁荣与调整（1945—2000年）[M].
北京：教育科学出版社，2019.

原光雄. 近代化学的奠基者 [M]. 黄静，译. 北京：科学出版社，1986.

远藤克弥. 新教育事典 [M]. 东京：勉诚出版社，2002.

约翰·范德格拉夫. 学术权力：七国高等教育管理体制比较 [M]. 王承绪，
等译. 杭州：浙江教育出版社，2001.

约翰·亨利·纽曼. 大学的理想 [M]. 徐辉，等译. 杭州：浙江教育出版社，
2001.

约翰·洛克. 教育漫话 [M]. 傅任敢，译. 北京：人民教育出版社，1979.

约翰·塞林. 美国高等教育史(第2版)[M]. 孙益，林伟，刘冬青，译. 北京：
北京大学出版社，2014.

约翰逊·R. 麦克尼尔，威廉·H. 麦克尼尔. 人类之网：鸟瞰世界历史 [M]. 王
晋新，宋保军，等译. 北京：北京大学出版社，2011.

Zaccagnini. 中世イタリアの大学生活 [M]. 儿玉善仁，译. 東京：平凡社，
1990.

臧佩红. 日本近现代教育史 [M]. 北京：世界知识出版社，2010.

张斌贤，李子江，陈瑶. 美国高等教育史（中卷）：扩张与转型（1862—
1944年）[M]. 北京：教育科学出版社，2019.

张磊. 欧洲中世纪大学 [M]. 北京：商务印书馆，2010.

张泰金. 英国的高等教育：历史·现状 [M]. 上海：上海外语教育出版社，
1995.

张新生. 英国成人教育史 [M]. 济南：山东教育出版社，1993.

张之洞. 劝学篇 [M]. 上海：上海书店出版社，2002.

赵富春，倪亚红. 美国大学国际化教育发展钩沉与启示 [J]. 江苏高教，2018
（3）：90-94.

中华人民共和国教育部国际合作与交流司. 国外高等教育调研报告 [M]. 北
京：首都师范大学出版社，2001.

中央教育科学研究所教育史研究室 . 中华民国教育法规选编（1912—1949）[M]. 南京：江苏教育出版社，199.

朱裴 . 东南大学史（1902—1949）[M]. 南京：东南大学出版社，1991.

朱鹏举 . 美国康奈尔计划发展研究 [M]. 石家庄：河北教育出版社，2016.

朱一雄 . 东南大学校史研究（专刊第1辑）[M]. 南京：东南大学出版社，1989.

朱有瓛 . 中国近代学制史料（第1辑下册）[M]. 上海：华东师范大学出版社，1986.

朱有瓛 . 中国近代学制史料（第3辑下册）[M]. 上海：华东师范大学出版社，1992.

朱有瓛 . 中国近代学制史料（第4辑）[M]. 上海：华东师范大学出版社，1993.

竹内洋 . 学历贵族の栄光と挫折 [M]. 東京：中央公論新社，1999.

佐藤尚子 . 日中比较教育史 [M]. 横浜：春风社，2002.

后 记

　　黑格尔在《哲学史讲演录》中曾提出"哲学即是哲学史"的命题，他认为哲学是"时代精神的体现"，所有的哲学问题都是随着时代和文化而产生并演变的，不存在脱离历史的"纯粹哲学"。因此，要理解现实的哲学问题，首先必须研究哲学家在历史中如何提出、争论和修正这些问题的答案，从而批判性地继承与拓展。就此意义而言，高等教育史在很大程度上不仅是高等教育学研究的理论基础，更是探讨高等教育现实问题解决方案的镜像。今天的高等教育是从历史发展中走来的，任何一种高等教育现象的产生、治理模式的形成以及理论的提出，其背后无不有着深刻的历史背景与文化基因。面对高等教育现实世界中遇到的各种基本问题与主要挑战，若脱离历史的视角，是无法予以深入的理解进而探寻正确的解决方案的。

　　本书系著者在浙江大学高等教育学研究生学位课程"高等教育史"及MOOC课程"高等教育史"（学堂在线）多次试用过的讲稿基础上，经过大量修改补充而成的。著者力图用全球史的视角简要梳理以大学为核心的现代高等教育模式是如何兴起、发展及演进的，以及其中的内在规律、发展动力及问题挑战何在。除作为高等教育学专业学习的教材外，本书也适合对高等教育发展有浓厚兴趣的一般读者做入门阅读材料。本书写作分工如下：汪辉承担前言、第一部分（第一、二章）、第三部分（第七、八章）及终章的写作任务；韩双淼承担第二部分（第三、四、五、六章）的写作任务。全书经两人多次讨论、交叉修改与统稿，最终定稿。

　　本书的写作思路与不少观点得益于与参与课程讨论的浙江大学高等教育学

380

科研究生的互动，本书的写作与出版得到浙江大学研究生院2020年度校级研究生教材立项的资助，浙江大学出版社吴伟伟老师、陈翩老师的高质量的编辑工作保证了本书的最终面世，在此一并感谢。

本书在写作过程中参考了大量国内外相关的研究专著及教育史、高等教育史的教科书，著者虽尽力而为，但能力有限，错误在所难免。希望读者能够将本书可能存在的谬误告知著者，以便后续进一步修改完善。

汪　辉　浙江大学教育学院

韩双淼　浙江大学教育学院

2025年5月